人本会计学

主　编　于玉林　王凡林

副主编　孙新宪　高方露

编　写　万晓文　于玉林　王凡林　孙新宪

　　　　李　斌　殷勤凡　高方露

中国财经出版传媒集团

经济科学出版社

Economic Science Press

图书在版编目（CIP）数据

人本会计学/于玉林，王凡林主编．—北京：
经济科学出版社，2017.2
ISBN 978 - 7 - 5141 - 7752 - 7

Ⅰ.①人… Ⅱ.①于…②王… Ⅲ.①会计学 Ⅳ.①F230

中国版本图书馆 CIP 数据核字（2017）第 025677 号

责任编辑：于海汛 李 林
责任校对：杨 海
责任印制：潘泽新

人本会计学

主 编 于玉林 王凡林
副主编 孙新宪 高方露
编 写 万晓文 于玉林 王凡林 孙新宪
　　　 李 斌 殷勤凡 高方露
经济科学出版社出版、发行 新华书店经销
社址：北京市海淀区阜成路甲 28 号 邮编：100142
总编部电话：010 - 88191217 发行部电话：010 - 88191522
网址：www. esp. com. cn
电子邮件：esp@ esp. com. cn
天猫网店：经济科学出版社旗舰店
网址：http://jjkxcbs. tmall. com
北京汉德鼎印刷有限公司印装
710 × 1000 16 开 25 印张 420000 字
2017 年 2 月第 1 版 2017 年 2 月第 1 次印刷
ISBN 978 - 7 - 5141 - 7752 - 7 定价：58.00 元
（图书出现印装问题，本社负责调换。电话：010 - 88191510）
（版权所有 侵权必究 举报电话：010 - 88191586
电子邮箱：dbts@ esp. com. cn）

前　言

　　十八大报告指出："为人民服务是党的根本宗旨，以人为本、执政为民是检验党一切执政活动的最高标准。"以人为本，就要以实现人的全面发展为目标，只有坚持以人为本，才能实现全面推进经济建设、政治建设、文化建设、社会建设、生态文明建设，促进现代化建设各个方面、各个环节的相协调，建设美丽中国。以人为本是科学发展观的核心，是解决一切问题的思想前提和思想基础。

　　面向21世纪，国际竞争将日趋激烈，我们面临着严峻的挑战。一个国家的发展状况，不仅取决于经济、科技发展的水平，而且取决于人民的基本素质；一个国家生存与发展的竞争，是以经济和科技实力为基础的综合国力的竞争，从某种意义上说，也是人民基本素质的竞争。在市场经济的条件下，企业在经济、科技、管理等方面的竞争，最终是人才的竞争。21世纪是发展知识经济的世纪，发展科学技术和掌握科学技术的人更为重要。

　　在人才竞争中，会计人才的竞争具有重要的意义。会计人才的竞争首先要培养竞争型的会计人才。培养会计人才的重要性相应需要重视以会计人才为内容的人本会计学的研究。人本会计学是指研究会计人员进行会计事业相关的思维与行为的活动规律，以及培养会计人才规律的知识体系。人本会计学的内容是客观存在的。人本会计学的客体即对象是会计人员；人本会计学的研究范围是从事会计事业的会计人员，及其与会计事业相关的思维和行为的活动。

人本会计学具有以下特点：①对象的相关性。人本会计学的客体即对象是会计人员，包括会计人员在从事会计事业中的思维和行为的活动，以及对会计人才的培养。这表明：人本会计学的研究对象是与资金运动相关的方面，即会计人员在从事会计事业中与资金运动相关的思维和行为的活动，而不是会计人员的一切思维和行为的活动。②行为的规范性。人本会计学的研究范围是会计人员进行会计事业相关的思维和行为的活动。会计人员的行为是规范性的活动，具有规范性。会计行为规范是一个体系，它包括会计法规、企业制度和职业道德等。③内容的交叉性。人本会计学的内容一般具有交叉性。它是将会计学的理论、方法与其他现代科学的理论、方法相结合而形成新的学科的内容。人本会计学的交叉性，是会计学科与其他科学的融合发展，主要是融合现代科学的理论与方法发展新兴的会计理论与会计学科，如《会计哲学》《会计伦理学》《会计心理学》《会计逻辑学》《会计行为学》《会计法学》和《会计公关学》等。

人本会计学研究的内容是很广泛的，按其研究的不同方面，各有其特点而形成不同的分支学科。人本会计学是非货币计量的会计类学科，包括性质相同的一类学科群，有相互联系的各种分支学科。主要有：反映会计人员思维活动的如《会计哲学》《会计心理学》《会计逻辑学》《会计方法学》等；反映会计人员行为标准的如《会计伦理学》《会计法学》等；反映会计人员实践活动的如《会计行为学》《会计公关学》《会计文化学》等；反映培养会计人才的如《会计人才学》《会计教育学》等。《人本会计学》的基础理论和相关的分支学科内容形成本书的体系及其基本内容。

本书编写分工：第一章以人为本建设人本会计学，第二章人本会计学的对象、性质和人性化管理，第三章人本会计学的原则、前提和目标，第六章会计行为，由天津财经大学于玉林教授编写，第四章会计人员思维活动由首都经贸大学博士王凡林教授编写，第五章会计行为规范由天津民航大学博士孙新宪教授编写，第七章会计公共关系由山东财经大学博士万晓文教授编写，第八章会计文化由天津财经大学博士殷勤凡教授编写，第九章会计人才培养由天津财经大学博士高方露教授编写，第十章人本会计的历史轨迹由天津财经大学博士李斌副教授编写；主编博士生导师于玉林教授、博士王凡林教授，副主编博士孙新宪教授、博士高方露教授。

3

　　本书适用于普通高等院校会计专业和其他专业，以及会计成人教育、在职教育和自学人员的教学需要；也适用于其他管理人员的工作参考。我们在编写过程中，得到有关单位的大力支持，在此表示感谢。由于我们水平有限，调查研究不够，书中缺点和错误在所难免，欢迎读者批评指正。

　　本书为北京市教委社科基金重点项目（编号 SZ201510038019）和北京社会科学基金项目（编号 14JGB130）的阶段性成果，同时得到上述科研基金的大力支持，在此深表谢意。

编者

2016 年 6 月于天津财经大学

2016 年 8 月于首都经济贸易大学

目 录

第九章

会计人才培养 ……………………………………………… (315)

第十章

人本会计的历史轨迹 ……………………………………… (368)

第一章　以人为本建设人本会计学

第一节　要重视人本会计学的建设

一、要重视人本会计学的研究

对人本会计学的研究要以科学发展观为指导。在 2003 年 10 月 14 日中国共产党第十六届中央委员会第三次全体会议通过的《中共中央关于完善社会主义市场经济体制若干问题的决定》中指出：国家深化经济体制改革的指导思想和原则之一，就是要"坚持以人为本，树立全面、协调、可持续的发展观，促进经济社会和人的全面发展。"[1] 坚持以人为本，就是要以实现人的全面发展为目标，只有坚持以人为本，才能实现全面、协调、可持续发展。以人为本是科学发展观的核心，是解决一切问题的思想前提和思想基础。

面向 21 世纪，国际竞争将日趋激烈，我们面临着严峻的挑战。一个国家的发展状况，不仅取决于经济、科技发展的水平，而且取决于人民的基本素质；一个国家生存与发展的竞争，是以经济和科技实力为基础的综合国力的竞争，从某种意义上说，也是人民基本素质的竞争。在市场经济的条件下，企业在经济、科技、管理等方面的竞争，最终是人才的竞争。21 世纪是知识经济的世纪，发展科学技术和掌握科学技术的人更为重要。

在人才竞争中，会计人才的竞争具有重要的意义。在任何有经济活动的单位，都需要有对经济活动进行管理与核算的会计人才。会计人才的工

---

[1]　中共中央关于完善社会主义市场经济体制若干问题的决定 [N]. 光明日报, 2003 - 10 - 22.

作质量，在一定程度上影响着经济活动的运行和效果。所以，任何一个单位的领导都非常重视选择合格的会计人员。

培养会计人才的重要，相应需要重视以会计人才为内容的人本会计学的研究。

二、以会计人员为本

对人本会计学的研究，其核心是以会计人员为本的研究。以会计人员为本先要弄清楚什么是以人为本。以人为本的人就是人民、人民大众，各行各业的人；本就是"事物根基或主体。"① 以人为本就是以人民为主体。如何体现以人为本和达到其要求，或其含义包括哪些内容，在各个方面根据本部门的特点在认识上和实践上而有所不同。如国家深化经济体制改革的指导思想和原则之一，就是要"坚持以人为本，树立全面、协调、可持续的发展观，促进经济社会和人的全面发展。"其他部门或方面，如"以人为本，尊重人，信任人，爱护人。""以人为本，关爱生命。""以人为本，尊重人，维护人的尊严。""以人为本，执政为民。""以人为本，全面育人。""以人为本，以运动员为核心。""以人为本，尊重战士，关心战士。""以人为本，也就是以观众为本，以读者为本。""以人为本，提高人民物质文化生活水平和健康水平。"还有的认为，"以人为本，要代表最广大人民的根本利益，要尊重群众的首创精神"，人的本质特征是创新性劳动，人不仅仅是提供劳动力，而人的价值在于能进行"创新"性的劳动，以人的创新性劳动为出发点，去探索经济的发展规律。也有人认为："以人为本"是指以人的生活条件来分析和解决与人相关的一切问题，其核心内容就是尊重人，尊重人的特性和人的本质，把人作为手段与目的的统一。以人为本的核心内容就是尊重人，从总体说，尊重人大致包含以下十种含义：一是尊重人的生命；二是尊重人的利益；三是尊重人的劳动；四是尊重人的价值；五是尊重人的权利；六是尊重人的人格；七是尊重人的创造和创新；八是尊重人的个性；九是尊重人的自由；十是尊重人的能力。② 有人对"以人为本"进行了历史考察，认为"以人为本"的思想，包括以下几方面内容：①重民。肯定民众在社会生活、国家政治中的基础

---

① 辞源 [M]. 北京：商务印书馆，1980：1501.
② 亢安毅. 什么是真正的"以人为本"[N]. 大众日报，2003－10－27.

性作用。②爱民。爱护民众。③养民。保障庶众物质生活丰裕。④从民。重视民众的呼声，遵从民众的意愿。⑤同民。在情感性上与老百姓同忧乐。⑥信民。取信于民。中国古代形成的"以民为本"的思想，作为一种"历史智慧"，对今天有着重要的启示。① 尊重人不是消极地尊重人没有正确目标的自由的发展，而是与关心人相联系，使人在一定环境下，有正确的目标而不断提高素质，得到全面发展，尊重人在社会经济发展中的主体作用。因此，以人为本不只是以人为出发点，考虑人在物质、文化、生活和工作等方面的正当需要，并以满足人在这些方面的正当需要为目标；以人为本而是以人为主体，促其在社会经济发展中发挥重要作用，并得到全面发展。

以人为本在会计领域就是以会计人员为本。会计是一个系统，会计系统中最重要的要素是会计人员。人本会计的以会计人员为本就是要尊重会计人员，尊重会计人员的理念，尊重会计人员的工作，尊重会计人员的首创精神，尊重会计人员的品质，尊重会计人员的权利，尊重会计人员的职责。会计人员要得到人们的尊重，相应要提高自身的全面素质。以会计人员为本，全面提高会计人员的素质，需要建设人本会计学。

以会计人员为本建设人本会计学，包括：

（1）人本会计学的建设要依靠会计人员。会计人员包括会计研究人员、会计教育人员和会计职业人员。会计发展体现在会计理论发展、会计实务发展和会计教育的发展。以会计人员为本，要坚持把会计人员放在首位，要尊重会计人员的理念，尊重会计人员的品质，尊重会计人员的首创精神，充分发挥会计人员的积极性、主动性和创造性。会计发展的主体是会计人员，因为会计发展的基础是会计实践，会计实践是会计发展的源泉。会计人员以会计实践为基础，发挥主观能动性和创造性，把握会计实践的源泉作用，对会计实践进行全面、深入地认识，捕捉会计实践中形成的新的需要、新的条件、新的萌芽、新的雏形和其他新的因素，揭示会计发展的趋势和规律，拓展会计理论、方法与实务，促进会计的发展。

（2）人本会计学的建设要为了会计人员。以会计人员为本，要尊重会计人员的工作，尊重会计人员的权利，尊重会计人员的职责。会计发展要有利于会计人员更好地工作，要考虑和满足会计人员的需要。会计人员的

---

① 武汉大学中国传统文化研究中心（执笔人：冯天瑜）. 关于"以民为本"的历史思考 [N]. 光明日报 [N]. 2003-11-20.

需要是会计人员为维持自身的延续和发展而对外界各方面的要求。会计人员有物质的和精神的需要，需要形成会计人员内在的动机，是从事会计工作的前提和动力。通过会计创新和会计改革，为会计发展营造和谐的会计条件和环境。创新是发展的灵魂，改革是发展的动力。通过改革对会计机构设置、领导隶属关系和管理权限划分等方面的体系、制度、方法、形式等创新会计体制，对有关财务会计方面的内容创新会计管理、会计方法和会计理论，实现和维护好会计发展。

（3）人本会计学的建设要以提高会计人员素质为目的。会计人员要得到人们的尊重并实现和维护好会计发展，相应要提高自身的全面素质，其中重要的是培养创新会计人才。创新会计人才是指具有创新精神、创新思维和创新能力的会计人才。创新精神是指为事业的发展，而不怕风险、坚韧不拔、永攀高峰的精神；创新思维，是运用一定新的思维方式，对客观事物提出新认识的过程；创新能力，是把创新的观念、思想、理论和方法转化为现实有用的、可操作的、具有一定价值的精神产品或物质产品的实际能力。创新精神、创新思维和创新能力相互联系、相互制约：创新精神是灵魂，指导创新的方向；创新思维是基础，解决怎样去创新的路径；创新能力是保证，为创新的实践创造实施的条件。培养创新会计人才既要在学校培养，又要在实际工作中培养。培养创新的会计人才，才能促进会计事业的发展。

第二节　什么是人本会计学

有没有人本会计学？什么是人本会计学？是一个需要探讨的问题。有没有人本会计学受到人们对会计传统认识的影响。传统上认为会计就是记账、算账和报账，算账或者说计量才是会计。至于不算账、不记账的叫不叫会计，有人会肯定地说那不能叫会计，"开天辟地"就没有什么人本会计；也有人说，社会在进步，科学在发展，需要放眼看世界，已有不需要以货币形式进行计量的会计，人本会计就是这样的会计。人本会计是客观存在的，不以人们的意志为转移。

人本会计学这个名称虽然是近几年提出来的，但对会计人员的思想、观念、行为、关系、规范等方面的研究，历来受到各方面的关注。会计学界在这方面的研究取得了可喜的成果。如早在1907年美国就出版了查尔

斯·以斯拉·斯普拉格（Charles Ezra Sprague）的《账户的哲学》。我国
从 20 世纪 80 年代以来，也取得了一批研究成果，出版了一些专著，例
如：王正德等著《会计哲学概论》（云南科技出版社，1988 年）；于玉林
主编《会计法教程》（中国财政经济出版社，1990 年）；朱于平等著《会
计人才学》（广西师范大学出版社，1993 年）；张汉兴、李增军、袁志编
著《会计公共关系指南》（河北人民出版社，1993 年）；杨俊亮著《会计
哲学——会计本体论的哲学沉思》（东北大学出版社，1994 年）；于玉林
编著《现代会计方法学》（立信会计出版社，1997 年）；杨秋林等编著
《会计心理学》（中国农业出版社，1999 年）；朱建国著《会计教育》（立
信会计出版社，2000 年）；于玉林著《现代会计哲学》（经济科学出版社，
2002 年）；李玉环著《会计运行机制论》（经济科学出版社，2002 年）；
熊振华著《会计心理学》（立信会计出版社，2003 年）；杰克·莫瑞斯编
著、桂江生译《会计伦理》（上海财经大学出版社，2003 年）；孟凡利主
编《会计职业道德》（东北财经大学出版社，2003 年）；项怀诚主编《会
计职业道德案例》（经济科学出版社，2003 年）；蒙丽珍、韦善宁编著
《会计行为规则与案例》（中国财政经济出版社，2003 年）；江水华编《会
计职业道德建设》（国防科技大学出版社，2003 年）；广东省财政厅会计
人员继续教育教材编委会编写《会计职业道德》（暨南大学出版社，2004
年）；万晓文著《会计公共关系研究》（经济科学出版社，2005 年）；劳秦
汉著《会计伦理学概论》（西南财经大学出版社，2005 年）；［美］劳伦
斯·A·波尼蒙、李正等译《会计职业道德研究》（上海人民出版社，
2006 年）；会计从业资格考试辅导教材编写组编《财经法规与会计职业道
德》（人民出版社，2008 年）等。在这方面发表的相关论文更是丰富
多彩。

对会计人员行为规范方面，国家制定了一系列法规，如国务院早在
1962 年 11 月 24 日通过并于 1963 年 1 月 3 日发布实施的《会计人员职权
试行条例》，后于 1978 年 9 月 12 日国务院发布的《会计人员职权条例》。
此后，主要有《中华人民共和国会计法》《中华人民共和国注册会计师
法》《总会计师条例》《会计专业职务试行条例》《会计专业技术资格考试
暂行规定》《工业企业会计人员岗位责任制（参考方案）》《关于在职会计
人员培训工作的意见》《会计人员继续教育规定》《会计从业资格管理办
法》《会计证管理办法（试行）》《颁发会计人员荣誉证书试行规定》和
《会计基础工作规范》等。

5

从前文可以看出，人本会计学的内容是客观存在的，只是没有称人本会计学。人本会计学只是将客观存在的有关会计人员的实践活动和对其研究的成果，在理论上从不同方面进行综合和体系化，使之成为知识体系。因此，人本会计学是指研究会计人员进行与会计事业相关的思维与行为的活动规律以及培养会计人才规律的知识体系。

第三节　人本会计学的体系和特点

一、人本会计学的体系

（一）人本会计学体系的构成

人本会计学是各种人本会计因素相互联系、相互制约而形成的有机整体。人本会计学体系也可以说是人本会计学由哪些部分所构成。人本会计学体系按其构成因素不同而有人本会计学理论体系和人本会计学学科体系之分。

人本会计学理论体系，是各种人本会计理论相互联系、相互制约而形成的有机整体。理论因素可以包括：①人本会计学的基础，如人本会计学的理论基础，人本会计学的实践基础；②人本会计学对象，如人本会计系统、人本会计客体、人本会计对象要素；③人本会计学的性质与职能，如人本会计的性质、人本会计的职能；④人本会计学的原则；⑤人本会计的目标与任务，如人本会计的目标、人本会计的任务；⑥人本会计活动，如会计人员会计行为、人本会计信息、人本会计时空；⑦人本会计学内容；⑧会计人员会计思想，如会计人员世界观、人生观和价值观、会计人员观念；⑨人本会计方法；⑩会计行为规范，如人本会计基本前提、人本会计原则、人本会计规范等；⑪会计行为机制；⑫会计行为优化；⑬人本会计学科体系；⑭人本会计学发展等。以上人本会计学理论体系是相对的，随着人本会计实践的发展和对其认识的深入会发生变化，应该包括什么内容，还需要进一步探讨。

人本会计学科体系，是各种人本会计分支学科相互联系、相互制约而形成的有机整体。在会计学科体系中，按研究对象的性质，可以分为研究会计经济主体的会计学科和研究会计行为主体的会计学科两大类。研究会计行为主体的学科，就是人本会计学科。

人本会计学按其研究对象的不同方面，各有其特点而形成不同的分支学科。人本会计学包括性质相同的、相互联系的各种分支学科。主要有：反映会计人员思维活动的《会计哲学》《会计心理学》《会计逻辑学》《会计方法学》和《实证会计学》等；反映会计人员行为标准的《会计伦理学》和《会计法学》等；反映会计人员实践活动的《会计行为学》《会计公关学》和《会计文化学》等；反映培养会计人才的《会计人才学》和《会计教育学》等。人本会计学是否包括上列分支学科，还应包括哪些分支学科，也需要进一步探讨。

人本会计学中各种分支学科各有其特点：

《会计哲学》是依据马克思主义哲学原理，研究会计人员认识与运用会计规律的一门应用哲学。它涉及到会计人员的世界观、人生观和价值观。它主要研究会计人员如何认识会计规律，以及会计环境、会计客体、会计系统、会计本质、会计结构等；研究如何运用会计规律去发展会计领域，如研究会计职能、会计信息、会计控制、会计协同性、会计矛盾性和会计发展等。

《会计心理学》是研究会计人员在会计活动中的心理现象、心理过程及发展规律的科学。它要分析会计人员在会计活动中，心理现象的各个方面、各个环节，阐明会计人员的个体心理特征和群体心理特征，揭示会计人员心理活动与会计业务的依存关系及对各种会计模式的不同心理要求。

《会计逻辑学》是应用逻辑学的一般原理，研究会计人员在会计实践活动中的思维形式及其思维基本规律的科学。它从会计实践活动中的各种经济现象和事物的相对稳定性以及事物之间的相对固定关系，来考察会计概念、会计判断和会计推理等思维形式，揭示会计实践活动的逻辑思维规律。

《会计方法学》是研究会计方法的知识体系。它包括对会计核算方法、会计管理方法、会计研究方法和会计教育方法的研究。它要探讨会计方法的特点，揭示会计方法的作用，研究会计方法的运用和发展规律等。

《实证会计学》是解释和预测会计实务的一门科学。它依据实证经济学的理论与方法对会计问题进行研究。研究的重心是会计选择，说明应怎样选择会计目标、会计准则、会计方法、会计程序和会计模式等。

《会计伦理学》是研究会计道德及其发展规律的科学。它要揭示会计道德的形成和发展规律，研究符合实际的道德规范、道德修养和会计道德教育等。

《会计法学》是研究和调整会计法律关系的知识体系。它要研究会计法基础理论、会计法体系理论和会计法组织实施理论等。

《会计行为学》是研究会计人员行为运行规律的科学。它要研究会计人员行为的特征和规律，预测、控制和引导会计人员行为以实现会计目标等。

《会计公关学》是研究会计公关活动的一门应用科学。它要研究会计公关的产生和发展、理论和原则，手段和策略及其运用，以及科学地组织会计公关活动。

《会计文化学》是研究会计领域文化现象及其规律的科学。它要研究会计与文化的内在联系，揭示会计文化的本质和规律等。

《会计人才学》是研究会计人才的素质、成长、发展和对其管理的科学。它主要研究会计人才素质的要求，会计人才的培养过程，对会计人才的管理等。

《会计教育学》是研究培养会计人才规律性的科学。它依据中国的教育制度和教育法规，运用教育学基本原理和教育基本规律，研究培养会计人才的客观规律，寻求培养合格会计人才的途径。

有人会发出疑问，上列各学科，能成为独立的会计分支学科吗？能否成为独立的会计分支学科，取决于客观需要和现实可能两个方面。如前所述，在面向21世纪知识经济的时代，研究人本会计学是客观需要的，各分支学科有其相对独立的研究对象和内容，也有可能形成相对独立的分支学科；至于现实可能性，既要解放思想，不能只停留在把"会计分为财务会计和管理会计"的传统认识上，而要不断开拓会计学发展的新领域，又要从实际出发，逐步探讨和建立人本会计各分支学科。

（二）人本会计学各学科的相互关系

为了发展人本会计学及其分支学科，要研究人本会计学各分支学科的相互关系。人本会计学各分支学科相互联系、相互制约和相互作用，形成一个性质基本相同的一类学科群。在人本会计学科群中，各分支学科有其相对独立性，同时又存在各分支学科之间的内在联系。人本会计学各分支学科的相互关系，如图1－1如下：

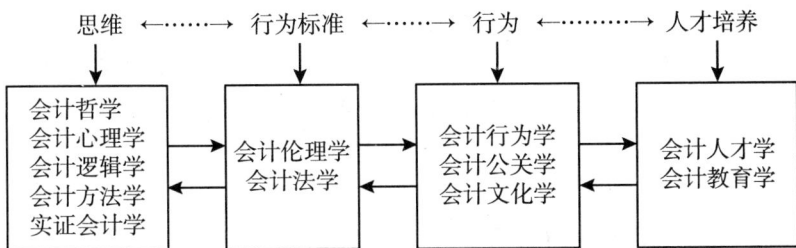

图 1 - 1　人本会计学各分支学科的相互关系

图 1 - 1 中各分支学科的关系，主要是：

《会计哲学》与其他人本会计学科的关系。《会计哲学》的基本理论，是其他分支学科的理论基础，为研究其他分支学科的产生、对象、内容、作用、方法和发展，提供理论上的依据；其他人本会计分支学科，也为《会计哲学》的发展提供了丰富的可以借鉴的内容。

《会计哲学》与《会计心理学》《会计逻辑学》《会计方法学》《实证会计学》的关系。《会计哲学》的基本理论与方法，是指导建立《会计心理学》《会计逻辑学》《会计方法学》《实证会计学》的理论与方法体系；《会计心理学》《会计逻辑学》《会计方法学》《实证会计学》等分支学科，也丰富了《会计哲学》的具体内容，为《会计哲学》的发展创造了条件。

《会计伦理学》与《会计法学》的关系。《会计伦理学》与《会计法学》之间，存在着相互制约的关系，《会计伦理学》的理论与方法，要考虑会计法的有关规定，而《会计法学》的理论与方法也要考虑会计伦理的要求；同时，存在着相互补充的关系，《会计伦理学》有关会计道德的要求，《会计法学》有关会计法规的规定，相互补充，共同成为会计行为的规范。

《会计伦理学》《会计法学》与《会计行为学》《会计公关学》《会计文化学》的关系。《会计伦理学》《会计法学》的理论与方法，为建立《会计行为学》《会计公关学》《会计文化学》提出了会计行为的规范；《会计行为学》《会计公关学》《会计文化学》等分支学科的内容，也为《会计伦理学》《会计法学》的发展提出了要求。

《会计人才学》与《会计教育学》的关系。《会计人才学》的基本理论，为《会计教育学》的发展提出了客观要求，要求通过会计教育培养会计人才；《会计教育学》的基本理论与方法，也为《会计人才学》的发展提供了客观依据。

通过对《人本会计学》各学科相互关系的认识，把握《人本会计学》这一学科群是一个有机的整体，从而完善各种分支学科，并开拓相关的新的人本会计分支学科。

二、人本会计学的特点

（一）对象的相关性

人本会计学的客体即对象是会计人员。会计学的研究对象一般说的是资金运动、人本会计学的研究对象是什么，其与资金运动有什么关联。人本会计学的研究对象是会计人员，包括会计人员在从事会计事业中的思维和行为的活动，以及对会计人才的培养。这表明：人本会计学的研究对象是与资金运动相关的方面，即会计人员在从事会计事业中与资金运动相关的思维和行为的活动，而不是会计人员的一切思维和行为的活动，它不包括会计人员与会计事业无关的思维和行为的活动，会计人员在从事会计事业中的思维和行为的活动，是与资金运动相关联的思维和行为的活动以及对会计人才的培养，包括对在职与在学会计人才的培养。例如，在人本会计学科体系中的《会计哲学》，是运用哲学的基本原理研究会计工作中的基本问题，即与会计对象——资金运动相关的基本问题，不相关的问题不研究；《会计伦理学》是运用伦理学的基本原理研究会计人员与会计工作（资金运动）相关的道德问题，即会计职业道德的基本问题，与会计工作（资金运动）不相关的社会道德与家庭道德问题不研究。

（二）活动的质量性

会计人员在从事会计工作期间与资金运动相关的内容，是指会计人员与资金运动（会计工作）相关的思维和行为。这些相关的思维和行为表现在会计人员在会计实践中体现政治、思想、行为的动机、目的、规范、形式和行为等。其内容包括：会计人员思维活动（会计思想、会计心理、会计逻辑、会计方法等）；会计人员行为规范（职业道德、会计法规等）；会计人员实践活动（会计行为、会计公关、会计文化等）；培养会计人才（会计人才、会计教育等）。人本会计学对这些内容的研究，主要是从性质方面即客观事物质的方面进行研究，不同于会计工作主要从数量方面对资金运动的核算与管理。

对会计人员与资金运动（会计工作）相关的思维和行为进行考核，主要采用品质评价法。品质评价法一般划分等级设置标准，按评价内容的性质不同，根据管理的需要设置不同的等级标准，如财务会计信用等级、纳税信用等级、贷款信用等级、环境保护信用等级、企业信用等级、服务质量等级、先进工笔者等级和获奖等级，等等。等级标准一般有：高级、中级、初级；一级、二级、三级；A 类、B 类、C 类；优、良、较差；设置 A、B、C、D 四级；分为 A、B、C、D 四类；从高到低依次为 AAAA、AAA、AA、A 级；分特级、一级、二级、三级；划分优秀、良好、中等、合格、不及格；分为特级、一级、二级、三级、四级、五级等。分等级按标准进行评定，通过等级或等级评分（如分等级一、二、三评分）和等级排名（如分等级 A、B、C 分年排名）公布。

（三）行为的规范性

人本会计学的研究范围是会计人员进行与会计事业相关的思维和行为的活动。会计人员的行为是规范性的活动，具有规范性。会计行为是会计人员的有目的的活动。当然，我们所指会计人员的会计行为，是指会计人员在企业事业等单位进行会计工作时所发生的会计行为，不包括会计人员的其他属于个人事务的行为。什么是会计行为有着不同的定义，有人认为：会计行为就是会计管理系统在内外环境的刺激下，所作出的那种经营的、现实的、合乎理性和具有规律的，能动的反映活动。这个定义指出会计行为的主体是会计管理系统，但未表明会计行为的客体和手段；但把会计管理系统作为会计行为主体是不确切的。因为，作为会计管理系统必然有其组成要素，一般要有会计人员、会计信息、会计手段和资金等，会计人员能成为会计行为主体，其余各要素不能是会计主体；所以这个定义是不正确的。还有人提出：企业会计行为是企业会计人员按照一定的会计目标，采用一定的会计手段或方法，生产和分配会计信息，以及利用会计信息和其他相关信息参与经营管理的活动。这个定义指出会计行为的主体和会计行为的手段和会计行为的客体，但对会计行为的客体作了限制，只是生产和分配会计信息（此种提法也欠严谨）及参与经营管理，是不全面的。也有人提出：企业会计行为是企业会计行为主体（会计人员），运用会计理论和会计方法作用于会计行为客体（会计对象）的过程。这个定义基本上反映了会计行为的性质。笔者认为，会计行为是会计人员按照一定的会计目标，采用相应的会计手段，对扩大再生产过程中的资金运动进行核算和管理的活动。这个定义表明，会计行为是会计人员的有目的的活动。会计行为由行为主体、行为手段和行为客体三要素所构成。会计行为是按照一定标准进行的活动，如按照企业会计制度进行会计核算，按照有关法规进行会计管理，从而使其具有规范性。会计行为规范是一个体系，它包括会计法规、企业制度、职业道德和会计惯例等。会计行为具有规范性，行为规范性是不可计量的，不能用一定的量度来反映。但它可以进行定性考评，即行为的考评。对行为考评的要求，包括思想是否端正、工作是否积极、行为是否规范和关系是否协调等。

（四）内容的交叉性

人本会计学的内容一般具有交叉性，即边缘性。它是将其他现代科学的理论、方法与会计学的理论、方法相结合而形成新的学科的内容。会计学的交叉性有两种情况：一是会计学科与自然学科的结合，会计学科将某种自然学科的理论、方法移植或运用到本学科，使会计学科的理论、方法发生显著的或质的变化等；一是会计学科与哲学社会科学的结合，会计学科将其他哲学社会科学的某种学科的理论、方法移植或运用到本学科，使会计学科的理论、方法发生显著的或质的变化。人本会计学属于后者，如会计学与哲学的交叉形成《会计哲学》，会计学与伦理学的交叉形成《会计伦理学》，会计学与心理学的交叉形成《会计心理学》，会计学与逻辑学的交叉形成《会计逻辑学》，会计学与行为学的交叉形成《会计行为学》，会计学与法学的交叉形成《会计法学》和会计学与公关学的交叉形成《会计公关学》等。人本会计学的交叉性，是会计学科与其他科学的融合发展，主要是融合现代科学的理论与方法发展新兴的会计理论与会计学科。

（五）体系的学科性

人本会计学在会计学中是一种类学科，是各种性质相近的分支学科相互联系而形成的一类学科；这些学科群由于性质相近而具有类聚性，使其相互联系、相互制约和相互促进而不断发展；类学科在变化的会计环境作用下，学科的数量及其内容也在发生变化。在一定条件下形成的人本会计学，是由各种分支学科相互联系而形成的有机体系。人本会计学研究对象的内容是很广泛的，按其研究的不同方面，而形成不同的分支学科。人本会计学包括性质相同的一类学科群，其分支学科主要有：反映会计人员思维活动的《会计哲学》《会计心理学》《会计逻辑学》《会计方法学》和《实证会计学》等；反映会计人员行为标准的《会计伦理学》和《会计法学》等；反映会计人员实践活动的《会计行为学》《会计公关学》和《会计文化学》等；反映培养会计人才的《会计人才学》和《会计教育学》等。

13

第二章 人本会计学的对象、性质和人性化管理

第一节 人本会计学的对象

会计学对象是会计学研究的内容，人本会计学不同于研究企业会计的会计学，其研究对象是什么，可以从会计先进人物的事迹和会计犯罪分子的教训中得到启示。

一、会计先进人物的启示

（一）杰出、优秀会计工笔者的风采

2005 年 12 月 19 日，财政部在北京隆重举行纪念会计法实施 20 周年暨全国杰出、优秀会计工笔者表彰仪式。表彰 20 名全国杰出会计工笔者和 25 名全国优秀会计工笔者。《中华人民共和国会计法》（以下简称会计法）颁布实施 20 周年来，广大会计工笔者认真贯彻会计法和国家有关法律法规，立足平凡岗位，认真履行职责，恪守职业道德，为改革开放和经济社会发展作出了重要贡献，涌现出一大批成绩显著、贡献突出的先进会计工笔者。在表彰的全国杰出和优秀会计工笔者中间，既有锐意改革、为做大做强国有企业殚精竭虑、运筹帷幄的总会计师，又有常年扎根基层、为建设社会主义新农村辛勤耕耘的普通会计工笔者；既有立足三尺讲台、在会计理论研究和教书育人中卓有建树的专家学者，又有谨慎执业、为维护资本市场秩序和社会公众利益勤勉尽责的注册会计师；既有身患绝症仍心系百姓、为百姓利益多方奔走的拼命三郎，又有勇于创新，推动会计管

理与经营管理有机融合、相互渗透的科技标兵。全国杰出、优秀会计工笔者的先进事迹材料编辑为《全国杰出、优秀会计工笔者风采录》一书，这本事迹材料，是全国杰出和优秀会计工笔者奋斗历程、奉献精神的真实写照，是广大会计工笔者学习先进、永铸诚信的生动教材。①

（二）李韶秋：会计世家的情结

据《中国财经报》中《会计世家的情结》一文介绍：当年 55 岁的中国葛洲坝集团有限公司总会计师李韶秋一家可真算得上是会计世家了，老伴、女儿、儿子都是干财会工作；就连老父亲在旧社会 30 年代也干过商号的"算盘先生"；儿媳、女婿都是财务管理的行家里手。全家人成天跟数字和财务打交道，却也乐在其中。1946 年 10 月出生于战火纷飞年代的李韶秋，童年不幸得了骨髓炎引起后遗症，腿脚不是很灵便，但这并不能阻止他求学的路，1964 年 7 月毕业于湖北粮食学校财会专科班的他留校执教，一干就是 7 年。1970 年 12 月 26 日中国最大的水利水电枢纽工程葛洲坝正式开工，1971 年 2 月，李韶秋满怀干一番事业的豪情来到葛洲坝工程局，当时叫 330 指挥部，干起了财务工作。1983 年 6 月，330 工程局为培养会计人才，他又重新拿起了粉笔，培养了一大批基建会计人员，现如今，这些经他培训的学生都成了业务骨干，有的已经是集团公司的审计部长，有的是清江施工局的总会计师。1992 年他担任集团公司财务部长。1993 年 12 月份，时任财务部长的李总带队到云南漫湾水电站进行成本核算与项目审计，并带回一张 50 万元的汇票，以解年底资金筹集和调动的燃眉之急。可车行至当地最高山无量山时发生了意外事故翻车，汽车四脚朝天离悬崖 1 米的地方滑停，幸运的是还没有发生重大人员伤亡。慢慢苏醒过来的李总忍着巨痛，经过两天两夜的奔波，一个人从昆明经武汉赶回了宜昌。到医院一检查，把他自己也吓了一大跳，五根肋骨折裂！医生责问他受这么重的伤，怎么不就地医疗，还一个人赶回，简直拿生命开玩笑。可医生哪里知道，李韶秋惦记着公司等着钱用，惦记着工作还没做完，却唯独没有想到他自己。

李韶秋 2000 年就任总会计师。作为一个注册资金 15.35 亿元，拥有近 80 亿元资产，4.6 万人的大型集团公司的财务部长和总会计师，签批了

---

① 全国杰出会计工笔者评选表彰领导小组办公室编. 全国杰出、优秀会计工笔者风采录[M]. 北京：人民出版社，2006.

多少资金和多少报表，我们不得而知。如何看待"不做假账"问题时，李总说："这是最起码的要求，如果这一点都做不到的话，那会计的其他职能就无从谈起"。李总讲了一件事。2001年，因历史遗留问题，葛洲坝集团债务总额曾超过20亿元，这对于一个有涉外承包权的大型水电安装企业来说，是一个威胁企业诚信度和竞标实力的重磅"炸弹"。是以虚假报表隐瞒事实，还是实事求是消化债务？葛洲坝集团的老总们可谓煞费苦心，经过李总据理力争，终于敲定抓住债转股的政策机会，重新评价公司资产，并以资产重组和股权方式抵销集团公司的部分负债，这样不仅增加了国有资产，而且也减轻了企业负债，同时实现了股权多元化，有利于科学决策和有效监督。在权力的位置上，来找李总办事的人自然较多。有的人总想借逢年过节之机给点好处，以换取将来好办事或获得更多的利益。然而，身正不怕影子歪，李总把钱财当身外之物，仅2002年就拒收"红包"10余起，因"红包"没开封就退回了，所以连具体数额也无从知晓。2002年10月，某公司拿着合同来找李总催着划拨工程预付款30万元，并许诺三天之内办成可给回扣1万元。不义之财不但没有打动李总，反而引起李总的警觉，立马不动声色地派人调查该公司的实力和资质，最终为国家挽回损失数百万元。原来，该公司是个皮包公司，合同是以假冒证件骗取的！

提起李韶秋的家庭，令人惊讶不已，李总全家都干着与财会有关的职业。李总的爱人也是高级会计师，大女儿李世慧是中南财大硕士研究生，现担任长江证券投资银行部的主管会计，儿子李世明毕业于武汉大学会计系，时任宜昌市平湖大酒店财务总监，女婿、儿媳从事的也是财会行业。可谓真正的会计世家。

会计这一职业在李韶秋全家为何有如此大的魅力，李总一语道破天机，会计是诚信、克制、无私集于一身的标尺，只要能干好会计这一行，就能做一个诚实守信的人，无私奉献的人和自我约束的人，做会计和做人其实是一个道理。[①]

（三）楚球生：违法的事我决不干

《中国税务报》在《违法的事我决不干》一文中介绍：在一家私营企业做会计的楚球生，下岗前是江西省吉水县一家国有企业的财务股长兼主

---

① 林毓卿、李晓峰. 会计世家的情结 [N]. 中国财经报，2002 - 10 - 24.

办会计。对于会计业务，不说是炉火纯青，最起码也是烂熟于心。他在企业干财务管理和会计核算时，工作井井有条，从没有出过差错，年年被评为先进个人；同财政、审计、税务等部门打交道，不仅关系融洽，也得到这些部门的肯定。然而，几年前，他供职的那家国有企业破产了，于是老楚下岗了，成了"社会人"。离开企业的那一天，老楚抚摸着即将封存的账簿，一种难以割舍的情怀深深刺痛了他的心，这个刚强的汉子流下了苦涩的泪水。

在家休息的几个月里，老楚的心总是被一行行数字、一组组报表、一本本账簿牵挂着，挥之不去。做了二十多年会计，同数字打了半辈子交道，突然闲下来，的确有点不习惯。经人介绍，他被聘到一家私营企业做会计。他上任后，翻遍企业的账本，现金日记账、银行存款日记账、仓库保管账等重要的会计资料一本也找不到。他问老板，老板回答说，钱由老婆管，材料由大哥管，销售由内弟负责，反正都是自家的，要账簿干什么？他说："会计凭证可是财务核算基础，没有凭证，怎么记账？"月底结账时，他找老板要，老板说："你怎么认死理，给你的就记，不给你的就别问。"一次，他发现企业销了一笔20多万元的货，但迟迟不见收入凭证入账。他提醒老板，不记收入是偷逃国家税收，是犯法。老板说："这事只有你知我知，天知地知，你不说，谁知道。不偷点税，怎么能发财。"老楚理直气壮地说："我虽然是被聘请来做会计的，拿了工资，我不但要对你负责，还要对会计这个职业负责。如实记账是会计道德最基本的要求，违法的事，我坚决不干！"最后，他举报了这家企业，离开了企业，又成了"社会人"。

老楚的会计业务水平在县里小有名气，再复杂的业务，再枯燥的数字，经他的手都能梳理得平平整整，甚至变得活起来。正因为手头有"绝活"，他又被聘到一家自营出口企业干主办会计。出口企业要报关，要搞电算化，财务人员必须得懂微机。

尽管老楚以前没接触过这些知识，而且年龄偏大，但他从头开始，练习打字，学习开票，熟悉报关业务。不久，他就干得得心应手。可企业老板不是在生产经营上想办法、下功夫，而是想利用老楚熟练的会计业务在财务核算上玩花花点子，欺上瞒下，偷税逃税。老楚说："我可不是这样的人，宁愿不做会计，宁愿再一次下岗，也不干昧良心的事。"

对老楚的为人处世，有些人不理解，认为他太较真，太不懂世故。可更多的人敬佩他，不仅仅敬佩他精湛的业务，更敬佩他做人做事的标准。

他现在所在企业的老板就很敬重他，也很信任他。企业老板说："会计能当企业的半个家。毫不夸张地说，一位好会计，是企业的一位好管家，不仅能为企业老板省事省心，还是企业健康发展的基础。"①

从前文会计先进人物的事迹中能得到什么启示呢？广大会计人员要以杰出、优秀会计工笔者为榜样，学习他们热爱事业、无私奉献的崇高品德，学习他们精心理财、勇于创新的职业风尚，学习他们严谨细致、争创一流的工作作风，学习他们钻研业务、勇攀高峰的奋斗精神，并积极行动起来，为全面建设小康社会与构建社会主义和谐社会作出新的更大贡献。

会计先进人物有两大特点：一是会计专业技术好；二是政治思想好。做好会计工作，专业技术好是基础，政治思想好是保证；会计人员有好的专业技术但没有好的政治思想，在工作中遇到难题就会不能坚持原则，严重的就会走入歧途、犯错误；有了好的政治思想，在专业技术上可以精益求精，开拓创新，出色地做好工作。

二、会计犯罪分子的教训

据《北京青年报》中《贪财毁了我一生》一文介绍：一个苦读的才子变成了贪财死因。原北方工业公司资金融通处处长陈锦福贪污、受贿、挪用公款"三项全能"的犯罪案例触目惊心。陈锦福出生在福建莆田市的一个普通工人家庭，作为老三届的最后一届学生，陈锦福从 1968 年开始了长达 10 年的"插队"生活。福建武夷山、新疆都留下了这位"老插"的足迹。当 1978 年恢复高考后，已经 26 岁的陈锦福把"宝"押在考学上，可谓玩了命，一举中第考入某大学。凭借刻苦精神，本科毕业后又直奔财政部财政科学研究所研究生部攻读硕士，之后被公派到美国芝加哥留学。通晓金融、会计的陈锦福先后担任财政部中华会计师事务所经理、北方工业公司进口财务处处长、金融财务处处长、资金融通处处长。

用陈锦福的话说，"事业上的成功让我有点飘飘然了。从业务上讲，在财会、融资方面我是国内屈指可数的专家，我能给国家和社会做出很大贡献。但想想，能有现在这样的环境实在不易，当年在新疆沙漠劳动怎能想到今天的好日子。为补偿我受的那么多苦，我越来越想过豪华生活，也变得越来越贪婪了。于是，对一笔笔由我经手的巨款我开始有点'想法'

---

① 廖永红、曹文.违法的事我决不干 [N].中国税务报，2003 - 11 - 21.

了。其实对我来说并不缺钱，单位分给我宽敞的住房，出门给配车，由于业务关系经常在中国、美国飞来飞去，对一般人来讲已是很不错的工作、生活环境了。但我不知足，我要更多的钱。"对检察机关对他先后 9 次贪污、受贿和挪用公款的指控，陈锦福有些已经记不起来了，"数目太大了，有的都想不起来了。都是大笔一挥，账目一转，因看中我手中财权来找我帮忙而送来的巨额贿金也来者不拒。高档住房、豪华汽车、数不清的钞票全源源不断地来了。"最后，法院认定，陈锦福在 1993～1996 年间，利用职务便利，贪污 280 余万元，受贿 38 万余元，挪用公款 6100 万元。二审宣判死刑。[①]

从陈锦福的犯罪史可以看出，握有财权的领导贪财，由于贪婪使他们私欲极度膨胀，腐蚀了他的灵魂，正是他的犯罪根源。从犯罪分子的教训中也可以看出，人本会计学研究会计人员的政治思想是多么重要。

三、从对会计人员要求说起

放眼世界，21 世纪将是一个发生重大变化的世纪。首先，21 世纪世界将迎来一个经济繁荣的新世纪。其特点是世界经济全球化；发展高科技和资本、技术密集型产业；区域性经济将继续发展。其次，科技的新发展，第二次世界大战以来，科学技术发展的速度和规模，发挥的作用和影响，在人类的历史上是空前的。当代科学技术发展的趋势是发展速度快；发展综合化；与社会科学相结合。再次，管理的现代化，第二次世界大战以后，特别是 20 世纪 50 年代后期经济、政治、文化、社会、科学和技术等方面都发生了巨大的变化，企业为了适应外部环境的变化，实现生存和发展，必须从实行科学管理转变为实行现代管理。现代管理的特点是：树立管理科学的观念；从系统出发，注重战略发展的研究，强调社会整体经济效益，实行全过程的系统管理；从社会化大生产出发，实行生产专业化和经营多样化；企业加强内部管理；从"以人为本"出发，重视行为科学的运用，加强职工培训，采用分权管理体制；广泛运用电子计算机等现代科学技术手段。由于经济的发展、科技进步和管理现代化，必将引起会计教育的变化。

适应 21 世纪的发展大趋势，要确立相应的会计教育模式，培养跨世

---

① 新雷、于敏.贪财毁了我一生［N］.北京青年报，2000－08－26.

纪的会计人才。在现在和未来，会计这个职业，始终是经久不衰的职业。在各种职业调查中，一般说，前 10 个热门职业中都有会计职业。据《美国新闻与世界报道》杂志进行美国 20 个大热门行业调查，第 1 个热门就是"在会计领域中的'法务会计'"。这些都说明会计在社会经济生活中的重要性。为了适应 21 世纪对会计人才的需要，就应从现在开始，重视培养跨世纪的会计人才。这种人才应该是竞争型的会计人才。

竞争型人才的特点是：①全面性，具有多方面的知识和才能；②专业性，熟悉和掌握本专业的理论与方法；③复合性，具有本专业知识的同时，熟悉和掌握相关或其他专业的理论与方法；④适应性，能从事多方面工作和在不同条件下进行工作；⑤优异性，能力较强，工作出色，成果显著。这要求培养"飞机"型模式的会计人才，"机体"强壮，具有扎实的基本理论和基本技能，"两翼"丰满，"一翼"为计算机应用能力，"一翼"为外语应用能力，这样的"飞机"才能在太空中翱翔。

培养竞争型现代会计人才需要进行全面素质教育。素质教育是以提高人才素质作为重要内容和目的的教育。在 1999 年 6 月《中共中央国务院关于深化教育改革全面推进素质教育的决定》中就指出："实施素质教育，就是全面贯彻党的教育方针，以提高国民素质为根本宗旨，以培养学生的创新精神和实践能力为重点，造就'有理想、有道德、有文化、有纪律'的、德智体美等全面发展的社会主义事业建设者和接班人。"素质教育是全面的，包括造就有理想、有道德、有文化、有纪律的社会主义事业建设者和接班人所必需的德智体美等全面教育；是有重点的，以培养学生的创新能力和实践能力为重点。

全面素质教育包括思想道德素质（政治素质、道德素质）、文化素质（文化素质、科学素质、创造素质）、业务素质（专业素质、技能素质）和身体心理素质（身体素质、个性素质、心理素质），其中思想道德素质是根本和灵魂，文化素质是基础，业务素质和身体心理素质是条件。

思想道德素质，现代人才要有理想，必须以马列主义、毛泽东思想、邓小平理论和"三个代表"重要思想为指导，树立正确的世界观、人生观和价值观，推进改革开放，做好本职工作，促进经济发展，为振兴中华，建设中国特色的社会主义多做贡献；要有道德，以为人民服务为核心，以集体主义为原则，爱祖国、爱人民、爱劳动、爱科学、爱社会主义，坚持爱国守法、明礼诚信、团结友善、勤俭自强、敬业奉献的基本道德规范，加强社会公德和职业道德建设。

　　文化素质，现代人才要有文化，立足建设中国特色社会主义的实践，继承和发扬一切优秀的文化，着眼于世界科学文化发展的前沿，学习一切先进的文化；学习科学知识，树立科学精神，掌握科学方法，增强"科教兴国"意识；立足本职学文化、学科学、学管理，加强社会主义精神文明建设，不断提高科学文化技术水平和思想道德水平。

　　业务素质，现代人才要有专业水平，爱岗敬业，热爱本职工作，努力钻研业务，坚守岗位，积极主动，勤勤恳恳、兢兢业业，诚实守信，实事求是，依法办事，坚持原则，作风正派，廉洁奉公，奉献社会。基础知识扎实，如哲学、经济学、汉语、外语、数学、计算机、经济法等；专业知识精通，如会计原理、财务会计、特殊业务会计、管理会计、成本会计、财务管理、财务分析、审计、计算机会计、国际会计、国际财务管理等；相关专业知识熟悉，如财政、税务、金融、电子商务、国际贸易、国际结算、国际税务、国际金融、国际法规等。

　　专业能力强，学习方面的能力，如学习能力、外语能力、计算机能力、写作能力、表达能力、实践能力（动手能力）、调查能力和研究能力等；工作方面的能力，如业务能力、合作能力、协调能力、社交能力、竞争能力和组织能力等；创新能力，如管理创新能力、技术创新能力和体制创新能力等。专业能力强能熟练地处理各种工作，正确地解决各方面的关系，在竞争中能把握机遇、处理风险，促进经济的发展。

　　身体心理素质，现代人才要有身体素质，有适应工作的身体条件，艰苦奋斗，能胜任所从事的工作；有心理素质，能承受工作、学习、生活和精神上的各种压力，经受成功与失败、荣誉与屈辱、表扬与批评、提升与下调、顺利与挫折等各种考验，特别是要培养学生在竞争中求发展与经受挫折与失败的考验。

　　从前文分析可以看出，构成现代人才的基本要素，可以概括为思想、知识和能力。在人才培养上，只有丰富的知识和较强的能力，而缺乏较高思想素质的人才不能称之为完全的或是健全的人才；在全面素质教育的同时，重视传授知识与培养能力，使之有较高思想素质，又有丰富的知识和较强能力的人才，才是完全的或是健全的人才，也才能成为适应21世纪需要的人才。这也表明，构成现代人才基本要素中，思想道德素质是第一位的，人本会计学研究会计人员思想道德方面也是十分必要的。

四、人本会计学对象的确定

人本会计学以会计人员为本和从以上分析的实际情况出发，确定了人本会计学的对象。人本会计学的对象是研究会计人员的活动。会计人员的活动包括其政治思想活动和会计实践活动。其中，会计实践活动是对资金运动进行的核算与管理，而这些活动是以研究经济活动为范围的会计学的研究对象，它不是人本会计学的研究内容。人本会计学对象是研究会计人员的政治思想活动。会计人员的政治思想活动包括反映会计工作的政治思想活动和反映社会关系和家庭关系的政治思想活动，而后者的内容是其他学科如社会学、政治学和心理学等学科的研究内容，它不是人本会计学的研究内容。

人本会计学的对象是研究反映会计工作的政治思想活动。会计工作的内容是资金运动，政治思想活动是思维活动及其体现的行为的动机、目的、规范、形式和行为等。所以，人本会计学研究对象是会计人员在从事会计事业中与会计工作（资金运动）相关的思维和行为。它表明：①人本会计学的研究范围，是会计人员与会计工作（资金运动）相关的思维活动。在会计实践中，从事会计工作、会计教育和会计研究的人员，要以马克思主义、毛泽东思想、邓小平理论和"三个代表"重要思想和科学发展观为指导，大力弘扬爱国主义、集体主义、社会主义思想，牢固地树立正确的世界观、人生观和价值观，以便承担历史赋予的任务。对一定时期的会计人员在实际工作中的各种思维活动，即对会计工作的各种认识，它所体现的会计人员的世界观、人生观和价值观，要做深入的研究，揭示其形成过程、影响因素、作用范围和发展变化的规律，以及对人本会计学发展的影响。②研究会计人员在会计实践中体现政治思想的行为的动机、目的、规范、形式和行为等。在会计实践中，会计人员要坚定不移地以党的基本理论、基本路线、基本纲领和基本经验为指导，加强社会主义精神文明建设，自觉遵守社会公德和职业道德，不断地提高自身素质，出色地完成工作任务。对会计人员在实际工作中的会计行为，是否做到规范、优化和完成任务，存在什么问题，要进行总结和研究，揭示影响会计行为的因素、会计行为产生的后果、会计行为优化的措施和会计行为发展变化的规律，以及对人本会计学发展的影响。研究会计人员在会计实践中的遵纪守法情况。在会计实践中，会计人员要以高度的政治责任感，认真贯彻执行党和国家的政策、法规、制度和各种纪律，做好本职工作。对会计人员在实际工作中的遵纪守法情况，是否做到有法必依，执法必严，违法必究，存在什么问题，要做深入的研究，揭示遵纪守法情况的影响因素、产生的作用和影响，发展变化的趋势，以及对人本会计学发展的影响。③研究培养会计人才。研究会计人员与会计工作（资金运动）相关的思维活动，研究会计人员在会计实践中体现政治思想的行为的动机、目的、规范和形式等，其目的是使其规范化和科学化，要达到此目的，是培养会计人才的问题。对会计人才的培养，包括对在职与在学会计人才的培养。在市场经济条件下，需要具有一定素质的会计人才。对现有会计人员队伍要进行研究，这支队伍是否符合培养具有一定素质的会计人才的要求，分析现有会计人员队伍的规模、结构和素质情况，揭示培养会计人才的过程、影响因素、产生后果、相应措施和发展变化的规律以及对人本会计学发展的影响。

第二节　人本会计学的性质和人性化管理

一、人本性

（一）人本性的各种认识

人本会计学的性质，是指人本会计学内容所体现的本质属性。人本会计学的这种本质属性是人们对其内容认识的反映。人本会计学是以人为本研究会计人员的学科。人本会计的以人为本就是要尊重会计人员，尊重会计人员的理念、工作、精神、品质、权利和职责等。怎样尊重会计人员，需要探讨会计人员在政治思想素质方面的内容及其发展变化。人的政治思想素质是先天的还是受社会影响的，即人的本性（人性）问题，需要有全面的认识。所谓人性，是指"在一定的社会制度和一定的历史条件下形成的人的本性。"① 人性是"人的本性。"② 人性是"人区别于其他动物的共

---

① 现代汉语词典（第6版）[M].北京：商务印书馆，2012：1093.
② 辞源 [M].北京：商务印书馆，1979：159.

性。对它的认识，历史上产生过多种学说。马克思主义认为，人性是人的自然属性和社会属性的统一，它不是抽象的，而是现实的、具体的。一定的社会关系是形成人性的决定性因素。它在历史上是不断演变的。"①

人有没有本性，人的本性是什么，历来有不同认识。有人说人有本性，人是现实中的人，人性是人所特有的，区别于其他动物的标志，人生存于世，性是天生的，天然所赋；有人说人没有本性，人在出生之时，大脑还是一片"空白"，还未形成任何"世界图景"，人只是在出生后，通过与外界的适应和学习，才逐步形成自己大脑的"世界图景"。有人认为："人的本性有低级生物本性和高级意识本性。人的低级生物本性的原生本性是由人的低级生物体的原生生存本能产生的生存本性，即贪生怕死，次生本性由次生本能吃喝拉撒睡的要求产生的贪图享乐和舒服，以及更次的自私、懒惰、贪婪、残酷及内在的生殖繁衍等。人的这些低级的生物本性与一般动物同样，是动物共有的原生生存本能及其派生的次生生存本能，是中性的、没有善恶好坏之分的。人的高级意识本性是由人的高级意识本能产生的对世界的自主反映作用的追求，即对包括人和自然的、世界的无限完美和谐的追求，是人的最深最大的善爱美的本性，是没有点滴丝毫邪恶的，而邪恶是与人的本性相反相对的。因此人的高级本性是至深至淳的至善至美至爱。人的低级生物本性是中性的，是没有善恶美丑之分的。现实和个别的变态的人的恶行是在现实低级落后的感性社会阶段，人对世界的自主的无限完美和谐的追求，受到社会经济利益束缚下的矛盾冲突而产生的脱离人的完美完善和谐本性的个别异化的畸形变态。这种现象是由原生物性本能和需要产生的，也是现实的自私物性利益制度下必然的。世界的主流主体虽然能够保存和保持人的完美完善和谐和追求本性，却要受经济利益交换压制的限制而不能自由主动积极发挥。即影响人的善美爱的本性的发挥发展，又给人的美善爱的本性造成极大的伤害。人是世界发展的最高产物，是对世界的自主反映作用对世界的完美和谐追求。所以世界长期发展演化产生的所有的人类（包括我们地球上的所有人类种族以及整个世界甚至外星上的人类）的本质性都是共通的共同的，同类的同性的。"②

在历史上，孔子说："性相近也，习相远也"（人性是相近似的，由于社会环境的影响才相互离得远了）。③ 这表明孔子认为，人的本性本来

① 辞海［M］. 上海：上海辞书出版社，1999：865.
② 张德军. 世界本质［J］，浙江大学物理系论坛，2002－01－01.
③ 乌恩溥译注. 四书译注［M］. 长春：吉林文史出版社，1990：187.

是差不多的，没有善恶之分，由于学习或行为使人与人的差别越来越远，才有善恶之别了。对人本性，有各种认识。

性本善。孟子是性本善的最重要的代表。他说："恻隐之心，人皆有之；羞恶之心，人皆有之；恭敬之心，人皆有之；是非之心，人皆有之；恻隐之心，仁也；羞恶之心，义也；恭敬之心，礼也；是非之心，智也。仁义礼智，非由外铄我也，我固有之也，弗思耳矣。"① 孟子是在说：表现人本善的仁义礼智，不是由外面熔化到我身上来的，而是我本来就固有的，只是人们没有深入地想到这一点就是了。

性本恶。荀子是性本恶的最重要的代表。他说："人性恶，其善者伪也。"②（这里的伪是人为之义）又说：人可以"化性起伪"。他认为人性本恶，而人之所以还是能表现为善，是教育起到了化恶为善的作用。16世纪意大利思想家马基雅维里说：人性是恶劣的，在任何时候，只要对自己有利，人们便把恩义这条纽带一刀两断了。他的一句名言是：人们可以忘记父母，但不会忘记父母留下的遗产。17世纪英国思想家霍布斯说："人对人像豺狼"。18世纪法国百科全书派哲学家认为："人是趋利避害的"等等。

性本善恶。这种理论认为，"性无善无不善"、"性可以为善可以为不善"、"有性善有性不善"。人性是善恶浑杂的体系。认为人性如同社会既有光明又有黑暗一样，光明与黑暗不是明显地一分为二，而是浑杂为一体。生活在17世纪、18世纪的德国哲学家莱布尼茨说：恶与善一样不可缺少，二者互相衬托，整个世纪是和谐的。这表明，善与恶相统一而存在，相斗争而发展，人们努力去消灭邪恶，但邪恶永远消灭不了。

性本无善恶。这种理论认为，人性本无善与恶，但可以为善，也可以为恶。人的天性无善无恶，才可以使人为善为恶。人性就像物性一样：自然合理而已。人性原本像一张白纸，在一定条件下，可以写各种不同的字，画各种不同的画，还可以有不同的用途。17世纪英国思想家洛克，把消极的物质——"白板"比喻为心灵的原型，它本身无所谓好与坏，然而外物在"白板"上盖了"好"与"不好"的印章。20世纪法国哲学家萨特，把一个精神的空白场地作为人本性，这精神具有自由能动性，它可以指导人去做好事或者做坏事。

---

① 乌恩溥译注. 四书译注［M］. 长春：吉林文史出版社，1990：383.
② 荀子·性恶篇.

性本贱。这种理论认为，"人性本贱"，这个"贱"是说明人性具有极大的可塑性与弹性，特别是在反差较大的社会环境中，人的本性会表现出极大的适应性与创造性。人性本贱是人在社会环境中生存适应的结果，也是人对环境适应的能力特征。性本贱强调的是人的适应性、发展性、弹塑性、可教性的特征。历史证明："自古英雄多磨难，历来纨绔少伟男"；"贫穷是最好的学校"；"穷人家的孩子早当家"。人性本贱的教育对策：从严教育；从早教育；危机教育；生存教育；自我教育。①

（二）人性社会化

综观对人本性的各种认识，值得深思的一个问题是人的本性能不能改变。有人说，人格可塑，人性却不会变。俗话说："本性难移"。人是现实的人，人有其共性，而每个人又有其个性。在人的一生中，会发生各种变化，有的人由先进人物蜕变为犯罪分子，有的人由一般群众成长为模范工笔者，这些变化又说明什么呢。

人性是由人的自然属性和社会属性集合而成。人的自然属性，是人类共同的遗传基因和父母的个体遗传基因；人的社会属性，是人适应社会的能力，或者说，社会对人的影响。这正是人性既有人类的共性，又有人的个性的基本原因。人没有一成不变的本性，那么，这就意味着人没有自在的、不为外界所改变的本性。任何一个人的成长，在一定历史条件下，要受社会的即政治、经济、文化、科技和法律等方面的影响，要接受学校、家庭和社会的教育，使其成为适应社会需要的人。由于社会的复杂性，在社会的各种因素中，受积极因素的影响，使人具有诚实、简朴、为人民服务、勤奋、友爱、大公无私、宽怀和舍己为人等善行表现；受消极因素的影响，使人具有欺诈、虚伪、权欲、贪婪、妒忌、自私自利、狭隘和仇恨等恶行表现。人与人之间的差异不在先天的自然属性上，而在后天的社会属性上，影响和教育是人性由自然状态向社会状态转化的必然契机。人性的社会化就是自我向社会接近，接受社会的规范，使人在社会上成长的过程。人的本质在于人具有主观能动性，即具有目的明确的创造性精神，在人性社会化过程中，充分发挥人的主观能动性，逐步适应社会发展的需要。人性社会化说明，人只有依靠社会才能生存和发展。

---

① 肖起清. 论人性本贱及其教育对策 [J]. 宁波大学学报，25，3. 2003 – 06.

（三）会计人员的人本性及其品质

会计人员的人本性，是会计人员作为一般人所具有的人的自然属性，是人类共同的遗传基因和父母的个体遗传基因的集合，会计人员所具有的人本自然属性，如同一张白纸无善恶之分；会计人员的品质，是其自然属性和社会属性集合而成。会计人员品质的社会属性，是在一定历史条件下形成的，客观环境的经济、政治、文化、社会、生态，以及科技、法治、管理等发展变化的影响，是通过会计人员主观上素质的状况所决定。会计人员应该极端重视社会属性即社会因素对品质的制约，发挥积极因素和防止消极因素的影响，不断提高会计人员的品质。

二、人性化管理

（一）人性化管理的概念与原则

有人以为，尊重人就要顺其人性自然发展。为了造就社会需用的人才，对人的本性需要进行管理。人一出生，其父母和相关的亲朋好友都关心其成长，从幼儿园到小学、中学、大学等都按照一定的规范受到学校的教育，从事工作以后，还受到社会各方面的影响和终身的继续教育，这些都体现了人性化管理。人的本性存在着积极向上和消极落后的两种潜在的倾向，对于这两种倾向都需要加以规范，对于前者需要调动其主观能动性，激发积极因素，沿着正确的方向发展；对于后者需要对其加强教育，克服消极因素，按规范要求不断成长。

人性化管理是以人为本，旨在造就社会需用的人才，通过人性社会化，采用一定的方法，对人的本性进行管理。对企业来说，人性化管理更为重要的是如何重视人这种"资源"，"把人当人看"，充分发挥人的积极作用。以人为本的"人性化"管理最终将取代以约束为中心的"物化"管理，这将成为企业家的战略选择。

做好人性化管理要遵循以下原则：

目标原则。对人的人性化管理，要确定在一定时期应完成的任务。确定总的目标，并按成员构成确定分类的具体目标。确定人性化管理目标要与企业一定时期经营目标相结合。企业根据在市场系统中的合理定位和经营能力，确定企业的经营目标。企业按照总目标，根据企业系统运行机制，协调各个职能部门和每个人的具体目标，在相互联系、相互制约和相互促进的运行中，实现每个部门和每个人的具体目标和企业的总目标。

自主原则。以人为本要尊重人的自主性。人性化管理要体现员工的主人翁地位，把管理从重视处理人与物的关系转移到重视处理人与人的关系上来。调动人的主观能动性，注重人的创造力，充分发挥全体员工在经营活动中的积极性和创造性，参与企业管理，投入创新活动，提合理化建议，体现每个员工都是技术创新和管理的参与者。在经营活动中引导员工的自我控制，自觉地遵守各种规范，特别是认真执行相关法规，维持经营活动的正常进行。

需求原则。人性化管埋要体现员工的物质和精神方面的需求。在整个企业的经营管理过程中，在物质利益方面，企业要正确处理个人与企业、国家之间的利益关系，正确处理人与人之间的利益关系，正确处理目前利益与长远利益之间的关系；在精神需要方面，员工要树立远大的理想和事业心，通过各种渠道丰富人的专业知识和科学知识，开展各种形式的文化娱乐体育等活动，充实业余生活。在物质与精神等方面满足员工的需求，并将奖励和制约适度结合，使员工与企业融为一体，从而使员工愿意怀着这种满意或者是满足的心态以最佳的精神状态全身心地投入到工作中去，以便促进企业的发展。

规范原则。人的行为要有规范，规范的行为是在一定思想指导下的规范，只有规范的思想才能有规范的行为。在社会主义条件下，人的思想要遵循基本理论、基本纲领、基本路线和基本经验等，使人的行为有正确的指导思想。人的行为要遵守相关的法律、法规、制度、道德、习俗和惯例。科学管理与人性化管理相结合，营造企业文化氛围，净化人的思想，塑造人的行为，提高人性化管理水平。

学习原则。在人性化管理中，要实现人性化管理的目标，必须要求每个人不断加强学习。树立终身学习的思想，有机会到学校学习，更需要在实践中学习。在干中学，结合实践学，学中干，理论结合实际。系统学，学基础，学技术，学政策，学法律，学文化；也要从实际出发，需要什么学什么，有的放矢地学，学以致用；向先进人物学习，学思想，学经验，既学做事，更需要学做人。在学习中要解放思想，与时俱进，反对本本主义和理论脱离实际。通过学习提高政治思想素质、文化素质和专业素质，以便提高自己的综合水平。

（二）人性化管理的人治与德治

人性化管理就是重视企业内最重要的资源——人，以人为本位的管理制度。有人会提出这是不是就是人治。人治是依靠少数人来治理国家。人治的表现是：坚持个人决策，凡事由少数领导人说了算，提倡圣君贤人的道德教化；维护专制制度和等级特权，提倡多数服从少数；奉行"权力支配法律"，否定法律至上，不尊重法律，有法不依，执法不严，违法不究。实行人治的后果是：个人决策，因受个人素质因素的影响而不能作出正确的决策；推崇个人权威，不能建立科学的监督体系，不能有力地防止个人专断和腐败；个人权力至上，没有制约权力的机制，不能建立民主制度化，民主得不到法律保障，绝对权力必然导致腐败。以上说明，人性化管理不是人治。人性化管理从其内涵而言是德治。

德治是依靠道德建设来治理国家。以德治国，就是要以马列主义、毛泽东思想、邓小平理论、"三个代表"重要思想和科学发展观为指导，积极建立适应社会主义市场经济发展的社会主义思想道德体系，发展社会主义精神文明。"以德治国"中的"德"首先是指执政党的党员和领导干部、国家机构的广大公职人员自身的道德建设，即行政伦理建设。行政伦理，也就是关于"治国"的伦理。它是执政党、国家机构和全体公职人员在治理国家的过程中，在公共行政领域所应遵循的伦理道德要求的总称，既包括作为个体的公职人员所应遵循行政伦理要求，也包括作为群体的党的各级组织和各级国家机构所应遵循的行政伦理要求。行政伦理融合在治理国家与公共行政的方方面面，体现在诸如行政体制、行政领导、行政决策、行政执行、行政协调、行政监督、行政效率、行政素质之中。行政伦理本质上是一种政治伦理。① 贯彻执行"以德治国"的方略，必须按照"三个代表"重要思想的要求，站在代表先进文化前进方向的高度，坚持不懈地加强社会主义道德建设。现阶段社会主义道德建设，要着眼于建立与社会主义市场经济相适应的思想道德体系。要以马列主义、毛泽东思想、邓小平理论为指导，以为人民服务为核心，以集体主义为原则，以爱祖国、爱人民、爱劳动、爱科学、爱社会主义为基本要求，以职业道德、社会公德、家庭美德的建设为落脚点；要坚持正确处理公平与效率的关系，坚持先进性要求与广泛性要求相结合，坚持继承和发扬中华民族优良

---

① 王伟. 论"以德治国"［N］. 光明日报，2001 - 02 - 09.

传统并积极吸收外来的优秀文化成果，要正确处理和认识各种利益关系，树立社会主义义利观；要周密制定和实行适应社会发展要求的道德建设指导计划。① "以德治国"就必须从严治党，从严治政，在现实社会与经济的生活中加强行政伦理建设和公民道德建设。

（三）人性化管理中的法治

在市场经济的条件下，在人性化管理过程中还要重视法治。法治是与人治根本对立的。法治是依靠法律制度来治理国家。也就是说法治是指政治权力机关，根据法律制度对所有人的平等适用和调整，以建构稳定的社会秩序的整个过程。依法治国，就是党领导的国家权力机关、行政机关、司法机关和其他社会组织，要按照体现人民意志和利益的法律和制度来治理国家。法治表达了与人治根本对立的立场。法治强调人民主权和法律的统治，反对个人的专制、专横、任性、独裁、特权；它坚持法律的至高权威，主张法律面前人人平等，反对法律之外和法律之上的特权。法治不仅指一种法律制度，而且更包含着法律的至上性、最高权威性这样一种价值追求。法治是民主政治体制之中的治国方略，是治国的理论、原则和方法。

法治的表现是：①依法治理。法治是以市场经济和民主政治为基础，政府必须依法行政，首先强调统治者要依法治理国家，反对依靠统治者的个人任性来治理国家。各个部门和各个单位，都要依法治理，在生产经营活动中，依法规范行为，对相关的法律、法规和规章，有法必依，执法必严，违法必究，以便正确地处理各方面的关系。②弘扬民主。民主属于上层建筑，属于政治范畴。民主是在经济基础之上，并为其服务。民主是国家政治制度和国家形式。人民是国家的主人。公民有管理国家的权利。国家要保护公民权和人权。国家机关和公务人员在工作中要实行民主原则和民主作风。在企业，要依法保护公民的民主权利，公民有权参加企业管理，提出各种建议，批评各种不良作风，企业要为公民发扬民主创造条件，并建立有利于民主规章制度，保护公民的民主权利。③ "法律至上"。法律是规范人们行为的主要模式。奉行 "法律支配权力" 的原则。通过法律限制、约束和规范权力。法律在社会的政治、经济生活中应发挥主导作用。法律应受到尊重和遵守。任何国家机关、社会团体和公民个人，包括

---

① 潘琦. 关于 "以德治国" 的思考 ［N］. 光明日报，2001－02－27.

国家的最高领导人在内，都要遵守法律，严格依法办事。法治的结果：法治能有利于正确决策，法律不受各种个人因素的影响而能作出客观、正确的判断；法治能建立监督体系，能有力地防止个人专断和腐败；法治能客观地反映和作用于市场经济，能维护市场经济的正常发展；法治是民主政治的基石，没有民主的制度化、法律化，民主就没有保障，也不能发展。①

31

对于企业，法治主要是通过企业制定规章制度来实施。企业法治化管理的基础是完善的管理制度。企业根据相关法律、法规、规章和企业的经营条件和经营状况制订完善的管理制度，以规范组织和人的行为，从而形成决策科学化、监督制度化、流程标准化和考核系统化的管理模式。企业在法治化管理过程中，既要认真执行与企业相关的法律、法规和规章，同时，又要认真实证企业制定的管理规章制度，从而有效地控制经营活动，提高企业经济效益。

三、人性化法治管理

纯粹的人性化管理，顺其人本性发展，将使企业各部门、各岗位和各成员之间，缺乏相互协调和相互制约，会导致整个企业的无序。单纯的法治化管理，一切按法和制度的规定办事，缺乏根据变化的现实情况采取相应的措施，往往会使具有生气的企业变成僵化、停滞，员工变成机器，缺乏创新能力，不能适应发展市场经济的需要。

人性化法治管理是将人性化管理和法治化管理相结合，吸取人性化管理和法治化管理的优点，摒弃两者的不足，建立优化的管理模式。人性化法治管理不是人性化管理与法治化管理的简单相加，而是重视人是企业的主体和创新的根源，强调员工的主动性和创造性，依据科学的管理思想，而建立的科学的管理模式，以便提高企业的凝聚力、应变力和创新力，从而全面提升企业竞争力，使企业在激烈的市场竞争中求得生存和发展。

人性化法治管理实际上是法治与德治的有机结合。法治与德治，是相辅相成、相互促进的。两者缺一不可，也不可偏废。孔子说："道（引导）之以政，齐之以刑，民免而无耻。道之以德，齐之以礼，有耻且格

---

① 沈宗灵. 法理学［M］. 北京：北京大学出版社，1994：186－187.

（由不正转化为正）。"① "依法治国"和"以德治国"是社会主义国家治国方略的两个相辅相成的方面。法治属于政治建设，属于政治文明；德治属于思想建设，属于精神文明。两者虽属于不同的范畴，但都是管理国家、治理社会的重要手段。实行依法治国和以德治国的根本目的，是为了保证人民群众真正成为国家的主人。

依法治国和以德治国是一个紧密结合的整体。法治与德治两者都有其独特地位和功能。法治以其权威性和强制性手段规范社会成员的行为，德治以其感召力和劝导力提高社会成员的思想认识和道德觉悟。社会主义法治是建立、维护、实行社会主义道德的法律保障，社会主义德治是以社会主义思想道德来规范全体社会成员的行为，提高整个民族的道德水平。德治搞好了，可以推动依法治国。②

四、人性化管理方法

人性化管理是一种"以人为本"的新的管理方法，它包括以下基本方法：

（一）民主管理法

民主管理法是企业员工参与企业管理的方法。民主管理旨在保障企业职工的主人翁地位和民主管理权力，充分发挥职工的积极性、智慧和创造力，发展生产，促进经济建设的顺利进行。

民主管理的基本形式，是职工代表大会（职工大会）。工会应该更好地代表职工的意志，反映职工的心声，在参与重大决策、参加集体谈判、签订集体合同、处理劳动争议、监督生产经营过程、维护职工合法权益以及健全社会保障体系等诸多方面，积极地为职工着想。企业应从实际出发采取民主咨询会、厂情发布会等多种方式，拓宽民主管理渠道，吸引更多职工参与企业的各项管理。企业车间（分厂）、班组可以根据具体情况，采取职工（代表）大会、职工民主管理小组等形式，对本单位事务实行民主管理。以班组的民主管理为基础。班组的生产、安全、奖惩及各种规章制度，都应由全体职员讨论或决定。企业建立联席会议制度，联席会议由

---

① 乌恩溥译注. 四书译注［M］. 长春：吉林文史出版社，1990：56.
② 本报评论员. 把依法治国与以德治国结合起来［N］. 人民日报，2001 - 02 - 01.

职工代表团（组）长和专门小组负责人组成由企业工会（或常设机构）召集，以沟通上下级的联系，让上级领导随时了解基层存在的问题，听取群众的意见和建议，解决职工代表大会闭会期间需要临时解决的重要问题。

民主管理的内容，在现代企业制度下，有关企业的生产经营、内部改革、劳动合同、收益分配、劳动保护、保险、奖惩等一切重大事项都由企业自主决定。工会作为职工合法权益的维护者，必须依法代表和组织职工与行政管理人员共商共决这些重大问题，这是新形势下对企业民主管理提出的新要求。"共商共决机制"应该应运而生。必须由职工选举代表加入董事会，代表广大职工参与公司的高层次决策，这是职工源头参与管理的最重要、最直接的形式和途径，是公司实现决策民主化、科学化的保证。

建立监督制约机制，建立和健全监事会，并制定有关制度。建立职工监事监督检查制度和职工代表巡视检查制度，对领导干部的工作和作风、国有资产的保值增值以及生产经营管理等各方面进行有效地监督。

全面提高职工素质，造就一支生产能打硬仗，抓管理能认真负责的职工队伍，是搞好民主管理的关键。

（二）自主管理法

自主管理法是员工按照企业的发展战略，依据自我控制的要求进行管理的方法。自主管理是民主管理的进一步发展。它是以人为本，尊重员工，从员工利益出发，把个人意愿和企业的目标统一起来，充分调动员工的自主性、积极性和创造性，充分放手让员工自由发展，以适应现代人自我实现的心理需要。自主管理要求员工自主制订计划、实施控制和实现目标，从而使员工为企业发展做出贡献。

自主管理要求企业确定在一定时期的发展战略和策略措施，将责权利相结合最大限度地落实到班组和员工。班组自主确定工作目标，员工自主分工和自定目标，员工把企业的信任当做压力和动力，形成企业的凝聚力和竞争力，并通过自己的智力、能力和职责，使之与企业目标同向、工作同步和事业同心，提高工作效率，促进企业经营目标的实现。

企业要实现自主管理，一要培育企业文化，通过企业文化塑造员工意志，提高员工素质，以其感召力、凝聚力、激励力和调节力，使员工在自主管理中围绕企业总体目标，充分发挥潜能，组合、协调自己的工作；二要加强对员工的培训，使员工树立终身学习思想，学专业，学技术，学理

33

论，全面提高员工素质，为企业多做贡献。

（三）愿景管理法

愿景管理法是将企业的目标与员工的期望相结合，以满足员工事业发展期望而进行管理的方法。企业管理是有目的有组织的活动。企业目标贯穿生产经营过程的始终。企业目标在时间、范围和内容上也是不相同的。企业目标按时间划分：长期目标，一般十年以上，具有战略性的特点，一般在较长时间内对经济发展起指导作用；中期目标，一般在五年左右，具有策略性的特点，是依据长期目标来制定，作为实现长期目标的手段；短期目标，一般在一年以下（如年、季、月），具有策略性的特点，对经济发展起指导作用。企业目标按其范围不同划分：企业整体目标，是全局性的，决定和影响其他目标；中层目标，如车间（或商品部）目标，要保证企业整体目标的实现，并决定和影响基层目标；基层目标，如班组（或柜组）目标，要保证中层目标的实现，并决定和影响个人目标；个人目标，要保证基层目标的实现。企业目标按内容不同划分：经济发展目标，如资金、销售、利润、成本，产品的产量、产值、品种和质量等；科学技术发展目标，如设计新产品、采用新工艺、使用新材料、改造和更新设备等；管理机制完善目标，如建立和健全现代企业制度、现代企业产权制度，实行全面产品质量管理、建立和健全内部控制制度等。企业要在制定发展战略的基础上制定企业目标。

现代企业的员工具有很强的成就欲望与专业兴趣，需要将其与企业的目标相结合。

企业领导者要对企业的理念、经营方针、发展战略和目标，以热忱积极的态度来教育员工，让员工感受到工作的意义，并了解企业的整体目标与愿景，才能真正达到使企业的目标与员工的期望相结合。

企业的目标在与员工的期望相结合的基础上，要组织企业目标的实施。企业目标实施的策略主要是：①实行目标经济责任制，将企业目标按照责权利相结合的原则，层层分解落实到各部门、单位、班组和个人，并保证其完成；②自我控制，目标的实施主要依靠自我控制，各层次员工在目标实施中，按照自己承担的目标责任及其要求，进行自主管理；③进行监督，从企业的全局出发，由企业管理部门进行有组织的监督，对目标实施控制、检查和调节。

（四）互动管理法

互动管理法是通过组织与员工的相互塑造，激发组织成员的活力，使组织保持整体创新能力的双向式管理的方法。互动管理是学习型组织的实现方式。在发展知识经济的时代，企业要成为学习型组织，学习的目的是为了使企业保持创新能力，包括核心竞争力（技术创新能力）和组织的整体活力（管理创新能力）。学习需要双向沟通，通过沟通把学到的知识转化为实际应用的能力。

互动管理要求通过互动方式，正确处理企业与员工之间、管理者与被管理者之间、员工相互之间的各种关系，以便在自主和信任的基础上，通达沟通，达成共识、承诺，实现有效的管理。

互动管理必须架设有效的双向沟通渠道，使组织和员工焕发应有的活力。沟通是管理的灵魂，学习需要沟通，创新需要沟通，管理需要沟通。架设沟通渠道，必须制定有效的沟通制度。互动双向沟通必须贯穿组织发展的始终。

互动管理的方式是：①平等。领导者与员工是平等的，相互是诚信的。每一位员工都是管理者。形成领导者与员工的相互信任，领导者通过工作沟通，使属下员工了解企业的发展战略与目标；通过员工对领导的"信息反馈"——工作晤谈，提出技术和管理方面的建议，领导者要诚心诚意地倾听员工的意见，让员工知道管理者在尊重他们的想法，让他们发表自己的意见，并采纳他们的合理化建议，使员工加强与企业的凝聚力。②塑造。组织的责任是塑造员工与企业。组织强调"塑造"而不是只强调"管理"。员工的自我塑造包括：个人定位，员工为自己的能力定位、发展方向定位；岗位职责，在自己的岗位上主动、自愿，尽职尽责；学习创造，具有良好的学习能力和主动创造能力。③教导。企业对员工的教育，是企业应尽的责任，也是员工与企业互动塑造的前提。组织应将企业文化灌输给员工，注重员工的内心世界和人的认识过程，对员工进行世界观、人生观和价值观的教育，求得员工的认同和反馈，激发员工的主动性、积极性和创造性，使员工能主动、积极的工作。④鼓励。对员工的工作应以鼓励和表扬为主，经常鼓励员工去取得成功，创造条件和采取相应措施，支持员工积极工作；对员工的成就及时表扬，促进员工努力完成工作任务。⑤学习。学习型组织的领导与员工要重视学习，树立终身学习的观念，通过学习提高领导和员工的综合素质，培养高素质的人才。组织和员工应不断学习，学专业、学技术、学理论、学政策、学法规；领导学习、员工学习；日常学习、定期学习、系统学习、重点学习；采用各种学习形式、个人学习、有组织学习、在岗学习、培训学习、在校学习。企业要制定学习制度、保证学习的正常、持续进行。

（五）项目管理法

项目管理法是企业制定发展战略，并据以确定发展项目，将落实到单位或个人的项目进行管理的方法。企业将落实的发展战略项目组成项目组或项目团队。项目团队可以是跨专业、跨职能、跨部门组成，其工作有时没有固定的工作场所，而是通过信息、网络组成虚拟项目团队。企业与项目团队通过契约，明确责任、权利与利益。

项目团队（或项目组）具有相当的独立性。项目团队工作的要求是：①明确项目的目标，使每个成员清楚自己的工作对完成项目目标的作用；②成员需要协同工作，相互信任，在限定的约束条件内完成目标；③组织结构清晰，分工明确、专人专岗；④制定工作规范，有简明有效的工作规程和方法；⑤有明确的考核和评价标准，工作结果考核、评价，公正、公开，赏罚分明；⑥严明的组织纪律，成员认真执行；⑦善于总结经验和教训，不断学习，提高成员素质；⑧独立分析判断应对各种情况，相应独立做出决策。

团队要注意沟通，不仅需要在工作上进行沟通，还需要在生活上的沟通，以帮助团队成员建立信任和友情，促进工作发展；召开团队会议，讨论工作中存在的问题及其改进的措施；团队成员在完成委派的任务后要对其工作进行评价。

项目管理的基本内容，一般包括人力资源管理、成本管理、质量管理、知识资产（如文档或电子化文档）管理、风险管理和进度管理。

（六）分层分类管理法

分层分类管理法是企业将人力资源按其在价值创造中的作用分层分类进行管理的方法。在发展知识经济的条件下，现代企业的竞争越来越集中于核心竞争力的较量，而构成企业核心竞争力的源泉在于核心人力资源。为此，要对企业的人力资源进行分层分类的管理，以便从企业现有人力资源中培养出一支具有核心竞争力的员工队伍。

对人力资源需要按价值创造划分核心层、中坚层和骨干层员工队伍，进行分层分类管理，在不同层次不同类别上来确定员工的任职资格、行为标准和工作规范。在理念上，依据价值创造就是要肯定知识创新者和企业家在企业价值创造中的主导作用。企业中人力资源管理的重心要遵循2∶8规律，即那些能够为企业创造巨大价值的人员在企业中仅占20%，却创造了80%的价值，并同时带动了企业其他80%的人员。

注重企业人力资源的分层分类管理。核心人力资源代表了企业所拥有的专门知识、技能和能力的总和，是企业创造独占性的异质知识和垄断技术优势的基础。作为知识和技能"承载者"的核心人力资源已取代资金、技术、资本而成为企业重要的战略性资源，是构成公司核心竞争力的基本要素。①

人力资源按其在工作的职能划分为三个部分：基层领导者人力资源；专业职能部门人力资源；员工人力资源。人力资源也可按其工作内容的性质划分为以下六类：①管理人员；②工程技术人员；③工人，包括基本生产工人和辅助工人；④学徒工；⑤服务人员；⑥其他人员。分别规范各类人员的职责、权限和利益，推动各类人员承担开发和管理的责任。

（七）文化管理法

文化管理法是通过企业管理文化的实施，使员工形成共同价值观和共同行为规范的管理的方法。文化管理是人性化法治管理的最高层次，它全面显示了以人为本的管理思想。企业文化管理就是要建设企业文化。企业文化从狭义上是指企业精神文化，是企业在经营管理过程中所形成的独具特色的思想意识、价值观念和行为方式。加强企业文化建设，是提高企业整体素质，增强其凝聚力、竞争力的重大举措。从企业的环境及企业的发展趋势来分析，企业文化从广义上包括以下要素：精神文化；科学文化；管理文化；行为文化；物质文化。面向新世纪，中国企业文化的建设，要着重在制度创新、科技进步、强化管理、加强思想和职业道德教育等方面下功夫。企业文化建设要以人为本，以增强凝聚力、提高竞争力为目标。企业文化建设要与企业改革相结合，要与社会主义精神文明建设相结合。

建设企业文化要求：①必须以马列主义、毛泽东思想、邓小平理论、"三个代表"重要思想和科学发展观为指导。要转变观念，高度认识企业文化建设的重要性；要充分发挥企业党组织的作用，紧紧依靠广大职工；

---

① 李洪涛．分层分类的战略性人力资源管理模式［J/OL］．中国管理传播网，2003-10-13.

要调动企业内部各方面的积极性，共同建设企业文化。②要从中国社会主义初级阶段的实际出发，从行业、企业自身的特点出发，面向市场，勇于实践，大胆探索，建设既有中国特色又符合时代要求，既丰富多彩又具有鲜明个性的企业文化。③必须继承和发扬中华民族优秀传统文化。我国的企业文化建设要植根于民族传统文化之中，吸取其精华。在我国传统文化中，有许多瑰宝，如中国传统文化所孕育的勤俭敬业、锐意进取、诚实守信、坚韧不拔、自强不息的精神。新中国成立以来，国有大中型企业创造了诸如"三老四严"的大庆精神、勤俭建国的"孟泰精神"、"两参一改三结合"的鞍钢宪法等独具特色的企业文化。④培养正确的世界观、人生观、价值观，增强企业的凝聚力。要正确处理好国家、企业、个人三者之间的利益关系。提倡科学求实、改革创新、平等互信、竞争协作、效率、信誉和主人翁精神。要培育和塑造积极向上的企业价值观，相应要树立与时代发展相适应的企业理念，培育和树立积极向上的企业精神。⑤大力弘扬时代的思想和精神。大力弘扬时代的思想和精神，是文化建设中的主旋律。主旋律文化是先进文化的集中反映。主旋律包括"四个一切"，即一切有利于发扬爱国主义、集体主义、社会主义的思想和精神；一切有利于改革开放和现代化建设的思想和精神；一切有利于民族团结、社会进步、人民幸福的思想和精神；一切有利于用诚实劳动争取美好生活的思想和精神。⑥必须借鉴和吸收国外企业文化的先进成果，大胆引进、消化、创新。我国的企业文化建设不可能离开世界文明而自我封闭。要重视学习和吸取世界一切优秀文化成果，坚持以我为主、为我所用的原则，博采各国企业文化之所长。国外优秀企业在经营中所创立的企业文化和企业精神，是人类文明的共同成果。学习和借鉴这些企业的优秀文明成果，并结合自身实际不断创新，对于建设我国的现代企业文化，增强我国企业竞争力意义重大。

第三章 人本会计学的原则、前提和目标

第一节 人本会计学的原则

一、会计人员为基础

会计人员在会计工作中处于重要的地位。会计工作是一个系统，在这个系统的诸要素中，会计人员是最重要的因素，它对系统的运行，即对系统客体的认识与实践起到至关重要的作用。

会计人员在对系统客体的认识中，是认识的主体，对会计客体的认识是否正确，关键在会计人员。会计人员要正确地认识会计客体，会计客体（会计研究和会计工作的对象）是在一定条件下活动的空间范围。对会计客体的认识必须从实际出发，要认识会计客体所处的客观大环境，这个大环境，是要实现国民经济和社会发展"十三五"规划和 2020 年远景目标，建立社会主义市场经济体制，发展市场经济，大力促进科技进步，建立现代企业制度，实行现代化企业管理，参与国际大流通，发展国际经济技术合作；要认识会计客体所处的客观条件，会计工作部门与其他工作部门的关系，会计工作部门与企业、事业等单位内其他部门的关系；要认识会计客体内在的必然联系及其发展的必然趋势。

会计人员在对系统客体的实践中，是实践的主体，对会计客体的实践是否正确，关键在会计人员。会计人员要正确地进行会计实践，会计实践是会计人员有目的地进行会计工作的活动。显然，它是会计人员的活动，会计人员既包括企业、事业等单位的会计工作人员，也包括科研部门的会

计研究人员和其他部门的会计人员；它是会计人员有目的的活动，是会计人员为完成一定时期会计工作或会计研究的任务，而采用相应的会计方法进行的活动；它是会计人员进行的会计工作，既包括企业、事业等单位的会计核算和财务管理工作，也包括科研部门和其他部门的科研工作和其他工作。会计人员通过会计实践，正确认识会计工作的规律，积极、主动地做好会计工作，维护社会主义市场经济秩序，加强经济管理，提高经济效益，完成会计任务。

由于会计人员在会计工作中的重要作用，人本会计学的研究要以会计人员为基础。

二、培养会计人才为目的

要发挥会计人员在会计工作为维护国家财政制度和财务制度、保护财产、加强经济管理、提高经济效益中的作用，关键在于会计人员有较高的素质能出色地完成会计工作任务。随着经济体制的改革和国民经济的发展，又迫切需要大批既有现代的经济、技术知识，又有革新精神，勇于创造，能够开创新局面的会计管理人才。在这种形势下，要求会计人员不仅在数量上是一支宏大的队伍，而且在质量上也是一支素质较好的队伍。现实情况表明，要重视培养具有一定素质的会计人才。

会计人员的素质是指会计人员从事会计工作具有的品质和能力。它是完成会计工作任务应具备的条件。会计人员应具备的基本素质是：

政治思想素质，现代人才要有理想，必须以马列主义毛泽东思想、邓小平理论、"三个代表"重要思想和科学发展观为指导，树立正确的世界观、人生观和价值观，推进改革开放，做好本职工作，促进经济发展，为振兴中华，建设中国特色的社会主义多做贡献；要有道德，以为人民服务为核心，以集体主义为原则，爱祖国、爱人民、爱劳动、爱科学、爱社会主义，坚持爱国守法、明礼诚信、团结友善、勤俭自强、敬业奉献的基本道德规范，加强社会公德和职业道德建设。

文化素质，掌握现代的科学技术和文化知识。搞社会主义现代化建设，需要有科学技术和文化。会计人员要努力学习和掌握的现代科学技术和文化，包括科学技术和文化基础知识，如哲学原理、政治经济理论、汉语、外语、数学、电子计算机和生产技术等；专业理论基础知识，如财政与税收理论、银行与保险理论、审计理论、统计理论和企业管理原理等；

专业理论知识，如会计的预测、决策、计划（预算）、控制、核算、检查、考核和分析等的理论。

业务素质，履行岗位职责而进行工作的能力。能力是政治思想素质和文化素质的综合反映。会计人员的职责，是进行会计核算，实行会计监督，制定本单位会计事务的具体办法，参与拟定经济计划、业务计划，考核、分析预算（财务计划）的执行情况。为了履行会计人员的职责而建立会计人员岗位责任制。会计人员要完成会计岗位责任必须具备完成职责的业务素质。会计人员的业务素质具体表现为：①核算能力，正确地编制会计凭证，登记会计账簿，计算成本和利润，编制会计报表，处理其他会计事项；②管理能力，正确地进行会计的预测、决策、计划（预算）、控制、检查、考核和分析；③组织能力，正确地规划、安排和实施本岗位的工作，统筹、协调和实施岗位、部门和企业之间的有关会计事务的工作；④语言能力，正确地宣传和解释有关党和国家的路线、方针、政策、制度和法律，在经济活动分析会上，正确地分析经济活动和经济效益的状况；⑤文字能力，正确地编写经济活动分析报告、编制会计报表说明、调查报告、工作总结和其他资料。

在发展市场经济的条件下，会计人员的素质要适应培养竞争型会计人才的要求。竞争型会计人才的要求是：政治思想性，重视精神文明建设，有理想、有道德；专业性，熟悉和掌握本专业的理论与方法；复合性，具有本专业知识的同时，熟悉和掌握相关或其他专业的理论与方法；全面性，在精通本专业的基础上，具有多方面的知识和才能；适应性，能从事多方面工作和在不同条件下进行工作；优异性，能力较强，工作出色，成果显著。

三、树立正确世界观为灵魂

培养具有一定素质的竞争型的会计人才，关键是会计人员要树立正确的世界观。世界观亦称宇宙观，是人们对包括自然、社会和人在内的整个客观世界的根本看法。它是对客观世界存在与发展的一般规律和观点的总的认识。世界观包括自然观、历史观、社会观和意识观等。人们生活在现实社会，都以自己的世界观，对周围的环境形成自己的看法。人的世界观是在一定历史条件下逐步形成的，它受客观的各种环境因素所影响。学校教育对人的世界观的形成影响很大，工作实践、社会活动和后续教育也在不断促进人的世界观日益成熟。

会计人员要树立正确的世界观，才能正确地认识精神与物质、思维与存在、主体与客体、主观与客观、个人与社会、现实与未来等各方面的相互关系；在现实生活中，才能正确地认识建设中国特色社会主义是必然之路，才能正确认识党和国家的路线、方针、政策、法规和制度，才能正确认识建立社会主义市场经济体制，才能正确处理自身与工作的关系，正确认识自己在工作中的地位，自觉地完成工作任务。

会计人员要树立辩证唯物主义世界观。唯物主义承认世界的物质性、客观性，承认物质世界是按其自身的规律运动和变化的；人类社会是统一的自然界的一部分，人的意识是对客观世界的反映，人的活动必须遵守客观规律。辩证法承认客观世界是一个充满矛盾的，不断运动、变化和发展的统一体；客观世界内部矛盾的对立和统一是它自身运动、变化和发展的根本原因；人类社会是物质世界发展的最高产物，是一种由人的实践活动构成的有意识、具有自觉能动性的运动过程；人类可通过社会实践认识和改造周围的自然界以及人类社会自身；人类认识世界和改造世界的能力是随着社会实践的历史不断发展的。

四、科学思维为思想方式

会计人员在会计实践活动中，要学习和掌握科学的思维方式，特别是创新思维方式。创新思维是创新的基本前提。思维是人脑对现实世界能动的、概括的、间接的作为理性认识的反映过程。一般把思维理解为思想或思考。会计人员的思维是在会计实践的基础上，通过对感性材料的由此及彼、由表及里、去粗取精、去伪存真的分析和综合的加工改造工作，而上升到理性认识的过程。一般具有概括性和间接性的特征。思维的基本形式是概念、判断和推理。思维既是能动地反映客观世界，又能通过实践反作用于客观世界。思维是人的一种创造性能力。在会计工作中的创新是一个创新思维的过程。创新思维是以一定思维形式，善于思考，提出新问题，开拓新领域的认识客观事物的活动。创新思维一般具有系统性、主动性、敏锐性、求异性、逆向性、新颖性、独到性、开放性、突发性、想象性等特点。创新思维不是胡思乱想，不是异想天开，而是科学的思维方式。我们必须摆脱直线思维、惯性思维的束缚，以马克思主义的认识论指导，运用创新思维方式，如逻辑思维（理论思维、抽象思维、概念思维）方式、求异思维（扩散思维、发散思维）方式、求同思维（聚合思维、收敛思维）方式、想象思维方式和特殊思维方式等，多方位、多角度、多层次、多途径地思考问题，在会计工作中开展创新活动，提高会计工作水平，更好地完成会计工作任务。

五、会计行为规范为标准

会计行为规范是会计行为的标准。会计行为规范是进行和评价会计工作的标准。在企业会计人员要依据会计规范，如会计制度的规定，做好会计工作；在会计工作的管理部门或企业的领导人员，要按照会计规范，评价会计工作。每个国家都有本国的会计规范，作为对会计工作的指导、控制和检查的标准。会计规范具有以下特征：①统一性。是对相同的内容，作统一的要求，并在一定范围内要统一执行。②先进性。规范的要求，是较高水平的，反映了事物发展的方向，通过努力也是能够达到的。③规律性。规范的要求，反映了客观事物内在的必然要求和发展的必然趋势。④相对性。规范的要求，反映了一定历史条件下的工作状况和认识水平，随事物的发展而变化。⑤技术性。规范的要求，反映了生产经营活动的性质和组织会计工作的方法。⑥制约性。规范的要求，是进行会计工作必须遵循的，要强制执行，如违反了规范的要求，经办人员要负一定责任。⑦公认性。规范的要求，是社会上所认可的，并能依照执行。

会计规范在会计工作中发挥着重要的作用：①科学地组织会计工作。按会计规范指导会计工作，使会计工作的各方面、各环节，有条不紊、相互协调地顺利进行。②提高会计工作水平。按会计规范组织会计工作，严格执行规范的要求，使会计工作在较高水平上运行，既保证了会计核算工作的质量，也能切实加强会计管理工作。③贯彻执行会计法规。会计规范包含了会计法规，执行会计规范的过程，也是贯彻执行会计法规的过程，既要维护财经纪律，又要惩罚违法乱纪行为。④正确处理各方面关系。依据会计规范，在处理会计事项的过程中，要正确处理国家、企业、职工三方面的经济利益关系。⑤促进企业管理。按会计规范组织会计工作，相应促进其他职能部门也按规范组织工作，从而提高人员素质和企业管理水平。⑥完成会计任务。按规范组织会计工作，提高会计工作水平，促进企业管理，有利于完成会计任务，提高企业经济效益。

会计行为规范是一个体系，它包括法规、制度（企业制定的制度）、职业道德和惯例等。会计法规体系包括：会计法律，由全国人民代表大会和全国人民代表大会常务委员会制定；会计行政法规，由国务院根据宪法和法律制定；会计地方性法规、自治条例和单行条例，由省、自治区、直辖市和较大的市的人民代表大会及其常务委员会制定地方性法规，由民族自治地方的人民代表大会制定自治条例和单行条例；会计规章，由国务院各部、委员会、中国人民银行、审计署和具有行政管理职能的直属机构制定，由省、自治区、直辖市和较大的市的人民政府制定。在会计法规体系中还包括其他法中有关的会计法规。

六、自律为要求

会计人员的行为要依据一定的标准，而会计行为的规范化，主要靠会计人员的自我控制。企业会计工作目标确定以后，目标的实施主要依靠会计人员的自我控制。自我控制是会计人员在目标实施中，按照自己承担的岗位目标责任的要求，进行自主管理。自我控制的方法是自我检查，定期和不定期地对实施目标的进度和质量等进行检查，总结经验，找出缺点，还有哪些差距，分析原因；自我调节，通过检查发现实施目标在进度和质量等方面存在的差距，要及时采取措施进行调节，调整进度，提高工作质量；自我反映，对目标实施中出现的问题，要主动地向上或下一层次以及横向的相关联的方面，及时反映有关情况，便于上下左右互通信息和相互协调。

七、终身学习为途径

会计人员经过学校教育和在职继续教育已获得一定的知识，但随着经济的迅速发展、科学技术的进步和管理的现代化，会计人员的已有知识远不相适应，因而需要继续学习、终身学习。会计人员需要掌握丰富的知识，才能适应客观的需要。在企业，会计是一个综合部门，与各方面发生关系，要与企业外部的各企业单位发生材料采购和产品销售的关系，与银行部门发生借款还款和存款取款的关系，与国外企业发生财务关系，等等；要与企业内部的供销、生产、计划统计、劳动工资和科技等部门发生供应、生产、销售和技术等关系。由于会计部门与各方面联系的广泛性，要求会计人员具有较为渊博的知识。同时，要适应企业管理现代化，会计管理也要现代化，在会计工作中要运用现代科学理论、数学方法和电子计算机等。这就要求会计人员具有现代的科学理论、知识和技能。会计人员要获得这些知识，需要继续学习和终身学习。

第二节 人本会计学的前提

《人本会计学》的前提，是《人本会计学》对研究对象进行研究事先确定的条件。它包括四项先决条件。

一、单位会计人员

"单位会计人员"的前提是指以单位的会计人员为研究的范围。在会计界，一般所说会计人员，是指在企业、事业等单位工作的人员，这里探讨的会计人员，不是仅指在企业、事业等单位工作的人员，还包括在会计领域其他方面从事工作的人员。所以，会计人员是指在会计领域，按照一定目标，运用相应的专门方法，从事研究、教学和工作的人员。

会计人员是会计系统的重要因素。会计人员在对系统客体的认识中，是认识的主体。对会计客体的认识是否正确，关键在会计人员。会计人员要正确地认识会计客体，会计客体（会计研究和会计工作的对象）是在一定条件下活动的空间范围。对会计客体的认识必须从实际出发，要认识会计客体所处的客观大环境；要认识会计客体所处的客观条件，会计工作部门与其他工作部门的关系，会计工作部门与企业、事业等单位内其他部门的关系；要认识会计客体内在的必然联系及其发展的必然趋势。会计人员在对系统客体的实践中，是实践的主体。对会计客体的实践是否正确，关键在会计人员。会计人员要正确地进行会计实践。会计实践是会计人员有目的地进行会计工作的活动。会计人员通过会计实践，正确认识会计工作的规律，积极、主动地做好会计工作，维护社会主义市场经济秩序，加强经济管理，提高经济效益，完成会计任务。

会计人员有不同的构成。明确会计人员的构成，有利于重视会计人员，寻求提高会计人员素质的途径，充分发挥会计人员的作用。根据研究的不同目的，会计人员构成按不同的标志而由各种会计人员构成。一般有会计人员职业结构、会计人员专业职务结构、会计人员学历结构、会计人员性别结构、会计人员年龄结构、会计人员工作年限结构、会计人员行业结构、会计人员所有制结构和会计人员地区结构等。

人本会计学以"单位会计人员"为基本前提，以便明确人本会计学是以会计人员为研究范围。

二、对象相关性

"对象相关性"前提是指研究会计人员与对象相关的内容。一般说，会计学的研究对象是资金运动，而体现企业经济活动的资金运动，不是人本会计学的研究内容。人本会计学对象是研究会计人员的政治思想活动。会计人员的政治思想活动包括反映会计工作的政治思想活动和反映社会关系和家庭关系的政治思想活动，而后者的内容不是人本会计学的研究内容，是其他学科如社会学、政治学和心理学等学科的研究内容。人本会计学对象是研究反映会计工作的政治思想活动。会计工作的内容是资金运动，政治思想活动是思维活动及其体现的行为的动机、目的、规范、形式和行为等。所以，人本会计学研究对象是会计人员在从事会计事业中与会计工作（资金运动）相关的思维和行为。它表明人本会计学的研究范围，是会计人员与资金运动（会计工作）相关的思维和行为。这些相关的思维活动表现为会计人员在会计实践中体现出的政治思想、行为的动机、目的、规范、形式和行为等。

人本会计学以"对象相关性"为基本前提，以便明确人本会计学是以会计人员与资金运动相关的内容为研究范围。

三、在职期间

"在职期间"前提是指研究会计人员在从事会计工作期间的相关内容。什么是会计工作，似乎是人所共知不用解释的事情。实际上，什么是会计工作，并不是十分清楚。一般来说，会计工作是会计机构、会计人员，为完成一定的任务，采用相应的方法，对客观事物进行实践的活动。由于会计机构、会计内容、会计任务的不同，会计工作可以分为会计经济工作（会计实务工作）、会计事务工作和会计研究工作等。由于会计研究工作的特殊性，一般所说的会计工作是指会计经济工作（会计实务工作）和会计事务工作，而大量的是企业、事业等单位的会计经济工作（会计实务工作）；因而一般所说的会计工作是指会计经济工作（会计实务工作）。人本会计学所研究的内容是包括会计经济工作（会计实务工作）和会计事务工作在内的会计工作。有时，把会计工作简称为会计。

对于会计工作的内容，由于存在着对会计的不同认识，因而对会计工作的内容认识也不一致。在我国，不少人认为会计是一个信息系统，相应就认为会计工作就只是会计信息工作，即会计信息的输入、加工整理、传递和输出工作，也就是一般所说的会计核算工作，或还包括会计核算工作的延伸工作——会计分析工作和会计检查工作。这样，会计工作的内容，是会计核算工作，或还有会计分析和会计检查工作。

会计工作应包括什么内容，可以从各方面进行分析。①从企业、事业等单位的实际会计工作来观察，作为一个整体的会计机构，它的全部工作，不仅有大量的、日常的会计核算工作，还有其他各种工作；会计机构设置的会计工作岗位，有会计主管（或财务主管）岗位、出纳岗位、资金岗位、固定资产岗位、材料岗位、工资岗位、成本岗位、利润岗位、往来结算岗位、总账报表岗位、稽核岗位、资本金岗位、综合岗位等；从这些会计工作岗位可以看出，会计工作除包括会计核算工作以外，还包括其他各种工作。②从会计工作的对象、任务来分析，会计工作的对象是企业、事业等单位的资金运动（具体表现为经济业务），会计核算的内容是经济业务，会计管理（或财务管理）的内容也是经济业务；会计工作的目标是促进企业、事业等单位提高经济效益，会计核算的目标是通过会计核算为促进单位提高经济效益提供会计信息，会计管理的目标是依据会计信息对经济业务进行管理从而促进单位提高经济效益；所以，会计工作既包括会计核算工作，又包括会计管理工作。③从国家宏观管理的要求来看，适应建立社会主义市场经济体制、发展市场经济、科技进步和管理现代化的客观环境，要求充分发挥会计工作的职能，把会计工作从核算型转变为管理型，加强会计管理工作，既要按照全面、系统、真实、正确的要求，做好会计核算工作，又要按照提高经济效益的要求，做好会计管理工作。④从会计法规来看，在《中华人民共和国会计法》的"第五条会计机构、会计人员依照本法规定进行会计核算，实行会计监督。"这表明会计工作不仅包括会计核算工作，还包括会计监督工作等。从以上分析可以看出，会计工作按其内容的性质不同，包括会计核算工作和会计管理工作。

人本会计学以"在职期间"为基本前提，以便明确人本会计学是研究会计人员在职工作期间与资金运动相关的内容；而会计人员在从事会计工作之前从事其他工作，在会计工作岗位退休之后从事其他工作的相关内容，不是人本会计学研究的范围。

四、性质反映

"性质反映"前提是指从事物的性质方面研究会计人员在从事会计工作期间与资金运动相关的内容。会计人员在从事会计工作期间与资金运动相关的内容，是会计人员与资金运动（会计工作）相关的思维和行为。这些相关的思维和行为表现为会计人员在会计实践中体现出的政治思想、行为的动机、目的、规范、形式和行为等。其内容包括反映会计人员思维活动的会计思想、会计心理、会计逻辑、会计方法等；反映会计人员行为规范的职业道德、会计法规等；反映会计人员实践活动的会计行为、会计公关、会计文化等；反映培养会计人才的会计人才、会计教育等。对这些内容的研究，主要是从性质方面即客观事物质的方面进行研究，不同于会计工作主要从数量方面对资金运动的核算与管理。

人本会计学以"性质反映"为基本前提，以便明确人本会计学是从事物的性质方面研究会计人员在从事会计工作期间与资金运动相关的内容。

第三节　人本会计学的目标

一、培养会计人才的目标

进入 21 世纪，经济全球化不断深入，科技进步日新月异，人才资源已成为最重要的战略资源，人才在综合国力竞争中越来越具有决定性意义。当今和未来的国际竞争，说到底是人才的竞争。谁拥有更多更好的人才，谁就能在竞争中取得主动，赢得未来。我国加入世界贸易组织后，面临着多方面的挑战，从一定意义上说，人才方面的挑战最为严峻。发挥我国人力资源丰富的潜在优势，走人才强国之路，是我们的必然选择。

党的十六大报告提出："坚持教育创新，深化教育改革，优化教育结构，合理配置教育资源，提高教育质量和管理水平，全面推进素质教育，造就数以亿计的高素质劳动者、数以千万计的专门人才和大批拔尖创新人才"。

实施人才强国战略，造就数以千万计的专门人才，其中包括需要培养大量的会计人才。会计人才的培养目标，是培养德、智、体等方面全面发展的社会主义事业的建设者和接班人。1999 年 6 月《中共中央国务院关于深化教育改革全面推进素质教育的决定》中提出："实施素质教育，就是全面贯彻党的教育方针，以提高国民素质为根本宗旨，以培养学生的创新精神和实践能力为重点，造就'有理想、有道德、有文化、有纪律'的、德智体美等全面发展的社会主义事业建设者和接班人。"全面素质教育包括思想道德素质（政治素质、道德素质）、文化素质（文化素质、科学素质、创造素质）、业务素质（专业素质、技能素质）和身体心理素质（身体素质、个性素质、心理素质），其中思想道德素质是根本和灵魂，文化素质是基础，业务素质和身体心理素质是条件。全面素质教育观念要求重视做人与做事相结合的教育。

二、会计人员要会"做人"

在培养会计人才的全面素质教育中，要重视培养会计人才会做人。有人说，谁都会做人。事实上，有的人会做事，却不会做人，也有的人不知道做什么样的人。一般说，做人要具备基本的思想道德素质。素质是人的品质。素质是在人的先天生理基础上、经过后天教育和社会环境的影响，由知识内化而形成的相对稳定的心理品质。人才素质中首要的是思想道德素质。思想道德素质包括：①热爱祖国，热爱社会主义，坚持四项基本原则，认真执行党和国家的路线、方针、政策、制度和法律，维护财经纪律，保护社会财产；②热爱本职工作，有事业心和责任感，全心全意为人民服务，积极为社会主义建设贡献力量；③坚持实事求是，重视调查研究，讲求辩证方法，树立全局观点，正确处理国家、集体和个人之间三者的关系；具有创新精神，刻苦钻研，勇于创造，能够开创新局面，不断探索加强会计工作的新路子和提高经济效益的新途径；④服从领导，当好参谋，尊重群众，虚心听取意见，团结协作，发挥集体智慧，共同搞好工作；⑤廉洁奉公，作风正派，坚持原则，厉行节约，反对浪费，严于律己，敢于批评和自我批评，决不损公肥私、损人利己和以权谋私；⑥工作踏实，积极主动，认真负责，勤勤恳恳，任劳任怨，不弄虚作假，出色地完成工作任务。

实施培养会计人才的目标，要树立科学的人才观。培养人才要坚持德才兼备原则，把品德、知识、能力和业绩作为衡量人才的主要标准，不唯学历、不唯职称、不唯资历、不唯身份，不拘一格选人才。鼓励人人都作贡献，人人都能成才。要树立大教育、大培训观念，在提高全面素质的基础上，重点培养人的学习能力、实践能力，着力提高人的创新能力。坚持学习与实践相结合、培养与使用相结合，促进人才在实践中不断增长知识，提升能力。加强爱国主义、集体主义、社会主义教育，树立正确的世界观、人生观、价值观，发扬拼搏奉献精神、艰苦创业精神、团结协作精神和诚实守信精神，促进各类人才的全面发展。

要坚持教育创新、深化教育改革，必须树立现代教育观念。培养现代会计人才，必须树立现代会计教育观念。现代会计教育观念是教育观念在会计教育中的反映，是教育观念的直接体现。现代会计教育观念体系的内容，一般来说，可以包括人为本教育观念、素质教育观念（质量观念）、知识教育观念、能力教育观念、创新教育观念、国际化教育观念和终身教育观念等。

第四章　会计人员思维活动

第一节　思维活动理论基础：会计哲学

一、思维与会计人员的思维活动①

　　会计人员的思维活动是其行动的指引，有什么样的思维活动就有相应的实际工作，会计人员思维活动正确与否，相应决定实际工作正确或不正确。什么是会计人员的思维活动，先要弄清楚什么是思维？对思维的认识有多种观点：①广义和狭义反映论，"思维分广义的和狭义的，广义的思维是人脑对客观现实概括的和间接的反映，它反映的是事物的本质和事物间规律性的联系，包括逻辑思维和形象思维。而狭义的通常是指心理学意义上的思维，专指逻辑思维。"②活动论，"思维是思维主体处理信息及意识的活动。"③过程论，"思维是人脑对现实世界能动的、概括的、间接的反映过程。包括逻辑思维与形象思维，通常指逻辑思维。""思维是人脑对客观事物的认识过程。""思维科学认为，思维是人接受信息、存贮信息、加工信息以及输出信息的活动过程，而且是概括地反映客观现实的过程，这就是思维本质的信息论观点。"④物质运动论，"思维是在特定物质结构中对客体深远区层实现穿透性反映的物质运动。反映是物质的一种属性。"综合以上各种认识，思维是对客观事物的本质和发展规律概括的理性认识过程。

---

　　① 于玉林．会计创新学［M］// 会计思维．上海：上海财经大学出版社，2014：111.

会计人员思维活动即会计人员思维，是会计人员对客观会计事物的本质和发展规律概括的理性认识过程。这里；会计思维的主体，是会计人员，是会计人员头脑的机制活动；会计思维的客体是客观的会计事物，如对企业降低产品成本、扩大产品销售的认识；会计思维是理性认识过程，如对会计本质的认识。

在对会计事物认识的过程中，一般会采用一定的会计思维模式进行思维。会计思维形式是反映思维内容的表现方式。会计思维模式是思维内容与思维形式的统一。会计思维主体在思维活动过程中，思维内容的过程及其结果需要以一定的形式来反映。这种反映的形式有两种情况：第一种情况，思维活动结果的反映形式，是以概念、推理、判断和经验等形式来反映；第二种情况，思维活动过程的反映形式，是用文字、数据、图表等来描述思维过程的环境、进度、阶段、特点、问题和趋势等的形式来反映。思维形式与思维内容是揭示客观事物内在要素与其结构或表现方式的统一关系。

会计思维模式的内容体现为会计思维要素。思维是思维主体的思维过程，作为思维过程它是一个思维系统，是由若干要素相互联系而形成具有特定功能的有机整体。思维系统包括以下要素：①思维主体；②思维客体；③思维方法；④思维结果。会计思维是有目的的活动，思维活动的结果是以概念、推理、判断、作品和事项处理、履行职责、形成经验等形式来反映。

会计思维具有以特点：①概括性，从思维的对象中抽取相同属性形成的本质属性，并以一种概念反映这种本质属性。②理论性，通过思维活动，抽取思维对象本质属性而形成的一种抽象的理性认识。③指导性，通过思维活动形成的理性认识或形成的理论用以指导相关的会计实践活动。④实践性，是以客观存在的实际事物为对象进行思维活动。⑤统一性，在基本相同条件下，不同的思维主体，按照基本相同的思维目标，对基本相同的思维对象开展的思维活动，其思维结果基本上是一致的。⑥差异性，基本相同的思维结果由于思维主体和客观环境存在的不同从而使思维结果不能完全一致。⑦发展性，一定条件下的思维随着经济、政治、文化、社会和生态等的发展变化，而与时俱进，不断提高、完善和发展。

为保证会计人员有正确的思维活动，并相应指导正确的实际工作，会计人员需要学习、掌握和应用确保正确思维活动的理论基础——会计哲学。

二、会计哲学概述

（一）会计发展需要会计哲学

会计人员在日常会计实践中，对会计现象或会计行为的认识，存在各种矛盾。主要表现为对会计认识的某些方面，归纳起来主要有：①片面性，只看到事物的一个方面，没有看到全面，或只看到个别没有看到一般，或只看到一般没有看到个别；②表面性，只看到形式没有看到内容，或只看到现象没有看到本质；③静止性，只看到某一时点的某种状态，没有看到它是此前发展的结果，并将在以后发生变化；④孤立性，只看到事物的某一点，没有看到事物的普遍联系性，没有纵向地前后联系看，横向地左右联系看；⑤主观性，只想当然地看问题，不从客观实际情况出发看问题；⑥随意性，就事论事，想到什么议论什么，不认识和把握事物的发展规律；⑦绝对化，看问题绝对地肯定，或绝对地否定，要么什么都好，或什么都不好；⑧简单化，把复杂的事情看得很简单、很容易；⑨外因论，认为事物的发展变化主要是外部原因，看不到事物的发展变化主要是内部原因，外因是通过内因起作用的；⑩悲观情绪，认为中国是发展中国家，经济不发达，相应会计理论、方法与实务都落后，不如西方发达国家的会计理论、方法与实务。

客观事物的矛盾性，致使人们的认识也会出现矛盾性。以上各种不正确的认识，在会计界不是个别的，有的认识还是比较普遍的。

认识上的表面性，表现在形式与内容认识上的矛盾。在会计工作中，有时只看到会计现象的形式或形式的变化，没有看到其内容或内容没有变化；有时，只看到会计现象的内容或内容的变化，没有看到其形式或形式没有变化。对中国会计制度和是否有会计准则的认识，以及对会计核算形式和会计循环的认识说明，看问题，既要看形式，更要看内容，要从形式与内容相统一去看问题。形式和内容，是统一事物的两个侧面，有内容必有一定的形式，内容是构成事物的一切要素，形式是把内容诸要素统一起来的结构或表现形式。

认识上的片面性，表现在一般与个别认识上的矛盾。在会计工作中，经常会出现这种情况，财政部颁布的某种制度或规定，要在全国各地区、各部门执行，这是就一般性而言；同时，有的也允许部门和地区结合本部门、本地区的特点，作出相应的补充规定，以便更好地贯彻执行该种制度或规定。这就正确处理了个别与一般存在的矛盾。

认识上的矛盾性，是一种正常的思维现象，问题在于如何正确地对待这些认识，使之有一个正确的答案。我们要学习哲学和应用哲学的基本原理，研究会计哲学和会计应用哲学，以便正确地认识和研究会计现象及其基本问题。

以上说明，我们要学习哲学和应用哲学的基本原理，认识和研究会计现象及其基本问题，研究会计应用哲学和会计哲学。

（二）会计哲学形成的基础

1. 会计领域应用哲学是形成合计哲学的基础

会计哲学从哪里来，从实践中来。会计人员不全知道有哲学或会计哲学，但他在实际生活中，无处不与哲学相联系。

会计领域应用哲学是形成会计哲学的基础。在会计领域，会计人员应用哲学还是比较普遍的。发展会计事业，要做好会计工作，开展会计理论研究，进行会计教育，客观上要求会计人员应用哲学。会计人员在主观上，由于工作的责任感，为人民服务的精神，会计职业道德观念等的驱使，需要应用哲学，以便做好会计工作。同时，会计人员队伍，应具有一定的文化素质，有能力去学习与应用哲学。在会计界，会计工作人员、会计研究人员和会计教育人员等，在不同方面、不同内容和不同层次上，能应用哲学的基本原理，处理会计问题。

会计人员应用哲学的基本原理，主要有：实事求是的观点；实践的观点；发展的观点；联系的观点；矛盾的观点；现象和本质的观点；形式和内容的观点；原因和结果的观点；可能性和现实性的观点；必然性和偶然性的观点；主观和客观的观点；绝对真理和相对真理的观点；个别和一般的观点；全局和局部的观点；系统观点；信息观点；控制观点等。

会计人员在会计领域应用哲学的基本原理，一般有两种情况：一是经验性的应用，即自发地在工作中应用哲学的某种原理处理工作，对本人来说，并不清楚是有意识地在应用哲学的原理处理工作，而只是知道凭自己的工作经验，依据有关规定应该这样处理工作，实际上这种处理工作的方式和方法符合某种哲学原理的要求；二是自觉性的应用，即在工作中处理某项工作时，有意识地应用哲学的某种原理，以其为指导，并按照相应的规定进行处理。这两种情况都能较好地完成会计工作任务。

在会计领域应用哲学是比较广泛的。一是在会计工作中应用哲学主要是解决"关系"问题。调整和处理好企业与各方面的关系，如企业与国家各机关（财政、税务、审计、统计等）之间的关系、企业与社会各方面（银行、投资者、消费者、中介机构、研究机构、事业单位等）之间的关系、企业与企业之间的关系、企业内部与各部门、职工之间的关系等。二是在会计研究中应用哲学主要是解决"方法"问题。处理好用什么方法进行科学研究，如会计科研的规划、科研立项的评价、研究方法的选择、研究过程的进行、研究成果的应用、研究活动的实施等，需要采用什么相应的科学方法。三是在会计教学中应用哲学主要是解决"培养人"的问题。提高对培养人和怎样培养人的认识问题，如培养目标、素质教育、博与专的关系、教学方法的改革、教学过程各环节的组织、老师与学生之间的关系、会计教育与社会需要之间的关系等。

2. 对会计应用哲学的理论研究

在会计领域应用哲学，它意味着会计人员的素质在提高，会计工作水平在提高。如何推进会计人员进一步学习与应用哲学，需要对会计人员应用哲学进行研究，促进会计人员从自发应用哲学跨入自觉学习和应用哲学，有些会计人员更自觉地学习和应用哲学。在会计界，有些研究者，对会计人员应用哲学进行了研究，如探讨会计人员在某个问题上应用哲学，或在某些问题上应用哲学，有的对会计人员应用哲学进行了集中的系统的研究，并将这方面的研究成果出版了一些有关会计应用哲学的著作。对会计应用哲学的研究，这些研究成果是可喜的，是有成就的。但是，这也提出了一个问题，这些会计应用哲学的著作是否就是"会计哲学"，形成了会计学科的一个分支学科。应该肯定，这种著作是会计应用哲学的著作，是会计工笔者在实际会计工作中和会计教学工作中应用哲学的理论体现，但它还没有形成为具有相对独立体系的有自身特点的"会计哲学"，对会计应用哲学的研究，不是会计哲学，即会计应用哲学不是会计哲学。在会计应用哲学的基础上，从认识会计一般规律出发，将会计应用哲学在理论上体系化，才逐步形成会计哲学。这种关系可以如图 4-1 所示：

图 4-1　会计哲学形成图

（三）会计哲学的建立

1. 会计哲学的概念

在会计应用哲学实践活动基础上的理论化和体系化，才形成了会计哲学。

会计哲学这一概念，是会计与哲学两个概念的结合。什么是会计，大家有所认识，什么是哲学，哲学的经典定义是"哲学是关于世界观的学问"。哲学是对人生和世界的总的看法。以人为基点，确定人在世界的定位，处理人际关系具体事务的原则和方法，以便适应和改造世界。哲学是"关于世界观的学说。"人们对整个自然界、社会和思维的根本观点的体系，是系统化、理论化的世界观，自然知识和社会知识的概括和总结。会计哲学是关于会计的世界观，是人们对会计本质的认识。它主要研究会计的本质及其一般发展规律，研究会计基本现象及其与所处社会环境间的内在联系，研究会计系统在社会经济系统中的地位与作用，从而为人们从事会计实践工作和会计理论研究提供认识论和方法论方面的指导。

什么是会计哲学，还有不同的认识。有人认为：①会计哲学是系统地、严格地对会计学的前提、意义、基本概念和重要的会计现象，作哲学阐述的学科。②会计哲学是用哲学的方法来研究会计领域的会计活动和会计行为的学科，属于与会计学相交叉、渗透着会计内容的应用哲学。③"会计哲学是一门关于马克思主义哲学的科学认识论和方法论在会计理论研究和会计实践活动中的具体应用的学科。"[①] ④"会计哲学就是运用马克思主义哲学一般原理，揭示资金运动内在关系，探索资金运动的记录、反映方法的一般规律的科学。"[②] 这几种认识，基本上是把会计哲学

---

① 杨俊亮. 会计哲学——会计本体论的哲学沉思 [M]. 沈阳：东北大学出版社，1994：1.
② 王正德等著. 会计哲学概念 [M]. 昆明：云南科技出版社，1988.

定义为会计应用哲学，其内容是会计人员在会计领域的哪些方面应用哲学。它是对会计应用哲学的升华，只是对会计人员应用哲学在理论上的研究，进而在这种会计哲学定义中加以反映，这还不是会计哲学的定义。什么是会计哲学，需要进一步加以探讨。

会计哲学不能从字面上定义为会计应用哲学。应从哲学的定义探讨会计哲学的定义。从上述哲学的定义可以看出，会计哲学是关于会计世界观的学问。它是在会计人员世界观上，将其应用哲学在理论上的系统化。会计哲学是会计人员的一种会计世界观，是会计人员对会计总的、最根本的看法。会计观不同，观察、分析和处理会计问题的立场、观点、方法也就不同，从而在认识会计和改造会计的实践中所起的作用也就不一样。在树立会计观的过程中，应该坚持辩证唯物主义和历史唯物主义，坚持会计理论来源于会计实践，坚持进行会计改革等基本观点。可以说，会计哲学是研究认识会计一般规律的科学。

2. 会计哲学与会计应用哲学的比较

（1）两者的区别。性质不同。会计哲学是应用哲学基本原理来认识会计规律的知识体系。它属于一门相对独立的应用哲学分支学科。它是哲学的基本原理与会计理论体系的融合，是在哲学理论体系中反映会计理论体系；以哲学理论体系反映会计理论体系，或反映会计工作规律和历史发展规律。会计应用哲学是在会计领域应用哲学基本原理，在会计工作内容或在会计理论体系中，反映应用哲学的基本原理。

对象不同。会计哲学研究的对象，是会计领域表现为世界观方面的一般会计规律，实际上是会计人员对这些一般会计规律的基本看法。如对会计规律形成的条件（一定的历史时期，政治、经济、科技、法律和管理等客观的环境，会计人员素质、研究水平等主观因素）、内容、关系、因素、作用和发展趋势等的认识。会计应用哲学研究的对象，是在会计领域各个方面的一些具体工作上，应用哲学原理进行处理的内容；这是具体问题应用相关哲学原理进行的具体处理。

体系不同。会计哲学的理论体系，是按照哲学原理的内在关系建立的理论体系，据此系统地阐述对会计一般规律的认识；它是以哲学的理论体系，系统研究会计一般规律。会计应用哲学是按照会计理论内在的联系建立的会计理论体系，据此阐述哲学原理在会计领域方面的应用；它是以会计的理论体系，研究相关方面哲学原理的应用。

内容不同。会计哲学反映的内容是会计人员对会计一般规律的认识规律,是回答"怎样去认识"。会计应用哲学反映会计人员对会计领域各方面的某些问题,应用哲学原理是怎样认识的,是回答"是什么"。

(2) 两者的联系。会计哲学与会计应用哲学尽管有这些区别,但其基础是相同的,都是研究会计人员应用哲学原理处理工作中的各方面的关系,只是会计哲学是按照哲学理论建立的体系,而会计应用哲学是按照会计理论内在关系建立的体系;会计哲学形成的基础是会计应用哲学的认识活动。建立会计哲学,有利于提高会计人员的政治思想素质,有利于指导会计工作的顺利进行,有利于会计理论工作的广泛开展,有利于会计改革的深入开展,有利于会计教育事业的发展。

对会计人员在会计工作中应用马克思主义哲学的实践进行总结,并使之理论化、系统化而成为一门会计哲学。会计哲学是依据马克思主义哲学基本原理,结合会计原理,研究会计的本质和一般规律的应用哲学。

会计哲学是会计学与哲学的结合,这种结合不是两个板块的拼凑,而是相互渗透、相互融合的有机结合,以马克思主义哲学原理指导会计学的研究,会计哲学的研究又丰富了马克思主义哲学的内容。会计哲学处于"哲学"与"会计学"的中介,即应用辩证唯物主义和历史唯物主义研究会计原理和会计历史;马克思主义哲学在会计学的应用是全面的,既指导会计理论的研究,又指导会计方法的研究,仅把这种指导归结为指导会计方法的研究是片面的。会计哲学对于会计学是指导关系,应用会计哲学的基本理论指导会计理论研究。这里,既是根据马克思主义哲学原理指导研究会计理论,又是根据会计哲学的基本理论指导研究会计理论,两者是一致的,不同之处则在于:前者为最抽象的一般指导,后者为较具体的一般指导。在未形成会计哲学之时,是以马克思主义哲学指导研究会计学,在形成会计哲学之后,既可以依据马克思主义哲学又可以依据会计哲学去指导研究会计学。可见,会计哲学是属于哲学在会计领域的一门应用科学。

(四) 会计哲学的对象

会计哲学的对象即会计哲学的内容是什么,它与会计学的对象有什么关系,是需要探讨的一个问题。

有人提出:会计哲学是研究现代会计的最普遍的本质和最基本的规律体系,研究会计信息系统和会计控制系统在社会经济大系统中的地位与作用,研究基本会计现象间的本质联系,研究人们对现代会计的根本观点和方法论原则,并加以系统化和理论化,从而为人们从事会计实践工作和理论研究提供认识论和方法论方面的指导。也有人认为，会计哲学是以资金运动记录和反映方法的内在关系为研究对象，以揭示其记录和反映方法的一般规律为目的；这样与以资金运动记录和反映方法为对象，以提供会计信息为目的的会计学相区别。这两种认识是试图说明会计哲学的对象，并与会计学的研究对象相区别；然而，这两种认识既没有明确会计哲学的研究对象是什么，又没有完全与会计学的研究对象相区别。

59

会计哲学的研究对象是认识会计的一般规律。它的研究领域，不同于马克思主义哲学是研究自然界、人类社会和思想的宏大领域，而仅限于会计领域（包括会计工作、会计理论研究和会计教学）；其所研究的认识会计的一般规律，不是会计全部的各种具体规律，如复式记账规律、货币资金运动规律、成本管理规律等，而是在会计理论研究的基础上，从世界观方面，对各种认识会计具体规律的认识路线和认识方法进行科学地抽象，研究认识会计的一般规律。这些认识的一般规律，表现为会计人员对会计领域的一些根本认识观点或基本看法。也可以说，会计哲学的研究对象是会计领域表现为世界观方面的一般规律。会计哲学的研究对象与会计学研究对象有密切的联系，会计学研究对象是资金运动，而会计哲学的研究对象是研究认识资金运动的一般规律（认识规律），两者都是以资金运动为认识对象；会计哲学是研究认识资金运动的规律，即怎样去认识资金运动，而会计学是研究资金运动的一般规律及其各种具体规律，这是两者的明显区别。如对会计本质的认识，会计哲学要研究认识会计本质的认识方法，怎样去揭示会计的本质；而会计学要研究会计的本质是什么，两者研究的过程是同一的，而其结论是不同的，前者是怎样去认识会计的本质，后者是研究会计的本质是什么。可以说，会计哲学研究认识的一般规律，会计学研究资金的具体规律。

（五）会计哲学的功能

会计哲学的理论来源于会计哲学的实践，又高于实践，在各方面发挥着作用，有其应有的功能：

（1）认识功能。依据会计哲学认识客观会计事物。会计哲学理论是理性认识的理论形态。其认识功能表现在：解释会计理论上的各种争论，揭示会计事物内在的各种关系，认识会计事物发展的规律性，预测未来的变化。会计哲学的认识功能，是通过会计实践活动实现的。在会计实践中，要认识某个会计事物，揭示其本质，及其发展变化的规律，必须在具有丰富的经验知识的基础上，通过各种会计哲学的理论和方法，对其加工整理、比较分析，才能揭示它的本质、发展过程及其制约因素和趋势，以获得正确的认识。

（2）指导功能。依据会计哲学理论指导会计实际工作。哲学不只是解释世界，更重要的是通过实践活动，以改造世界。理论是行动的向导，在一定理论指导下，依据会计哲学理论具有的特征而提出的各方面理论知识，组织会计实际工作。

（3）教育功能。运用会计哲学理论进行会计教育。哲学指导怎样做人。在会计教育中，通过设置的各种会计专业课程，将会计哲学理论渗透到进行会计的基本理论、基本知识和基本技能的"三基"教育中，使教学具有哲理，把教书与教人结合起来，在教学中培养学生的世界观、人生观和价值观，把传授知识与培养能力结合起来，培养学生具有创新精神和实践能力的人才。

（六）会计哲学的特征

哲学是时代精神的体现，会计哲学反映时代精神，就成为现代会计哲学。现代会计哲学的"现代"体现在会计哲学的理论，是现代哲学理论与现代会计理论的结合，并渗透了其他相关科学的现代理论与方法。会计哲学属于应用哲学学科，是哲学原理与会计学理论相结合的交叉学科，从其任务与内容而言还是属于会计科学的一个分支学科。

会计哲学与会计学相比较，有其特殊性。为了把握会计哲学的性质和对会计哲学有全面、系统、深入的认识，需要分析会计哲学的特征。其特征主要有：①主体性，揭示会计人员是认识的主体，会计人员是依据会计哲学理论与方法认识会计事物本质的内在联系和发展的必然过程的规律。②思维性，反映会计人员对会计事物的性质、构成要素、关系、功能等各方面认识的思维方式和思维过程。③方法性，阐述会计人员认识某种会计事物，或某个方面会计事物或全部会计事物的各种认识方法。④交融性，体现哲学与会计学和其他相关科学在内容上的融合。⑤实践性，说明会计主体要通过会计实践，去认识客观实际存在的会计事物的规律和发展会计事业。

三、会计认识与会计实践

（一）正确的认识源于会计实践

正确的会计认识从哪里来？有人会说，会计知识是在学校或在职读书时学习的，是看书籍报刊和文件学习的，是听报告和讨论获得的，等等。如有的学生，在毕业时，由于成绩优秀，获得奖励；同时，也说明该学生在校期间获得了很多会计知识。这些，毋庸讳言，是客观存在的，是人们获得知识的基本途径。还有人说，知识是我想出来的，是大家侃（议论）出来的。问题在于，这些知识又是从哪里来的呢？即从本源上说这些知识是从哪里来的呢？从知识的本源上说，正确的会计认识只能来自于会计实践。这就是说，书籍报刊和文件上的知识，或报告和讨论中的知识，不会从天上掉下来，不是人的头脑中随便"拍"出来，其本源都是来自于会计实践。正确的会计认识只能来自会计实践，由实践到认识，即由感性认识到理性认识。

1. 认识实践的重要方法是调查方法

正确的会计认识来自会计实践，这是从认识来自实践的本源上讲的。不是说，有了会计实践，就会自动生成理性认识。在会计实践基础上形成会计理论，有多种情况，一是从事会计实际工作的人员，对实践活动进行研究，使对会计实践的认识，由感性认识上升到理性认识；二是从事会计研究和会计教育的人员，不是直接从事会计工作，而是通过间接的方法，如通过调查，认识与研究会计实践，使对会计实践的认识，由感性认识上升到理性认识，这在现实生活中，是大量的、主要的方法和途径。事实上，一个人是不可能对所有问题的认识都要经历亲身的实践。一个会计人员只能从事他力所能及的某种工作，对自己的工作有所了解和认识；而在同一时间内，他不可能从事其他会计工作，对其他工作是通过间接方式了解和认识的。调查是了解和认识各种社会情况的一种很重要的方法。

调查方法是按照有关要求，采用一定形式，对研究对象进行考察和了解，以获取相关资料的方法。根据了解和认识客观对象的需要，可以采用各种调查方法。调查按其调查对象的数量划分，有普遍调查、抽样调查、典型调查和个案调查；调查按其调查内容的性质划分，有专题调查和综合调查；调查按其调查时间划分，有定期调查和不定期调查；调查按其调查范围划分，有全国调查、地区调查、部门调查、城市调查和农村调查。

在调查中采用的具体方法，有调查会法、现场调查法（蹲点调查、跑面调查）、问卷调查法、访问调查法、网络调查法和电话调查法等。

调查是一个过程，其程序包括：调查准备、进行调查、分析研究、调查总结。

调查是了解情况的一种很重要的方法。"没有调查就没有发言权"，正确的认识是在调查的末尾，而不是在它的开始。

在现实生活中，如要了解企业会计（财务或财务会计）机构的设置，需要对各类型企业进行实地调查，了解企业会计（财务或财务会计）机构是怎样设置的；在占有大量调查资料的基础上，经过分析研究，从中形成全面、综合的认识，设置综合性的会计（财务或财务会计机构，还是单设会计核算）机构，或财务机构。只有从实际出发，进行细致的调查研究，才能形成正确的认识。

2. 由实践到认识

由实践到认识是由对实践的感性认识到理性认识。这个认识过程基本要求是：

明确认识对象。明确认识对象，一般要依据认识的需要和有关规定或要求。如要了解企业会计工作情况，一方面要依据在当前情况下，需要了解会计工作中的什么问题，在需要了解的多个问题中，选择其中最需要了解的问题；同时，要考虑有关方面对会计工作的要求；根据以上两点，如确定认识的对象是会计工作在企业的地位与作用（职能）。

收集资料，获得感性认识。在明确认识对象后，要选择与认识对象有关的调查单位和相关方面。选择与认识对象有关的调查单位，是直接从事该项认识的会计实践活动的单位，能从中获得直接的、客观的、反映实际情况的第一手资料。选择具体的调查单位，根据认识的任务和要求，确定一个具有代表性的调查单位，或是不同性质的多个调查单位。

分析研究，进入理性认识。①整理资料。对收集的大量感性认识资料，要进行整理。②分析研究。对经过整理的资料要进行分析研究。采用抽象法进行分析，从感性具体到抽象规定，运用分析法，将处于混沌的、统一的感性具体的整体，按照一定标志，分解为各个方面、各种属性、各种特点、各种因素和各种关系等，并按照需要进行次一级的分解，使分解的部分具有相对的独立性；然后，对每个方面、每种属性、每种特点、每种因素和每种关系等，进行逐个地考察，抽象为各种规定，如分析偶然与必然，抽取必然，分析非本质与本质，抽取本质，分析次要与主要，抽取主要，从而形成简单的概念、判断和推理；从抽象规定到理性具体，在抽象规定的基础上，运用综合法，把同一对象，在对其分析的基础上，从整体上把各个方面——属性、特点、因素和关系等，有机地联系起来，形成完整的、统一的、全面的和深刻的认识，认识其本质和规律，再现客观存在的具体事物，达到理性认识的高度。

63

表达理性认识。对确定的认识对象，从感性认识到理性认识，要以一定的形式表达理性认识。表达理性认识的形式，主要有：报告形式——有调查报告、总结报告和研究报告等；论文形式——论文是按照认识的要求，通过对被调查单位的调查，并收集相关方面的资料，对获得的大量资料，经过全面、系统地分析研究，从而系统地阐述、讨论或研究、探索某种问题的文章；著作形式——著作是装订成册的反映理性认识成果的书籍。

3. 由认识到实践

由认识到实践，是由对实践的理性认识所形成的理论，作用于实践，即一般所说的理论指导实践。由于理论是对客观事物规律性的认识，有其理论的特殊性。它的功能主要是：认识功能，认识客观世界；指导功能，指导实际工作；教育功能，培养人才。由认识到实践的过程，基本要求是：明确理论；理论作用于实践；实践检验理论。

（二）会计实践是会计认识的基础

1. 会计实践的概念

会计实践是会计参与社会再生产过程的全部会计活动。它包括会计核算活动、会计监督活动、会计预测和决策活动、会计事务管理活动、会计科学实验活动等。会计核算、会计监督是会计的基本实践活动，它制约着其他各种形式的会计实践活动。

会计实践受一定历史条件的限制，具有客观性。会计实践是会计理论的基础，会计理论依赖于会计实践，实践对理论起着决定性作用，会计实践是检验会计理论的标准，是会计理论的目的，会计理论反过来又指导会计实践。一般说现代会计理论的形成，有总结实际工作中的会计理论、继承传统的会计理论、研究新的会计理论和借鉴西方国家有用的会计理论。可以看出，会计理论的形成，充分反映了人的主观能动性，但这是否意味着会计理论的形成可以凭人的主观想象呢。实际上，会计理论的形成是一个历史的过程，在迄今为止的会计理论总汇中，不论是采取哪种方式形成的，它都离不开实践，有了会计实践基础，才能总结其理论，才能形成历史的理论可以继承，才有新的问题可以研究，才有西方国家的理论可以借鉴。所以，会计认识形成的理论的基础是实践。

会计实践是会计人员有目的地进行会计工作的活动。显然，它是会计人员的活动，既包括企业、事业等单位的会计工作人员，也包括科研部门的会计研究人员和其他部门的会计人员；它是会计人员有目的的活动，是会计人员为完成一定时期会计工作或会计研究的任务，而采用相应的会计方法进行的活动；它是会计人员进行的会计工作，既包括企业、事业等单位的会计核算和财务管理工作，也包括科研部门和其他部门的科研工作和其他工作。会计人员通过会计实践，以维护社会主义市场经济秩序，加强经济管理，提高经济效益，完成会计任务。

2. 会计实践的要素

实践是人类有目的的活动过程，它由各个要素所组成。所以，实践要素是组成实践的各部分。

实践活动是多方面的，有经济的、政治的、文化的、教育的、科技的和军事的等等，不论哪种实践活动，都由一般要素所构成。这些一般要素有：①实践主体，进行实践活动的主导者。人是实践的主体，人在实践活动中是有目的的，人在实践活动中是最积极、最活跃的因素，充分发挥人的主观能动性，就能促进实践活动，如不能调动人的积极性，就会影响实践活动。②实践客体，进行实践活动的对象。是人进行实践活动的场所、活动的范围和发挥作用的舞台，充分作用于对象，如使其物尽其用，货畅其流，就能发挥它更大的作用。③实践手段，为达到实践的目的，而采取的一切方法、工具、措施和途径。④实践结果，进行实践活动取得的最终效果。在实践活动中，人的作用是否充分发挥，实践的对象和手段是否充分利用，衡量的标准是实践的结果，采取各种措施，发挥实践各要素的积极作用，以取得实践的更大效果。

3. 影响会计实践的因素

在一定条件下的实践活动，受各种因素所影响。影响会计实践活动的因素，有外部环境和内部环境的因素，一般说，直接因素有：①经济发展状况，影响会计工作的内容、范围、形式、要求、会计机构设置、会计人员配备和各单位的相互关系，等等。这是影响会计实践活动的基础。②经济管理水平，影响会计的基础工作，包括财务会计制度的建立和健全，会计核算和财务管理的规范化和科学化，会计工作发挥核算、监督和其他职能的作用，以及会计工作的现代化等。③政策和法规，影响会计工作处理经济活动中的各种具体经济业务，处理各方面的经济关系，维护社会主义市场经济秩序，发挥会计核算和管理的作用。④本单位规章制度，影响会计工作的及时、正常地进行，协调各单位之间的工作，内部核算和控制制度的建立，处理内部与各单位、员工之间的经济关系，会计工作的规范化和科学化，发挥会计工作的职能作用。⑤各部门协作关系，影响会计工作的及时、顺利地进行，内部规章制度的贯彻执行，生产经营活动的正常运转，经济效益的变化，发挥会计工作的职能作用。⑥科学技术水平，影响会计工作的规范化、科学化和现代化，电子计算机在会计工作中的运用，会计信息系统的建立和健全，发挥会计工作的职能作用。⑦领导对会计工作的重视程度，影响会计工作在会计核算、财务管理、维护经济秩序、提高经济效益等方面发挥职能作用，会计机构的设置、会计人员的配备和会计人员素质的提高，协调各部门相互协作的关系。⑧会计人员的素质，影响会计工作及时、全面、正确地进行，处理各种经济业务和各种经济关系，在会计工作中发挥职能作用和完成会计工作任务。⑨会计工作的物质条件，影响会计工作及时、全面、正常地进行，在会计工作中运用先进科学技术，提高工作效率，与国内和国外各个方面的联系，发挥会计工作的作用和完成会计工作的任务。

4. 会计实践的认识基础功能

会计实践是会计认识的基础，也就是说，在会计实践的基础上形成会计认识。这种会计实践对会计认识的基础作用，体现在会计实践是会计认识的源泉。它是指会计认识来源于实践。当然，有了会计实践，不能就自动地生成会计认识，而要依靠人的主观能动性，对会计实践有全面、深入地认识，并把握其源泉作用，经过认真的研究，才有助于会计认识的形成。

会计实践对会计认识的源泉作用，主要表现在：①会计实践反映需要新的会计认识，新的认识始于实践的需要，会计实践的需要才促使我们去探讨新的会计认识；②会计实践创造形成会计认识的条件，在会计实践中有运用会计认识的主体、客体和手段，为形成会计认识创造了条件；③会计实践产生会计认识的萌芽，在会计实践中会产生某种会计认识开始显露的新因素；④会计实践形成会计认识的雏形，在会计实践中已有了由会计工笔者总结的某种会计认识的原形，并有了初步的运用；⑤会计实践促进会计认识的发展，由于会计实践的发展，需要对已有的会计认识进行充实、改造、更新，使之不断发展；⑥验证会计认识的科学性，实践是检验认识的标准，通过会计实践，检验会计认识在运用中是否科学，采取相应措施，完善和发展会计认识。

（三）会计实践的性质

会计实践是会计人员在一定规范指导下，为完成一定任务，采用相应的方法，对工作对象进行的能动活动。其性质表现为：

1. 系统性

系统性是会计实践出相互联系、相互作用的各种要素组成的具有特定功能的有机整体。如前所述，该系统是实践主体、实践客体、实践手段和实践结果等各要素相互联系、相互作用而按照一定目标运行的行动集合。

2. 结构性

结构性是会计实践由各个部分所组成。会计实践由哪些部分组成，根据会计实践的多样性，按照认识的不同要求，而有不同的划分。会计实践活动按会计实践内容的形式不同，分为会计工作实践、会计理论研究实践和会计教育实践；按会计工作单位的性质不同，分为企业会计实践和事业单位会计实践；按会计工作的范围不同，分为基层企业、事业单位会计实践、部门会计实践、地区主管部门会计实践和国家主管部门会计实践等等；会计实践划分是相对的、交叉的，对同一实践活动，从不同方面进行划分，以便更全面地认识会计实践，更好地处理实践活动中的各种经济业务和各种经济关系。

3. 目标性

目标性是会计实践活动在一定时期内要达到的目的或要求。任何一项会计实践活动，都是为了实现一定目标或要达到一定的要求而进行的具体活动，而不是没有目标的盲目实践。目标是有时期性的，有长期目标、中期目标和年度目标，年度内的月份目标、季度目标和半年目标；目标可以由具体的数量指标来反映，如销售目标、成本目标、费用目标和利润目标等；目标可以由质量要求来体现，如职业道德要求、信息质量要求等。目标有总的目标和具体的目标，总目标层层分解为各种具体目标，总目标与具体目标相互制约，总目标决定和分解为具体目标，具体目标的实现保证总目标的实现。如一级总目标决定和分解为二级中目标，二级中目标决定和分解为三级细目标；三级细目标的实现，保证二级中目标的实现，二级中目标的实现，保证一级总目标的实现。企业的经营目标是提高经济效益，提高经济效益目标决定和分解为各职能部门的具体目标，会计实践活动的目标，要能促进企业提高经济效益。

　　4. 行为性

　　行为性是会计实践体现为会计人员有目的的活动。会计实践是按照一定目标而运行。在会计实践活动中，会计行为包括三要素：会计行为的主体，是会计个体（会计人员）和群体（会计机构）；会计行为的客体，是实践活动的对象（资金运动或经济活动）；会计行为的手段，是会计方法、计算工具和会计信息。会计实践活动要以人为本，会计人员的素质决定着会计实践活动的质量，会计人员素质高，能充分地运用会计行为的手段，作用于会计行为的客体，就能使会计实践活动有较高的质量，表现为出色地完成会计工作的任务，实现会计工作的目标；反之，会计人员素质较低，不能充分地运用会计行为的手段，作用于会计行为的客体，其结果将会使会计实践活动处于较低水平，表现为不能完成会计工作的任务，也不能实现会计工作的目标。

　　5. 职能性

　　职能性是会计实践活动的内容，反映了会计机构和会计人员，在处理经济业务过程中发挥会计职能的作用。会计实践活动的过程，是会计机构和会计人员发挥会计职能完成会计任务的过程。会计的基本职能是会计核算和会计监督，核算经济业务，监督经济活动，保障经济活动的正常进行。

　　6. 社会性

　　社会性是会计实践活动的内容，反映了会计主体单位在经济活动中，发生的与国内、国外各方面的经济关系。会计主体与单位外部（国内外各方面）发生的关系，如与银行、财政、税务、审计、工商管理、海关、商品检验等部门，与企业、事业等单位发生的各种关系，主要是经济、技术方面的经济关系与技术关系，体现在市场经济条件下的宏观调控、管理、支持、协作、交易和竞争的关系；会计主体与单位内部的各方面发生的关系，如与各职能部门、各单位和员工发生的各种关系，主要是经济和技术方面的分工与协作的关系、经济往来与利益分配关系，体现在建立现代企业制度下的责、权、利的关系。正确处理会计主体与单位外部（国内外）、与单位内部各方面发生的关系，疏通资金、物资和信息的流通，维护各方面正当、合法的利益，有利于经济的正常发展。

68

7. 规范性

规范性是会计实践活动按规范运行。会计主体要正确地处理各方面的关系，关键在于要依据会计规范处理各方面的关系。会计实践活动依据的规范，包括党和国家的方针、政策，会计的和相关的法律、行政法规、行政规章制度和道德，单位内部的制度和规定等。在各种规范中，特别要重视各种法规。依法治国是国家的大政方略，会计工作也一定要依法治理，有法必依，执法必严，违法必究。它要求在会计实践活动中，对资产、负债、资本、收入、费用等的每一笔经济业务的处理，所引起的资金的增加或减少，或财务活动的一收一支，都是在执行有关会计法规和相关法规与制度。会计实践活动的规范运行，才能保障会计工作的有序、正常地进行，才能正确处理各方面的关系。

8. 历史性

历史性是会计实践的内容，反映了在一定条件下的活动。它是现时的，是在我国建立社会主义市场经济体制条件下，在一定时间、空间（地点和条件下）发生的，是在某个期间内的某个时点上，在某个部门或地区的某个企业内，在一定的部门由有关人员经办的，通过资金运动体现的经济活动；它是具体的、会计实践活动的内容，是会计人员处理的反映经济活动的各种具体经济业务，如反映企业在生产经营过程中，采购材料或商品，发生各种生产费用、支付工资、计算成本、销售产品、利润分配等各种具体经济业务。随着时间、地点和条件的变化，会计实践活动也会相应发生变化，在基本一致的情况下，会出现差异，有所不同；对这种情况，要具体问题具体分析，正确认识会计实践活动。

9. 规律性

规律性是会计实践的内容，反映了经济活动发展的趋势。会计实践活动的内容，在正常条件下，反映了客观经济活动发展的趋势，如企业的生产经营活动，反映了国民经济持续、快速、健康发展的趋势。在一定的条件下，受政治、经济、技术、管理等各种因素的影响，企业的经济发展或资金运动，表现为一种必然的发展趋势，各种因素的变化，相应引起经济发展或资金运动的发展变化。会计实践活动的规律性，表现为各种会计工作的规律性，如资金运动规律、成本形成和降低规律、费用规律、销售规律、利润形成和分配规律和提高经济效益规律等。认识会计实践活动所反映的规律，以便应用这些规律，促进企业的经济发展和提高经济效益。

10. 发展性

发展性是会计实践活动的内容，在正常条件下，按照运行目标，不断地发展变化。发展是硬道理，国家强大要发展，社会进步要发展，人民生活提高要发展，企业生存要发展，发展才能国强民富。企业在各方面的发展，才有综合实力，才有市场竞争力。经济活动的发展变化，受各方面因素的影响发展是曲折的，波浪式地向前发展。在不正常的条件下，经济活动会出现向相反方向的发展，企业出现经济萎缩，生产下降，销售不畅，资金紧张，出现亏损。企业发展在一定条件下，是内因，从形式上看，在于企业的人力、财力和物力，从内容上看，在于技术（特别是高新技术）和管理，而这两方面的关键都在于人，在于人才，在于人才中的领导群体。会计实践活动的内容，依存于经济发展，会计实践活动是经济活动的反映。认识会计实践的发展性，使人们有正确的认识，实践在发展，认识也要相应发展，从发展上看会计实践，就是要向前看会计认识的发展。

四、会计认识的主体

（一）会计认识的主体是会计人员

对客观事物的认识，存在一个谁去认识的问题，这个"谁"就是认识的主体。认识主体是认识客体具有思维能力的人。认识主体是人，但这里所指的人是具有思维能力的人；具有思维能力的人，才可能有感性认识，才可能由感性认识上升到理性认识。不具有思维能力的人不是认识主体，他不可能有正确的感性认识，更不可能由感性认识上升到理性认识。

在会计实践活动中，会计人员接触大量的各种各样的经济业务，当对这些经济业务进行处理时，首先是从感性上进行认识，了解一般情况，如经济业务发生的时间、地点、条件和内容，同时，根据一定标准从理性上给予判断，然后进行会计处理。显然，会计人员对经济业务的认识，对于正确处理经济业务是至关重要的。

会计人员要有正确的认识，必须树立正确的世界观、人生观和价值观。会计人员树立正确的世界观、人生观、价值观，才能对客观的会计事物有正确的认识。

（二）会计人员的世界观

什么是世界观？世界观亦称宇宙观，是人们对包括自然、社会和人在内的整个客观世界的根本看法。人们生活在现实社会，都以自己的世界观，对周围的环境形成自己的看法。人的世界观是在一定历史条件下逐步形成的，它受客观的各种环境因素所影响。学校教育对人的世界观的形成影响很大，工作实践、社会活动和后续教育也在不断促进人的世界观日益成熟。

我们需要树立辩证唯物主义世界观。唯物主义承认世界的物质性、客观性，承认物质世界是按其自身的规律运动和变化的；人类社会是统一的自然界的一部分，人的意识是对客观世界的反映，人的活动必须遵守客观规律。辩证法承认客观世界是一个充满矛盾的，不断运动、变化和发展的统一体；客观世界内部矛盾的对立和统一是它自身运动、变化和发展的根本原因；人类社会是物质世界发展的最高产物，是一种由人的实践活动构成的有意识、具有自觉能动性的运动过程；人类可通过社会实践认识和改造周围的自然界以及人类社会自身；人类认识世界和改造世界的能力是随着社会实践的历史不断发展的。[①] 所以，辩证唯物主义世界观是科学的世界观，是马克思主义世界观。在建设中国特色社会主义的条件下，能够作为社会核心理念信仰的，只能是马克思主义世界观。马克思主义世界观的唯物观点和辩证方法，通过中国革命和建设的实践证明是正确的、科学的。

以马克思主义世界观为指导，建立现代社会政治、经济、科技、文化等各领域的行为规范，为发挥人的积极性和创造性提供精神信念，为社会的价值活动树立理性要求，为社会主义发展指明方向。在马克思主义世界观的指导下，才能形成为人民服务、为社会主义现代化建设而奋斗、为人类社会美好的明天而奋斗的精神信念和实际行为，把美好的愿望变成现实。

会计人员没有树立正确的世界观，在实际工作中就会犯错误，甚至走上犯罪的道路。例如：天津市某证券公司出纳员周某 25 岁，平时表现很好，但他挡不住金钱的诱惑，总是盼望自己能赶上机会发财，一朝扬眉吐气。1999 年 10 月 13 日至 11 月 19 日，周某先后分 37 次从银行擅自提取

---

① 哲学大辞典——马克思主义哲学卷［M］．上海：上海辞书出版社，1990：176 - 177.

公司资金共计 121 万元，携款潜逃。法网恢恢，疏而不漏，后经天津市公安局严密侦查，终将侵占巨额资金的周某抓获，并于 2000 年 3 月 1 日押解回津归案。①

树立科学的、正确的世界观，树立马克思主义世界观是党的建设、干部队伍建设、社会主义精神文明建设中最基础、最根本、最重要的建设。

（三）会计人员的人生观

人生观是对人生的根本看法。人生观问题是一个古老而常新的话题，每一代人都不可避免地遇到，只要人类存在一天，人生观问题就不会过时。在社会大变革时代，这个问题尤为突出。改革开放和社会主义现代化建设是一场深刻的革命，牢固树立正确的世界观和人生观，才能在这场社会大变革中经受住严峻的考验。人生一世，对人为什么活着，为什么要工作，为谁服务，人的理想和目标是什么等这些根本性的问题，总有一个看法。人生观是世界观的组成部分，世界观对人生观起着指导作用。

科学的、正确的人生观，回答人为什么而活着，为什么而工作，为谁服务，人的理想和目标是什么，是奉献还是索取等这些根本性的问题，是明确的、肯定的。人生观决定着人的不同理想和奋斗目标，对人们的生活道路起着决定性的作用，并对人们的道德品质和道德行为的形成有着重大的影响。

正确的人生观是为人民服务，有人说，这是最高的要求，一般人达不到。实际上，为人民服务也就是为他人服务，为社会服务，为国家服务，才能形成社会大家庭，为共同富裕和实现中国梦而工作。

在人类社会生活中，由于每个人所处的政治、经济、文化等环境不同，在社会实践中所处的地位、活动内容、目标、手段等不同，从而形成不同的人生观。正确的人生观是为人民服务，如何为人民服务，由于各种因素和情况的不同，在服务的内容上、目标上、空间上、时间上、层次上、程度上、方式上、手段上、措施上和要求上等都不尽相同。

（四）会计人员的价值观

价值观是人对价值的系统看法。价值观包括对人的内在价值和外在价

---

① 天津日报［N］，2000－03－02.

值，怎样做人、怎样实现个人价值的看法。

价值观是人们在处理价值问题，特别是那些普遍性价值问题所持的立场、观点、态度的总和。价值观特有的形式，是人们头脑中有关的信念、信仰和理想系统。在现实生活中，无论是社会的经济、政治、道德和文化领域，还是个人生活的方方面面，都普遍地存在着价值问题。人们如何理解和对待这些问题，内心深处究竟相信什么、需要什么、坚持和追求什么，都是价值观所特有的思想内容。社会意识归根到底反映社会存在。人们有什么样的价值观，是同他们有什么样的社会地位、生活方式和条件相联系的，是基于自身利益和需要的产物。正因为如此，作为人的有意识的选择和追求，价值观就有了自觉与盲目、真实与虚幻、先进与落后、正确与错误等性质和程度上的差别。一种价值观是否科学、合理、先进，归根到底要看它如何反映和反映了什么样的主体利益、条件和需要，是否同事物发展的规律和人类历史进步的趋势相一致。

正确的价值观是以"为人民服务"为核心内容并为最高原则。它是社会主义社会和全体人民的主导价值观。以为人民服务为核心内容的社会主义核心价值观，是在社会主义条件下国家的主导价值观。国家和社会的主导价值观，是由一定的社会、政治、经济制度和民族文化传统所决定的。为人民服务成为国家社会的制度化特征，为人民服务作为国家社会的主导原则，贯彻于社会的经济、政治和文化制度的各方面，成为各项事业的共同性质和目标。

会计人员的世界观、人生观和价值观是相互联系和相互制约的。世界观是根本，人们只有树立了正确的世界观，才能科学地认识自身与客观世界的关系、科学地认识自己在客观世界中的地位，也才能科学地形成改造客观世界与主观世界的正确的目标与方案。在这个意义上，世界观制约着人们的人生观与价值观，一个人有什么样的世界观就会有什么样的人生观和价值观。人的世界观中包含了人生观。人生观是在实践中对世界观的运用，是应用世界观来处理人和世界的关系。人生观与价值观是不可分割的。但价值观的范围要比人生观广泛得多。人的实践把人的世界观、人生观与价值观统一于自身。实践是人的存在方式，人作为有意识的生命存在，总是不满足于现存世界的价值，而要超越它们，构建某种超越现实的价值理想，并通过人们的实践活动，将价值理想不断转化为现实而促进社会的发展。

五、会计认识的客体

（一）会计认识的客体是会计对象

1. 什么是会计对象

对会计实践的认识体现为对会计实践这个客体的认识。会计实践这个客体是什么样的客体，需要从会计实践中揭示其内容。什么是会计客体？客体是相对于主体而言的，是独立存在于主体之外的，是不以人的意志转移而客观存在的事物。会计认识的客体是会计人员认识会计领域客观存在的事物。会计领域客观存在的事物很多，会计人员所要认识的是与会计有关的事物。这些与会计有关的事物，一般说就是由会计处理的经济业务——会计事项。会计事项的综合、抽象化是会计对象，它就是会计认识的客体。

2. 怎样确定会计对象

可以从理论与实践的关系进行分析。在有些会计著作中，对会计对象缺乏抽象性，没有一个明确的会计对象是什么，而只是罗列会计对象的各项内容。如有人主张：会计对象，既包括会计核算的各项内容，也包括会计管理和财务管理的各项活动。还有人提出：会计对象大体上包括以下六个部分。这种罗列会计对象的做法，不利于据以指导研究会计的全部内容，因为罗列的内容不一定全面。

确定会计对象的内容，要依据以下因素：①历史发展，从会计产生到经历奴隶社会、封建社会、资本主义社会和社会主义社会的不同时期，会计工作所呈现的实际情况；②经济管理的要求，对物质资料的再生产过程需要进行管理，管理是一个复杂的系统，要求分工进行各方面的专门管理，不同方面的管理有其特点而有其不同的要求；③会计工作的实际内容，现实的会计工作既是会计历史发展的继续，也体现经济管理的要求，还反映了会计工作的特点，这是确定会计对象的基础。

3. 会计对象是会计的内容

对会计工作而言，它的对象是工作的内容；对会计科学而言，它的对象是所研究的内容。明确会计对象，也就是要明确会计工作的对象，以便明确会计核算和会计管理工作的内容，以及相应会计人员的职责范围，更好地把会计工作做好；明确会计科学的对象，以便明确会计科学的内容，更好地总结会计工作实践，研究会计理论，推进会计科学不断发展和完善。

会计对象是会计工作的内容，但其内容是什么，需要深入地进行研究。决定会计对象的因素，主要是客观事物的特殊性，即企业、事业等单位的工作分工所决定的。客观事物是一个庞大的系统，需要由各个方面的各种职能部门，对其进行工作；每一个职能部门只进行一方面的工作，各个职能部门共同实践的结果，共同完成对客观事物的工作。

（二）会计对象运动

会计对象的内容是客观经济活动中的某个方面，其具体内容要从再生产过程进行分析：

1. 扩大再生产过程

会计对象是与再生产过程相联系的方面。由于会计是社会生产发展的产物，受生产所制约，显然，会计对象是与企业生产相联系的方面。但是，生产过程的矛盾很多，各种矛盾都有它的特殊性，应分别由各种科学去研究，而会计所研究的只是这一领域中所特有的某一种矛盾。企业、事业等单位经济活动的内容是丰富的，涉及其价值的、实物的在生产、流通、分配和消费等环节的运动过程，会计工作只是涉及其中价值运动的过程，即货币表现的经济活动过程。

会计对象是与货币表现的经济活动过程相联系的方面。在再生产过程由货币表现的经济活动，即价值运动中，其内容也是多方面的，如有货币表现商品价值的价格，货币表现劳动报酬的工资，货币表现一定时期劳动成果的工业总产值等，显然，这些货币表现的经济活动，与会计工作有联系，但价格、工资的制定、结构、体系和管理，以及工业总产值计算等，不是会计工作的内容，因而会计对象只是某方面货币表现的经济活动。

会计对象是财产的货币表现。在货币表现的经济活动中，货币表现的购买劳动工具、劳动对象和支付劳动者的报酬等才是会计的对象。劳动工具、劳动对象和其他资产是现代企业的财产。财产的货币表现是资金。资金随产品再生产过程而不断地运动变化。所以，会计对象是再生产过程中的资金运动。

2. 企业资金运动

企业的会计对象是企业经营活动的资金运动。企业的资金，是企业进行经营活动的必要前提条件之一。企业组织经营活动，需要有一定数量的资金，用于采购材料或商品，购建固定资产，支付职工劳动报酬，支付其他费用等。企业有了资金，才能组织正常的经营活动。企业资金运动表现为筹集资金、使用资金和收回资金的过程。

（1）筹集资金。企业的资金通过筹集方式取得。企业资金筹集有两种方式：一种是投资者投入的资金，另一种是向债权人借入的资金。

投入资金。设立企业必须有法定的资本金。资本金是企业在工商行政管理部门登记注册的资金。企业筹集的资本金按投资主体可分为国家资本金、法人资本金、个人资本金以及外商资本金等。国家资本金是代表国家投资的政府部门或机构以国有资产投入企业形成的资本金，法人资本金是其他当事人单位以其依法可以支配的资产投入企业所形成的资本金，个人资本金是社会个人或本企业职工以个人合法财产投入企业所形成的资本金，外商资本金是外国投资者以及我国香港、澳门和台湾地区投资者以资金投入企业所形成的资本金。投资者投入的资金按投入形态，可分为货币投资、实物投资、证券投资、无形资产投资等。货币投资是企业收到投资人直接以货币形式的投资。实物投资是企业收到投资人以房屋、建筑物、机器设备、材料、商品等实物的投资。证券投资是企业收到投资人以股票债券等有价证券的投资。无形资产投资是企业收到投资人以土地使用权、专利权、商标权等无形资产的投资。

借入资金。除以上投资者投入的资金外，企业还可以从金融机构和其他单位借入资金，形成负债，包括长期负债和流动负债。长期负债是偿还期限在1年或超过1年的一个营业周期以上的债务，包括长期借款、应付长期债券、长期应付款等。流动负债是可以在1年内或超过1年的一个营业周期以内的债务，包括银行短期借款、应付短期债券、预提费用、应付及预收款项等。

（2）使用资金。企业筹集的资金使用在各个方面：

用于生产过程。用于生产过程的资金叫做生产资金。它是劳动资料和劳动对象占用的资金。包括固定资产（固定资金）、材料（储备资金）和在产品（生产资金）等。

用于流通过程。用于流通过程的资金叫流通资金。它是劳动产品等占用的资金。包括产成品（成品资金）、库存现金和银行存款（货币资金）、结算过程中的各种应收和暂付款项（结算资金）等。

（3）收回资金。企业生产的产品按销售价格向购买单位办理货款结算，收回货币资金。在产品销售过程中，企业为了推销产品，还要发生一定的资金耗费（各种销售费用支出），这些费用从当月利润中扣减。企业出售产品所取得的销售收入，在补偿已售产品的销售成本后，即为企业的纯收入。企业的纯收入在扣减应缴纳的税金及管理费用、财务费用、销售费用后，为企业的产品销售利润或亏损。企业产品的销售利润或亏损，加减营业外收支后，形成企业的最终财务成果。企业实现的利润，按国家的规定进行分配：缴纳所得税；税后利润按一定比例提取盈余公积金，向投资者分配利润等。

企业资金的筹集、使用和收回，表现为资金的循环与周转。工业企业的生产经营活动，是以生产过程为中心的供应过程、生产过程和销售过程的统一。随着企业生产经营活动的进行，企业的经营资金将依次通过供应、生产和销售过程而表现为各种不同的形态。在供应过程中，企业用货币资金购买各种材料，形成生产储备，这样，资金就从货币资金形态转化为储备资金形态。在生产过程中，既是工业产品的制造过程，又是工业产品生产的耗费过程，一方面，劳动者借助于劳动资料对劳动对象进行加工，制造出各种劳动产品；另一方面，还要发生各种劳动耗费，包括物化劳动和活劳动的耗费，主要有材料耗费、人工耗费、固定资产折旧和其他各项费用等。生产过程中先制造出未完工的在产品（占用在在产品上的资金叫做生产资金），这样，资金就从储备资金形态转化为生产资金形态；随着生产过程结束，在产品进一步加工成产成品（占用在产成品上的资金叫做成品资金），这样，资金又从生产资金形态转化为成品资金形态。在销售过程中，把产成品销售出去，收回货币资金，这样，资金又从成品资金形态转化为货币资金形态。资金从货币资金形态开始，经过供、产、销三个过程，依次由货币资金形态转化为储备资金形态、生产资金形态和成品资金形态，又回到货币资金形态，叫做资金循环；随着企业生产经营过程的不断进行，资金周而复始不断地循环叫做资金周转。

综上所述，企业经营过程的资金运动，即资金的筹集、使用和收回过程，或资金的循环与周转，就是企业的会计对象。在企业，会计对象的具体内容，表现为资产、负债、所有者权益、收入和费用等。

企业的资金运动在经营活动中表现为各种经济业务。企业的经济业务，是在企业经营活动过程中发生的经济事项。经济业务发生后，要由有关人员按规定手续及时办理。经济业务是经营活动的具体反映，是可预见、可控制、可计量和可检查的。如企业采购材料，是采购经济业务，从银行提取现金，是现金业务。正确处理每笔经济业务，才能使经营活动得以顺利进行。企业经营活动中发生的各种经济业务，按其性质，分资产业务、负债业务、所有者权益业务、收入业务和费用业务等；按经营过程，分采购业务、生产业务和销售业务等；按结算方式，分现金业务、银行转账业务和应收应付业务等。明确各种经济业务，以便采取相应的会计处理办法。

（三）一定环境下的会计客体

会计的认识客体，是一定环境下的会计客体，也就是说是一定条件下的会计对象。它是具体的，可以认识的，不是抽象的，不能认识的。在社会主义市场经济的条件下，影响会计对象的环境因素有：①经济发展状况，影响会计对象的内容、范围、形式和要求等；②管理要求，经济管理的水平，集中的与分散（分权）的管理，会计工作的分工与协调，影响会计对象的形式、特征和要求等；③科学技术水平，影响会计对象的内容、规模、质量和形式等。

在这些环境因素的影响下，会计对象具有以下特征：

历史性。会计对象是在一定历史条件下形成的。会计对象的历史性，表明它的具体性。一定的会计对象是在一定时间、地点、单位和条件下的具体会计对象。如进入 21 世纪，2015 年，某集团公司会计对象。

广泛性。各种会计单位都有会计对象。在各种会计单位，不论是各部门（物质生产企业、非物质生产企业和事业单位）、各地区和各种所有制的会计单位都有资金运动，也就都有会计对象。这里所指的资金运动，包括资金的筹集、使用、耗费、收回和分配的过程。需要指出，会计对象具有广泛性的特征，会计对象是资金运动也就涵盖了管理会计的对象。管理会计的对象是否是资金运动，还存在以下观点：①现代管理会计的对象是现金运动；②现代管理会计的对象是价值差量；③管理会计研究的对象是企业资金的流量；④管理会计的对象可以归纳为：企业资金运动的方向、数量与时间经济效益关系的分析研究和控制；⑤管理会计对象是以财务会计的对象为基础的资金总运动（即管理会计对象是以企业一级过去资金运动为基础的企业所属各级过去、现在和将来的资金总运动）。以上各种观点不尽相同，但有一点是共同的，即管理会计的对象是资金运动，是资金运动的具体化，是对资金运动的某个方面或要求进行的研究，实质上仍是资金运动。

相对性。会计对象是一定空间范围的资金运动。在一定空间范围内的会计对象，是不确定的，具有相对性，它可表现为企业、事业、机关、团体等单位会计对象，或地区会计对象（如地区预算会计对象）、部门会计对象和国民经济核算会计对象等。

层次性。会计对象依次形成的不同的级次。会计对象由于具有广泛性和相对性的特征而使它具有层次性。对会计对象分哪些层次有不同的认识：①会计对象分一般会计对象和具体会计对象，后者是前者的具体化。会计具体对象，表现为分行业的会计对象，加工业会计对象、商业会计对象、农业会计对象；又表现为分会计工作的会计对象，如决策会计对象、控制会计对象等。②会计对象分会计反映与控制的对象是价值运动，会计的处理对象是价值运动信息。这种划分，在实际工作中是难以区别的，因为，会计反映与控制的过程，是借助反映会计处理的信息进行的。③会计对象表现为第一层次的再生产过程或经济过程，第二层次为价值运动量的方面，第三层次为一定空间范围内的价值运动量的方面。这种观点，由于它的前提——会计对象是价值运动不正确而无实际意义。会计对象的层次性，主要表现在它的包容关系，如依次形成分级次的国民经济会计对象、部门会计对象、企业集团母公司会计对象、子公司会计对象等。

动态性。会计对象在一定时期随影响因素的变化而变化。企业会计对象既要受企业外部政治、经济、文化和科技的大环境的影响，又要受企业内部各种物质条件、各职能部门和员工素质的影响，使其在一定时期内不是固定不变的，而是发展变化的。

静态性。会计对象在一定时点上表现为相对静止状态。会计对象是资金运动，企业在一定时期资金运动的结果，表现为在一定时点上资金运动结果的状况和成果，反映其构成或分布。一定时点上资金运动结果的状况又是新的运动的起点。

效益性。会计对象的目标是为了提高经济效益。企业资金运动要按照企业经营的目标与需要，在资金的筹集、使用、耗用、收回和分配的过程，少花钱，多办事，办好事，提高资金使用效益，促进企业经济的发展。

规范性。会计对象按照一定规范运行。资金是企业的血液和命脉。资金按照国家的政策、法规和制度运行，保证企业经营活动的顺利进行，正确处理各方面的经济利益，才能使资金得到正常的循环与周转。

一定环境下的会计客体即会计对象是具体的、实在的，如企业的会计对象，是企业经营活动的资金运动。企业有了资金，才能组织正常的经营活动，提高资金的使用效益，促进企业经济发展。

六、会计发展规律

（一）认识会计发展

理论界对会计发展有各种认识，但综合、全面地考察，会计发展的定义应该描述为：会计发展是会计事物运动过程中前进的变化。

会计发展的内容是全面的，涉及会计的各个方面都在发展。会计发展的主要方面，是会计工作发展、会计理论发展和会计教育发展。会计工作发展包括会计制度、会计方法和会计管理等方面的发展。

会计发展的形态，主要是：全新发展，完全是新的内容和新的形式，如某种新的会计理论、新的会计方法和新的会计制度；补充，对原有的内容进行较大的补充，使其完善，如对某种会计理论、会计方法和会计制度的补充，而使其完善；修订，对原有的内容进行较多的修改，使其健全，如对某种会计理论、会计方法和会计制度的修订，而使其健全；改造，对原有的内容在体系、内容上进行重新改造，使其全面，如对某种会计理论、会计方法和会计制度的重新改造，使其全面；整合，对原有的多种内容按照新的要求进行整合，使其适合新的要求，如对原有企业会计制度的整合，而重新制定的《企业会计准则》，更适应企业会计工作的需要。会计发展形态除了全新发展以外，其余各种形态在以某种形态为主的情况下是相互融合的。

在认识会计发展上，还要正确认识以下几个关系：个人与发展的关系，在会计发展上个人能发挥应有的作用，但个人的成败不会影响会计发展的总趋势；单位与发展的关系，在会计发展上企业、事业单位都能发挥应有的作用，但任何一个单位的成功与失败不会影响会计发展的总进程；成就与发展的关系，在会计发展进程中，各个方面取得的各种成就，有利于会计的发展；教训（失败）与发展的关系，在会计发展进程中，各个方面发生的各种教训（失败），只要认真总结和吸取，避免今后重复发生，也有利于会计的发展；继承与发展的关系，在继承优秀成果的基础上，才有利于不断发展；借鉴与发展的关系，借鉴一切有用的成果，促进更好地发展；创新与发展的关系，发展在于创新，创新是发展的不竭动力。

（二）会计发展的历史必然

从会计历史分析，会计从萌芽、产生到发展，是一个历史发展的必然过程。为什么这是历史的必然呢？必然性是在一定条件下，客观事物的联系和发展的不可避免、确定不移和合乎规律的趋势。在一定条件下，如记账方法，从单式记账到复式记账是一种必然的趋势。这是一种因果关系，有了一定条件，存在着各种相关的因素及其作用，其结果必然会产生一种趋势，使客观事物得到发展。同样，会计发展的必然性，是在一定条件下，会计客观事物的联系和发展的不可避免、确定不移和合乎规律的趋势。会计发展的这个一定条件，就是会计产生和发展的客观基础。人类社会产生和发展的基础是物质资料生产，同样，物质资料生产也是会计产生和发展的基础。由于生产的发展，人们和社会关心生产投入的耗费和产出的成果，以及投入和产出的效益和成果分配的状况，从而要求并促进了对其核算和管理。生产越发展，对生产的核算与管理越重要。必然性是事物内在的本质联系，产生于事物内部的和主要的原因，因而它在发展过程中居于支配地位，决定着事物发展的基本方向。

会计发展的历史必然，客观事物的联系是会计发展的前提，会计所处各种客观环境因素的相互联系，才能聚合作用于促进会计的发展。在这相互联系的作用中，物质资料生产是会计发展的基础，只是生产发展了，才需要会计有相应的发展；科技发展是会计发展的手段，在科技发展过程中提供的手工技术、机械技术和电子技术，相应促进会计的发展；管理发展是会计发展的目标，适应生产发展的管理，在不断发展过程中，也需要会计相适应地发展，管理的需要是会计发展应达到的目标，管理的现代化同样要求会计现代化。

会计发展是历史必然性，它怎样发展是与偶然性相联系的。偶然性也是历史发展的一种趋势。偶然性是在一定条件下，事物发展过程中呈现出来的可能或不可能发生、这样或那样发生的、不确定的趋势。在一定条件下，如记账方法从单式记账到复式记账是一种必然的趋势，但在什么时候、在什么地点、采用什么形式使用单式记账和复式记账，就带有偶然性。偶然性一般是事物的非本质联系，产生于事物外部的和次要的原因，因而它在发展过程中一般居于从属地位，对事物发展过程起着促进或者延缓的作用。

必然性和偶然性这两种不同趋势，在事物的联系和发展中起着不同的作用，是对立的，但又是统一的。我们在认识事物发展的必然性与偶然性这两种趋势时，应把握其辩证关系：①必然性与偶然性相联系，必然性通过偶然性来表现，偶然性是必然性的补充和表现形式。观察事物发展的必然性，可以通过大量的偶然现象，揭示是事物发展的必然本质。②偶然性与必然性相联系，偶然性隐藏着必然性，必然性是偶然性的内在的本质。观察事物发展的偶然性，可以通过大量、丰富、生动、复杂的偶然现象，揭示事物发展的必然本质。③必然性和偶然性在一定条件下可以相互转化。在一定的条件下，偶然性转化为必然性，或者，必然性转化为偶然性，转化的关键是条件的变化。在商品交换的发展过程中，一般等价物的出现，曾经是偶然的现象，但随着商品交换的发展，一般等价物固定在货币上，这是偶然转化为必然。反过来，在通货膨胀、货币急剧贬值的条件下，原来的那种以物易物的交换方式就会重新出现，但这种情况已经是个别的、偶然的了，这又是必然转化为偶然。

会计事物伴随着经济的发展而发展是历史的必然，但其发展又时刻与偶然性相伴。必然性与偶然性在一定条件下可以相互转化，从我国采用复式记账法的历史发展过程也可以看出这一点。认识会计的历史发展过程，需要认真地研究与把握历史发展的必然性与偶然性及其关系。

（三）会计发展的辩证规律

会计发展的历史过程充分显示了事物发展基本规律的作用，用对立统一规律揭示会计发展的源泉和动力，用质量互变规律揭示会计发展的状态和形式，用否定之否定规律揭示会计发展的方向。

认识中国会计发展的历史过程，需要用对立统一规律揭示会计发展的源泉和动力。对立统一规律亦称矛盾规律，对立面的统一和斗争规律。它是唯物辩证法的根本规律。它的主要内容包括：①矛盾是发展的源泉和动力。内部矛盾是事物发展的根本原因，外部矛盾是事物发展的第二位原因。②矛盾存在于一切事物的发展过程中，每一事物的发展过程中存在着自始至终的矛盾运动。③不同的矛盾各有其特殊性，一个矛盾的不同发展阶段各有其特殊性，矛盾的诸方面各有其特殊性。④复杂的事物包含着许多矛盾，其中必有一个主要矛盾起着主导作用；无论什么矛盾，组成的双方必有一个主要的方面起着主导的作用。⑤矛盾的双方互相渗透、互相贯通、互相依存、互相联结、互相转化，这就是矛盾的同一性；同时又互相排斥、互相对立，这就是矛盾的斗争性。有条件的相对的同一性和无条件的绝对的斗争性相结合，构成了一切事物的矛盾运动。⑥矛盾的性质有对抗性矛盾和非对抗性矛盾之分，矛盾斗争的形式有对抗和非对抗之别。

会计发展的根本动因在于事物的内部，在于事物内部的矛盾性。矛盾是会计客观事物运动、变化和发展的动力，是新事物产生和旧事物灭亡的内在根据。矛盾双方既统一又斗争，推动着事物的发展。矛盾决定会计的存在，推动会计的发展。会计的矛盾性，是生产力和生产关系、上层建筑和经济基础两个基本矛盾的体现，会计要适应生产力和生产关系、上层建筑和经济基础相互关系的要求，不适应就要进行会计改革，由此，推动着会计从萌芽、产生到发展，由古代会计到近代会计、现代会计的发展；同时，对会计存在认识和实践的矛盾，推动人们的认识由低级到高级，从会计实践到会计理论、会计科学的发展。

从中国会计历史发展过程可以看出，会计发展是一个漫长的量变到质变的过程，需要用质量互变规律揭示会计发展的状态和形式。质量互变规律亦称量变质变规律，量变到质变的转化规律。它表明，事物的发展，是由量变到质变，又由质变到量变的循环往复的过程。量变是事物在数量上的变化，量变达到一定程度，不可避免地引起质变，没有量变的积累，不可能发生质变；质变是事物根本性质的变化，是量变的必然趋势；经过质变，事物由旧质转化为新质，在新质的基础上，又开始新的量变。一部中国会计发展史，就是一部会计事业从量变到质变的发展历史。

对中国会计发展过程，还要用否定之否定规律揭示会计发展的方向。否定之否定规律亦称肯定否定规律，肯定、否定、否定之否定的转化规律。它表明，事物的发展是螺旋式上升、波浪式前进的过程。肯定和否定是对立的统一。在事物的发展过程中，事物的肯定方面是事物维持其存在的方面，否定方面是破坏其存在使其转化为他物的方面。事物由于内部矛盾运动，肯定方面居于主要地位，事物的性质相对稳定；否定方面战胜肯定方面而占据主要地位，否定方面对肯定方面的否定，新事物对旧事物的否定，旧事物变为新事物。否定是对旧事物的扬弃，是变革和继承的统一，克服和保留的统一。随着事物的发展，原来的否定方面也被否定，发展到否定之否定，重复肯定的某些特征。这就是"肯定——否定——否定之否定"的事物自我发展过程。

第二节　思维活动心理特征：会计心理

一、会计心理概述

（一）会计心理概念

人的心理是人脑的一种机能。心理是人脑对客观世界的反映。会计心理是会计人员头脑对从事会计工作的反映。心理的反映形式是心理现象。心理现象的发生、发展和消失的心理活动，其过程称为心理过程，它是人类特有的对客观现实的反映。

心理过程包括认识过程、情感过程和意志过程三个方面。认识过程，是人在认识客观世界的活动中，以简单和初级认识的感觉和知觉形式，进入高级认识的思维和记忆形式，反映对客观事物认识的各种心理现象；情感过程，人对客观世界认识时产生的态度或评价的各种心理体验活动；意志过程，人对客观世界的认识和产生情感的激励，萌生一定志趣或目标，并为此下定决心实现志趣或目标的行为。①

（二）会计心理特征

会计心理是每个会计人员共有的心理活动。但是，这些共同的心理活动在每个个体的行为上却表现出各自的特点，观察和分析这些心理特点对研究会计心理活动，把握心理运动规律，指导会计实践是很有帮助的。具体来讲，会计心理有以下特点：

1. 个性心理

个性亦称人格，是指个体内在因素和外在因素相互作用而产生的态度、动机和行为模式相对持久的综合动力系统。在心理学中，个性是一个人的基本心理面貌，是对自己生活经历的反映。会计人员在自己所属群体的各种实践活动中，以某些心理状态（如感觉、知觉、注意、情绪）为背景，并通过这些心理过程，一方面获得知识和经验，形成自己的需要、动

---

① 于子明主编. 管理心理学辞典［M］. 北京：解放军出版社，1990：42.

机、信念和世界观等个性心理特征。

2. 性格心理

性格是指人对现实的一种稳定的态度以及与之相适应的习惯了的行为方式的心理特征。它是一个人本质属性的、独特的、稳定的个性特征的结合，是组成个性心理特征的核心部分。人们从出生那天起，就在各自的活动中通过各种心理过程不断接受客观现实的影响，随着年龄的增长，形成了他对现实的态度及相应的行为方式。每个人的性格都是由许多个别性格特征所组成的统一体，并且有各自独特的模式。因此，当人们了解了一个人的性格之后，就可以预见他在一定条件下的行为倾向。

3. 气质特征

气质是人们在心理活动和行为动作方面所具有的强度、速度、稳定性和指向性等动力特征，是人的典型、稳定的心理特征。通常情况下，可理解为是一个人的脾气和性情。气质学说的始创人——古典希腊医学家希波克瑞德（Hippocrater）认为人的身体中有四种体液：血液（生于心脏）、黏液（生于脑）、黄胆汁（生于肝）、黑胆汁（生于胃）。而这四种体液决定了四种气质类型的人，它们分别是：①胆汁质的人，情绪产生速度快，表现明显、急躁，不善于控制自己的情绪和行动；活动精力旺盛，动作迅猛；性格外向。②多血质的人，情绪产生速度快，表现明显，但不稳定，易转变；活泼好动，好与人交际；性格外向。③黏液质的人，情绪产生速度慢，表现不明显，情绪的转变也较慢，易于控制自己的情绪变化；动作平稳，安静；性格内向。④抑郁质的人，情绪产生速度慢，易敏感，表现抑郁；情绪转变慢，活动精力不强，比较孤僻；性格内向。现实生活中，典型地属于某一种气质心理特征的人是不多见的，大多数人呈混合型或中间型。希波克瑞德认为人体内的体液决定着人的气质的学说虽然在生理上带有唯物性，但不能对气质的类型成因做出科学合理的解释。然而这四种气质类型的典型特征在研究人的心理活动和特征表现，乃至在管理领域探询管理心理规律方面却有一定的参考价值，仍被频繁引用。

4. 能力特征

从心理学角度讲，能力是指直接影响活动效率，使活动能够顺利完成所必备的个性心理特征。能力总是与某种活动联系在一起，并表现于活动之中，是影响活动效率的最基本、最直接的心理因素；离开了活动，能力既无从表现，也不能形成。因此，人们总是以完成某种活动的效果来衡量一个人的能力。能力表现于活动之中，但在各种活动中所表现出来的个性心理特征并不都是能力，如乐观、敏感、虚荣等个性特征，尽管它们与活动的顺利完成也有一定的关系，但它们并不是活动完成的必备条件，所以不能称为能力。

（三）会计心理的研究意义

企业是社会经济活动的基本单位，担负着物质和精神双重效益的创造任务，会计是企业组织中的重要岗位和关键窗口，会计人员的言谈举止、精神风貌、仪态心迹无不代表着本企业财会部门乃至整个会计行业的服务水平和素质内涵。加强会计心理活动规律的研究是管理心理学的重要内容，也是尊重会计人员，促进以人为本的管理理念的形成与巩固，营造和谐高效的工作环境，提高会计工作成效的客观需要。具体来说，会计心理的研究意义主要表现在以下四个方面：

1. 为会计管理提供心理学依据

会计管理系统是企业管理大系统的子系统，是依靠包括会计信息在内的综合经济信息，形成决策、执行决策、提高工作效率、实现企业经营目标的过程。尽管现代企业管理方式多种多样，实现目标的途径各有所异，但是都将人的心理需要、心理特性和心理关系视为重要的管理内容与依据。企业管理包括生产技术管理、社会心理管理和社会环境三大系统。生产技术管理是对物质资料、劳动力配备和技术手段的综合利用，体现在生产技术要素之间的比例关系及作用过程之中；社会心理管理的重点是职工的动机与行为、人际关系、群体气氛、领导心理等问题，这些心理因素潜藏着人的能力与动力，是保证生产正常进行、技术发明与应用的关键，因而是生产技术管理的基础和依据；社会环境是制约企业生存与发展的外部因素，企业经营管理适应了外部环境的需要，也就意味着消费者对企业产品和服务工作的认可与支持。进一步说，也就是企业管理重视了企业社会心理的要求，掌握了职工基本心理，从而创造出良好的社会心理环境，激发出职工的积极性和创造性。可见三大系统互成一体，社会心理管理发挥了内引外联的核心作用。管理心理学只有搞清职工的需要、态度、价值观念，并直接服务于管理活动，企业管理工作才能有的放矢，收到事半功倍之效。

2. 参与职工教育

现代企业在向社会提供产品或劳动成果的同时，还负有教育、培养和改造人的责任。在改革开放的形势下，坚持一手抓经济、一手抓教育是企业的根本任务。管理心理学研究个人需要与组织需要的关系，职工的态度及价值观，宣传方式及信息沟通的技巧，这些研究成果为职工教育和思想政治工作提供了心理依据，特别在思想政治工作薄弱的情况下，管理心理学者有责任帮助管理人员改进工作方法，提高思想政治工作的水平，将知、情、意贯穿到全部职工教育活动中去。

3. 强调人的能动性，促进个人需要与组织目标相协调

管理心理学者则认为，在生产诸要素中，人的主观能动性是决定因素。随着科学技术的发展，越来越重要的不是机器设备，而是制造机器设备、掌握使用技术和操纵机器的人；在以脑力劳动消耗为主的现代社会里，显示劳动者创造能动性的不仅是制度作用，而且是人的自尊心、成就感和价值观念。以人为本的管理思想，能够促进管理制度的民主化和科学化，并将个人需要与企业目标有效地结合起来，因而在实践中能够激发职工的能动性，实现企业不断发展的目标。

4. 促进领导水平的不断提高

在市场竞争日趋激烈的今天，领导的决策水平在很大程度上决定着企业的命运。管理心理学揭示的领导心理原理，为科学领导、有效领导提供了心理学依据。实行企业改革与改制后，管理心理学关于企业领导者的品质，企业领导班子的结构的研究结论，能够帮助企业领导者正确处理企业改革与改制和民主管理之间的关系；面对职工不同的需要与人生观，企业领导者能够找到职工的共同需要和追求，并以此为轴心，正确制定目标、方案与策略，从而形成企业凝聚力和职工的共同信念。

二、会计个体心理

会计个体是会计组织的组成单位，其心理特征是个性结构中比较稳定的成分。它是个性结构中较活跃的成分，是个体活动中的动力源泉。个体心理由需要、动机、态度和价值观等心理要素构成。

(一) 需要

需要是在一定的生活条件下，有机个体或群体对客观事物的欲求。就人类而言，需要是人们为延续和发展生命，以一定的方式适应生存环境而对客观事物的要求和欲望。因此，人们的需要实质上是人和社会的客观需求在人脑中的反映。

需要作为客观需求的反映，不是消极、被动的过程，而是积极的过程，它和兴趣、爱好、理想、信念、世界观紧密相关。

1. 需要的特征

①需要的驱动性。驱动性是指当某种需要未获得满足时，便产生一种心理紧张感和不适感，这种紧张感便化作一种内驱动力，驱动人们寻求满足需要的目标与对策，推动人们从事各种活动，而且需要越迫切、越强烈，由此产生的动力就越大。可见，需要是人们活动的基本动力，是人们积极性的根本源泉。②需要的指向性。指向性是指人的需要不是抽象的，而是具体的，都指向一定的对象。没有对象的需要是不存在的。③需要的周期性。人的某种需要在获得满足后，于一定时间内不再产生。但是这种需要并不因为满足而终止，随着时间的推移还会重新出现，并且有很明显的周期性。④需要的发展性。人的需要就其内容和满足方式来说，不会总停留在一种水平上，而是随着社会和经济的发展，由低到高、由简单到复杂不断发展和提高的。⑤需要的多样性。由于人们生活的环境、生活方式、世界观不同，因此每个人或一个人在不同时期的需要的内容和满足手段也就各异。需要的这种差异性、多样性，就决定了人的思想及其行为的多样性。⑥需要的可诱导性。人的需要不仅是个体的反映，而且也是社会要求的反映，受客观环境和社会条件的影响。人的需要是可以引导和调节的，原有需要可以在外界作用下发生变化和转移，潜在的欲望也可以转变为现实的需要。

2. 需要的作用

需要在人的心理活动过程中具有十分重要的作用。明确其作用，对于研究和掌握人的心理与行为具有重要意义。①需要影响人的情绪。人们一旦产生某种需要，就要求获得满足需要的方式手段，这些都直接影响人的情绪变化。②需要有助于人的意志的发展。人们为满足需要，有时要付出巨大的意志努力，克服各种各样的困难。因此，在为满足需要而努力的同时，人的意志也就得到了锻炼。③需要是认识活动及行为的内在动力。人们为满足其需要，就要对有关事物进行分析、研究，探寻各种可行的实现途径和方法。因此，需要是人们认识客观事物并从事实践活动的根本原因，人通过需要调节自身的行为并制约认识与行为倾向。

（二）动机

动机是指能够引起和维持个体活动并使之朝一定目标和方向而努力的

内在心理动力，是引起行为发生、产生行为结果的直接原因。它是一种人体内在的、主动的力量，是个体由某种需要所引起的心理冲动。

1. 动机的作用

心理学认为，动机在激励人的活动方面具有下列作用：①始发作用。动机是产生行为的直接动力。人们在动机的驱使下，进行某种行动。②导向或选择作用。动机不仅能引起行为，而且能使行为指向一定的方向和目标。③强化作用。强化作用是指动机对行为的加强和中止作用。即由某种动机引发的行动结果对该行为的再生，具有加强或减弱甚至中止的作用。

2. 影响动机的心理因素

需要是动机产生的基础。当生理需要已大致获得满足时，心理的需要对其行为就具有较大的影响力。影响动机的心理因素有价值观、性格及抱负水平。①价值观。价值观代表一个人对周围事物的真、善、美与假、恶、丑的评价。在同一客观条件下，具有不同价值观的人，其动机模式不同，会产生不同的具体行为。②性格。性格是表现在人的态度和行为方面较为稳定的心理特征。这种较稳定的特征，自然会对产生行为的直接原因——动机施加影响，由此表现出许多类似的行为。③抱负水平。抱负水平是指一种欲将自己的工作做到某种标准的心理需要，即人的工作目标或奋斗目标。可以说，一个人的价值观、性格决定其行为的方向，而抱负水平则决定其行为要达到的程度和效果。

（三）态度

1. 态度的概念

态度是个体对客观事物或现象所持有的评价及较稳固的心理倾向，它是人的个性的重要组成部分。人们在认识客观事物时，往往会依据自己的观念产生一定的评价和看法，并形成积极或消极的倾向。这种倾向是一种内在的心理准备状态，它一旦变得比较持久和稳定，就成为态度。

2. 态度的特征与功能

态度具有下列五方面的特征：①态度的社会性。态度并非生来就有，而是在后天长期生活、学习、工作中，受社会环境的影响逐步形成的，它具有鲜明的时代性和社会性。②态度的稳定性。态度形成后，将持续一段时间而不轻易改变，成为个性的一部分。在行为反映上表现出一定的规律性。③态度的相对性。态度具有特定对象，是一个人针对某一对象或某一状态而产生的。离开了某一特定对象，则态度本身就不复存在。④态度的间接性。态度是一种内在的心理体验，它虽然具有行为倾向，但并不等于行为本身。所以，态度本身不能直接观察到，只有通过人们的言论、表情及行为，间接地分析和推理才能了解。⑤态度的协调性。态度由认识、情感和意向三种成分组成一个正常的人，其态度常常是协调一致的。

态度对人的行为具有调节、指导和激励功能。个人态度不同，看到、听到、想到及做到某事时，就会产生明显的个体差异。首先，态度决定着个人对外界事物的判断与选择；其次，态度预示着个人对事物的反映模式，对行为具有指导和决定作用；最后，积极态度有利于搞好工作和学习。

人原本对人、对事是没有态度的。随着人类社会化的发展，比较稳定的心理倾向（即态度）逐步形成，并且具有抗变化性。然而，不同的态度不仅影响个人的积极性和工作效率，还影响团体中的人际关系，因此，应积极采取措施使人的态度向好的方向转化。

（四）价值观

1. 价值观的概念

价值观是人们对客观事物的重要性认识和社会价值评价的观点，即对客观事物的是非、善恶和重要性的看法和评价。价值观和态度有着密切的关系。日常生活及工作中，人们对各种事物的评价，总是带有主次轻重之分，这种主次轻重的排列，就构成了一个人的"价值体系"。价值观及其体系是一个人形成个性心理倾向的核心，是决定人们的态度和行为的心理基础。在同样的客观条件下，对同一客观事物，由于价值观的不同，人们会产生不同的态度和行为。所以，对于一个人来说，当他认为某事物最有价值时，他一定是用积极、主动的态度去努力实现目标。党的十八大提出："倡导富强、民主、文明、和谐，倡导自由、平等、公正、法治，倡导爱国、敬业、诚信、友善，积极培育和践行社会主义核心价值观。"①社会主义核心价值观表现为三个层面：国家层面："富强、民主、文明、和谐"，是我国社会主义现代化国家的建设目标。社会层面："自由、平等、公正、法治"，是对美好社会的生动表述，它反映了中国特色社会主义的基本属性。公民层面："爱国、敬业、诚信、友善"，是公民基本道德规范，它覆盖社会道德生活的各个领域，是公民必须恪守的基本道德准

---

① 中共十八大报告［N］.人民日报，2012－11－18.

则，也是评价公民道德行为选择的基本价值标准。

2. 价值观的特点

价值观反映个体对客观事物的认识和评价，具有以下特点：

（1）自发性。人们的价值观是从小在家庭和社会中逐步形成的，它对个体的心理和行为的影响表现为自发的、内在的动力。

（2）稳定性。尽管人的价值观和价值体系会随着生活经历的变迁而发生变化，但是其基本的价值观念则处于相对稳定的状态，并对个体的心理和行为长期发挥指导作用。

（3）普遍性。价值观既然反映人们对事物的评价和看法，自然就同真、善、美、假、恶、丑联系在一起，其作用、影响的范围必然相当广泛。

（4）差异性。由于个体社会生活的多样性，因而形成了人与人之间价值观念的差异。

3. 价值观的形成和分类

价值观取决于世界观和人生观，它是一个人从出生开始，在家庭和社会影响下逐步形成的。

（1）通过法律、学校教育以及社会舆论等手段，有目的地把某种价值观念灌输给每个社会成员，不断培养、调整和校正他们的价值观念。

（2）通过文化传统、风俗习惯、社会心理等形式，把社会的道德观念、价值规范、价值目标等潜移默化地传递给社会成员，促使他们形成正确的价值观。在这过程中，社会教育起着举足轻重的作用。

每个人的社会化过程各不相同，因此，所形成的价值观也是多种多样的。美国行为学家格雷夫斯在对企业组织中各类人员进行大量调查的基础上，把错综复杂的价值观按其表现形态的不同，归纳为以下7个等级：

第一级：反应型。这类人并不意识到自己和周围的人是作为人类而存在的，他们只对自己的生活需要作出反应，而不考虑其他条件。这类人类似于婴幼儿或脑神经损伤者，企业中极少见。

第二级：宗法式忠诚型。这类人是从父母或上级那里学到的价值观，带有封建宗法式的忠诚，他们循规蹈矩习惯于服从和执行。

第三级：自我中心型。这类人性格粗犷，以我为主，富有闯劲。但仍以服从为主。

第四级：服从型。这类人具有传统的忠诚努力和尽职的性格，勤恳谨慎，喜欢有明确的工作，重视安全和公平的监督方式。

第五级：权术型。这类人重视现实，好活动，有目标，喜欢成就和行动，乐于奉承拍马、玩弄权术。

第六级：社交中心型。这类人重视工作集体的和谐、友好的监督和人与人之间的平等关系，把与人为善、被人喜爱看得重于自己的发展。

第七级：存在主义型。这类人喜欢自由和创造性的工作及灵活的职务，乐于挑战性的学习和工作，能耐心听取他人意见，并敢于对不良行为直言不讳。

在格雷夫斯的等级分类之后，管理学家梅尔斯等在 1974 年对美国企业进行调查研究，认为企业职工的价值观多分布在第二级到第七级之间，而管理人员的价值观正逐渐向第六、第七级发展。

会计个体是会计组织的组成单位，其心理特征是个性结构中比较稳定的成分。它是个性结构中较活跃的成分，是个体活动中的动力源泉。个体心理由需要、动机、态度和价值观等心理要素构成。

三、会计组织心理

现代组织理论将组织定义为一个具有生命力的开放的社会技术系统。会计组织心理活动，是指会计组织团体内部的心理过程及效果的集合，是以群体意识为主要内容的对组织、对工作、对内部人际关系以及对组织以外关系的认识和情感方面的综合反映。组织整体以及组织成员所表现出来的心理活动和状态，既可以推动会计组织向前发展，也可能成为会计事业发展的阻力。由于组织（如各级会计学会等组织）心理活动对组织成员、对整个企业或行业都有极大的影响，因此会计组织的心理活动及其规律已成为会计心理学研究的重点。

（一）会计组织的特征、种类和功能

会计组织是指为了达成共同的目标由两个或两个以上的会计成员所组成的相互影响、相互依赖的人群集合体。偶然聚合在一起的人群不能称为组织。

组织的主要特征是：成员相互依存，在心理上彼此能意识到对方，意识到群体中的其他个体的存在；成员之间在行为上相互作用、相互影响；各成员分别担当不同的角色，以达成共同的目标或谋求共同的利益；成员具有集体意识，具有归属感。

91

组织的种类很多，它的分类可以按不同的标准来划分。如根据组织是否实际存在划分为假设组织和实际组织；根据组织的规划分为大组织和小组织；根据构成组织的原则和方法划分为正式组织和非正式组织。

组织的主要功能是执行组织的任务和满足成员的心理需求。任何一个组织，如能同时达成这两种目标，便是一个高效率的组织。

（二）组织心理与行为

组织是由个体组成的。每个组织所表现出来的行为，总是与群体中的个体的行为分不开。然而组织行为既不是每个成员的个体行为效果，也不是组织内所有成员行为的叠加，而是反映组织成员的整个行为状况，是个体在组织的影响下所表现出来的行为活动。

组织行为有两种类型：第一种是组织按照一定的规则发生的行为，其行为显示出目的性、规范性和可控性，后果一般可以预见，如节日庆祝游行活动、义务劳动等。第二种则是人在产生激烈互动中自发的、无指导、无明确目的、不受正常社会规范约束的众多人的狂热行为，如组织骚动。这种组织行为的后果事先难以预料，因而难以控制，对组织和社会的稳定带来一定的冲击。为了区别于第一种组织行为，将第二种行为称为"集群行为"。

个体在组织中的行为和活动，会受到组织气氛的影响，使个体表现出不同于在单独情境下的反应。而研究组织在相对激烈的情绪状态下产生的心理现象和与之相应的集群行为，对于管理者正确引导组织行为，有效维护组织的安定，是有帮助的。

（三）组织沟通

1. 组织沟通的意义

组织中人与人之间的交往主要是通过沟通来进行的。沟通不仅是信息的交流，也包括了情感、思想、观点的交流。所以，组织沟通是指组织内人与人之间传达思想、交流感情、交换信息的过程。沟通的目的在于促使双方彼此之间的了解，增进组织的和谐。对于管理者来说，没有有效的沟通，信息反馈、成果测定等都将无能为力。因此，有效而迅速的组织沟通，是一个组织内成员团结合作、领导管理科学的标志。

2. 沟通的分类与特点

（1）正式沟通和非正式沟通。正式沟通是指通过组织明文规定的渠道进行信息的传递和交流，如组织内命令的传达、会议制度、定期汇报、公函往来、访问洽谈等。正式沟通具有权威性。但沟通的效果要视组织结构、信息内容等因素的影响而定。非正式沟通是指正式渠道以外的信息传递和交流，如组织成员之间的私人交谈、朋友聚会等。它具有沟通快捷的特点，可以反映成员中某些真实的思想，但也容易造成信息失真和小道消息的传播。

（2）上行沟通、下行沟通与平行沟通。上行沟通是指下级的意见、情况通过组织系统向上级反映。它是组织的领导者了解基层情况的重要手段，例如定期汇报、各种座谈会、意见箱、接待日、民意测验等。下行沟通是指上级的管理决策、工作程序向下传达的过程，如企业情况通报、职工教育、技术指导等。虽然这是组织通常采用的沟通方式，但这种沟通容易因"权力气氛"而影响士气，或因信息传递过程中的曲解、延迟等因素而影响沟通效率。平行沟通是指组织结构中处于同一层级上的单位间或个人间的沟通，通常具有业务协调的作用。

（3）单向沟通与双向沟通。单向沟通是指信息发布者与接收者之间地位不变，信息呈单方向流动，如作报告、发指示等。双向沟通则是指发信者与受信者双方之间地位不断变换、互递信息，如交流会、讨论会等。美国心理学家莱维特（Leavitt）的实验结果表明：①单向沟通速度快，但不易反馈；而双向沟通准确，但速度较慢。②单向沟通较双向沟通安静有序，因为双向沟通随时可以受到对方的质询和评价意见，故发信者的心理压力较大。

（4）口头沟通、书面沟通与混合沟通。口头沟通是指会谈、讨论、演说、电话联系等。书面沟通则是指布告、通知、刊物、书面报告等。口头沟通快速灵活，双方可以自由交换意见。口头沟通在传递信息的过程中还可借助身体、语言表达情感和态度，使信息接收方印象更为深刻。但口头沟通常受到发信者语言表达能力和受信者理解能力的影响。而书面沟通具有准确性强、易长期保存反复阅读的特点，因而在实际工作中通常把口头沟通和书面沟通结合起来，使信息传递的效果既准确又快捷。

（四）非正式组织的管理

1. 非正式组织的概念

非正式组织是非官方组建、自然形成的一种无形组织。它是一种非正式的联合体，在组织中不占主导地位，不为人们轻易察觉。

由于非正式组织同正式组织一起构成了劳动组织中人际关系的总和，故对职工的心理倾向和行为具有重要的影响。它们与正式组织有时互相补充，有时互相矛盾。

由于非正式组织是客观存在的，而且这种组织对企业组织和个体行为均有深刻的影响，因此，组织的管理者应重视和正确引导非正式组织，来提高正式组织的工作绩效。

2. 非正式组织的特征和作用

根据非正式组织形成的原因，可以归纳出非正式组织的特征是：

以共同利益、观点和爱好为基础，以个人感情为纽带；其核心人物是自发形成的，对其他成员有精神上的支配力量；有不成文的规则和奖惩手段，有较强的内聚力和行为一致性；成员间信息传递速度快，有较强的自卫性和排外性。

非正式组织对组织来讲具有积极和消极的两重作用，有时可作为正式组织的辅助力量，有时则为异己力量削弱正式组织，阻碍正式组织目标的实现。

非正式组织的最基本的作用是有助于成员的心理满足。成员在工作之余通过非正式组织组织的健康性活动，一方面满足了他们社交与友谊的需要，另一方面通过这些活动也扩大了成员的知识面，促进了个人的全面成长，丰富了生活内容。由于经常的交往，使他们相互间获得理解，取得信任和支持。当某些成员遇到困难时，非正式组织就成为他们寻求帮助、愉悦身心的帮靠对象。但是，如果非正式组织的活动内容格调低下，寻求不正当的刺激，则会使成员沉溺于其中，颓废了人的意志，影响正常的工作和学习。这样的非正式组织活动只会使组织成员形成消极和不良风气，涣散组织士气，对组织和个人都带来不利影响。

3. 对非正式组织的管理

鉴于非正式组织对组织目标的实现所具有的双重作用，组织的领导者要做好非正式组织的管理工作，应着重注意以下几个方面：

（1）正确认识非正式组织。应该看到，多数非正式组织与正式组织之间是没有根本利益冲突的，不能只看到他们的消极作用而忽视了其积极作用。对非正式组织不闻不问、漠不关心，采取放任自流的态度则更不足取。管理者应正确认识非正式组织的作用，并对其成员和构成、活动内容、领袖人物的情况有具体的了解，以便及时加以引导利用。

（2）合理利用非正式组织。要认真研究和掌握非正式组织的活动规律，选择好利用其特点的时机，如发挥他们在文化娱乐方面的兴趣爱好，组织群众性文化活动；利用其对组织成员的约束和控制作用，协调生产组织活动，检查评价生产效果，研究讨论公共福利分配；利用其高度的集体性的凝聚力，开展劳动竞赛等。根据不同的工作和不同非正式组织的特点，采取各种方法，有意识地、及时地把非正式组织可以发挥的作用和显示的能量引导到实现组织的目标上来，促使其发挥积极作用，避免其消极作用。

（3）强化角色意识，注意目标导向。非正式组织成员同时也是组织中正式组织的成员，担负着双重角色。因此，只有把组织的目标同职工的切身利益和心理需求紧密相连，才能增强组织成员对正式组织目标的吸引力，自觉投身到实现正式组织的目标上来。组织成员在强化正式组织中的角色意识的同时，在非正式组织中的角色意识就相对减弱了，从而保证了正式组织的工作绩效。

（4）区别对待各类非正式组织。对可以促进正式组织目标实现的一些正当的娱乐文化性群体，应关心支持并给予必要的投资，为他们提供活动的场所和给予活动的指导；对不促进但也不损害组织目标实现的组织，应积极地加以引导；对阻碍或干扰组织目标实现的组织，则应加强教育，采取措施改变其消极行为；对危害组织目标实现的组织，经教育无效，则应果断地予以取缔。

（5）注重核心人物，加强感情联络。由于非正式组织中的核心人物在组织成员中有较高的威信和较大的影响力，因此，要做好非正式组织的管理工作，就应该以这些核心人物为重点，平时对他们多加关心和支持，与他们真诚相待，充分信任他们的工作，通过调动他们的工作积极性来影响一批成员。

四、会计服务心理

企业组织中的会计工作是一种管理活动，其基本职能是采集、加工和处理会计信息，利用会计和其他信息为企业的各项决策、规划、控制等管理环节（其执行主体主要是单位领导）提供信息服务和决策支持，同时对外提供商务、资金等方面的各种服务。财会人员对以上服务工作成效的好坏，与财会人员的服务心理状态是紧密相关的。

（一）会计对领导的服务心理

单位或组织内会计与领导之间的良好人际关系，是做好工作完成任务的基础和保障，对于提高工作绩效，发挥个人才能，实现个人价值，有十分重要的作用。

1. 会计对领导服务心理的表现形式

（1）服从或盲从心理。会计对领导的服从心理，有利于建立对领导的尊敬感、信任感，有利于会计工作的顺利开展。但是，不管领导意见是对是错，放弃原则，一味地服从，则形成盲从心理。在盲从心理指导下，会计工作失去独立性，失去责任感，领导怎么说我就怎么做，责任由领导承担。殊不知这种心态是错误的，也是行不通的。在其位谋其政，各负其责。会计盲从造成经济损失，推卸不了自己失职的责任，严重者触犯刑律，犯渎职罪，是开脱不了的。

（2）敬重或畏惧心理。领导资历深、经验丰富，且社会分工给他一定的职位及该职位相应的权力，这种权力是具有强制性的，可以控制属下的处境如工资、福利、职位升降、奖惩、工作分配等。资历加职位，使会计对领导具有敬重心理，有利于会计自觉主动地向领导提供服务，按领导的要求提供各种会计信息，出谋划策改善企业管理，提高经济效益。这种心态是对工作有利的。但是由于种种原因，财会人员对领导也容易产生畏惧心理，主要表现在怕打击报复。领导资历深，权力大、说话管用。对于领导不正确的要求顶着不办的财会人员，不知哪一天出个茬就被"炒鱿鱼"。一种"顶得住的留不住，留得住的顶不住"的不正常的社会现象的存在，正是畏惧心理的社会原因，也是畏惧心理的结果。由于畏惧打击报复，为了保住"饭碗"，留住工作而放弃原则，造成了留得住而顶不住的恶果。

（3）尊敬感或谋私心理。领导思想品德好，廉洁奉公，光明磊落，以身作则，遵守制度，支持正义，就容易赢得会计的尊敬；会计人员思想品德好，克己奉公，坚持原则，遵纪守法，具有高尚的职业道德，及时准确、真实完整地提供服务，就容易赢得领导的信任和支持。这样的氛围，就使得会计和领导之间的人际关系建立在互相尊重、互相信任的良好基础之上。相反，如果思想品德败坏，谋私心理强烈，把人民赋予的权力当作谋私的资本，认为"有权不用，过期作废"，"你给我好处，我给你方便"；有些会计甚至产生"搭车"谋私心理，领导错误报销，会计开绿灯，你大把捞，我小把捞，下次我的不正当报销也要求领导批准。在这种谋私心理支配下，会计与领导互相勾结，狼狈为奸，走上犯罪。

（4）信任或轻视心理感、依靠感或惰性心理。领导由于具有组织领导才能、具有丰富的知识经验、甚至具有某种专业特长，对于财会人员工作中碰到的难题，领导能及时帮助解决，久而久之，会计人员对领导产生信任和依靠心理，事事请示汇报，寻求领导的帮助和支持。这当然有助于建立和维持财会人员与领导之间的良好人际关系。但有时情况相反，财会工作业务技术性很强，有些领导是业务外行，会计人员则容易自恃有业务专长而轻视领导，造成两者关系紧张而影响工作顺利进行；或者领导业务才能很强，财会人员有问必答，完全做主，财会人员则容易产生惰性心理，业务上不求上进，不刻苦学习精益求精，一切依赖领导，自己敷衍塞责，严重影响工作，也破坏了与领导的良好人际关系。

（5）亲近或情感至上心理。财会部门的工作相对稳定性较强。长期的工作相处，增加了交往机会和交往频率，会计与领导双方的心理距离缩小，产生亲密关系，彼此在一起工作有亲近感。容易有共同语言，对事物的处理容易取得共识，从而有利于工作开展。但这种情感一旦形成支配行为的心理因素，一切以情感为重，因为是老领导老关系而碍于情面，情感至上，以感情代替制度法规，该收的不收，该罚的不罚，不该支付的支付，不该补助的补助，最终造成财务管理混乱，有章不循，有法不依，给工作带来不可挽回的损失。

2. 改善会计对领导服务的心理状态

在实际工作中应从实际出发，采取综合措施，光大积极的心理状态，克服消极的心理因素，建立和维持良好的会计服务心理，把会计工作做好。为此，应遵守以下几个方面的原则和措施：

（1）遵循独立、客观、公正的原则。会计工作的性质决定了其应客观公正真实地反映企业单位的经济活动和财务成果，及时准确真实完整地向领导提供会计信息，这要求财会工作人员要转变传统的思想观念，克服盲从心理。会计核算不是领导说了算，不是一切照领导意见办，而是站在独立公正的立场上，客观地核算经济活动情况和成果。随着经济体制改革和会计改革的不断深入，财会人员要充分利用改革的大好时机，转变自己传统的思想观念，在为领导服务的过程中，克服盲从心理，增强独立性，目的是排除不正当干扰，及时准确真实完整地为领导提供有用的会计信息，为改善管理提高经济效益服务。

（2）遵循尊重领导的原则。要求会计人员克服轻视和畏惧的不正常心理，独立会计核算不是不要领导，而是要更好地为领导服务。在这里尊重领导就是一条保证工作顺利进行的重要规范。领导站在企业单位全局的立场上，对财会工作提出任务和要求，不一定和财会部门站在部门局部立场上的认识完全一致，在这种情况下，财会人员既不能有轻视领导的心理，认为领导不懂财务会计，瞎指挥；又不能怀有畏惧的心理，不敢讲明实情，交换意见，以求共识。财会人员应遵循尊重领导的原则，认真考虑领导的意见，符合政策法规和制度，又有利于工作的就应克服本部门的困难，全力以赴，想方设法去实现。如果确是领导意见有错，也应在尊重领导的前提下，心平气和实事求是地提出改进建议，以求避免决策失误造成损失。

（3）加强学习，增长知识和才干，提高政策水平和业务工作能力。这有助于克服会计为领导服务中的盲从心理和惰性心理，积极主动地高质量完成工作任务，为领导提供满意的服务。为什么会盲从，除了旧观念的影响之外，与财会人员自身素质不高、许多事情如何处理心中无底有关。盲从者，无能也。面对实际问题自己无主张，无办法，一味盲从，领导是不能信任这种人能当好财务参谋的。久而久之，双方失去信任，盲从会变得无所适从，给工作带来极大的损失。财会人员只有通过学习，提高政策水平和业务能力，才能与领导沟通思想感情，在国家法律法规政策制度的基础上统一认识，从而有效地克服工作中的盲从、畏惧、感情至上等不健康心理，把与领导的关系协调好，把财会工作做好。

（4）加强财会人员思想道德修养。克服谋私心理，公正廉洁，办事公道，遵守财经纪律，严格依法办事，服从正确领导，对来自领导方面的错误及压力，应讲究斗争艺术，敢于斗争，善于斗争，不徇私情，更不能在谋私心理的驱使下，利用领导错误谋私利，互相勾结，狼狈为奸。要做到这一点，第一，财会人员自己要注意思想品德修养，在实践中锻炼自己，不断克服私心杂念，树立全心全意为人民服务的思想；第二，要加强法制教育，增强法制观念，强化对财会人员合法权益的保护，加大对违法乱纪行为的惩处力度。第三，要完善内部责任制和约束机制，财会人员之间要分工明确，责任明确，有职有权有责，有检查，有约束，奖罚分明，才能有效地克服惰性心理和谋私心理等不健康心理因素，造就一批思想品德高尚的人才。

（5）注意与领导关系协调的艺术。财会人员在为领导者服务的过程中，不只是简单地提供会计信息，而是体现了领导与财会人员复杂的人际关系。在处理这种关系时，不应简单从事，而要讲究协调艺术。一是对领导的期望要实事求是，克服期望值过高的心理。尤其是希望领导给予某种支持和满足而达不到要求时，财会人员要善于进行自我心理调整，设身处地地站在领导的位置上想一想，究竟有什么困难，从而降低自己的期望值，另想办法加以解决，达到圆满完成工作任务。这样，领导感到你为他分忧解难，工作出色，同样会产生感激之情，服务工作就容易做好。二是对领导明显违纪违规时，财会人员要坚持原则，讲求斗争的策略，不要当众顶撞，揭露无遗，使领导当众下不了台，而应该选择适当场合和时机，向领导汇报讲明有关政策制度和规定，争取领导的共识，妥善合理地解决有关问题。三是当财会部门有几位领导，或财会人员面对若干领导人时，一定要注意对不同领导一视同仁，密疏有度，克服偏好心理，主动搞好服务。

（二）会计对客户的服务心理

1. 会计对客户服务心理状态的类型

（1）公仆心理。它来自公仆意识及为人民服务的思想。在这种心理支配下，财会人员能以平等的态度对待客户，公众至上、服务至上成为他们的座右铭，并在工作中能耐心地宣传有关财会制度、法律法规，坚持原则，热情服务，高质量高效率地完成服务工作。

（2）傲慢心理。它来自财会人员把自己负责的特殊职业当成高人一等的资本，自以为客户有求于我，服务态度生硬，盛气凌人。或指责客户这也不懂，那也错误；或命令客户这样做，那样做，不合己意，动辄训人；或拒不办理正常业务，刁难客户。这种心理和行为，会极大地伤害客户的自尊心，造成客户的逆反心理，产生对立情绪，造成人际关系紧张，影响工作顺利进行。

（3）情感至上心理。是财会人员在工作中受感情支配的一种心态。表现在工作中对客户不能一视同仁，而是区别对待，见人行事。老熟人、老朋友、老邻居或亲戚关系，办事就顺利，甚至放弃原则，违反财会制度，该收的不收或少收，该扣的不扣或少扣，感情代替了政策，而对其他群众则是另一副脸孔，另一种腔调。在现实生活中，其他客户总是多数，这就会使得财会人员触犯众怒，受到众多客户的反感，时间长了，众叛亲离，财会人员就会处于孤立无援的地位而使自己开展工作困难重重。

（4）惰性心理。来自于按劳分配贯彻不力，人员分工责任不明。表现在财会人员对工作推诿，自己尽量少做事，图清闲，见到办事客户心里就厌烦，工作怕苦怕累，敷衍塞责，甚至严重失职，给工作带来严重危害。财会工作中的大量工作是琐碎重复性工作，有了惰性心理，不耐烦日常工作，在财会工作中危害是很大的。如现金要日清月结，会计与出纳要经常对账，财务部门与往来客户要经常对账，发现差错及时纠正，而一旦有了惰性心理，在它的支配下懒于对账，放松日清月结，问题日积月累，后果不堪设想。

（5）谋私心理。来自于财会工作人员私利当先的考虑。比如客户违纪违规的经济事项，领导批准报销，自己也有类似的事项，因此就可以睁只眼闭只眼，迁就群众，既不得罪人，又为自己"搭便车"谋利找到借口；客户一些不合理要求，违规操作，违规开立户头，不符合要求的货款的收付等等，由于财会人员可以得到"好处费"，因而该收的不收，该拒付的不拒付，为了一己私利，帮助客户破坏财经纪律，违犯政策法规，甚至酿成经济犯罪。谋私心理是财会工作中有法不依，有章不循，违规违纪行为发生的最重要的心理根源，也是财会工作人员在为客户提供服务时最应警惕和克服的一种消极心理。

2. 改善会计对客户服务的心理状态

会计对客户提供服务，在财会人员与客户这一人际交往矛盾主体中，财会人员处于矛盾的主要方面。财会人员提供主动热情周到的服务，是建立财会人员与客户之间良好人际关系、把工作做得更好的主导因素。因此，改善会计对客户服务的心理状态，对于建立和维持财会人员与客户之间的良好的人际关系、做好财会工作是十分重要的。

根据上述分析表明的会计对客户服务的种种心理活动，要改善会计对客户服务的心理状态，一般说来应遵循以下原则和采取相应的措施。

（1）微笑服务原则。微笑是人的感情的流露，是人际关系融洽和谐的表现，是人皆拥有的无形资产，是一种具有宝贵价值的财富。俗话说："诚招天下客，微笑暖人心"，财会部门工作人员在为客户服务的活动中，微笑服务原则是第一要遵守的原则。微笑服务说来简单，其实并不是简单地一笑了之，而是有丰富的内容，首要是仪表，好的仪表给客户良好的第一印象，促使客户产生好感心理，而不是见而生厌、见而生畏，造成交往困难。

（2）灵活服务原则。一个企业、一个单位的财会部门，是处理经济业务事项的职能部门，它不仅与本单位职工及外来人员就财务事项发生频繁的交往，如领款、收款、报销、结算等，而且还与交往人员或单位的经济利益紧密相关。财会人员面对众多的服务客户，情况各异，心理活动千差万别，灵活服务实际上就是针对不同客户的心理采取的不同对策，为了更好地与客户沟通心理，对于所要办理的财会业务取得共识，以便顺利完成服务工作，使客户满意。

（3）民主原则。广泛听取被服务客户的意见，实行群众民主管理财务。在企业中，财会人员应主动向企业职工代表大会汇报财会工作情况，深入车间班组，推行班组核算，让广大职工了解企业的财务状况，群策群力，开源节流，提高经济效益。做好民主理财，必须有一场心理革命，一是要克服高人一等的傲慢心理，平等对待自己的客户；二是要树立公仆意识，健全公仆心理，公众至上、客户至上，才能做到真心实意听取他们的意见；三是要建立健全民主理财制度，简便易行，能为群众乐于接受，认真付诸实施。

（4）遵守财会职业道德，提高工作服务质量。职业道德是社会公认的正当职业行为标准，是符合社会道德规范的行为，所有从事该项职业的成员都应该无条件地加以遵守。一个财会人员对财会职业道德认识和遵守程度，是长期接受教育和在职业工作中与人交往逐步形成的，良好的职业道德是良好的心理品质的表现，对于提高财会服务工作质量至关重要，因为财会服务的客户都是社会大众，都按社会道德规范来衡量财会人员行为的规范与否。一个不遵守职业道德的财会人员，就不可能获得客户的尊敬和信任，也不可能建立财会人员与服务客户之间的良好交往人际关系，服务工作也就无法做好。我国《会计基础工作规范》第二章第二节明文规定了会计人员的职业道德，指出："会计人员在会计工作中应当遵守职业道德，树立良好的职业品质，严谨的工作作风，严守工作纪律，努力提高工作效率和工作质量。"

五、会计心理健康与心理咨询

会计领导人及下属的心理健康状况对于管理工作都有重要的影响。以前，只是医学心理学、精神病学等学科探讨心理健康问题，现在，管理心理学、会计心理学等学科也开始重视心理健康问题。

（一）会计心理健康的表现

1946年第三届国际心理卫生大会曾为心理健康下过这样的定义："所谓心理健康是指在身体、智能以及情感上与他人的心理健康不相矛盾的范围内，将个人的心境发展到最佳状态"。心理健康的标志是：①身体、智能、情绪十分协调；②适应环境，人际关系中能彼此谦让；③有幸福感；④在工作和职业中，能充分发挥自己的能力，过有效率的生活。具体来讲心理健康表现为以下几个方面：

1. 了解自我，悦纳自我

心理健康的人既能了解自己，又能接受自己，有自知之明；对自己不会提出苛刻的、非分的期望和要求；对自己的生活目标和理想定得切合实际，因而对自己比较满意；努力发展自身的潜能，对自己无法补救的缺陷，也能安然处之。而心理不健康的人则常常缺乏自知之明，常常对自己不满意；由于所定的目标和理想不切合实际，所以常常自责、自卑；心理状态不平衡，无法摆脱自己面临的心理危机。

2. 接受他人，善与人处

心理健康的人乐于与人交往，不仅能接受自我，也能接受他人，悦纳他人，能认可别人存在的价值和作用。能够被他人和集体理解和接受，具有和谐的人际关系。既能和朋友同享欢乐，也能在独处沉思之时而无孤独感。心理不健康的人，总是脱离集体，与周围的人们格格不入。

3. 正视现实，接受现实

心理健康的人能主动地适应现实，而不是逃避现实；对周围的事物和环境保持良好的接触；有高于现实的理想，又不会沉湎于不切实际的幻想和奢望；能妥善处理生活、学习和工作中的各种困难和挑战。心理不健康的人往往以幻想代替现实，没有足够的勇气去接受现实的挑战；常常抱怨自己生不逢时或责备社会环境对自己的不公。

4. 热爱生活，乐于工作

心理健康的人珍惜和热爱生活，积极地投身于工作和生活，注意发挥自己的个性和聪明才智，从工作的成绩中获得满足和激励，把工作看成是乐趣而不是负担。心理不健康的人觉得生活和工作是痛苦的事情，因而对工作常常抱着应付的态度。

5. 能协调和控制情绪，心境良好

心理健康的人愉快、乐观、开朗、满意等积极情绪总是占优势的，虽然也会有悲、忧、愁、怒等消极情绪体验，但一般不会长久；能适度地表达自己的情绪体验，喜而不狂，忧而不绝，谦而不卑。心理不健康的人消极情绪占优势，并且往往不善于表达自己的情感。

6. 人格完整和谐

心理健康的人，其人格结构包括气质、能力、性格和理想、信念、动机、兴趣、人生观等各个方面能平衡发展，思考问题的方式适中而合理，待人接物能采取适当灵活的态度，对外界的刺激不会有偏颇的情绪和反应；能够与社会进步合拍。心理不健康的人的人格结构混乱，往往会有认知和情绪的或者态度和行为的剧烈冲突。

7. 智力正常，智商在 80 以上

智力正常是人正常生活最基本的心理条件，是心理健康的重要标准。一般用智力测验来诊断智力发展水平，如果智商低于 70，则为智力落后。

8. 心理行为符合年龄特征

在人生命发展的不同年龄阶段，都有相对应的不同心理行为表现，从而形成不同年龄阶段独特的心理行为模式。心理健康的人应该具有与同年龄多数人相符合的心理行为特点。而心理不健康的人的心理和行为经常严重偏离自己的年龄特征，如成年人表现出心理和行为上的儿童化倾向。

应该指出，前述的 8 个方面之间有一定的联系，而且心理健康是一个相对的概念，在健康和不健康之间并没有截然划分的鸿沟。一个人的心理是否健康，主要是看他（她）健康的因素和不健康的因素何者占主导地位。

（二）会计心理不健康的类型

当代紧张忙碌的生活使人们步履匆匆而无暇自顾，这给"上班一族"带来了巨大的精神压力，从而出现了形形色色的心理不健康类型：

1. 过度执着型

这种心理不健康的典型特征是：①经常为紧凑的工作计划而慌慌张张；②对任何事情都要全神贯注，不肯放手，以休息为耻；③竞争心强，争强好胜，容易激动，缺乏耐性。研究表明，如果一个管理者是该种类型的人，则他（她）患心脏病的可能性比一般人大。

2. 无助忧虑型

有这种心理的人往往由于能力、身体或心理方面的原因，工作没有成绩或做事没有成功而意志消沉，不能很快从困境中恢复过来，于是失去自我存在的意识，陷入"龙游浅滩"的困境中，容易患忧郁症和神经衰弱。

3. 电脑焦虑型

电脑焦虑型是科技压力导致的精神上的健康问题，大致包括下面两种类型：

（1）电脑恐惧。由于中老年人已经形成了一套牢固的行为方式，因此，对电脑这一新生事物容易产生抵制和恐惧。有些人一听到电脑，就会陷入手脚发软的状态，甚至像儿童不想上学一样思想溜号，情绪低落。

（2）工作倦怠症候群。有些人一心一意去适应办公自动化，但力不从心，陷入"工作倦怠症候群"，表现为消化性溃疡、高血压、心脏病、糖尿病、自律神经失调以及抑郁等。

4. 电脑依赖型

电脑依赖型是指因过于依赖电脑进而丧失人的正常情感状况和人际关系能力的状态。如某些游戏成瘾者和超级网虫，整日沉浸在网络世界中，仿佛自己已经变成了一部计算机。他们必须通过电脑和网络才能做事情，不愿意接触自然，不愿意通过其他的交流途径和其他人交往。由于网络普及的速度在加快，所以电脑依赖者会越来越多，这个问题也会越来越严重。

（三）影响会计心理健康的主要因素

1. 个人因素

（1）追求完美的心理。对自己不切实际的过高期望是造成过度压力的主要原因之一。对自己有不切实际期望的人常常会发现自己的理想和现实状况之间有巨大的差距，而这种无法弥补的巨大差距往往导致对自己表现的彻底失望。这些人无时无刻都体会到压力，很难从已经完成的工作中获得轻松感。

（2）无助感心理。我们希望自己有解决问题的能力，希望自己能控制问题的局面，但我们常常也发现，很多时候我们已经发挥了我们所有的能力，而预期的结果却没有出现，此时，自我挫败的感觉油然而生：我们可能会觉得自己低能，也可能会怀疑自己是否真的适合当前的工作，并进而产生换职业的念头。研究表明，这种无能为力的感觉普遍存在于所有年龄段的人中，导致认识上刻骨铭心地自我反省和情感上的无限悲伤。当然，比较而言，由于年轻人对自己的职业期望比较高，这种自我挫败的无助感更容易产生。

（3）难以应付心理。无助感容易表现为感觉训练不足，由于社会发展和技术进步速度的加快，人们很容易发现自己缺乏专业知识和技能来应付工作局面。例如，在通信、医疗和教育等行业中，新思想、新技术和新的研究成果进入应用领域的速度呈直线上升，人们很难将这些成果全部消化、吸收以便赶上时代潮流，因此，你要么殚精竭虑地对付不胜任的工作，要么听任自己落后，对自己的处世及事业水平持否定态度。

2. 人际因素

（1）与上司的冲突。在一个团体中，上司在很多方面都对下级有很大的影响，例如：上司能够从物质上对下级的生活施加影响，可以控制下级的工作权限，给予或者剥夺下级升职的机会，提高或者降低下级在同事中的地位，提供或者拒绝提供对下级成功申请其他工作有利的推荐；与上司不和，甚至发生频繁的冲突，必然给自己带来比较大的心理负担。

（2）与同事的冲突。在大多数的机构里，同事之间可能由于地位、势力范围或者更多的特权的争夺而存在着大量的冲突。原本可以在工作中求得许多一致的人们日复一日地相互折磨。置身于一个充满指责和反指责的气氛之中，很少有人能承认自己的不足、善意地评价别人。这种状况不仅大大地影响了群体气氛，也大大地降低了工作效率，危害了个人和群体的健康。

（3）角色矛盾。在同一个环境中，有时我们不得不扮演不同的角色，不同角色之间的冲突最终可能转化为个人的内心冲突。例如，一方面，系统中的管理者是出现问题的被管理者的帮助人，他们应该温和而又仁慈；另一方面，系统中的管理者是纪律的执行者，他们应该铁面无私。这两种水火不相容的角色常常使管理者陷入剧烈的内心冲突之中。

（4）职业性孤独。职业性孤独是因自己从事的职业不能为外人所理解而产生的孤独感。严格地说，只有与当事人从事相同职业的人才能真正理解当事人。无论你是外资企业里的白领还是警察或是心理咨询工笔者，希望通过同局外人讨论职业问题的途径来获得他人的同情和安慰的可能性是很小的。这在一定程度上增添了工作上的额外压力。不可否认，有些人对他们的工作的实际参与程度低，同时，他们对与人交往和被人理解方面也只有低度的要求，所以，他们甚至会对这种孤立持肯定态度。对于绝大多数人来说，孤立隔绝往往会导致感情脆弱，导致职业资源的损耗，甚至心力枯竭。

3. 组织管理因素

组织管理的过程不仅是一个工作安排的过程，也是人员支配的过程。组织管理的如下因素可以给人带来心理压力。

（1）工作过量、时间紧迫。在固定的时间内，人能够挖掘的心理资源是有限度的，因而，没有一个人能够在长期不断的压力之下一直保持工作的最佳水平，紧迫的时间要求和过量的工作只能使人疲于奔命。从长期工作的角度来看，工作过量和时间紧迫使得人们没有时间来欣赏周围的世界，没有时间静下心来反思工作和工作方式，导致低层次徘徊的工作和糟糕的心理健康状况。

（2）工作长期无规律。人的生理和心理活动都有一定的周期性，所以，我们会感到在某个时间段的思维清晰一些，工作效率也要高一些。在自然的状态下，人们往往会遵循这个规律，维护自己的身心健康。在现实的社会中，人们往往不得不改变这种自然的节奏。如果工作要求我们不停地修改这种节奏，就会引起生理和心理的巨大压力，给身心健康带来危害。对长期轮班的工人和那些常常坐飞机往返奔波的商人的研究为这个论点提供了佐证。研究表明，长期无规律的工作安排是通过三条途径来影响身心健康的：首先，它直接导致了身心活动周期的紊乱；其次，它会造成人们工作安全感的丧失，因为任何时候他都可能被要求加班，或者去处理紧急情况；最后，它要么妨碍人际关系的发展，要么妨碍人们发展那些有助于缓解压力的业余爱好。

（3）工作刻板乏味。工作缺乏多样性，常常使人感到厌倦。毫无疑问，人们希望他们的工作保持一定的稳定性，但是，人们也希望他们的工作总有些新意。如果工作的内容和工作的方式的可预测性超出了范围，人们就会感到他们年复一年、日复一日地在同一个时间做着同样的事情，那么工作本身就会变得枯燥无味、令人压抑。

（4）分工不明确。工作上缺乏明确的分工，不仅导致工作效率的降低，也导致心理压力的增加。因为不明确的分工往往意味着不知道该干什么，不知道在某个事情上该负责到什么程度，从而使人常常陷入左右为难的境地。如果你做得少，那就有人指责你无所事事，碌碌无为，如果你积极主动，又会被指责为越俎代庖，或窃取成果。

（5）工作得不到重视。人的身份和他所从事的工作息息相关。如果工作受到了社会（或者上级的）广泛轻视，那么无论这种工作本身有多么重要，都很难消除对自己的身份、自身的重要性所产生的疑虑。试想，如果别人认为你所做的工作不重要，或者认为任何一个只受过很少训练、能力很低的人都能胜任你所做的事情，你又怎么能产生实现自我价值的感觉？工作是否受到重视的重要凭证就是这种工作的报酬和工作条件。优厚的报酬和优越的工作条件比在某些场合所发出的礼貌性的赞美更有说服力。

（6）工作前景不明朗。工作前景不明朗意味着人们要在一个动荡的环境中生活。有些人能够在动荡的环境里茁壮成长，但绝大多数人不是这样。所以，工作前景的不明朗成为职业生涯中的压力之一。从管理的层次上看，工作前景的不明朗表现为政策的频繁改变。频繁的政策改变可能会给人们带来巨大压力：首先，人们无法确定他们的工作计划。因为人们才刚刚做出某项决定，又被迫改变思路向某些完全不同的事情让步。他们根本弄不清楚是否应该继续现在的工作。其次，频繁的政策改变使个人的发展前景缺乏稳定的参照依据，所以人们常常因为无法预测自己在团体中的发展前景而担忧。例如，担心人员在提升时自己被忽视，担心自己被安排到一个能力较低的人手下做事等等。

（7）管理和决策不民主。在一个企业或其他的管理机构中，即使是一个普通员工也都需要有一定的发言权。如果在管理和决策上不民主，很多人就会感到很郁闷，因为大多数人都希望自己能控制形势，都希望自己发表的诸如提高工作效率的意见和建议有人倾听。人缺乏权力的感觉会损害对地位和个人价值的意识，尤其是当某人认为现存的制度有缺陷，并确认自己已经找到解决问题的方案却发现自己被忽视、被别人压倒的时候，尤其会感到伤心和失望。

（四）会计心理咨询

1. 心理咨询的概念

心理咨询是通过语言、文学等媒介，给咨询对象以帮助、启发和教育的过程。通过这一过程，可以使咨询对象的认识、情感和态度、行为有所变化，解决其在学习、工作、生活等方面出现的心理问题，从而更好地适应环境，保持身心健康，达到上述健康心理的标准。

会计心理咨询，是对有心理障碍的财务会计人员以帮助、劝告、教导，使其恢复健康心理的过程。会计心理咨询的特征有：它主要是针对从事财务会计工作的正常人；它能对财务会计人员的一生提供有效的帮助；它特别强调个人的力量和价值；它强调认知因素，尤其是理性在选择和决定中的作用；它研究财务会计人员个人在会计活动中扮演角色方面的个性差异；它充分考虑情景和环境的因素，强调人对环境资源的利用以及必要时改变现状。

2. 会计职业心理咨询的作用

从总体上来看，心理咨询事业还处于发展的初期，专业心理咨询如会计心理咨询只是刚刚起步。从许多咨询来看，还是依靠直观的判断和经验的总结，没有形成精确的统计模式和严格的科学范式，对于心理能力的高度分化的测量尚无常用指标。但是也正因为如此，它的发展才有巨大的潜力和灿烂的前景。会计心理咨询作用有两个方面：

（1）会计心理咨询是财务会计活动自身发展的需要。人类文明的发展与人类对自身的认识和关注是相辅相成的。人们创造了先进的科学技术和众多的物质财富，在驾驭自然、征服自然的同时，自然界也对人们进行了报复，产生了巨大的威胁，要求人们自身革命，以适应新的形势。心理咨询人员正是给予人们更好地适应社会生活的有效指导。财务会计工作在市场经济大潮和日新月异的科技进步的推动下，从理论到实践，从方法到手段都发生了深刻变化，财会人员面临的任务也更为繁重复杂、关系更为广泛。因此，财会工作要有更新更高的发展，就要求财会人员不仅技术精益求精，还要有高尚的情操和良好的心理素质。会计心理咨询是财会人员建立和维持健康心理的良师益友，是财务会计事业自身发展的需要。

（2）会计心理咨询是建设社会精神文明的需要。中国要建成政通人和、彼此相爱、安定团结、精神健康的高度文明的社会主义市场经济体制，就要搞好"双文明"建设，精神文明是物质文明的保证，而物质文明是精神文明的基础。会计心理咨询正是帮助财会人员维持健康心理，增进团结友爱，克服心理障碍，减少工作失误及经济犯罪，创造和保持一个高效工作的心理氛围，这些都是精神文明建设的重要内容，为财会工作顺利进行提供了良好精神保证。因此，财务会计活动中除对财务人员进行业务培训外，也要对会计人员及会计服务对象开展心理咨询。

3. 会计心理咨询的原则

咨询原则是指导心理咨询工作的一些基本原理，是咨询工作规律的概括和经验总结，也是心理咨询过程中的一般要求，对会计心理咨询工作具有指导意义。

（1）预防性原则。它是指咨询人员在明确弄清咨询对象心理障碍的同时，应注意咨询对象的整个心理特点并及早提醒预防心理障碍的加深和可能出现的其他心理障碍，向全社会普及心理健康知识。生理疾病和心理障碍都要以预防为主，这就要求咨询人员研究建立常规统计模型。要注意积累资料，以预防为主，为普遍提高全社会的心理健康水平而努力。

（2）交友性原则。它是指心理咨询人员要与会计咨询对象交朋友，这是保证咨询工作顺利进行并富有成效的重要原则。要掌握好这一原则，首先以友善的态度与咨询对象接触，可以问："你有什么问题感到为难呢？""我能帮助你做些什么呢？"当咨询对象开始叙述时，尽量以"开放式"的谈话，不断鼓励咨询对象畅所欲言。应答、点头、同情的赞许都能迅速缩短双方的距离。当咨询对象将咨询人员当朋友看待时，心理咨询就已成功了一半。当咨询对象对咨询人员无话不谈的时候，引导、劝导、帮助的效果会大大增加。特别应注意，财会咨询中很可能涉及一些敏感的经济问题，如果咨询人员与会计人员不能以诚相待，许多问题则可能顾虑重重而谈不透，心理咨询效果就会差。

（3）启发性原则。它是指咨询人员要鼓励会计咨询对象吐露真情，启发他们准确地表达所要表达的思想。所谓咨询，就是求知和询问。既是一门科学，也是一门艺术。咨询人员要以启发式的问话抓主要矛盾，如问他："你的意思是……""这就是说……"，如果符合事实，他会肯定；若不符合事实，他就会否定和纠正。另外咨询人员要善于归纳咨询对象的叙述，然后再帮助咨询对象说明自己的主观看法，这样就可以比较准确地找到问题的症结，对症下药。会计咨询的对象和内容，有很强的专业性，有些会计人员由于业务不熟练造成错误，带来心理压力和苦恼，这就要求咨询人员具有专业知识，启发性地帮助会计人员解决问题，解除心理障碍和痛苦。

（4）教育性原则。它是指咨询人员要针对会计咨询对象的具体情况提出积极的分析意见，鼓励其培养积极进取的精神，树立正确的世界观、人生观、价值观，采取批评与自我批评的态度。会计心理障碍，多因业务问题、经济问题的冲突所引起。必须引导教育财会人员廉洁奉公、不贪私利，要妥善处理各种利害关系。心理咨询工作本身就是精神文明建设的一个组成部分，它自然要体现社会主义精神文明的特征，体现它的时代性和进步性，这是教育性原则的指导思想。在实行教育性原则时，咨询人员不应随声附和他们的观点和思想感情，而应当实事求是地对问题进行分析，明辨是非。帮助他们改变看问题的角度，调整看问题的方法，建立新的思维模式。

（5）保密性原则。它是指保守会计咨询对象谈话内容的秘密，不得对外公开咨询对象的姓名，拒绝任何关于咨询对象情况的调查，尊重咨询对象的合理要求。为咨询对象保守秘密是咨询双方建立相互信任的基础。一切热情、诚恳、耐心都以尊重咨询对象的秘密为前提，否则一切都将失去意义。失密，对咨询人员来说，就是失职，对咨询部门来说，就是威信和名誉扫地。为咨询对象严守秘密也是伦理道德的要求。因为咨询过程中，会涉及他人隐私，人与人之间的矛盾，都需要保密。在咨询人员之间因工作需要讨论时，也应隐去咨询对象的姓名、住址等。为咨询对象严守秘密也是遵纪守法的需要。《中华人民共和国宪法》保护公民的私人权限，保护公民的言论、通信自由，他人不得干预。咨询对象向咨询人员或部门谈论的内容也属于私人权限之一，应当受到法律的保护。因此，咨询部门或人员泄露了咨询对象的秘密，不仅会受到舆论的谴责，而且也将会负法律责任。

（6）整体性原则。它是指咨询人员在咨询过程中，要运用系统论的观点指导工作，注意心理活动的有机联系，同时要善于抓住主要矛盾，使咨询工作更加准确、迅速、有效。实践证明，在了解全面情况的基础上，把握主要矛盾和矛盾的主要方面本身就是整体观的要求，也只有如此，心理咨询才能更加有效。

4. 会计心理咨询的方法

（1）观察法。它是指咨询人员通过对会计咨询对象的动作、言语、表情等外显行为的观看，有目的有计划地了解其心理活动的方法。观察法可分为自然观察和实验观察；也可分为长期观察和定期观察；还可分为重点观察和全面观察。在心理咨询过程中，一般采用门诊的自然观察，在全面观察的基础上，对于咨询对象提出的心理障碍有关的内容进行重点观察。为使观察更精确、客观，在征得咨询对象同意的前提下，可采取照相、录音、录像、心理状况测试等辅助工具。

（2）问卷法。它是通过被调查者的书面回答来研究其心理活动的一种方法。它的具体做法是：先由研究者根据研究目的制成问卷，要求被调查者逐项对问卷的设问进行回答，然后收回整理统计。实践证明，问卷方法简单易行，但对信度要加以分析。为提高信度，消除被调查者的顾虑，可采取不记名、不填字的方式。也可以故意安排一些相矛盾的问题，若回答中对相矛盾的问题回答相同，说明此答卷应该剔除。

（3）测验法。它是根据预先制定的测验量表来测定会计咨询对象的潜力水平和个性特征的一种方法。

（4）访谈法。它是根据事先拟好的问题与被调查的会计人员进行谈话，以了解其心理特点的一种方法。有结构式访谈、无结构式访谈和半结构式访谈。区别在于有没有固定的方式或结构。会计心理咨询一般采用半结构式访谈，即先天南海北地自由漫谈，打消其顾虑，然后再问一些重点问题，达到了解情况，教育、劝导、解难的目的。

（5）个案法。它是通过收集与某会计人员有关的个案资料，从而全面、深入而系统地了解其心理特征的方法。个案资料的来源，不仅是被调查会计人员本人提供的资料，而且也包括由其家属、亲戚、朋友、同事、老师、领导、知情人等提供的资料。个案资料内容包括：会计咨询对象的姓名、年龄、性别、职业等身份特征，目前的主要心理障碍，过去各方面的资料，如身体发育、受教育情况、学习情况、工作情况、婚恋情况、人际关系情况、家庭背景、人格特征等等，尽量不要遗漏。

（6）现代技术法。电子计算机技术在管理心理学研究中的使用，加速了管理心理学研究的科学化。管理心理学研究中已广泛采用先进的现代化技术手段，除用计算机测量、分析领导人的个性心理品质，评定个体性格特征与群体心理气氛外，还可对微观环境中群体活动的分析采用摄影、录像等先进技术以便精细分析。同时，系统方法和信息科学也渗透其中，对现象尽可能做到质和量的统一，并将发现的规律借用现代技术（如模型技术、信息技术等）以算法化、程序化表现出来。

总而言之，在会计心理咨询过程中，无论采用什么方法，都必须考虑会计咨询对象的特点和需要，要注意访谈、测验、观察的信度、效度和深度。而后对症下药，达到会计心理咨询工作的目的。

第三节　思维活动形式：会计逻辑

一、会计逻辑概述

（一）会计逻辑的概念

"逻辑，是思维的规律；客观的规律性；逻辑学。""逻辑学，是研究思维的形式和规律。"① 逻辑学所研究的内容是概念、判断、推理等思维形式及其规律，它是人们正确、合理地进行思维活动不可缺少的条件。会计逻辑学则是逻辑学一般原理应用于会计实践活动，并与会计思维实际进行有机结合而形成的一门科学。

会计逻辑是逻辑学一般规律在会计实践活动中的应用。会计逻辑是一个多义词，在不同的场合可以表达不同的含义：有时指客观会计活动的规律性；有时指会计思维的规律性；有时指会计活动中的特殊观点、见解或理论。一般来说，会计逻辑是会计人员在会计活动中应遵循的思维的规律。任何会计实践活动或会计工作都是在思维活动中出现、进行和总结的，而思维活动要想进行得正确、合理，就必须正确地运用概念，恰当地做出判断，合乎逻辑地进行推理和论证；还必须遵守逻辑的规律和规则。

(二) 会计逻辑学的研究对象

会计逻辑学的研究对象是会计人员在会计实践活动中的思维形式及其思维的基本规律。这里所指的会计实践活动，既包括会计业务活动，也包括会计理论研究活动。会计逻辑的形成是会计人员在长期的会计实践活动中由自发的逻辑思维发展到自觉的逻辑思维的产物。它从会计实践活动中的各种经济现象和事物的相对稳定性以及事物之间相对固定关系来考察会计概念、判断、推理等思维形式，揭示会计实践活动的逻辑思维规律。

具体说，会计逻辑学用辩证唯物主义的观点，通过对客观经济活动中的会计预测、会计决策、财务预算（财务计划）、会计控制、会计核算和会计分析等进行探讨，来研究会计科学与人们思维实际相结合的有关课题，促使会计人员掌握逻辑知识，加强逻辑修养，提高逻辑思维能力和表达能力，提高会计工作和会计研究的效率，更好地发挥会计在经济管理活动中的作用。

会计逻辑学体系，基本上可分为初始形式与高级形式两大部分：初始形式表现为："逻辑原理＋会计实例"，其目的在于帮助人们消化会计实践活动中的基本逻辑原理；高级形式或叫做深化形式，表现为逻辑理论与会计思维活动的有机融合，是会计逻辑应用初始形式的提高，其目的在于运用逻辑这一工具去解决和研究会计思维的规范化或程序化问题，力求总结出适应会计工作进程及会计学发展的逻辑应用的操作程序。

---

① 逻辑、逻辑学，现代汉语词典（第6版）[M]．北京：商务印书馆，2012：856.

（三）会计逻辑的研究意义

1. 有利于会计人员获取新知识

会计人员要正确地分析会计活动和会计信息，认识会计工作的本质及其规律性，当然离不开会计实践，离不开辩证唯物主义世界观的指导。但如果没有正确的思维或者思维活动，不遵守逻辑的规律、规则，要正确反映会计实践的客观世界也是不可能的。正确的思维形式是正确思维的必要条件，而会计逻辑正是研究会计思维形式及其规律的科学，因此，学习和掌握会计逻辑的系统知识，就有助于我们进行正确地思维从而达到准确地反映会计客观规律的目的。

人们对客观事物的认识，是在占有大量感性材料的基础上形成概念、判断和推理而进行的。学习与掌握关于概念、判断和推理的知识，便有助于人们获得新的知识。恩格斯曾提出："甚至形式逻辑也首先是探求新结果的方法，由已知进到未知的方法"。比如会计逻辑推理就可以使人们从已知的经济事项推导出未知的预测结果。

2. 有利于会计人员表达正确思想

会计思维的准确性和论证性是正确会计思想的重要特征。而保障会计思维的准确性和论证性正是会计逻辑问题。学习和掌握会计逻辑知识，可以使会计人员学会正确运用思维形式及其规律，在表达思想的过程中做到概念明确、判断恰当和推理合乎逻辑性。如果概念混乱，判断不恰当，推理无逻辑性，那么就达不到正确表达会计思想的目的。会计逻辑虽然不能保证一种思想的正确性，但是，违反了会计逻辑规律，便不能准确地表达会计思想，尤其是会计信息在市场经济体系中占据越来越重要地位的今天。

3. 有利于会计人员发现谬误和揭露欺骗

在发布会计信息或从事其他经济活动过程中，有的人为了个人或本企业利益往往把错误信息包装成正确信息，把错误思想说成是正确的思想，大肆使用似是而非、混淆视听的言辞和结论。为此，我们可以用逻辑知识发现和纠正这种错误。

（四）会计逻辑的规则、方法、规律及会计信息逻辑

1. 会计逻辑规则

会计逻辑规则是在会计逻辑思维的过程中，根据会计逻辑规律制定出

113

来的规范。一般指形式逻辑的各种规则在会计中的应用。如三段论的规则、概念的定义和划分的规则、证明的规则等等。在会计思维过程中，如果违反会计逻辑规则，就会产生各种逻辑错误，影响和妨碍会计思维的正常进行，从而影响会计工作的质量和效果。

2. 会计逻辑方法

会计逻辑方法是在会计实践活动中，遵循和运用逻辑思维的规律、规则，以形成会计概念体系、作出会计判断和进行会计推理的方法。包括遵循和运用辩证逻辑规律、规则的辩证逻辑方法，及形式逻辑规律、规则的形式逻辑方法。辩证逻辑的方法主要有：归纳与演义相结合的方法；分析与综合相结合的方法；逻辑与历史相结合的方法；从抽象到具体的方法等等。形式逻辑的方法，有比较、分析、综合、抽象、概括、归纳、演绎、定义、划分等传统逻辑的方法，也就是普通逻辑的方法，也有诸如形式化的方法、公理化的方法等现代形式逻辑的方法。这些方法具体运用到会计实践活动领域，又形成了会计实践活动和会计科学领域的专门逻辑方法，如会计复式记账方法、会计归纳汇总方法、会计永续盘存方法、因素分析法、会计模型等方法。随着会计实践活动和会计科学研究活动的深入发展，会计逻辑方法也一定相应地向前发展。

3. 会计逻辑规律

会计逻辑规律是在会计逻辑思维的过程中正确地运用会计概念进行会计判断和会计推理等会计思维形式的规律。通常是指普通逻辑（形式逻辑）规律，如同一律、矛盾律、排中律等在会计中的应用；也指辩证逻辑的规律，如作为思维规律的对立统一规律、分析与综合相结合的规律等在会计中的应用。

4. 会计信息逻辑

会计信息逻辑是会计信息间的因果关系。通过对会计信息的比较、分析、汇总归纳等进行逻辑综合处理，从而利用信息，更好地指导企业的管理工作和会计工作。会计是把企业发生的经济数据，通过会计的专门分析、登记、分类、汇总等一系列步骤和方法，转换为经济信息，并通过财务报表的编制，将经济信息传递给与企业有利害关系的集团和个人，以供进行决策。在这一过程中，会计人员重要的职责是通过会计所提供的经济信息，评价企业的经济活动，并对改善企业的经营管理和提高企业的经济效益出谋划策。因此，会计信息逻辑是有效地提供信息的工具。寻求会计信息问题的因果关系，既可以从结果去寻找原因，也可以从原因推导结果，其逻辑思维过程一般是先确定可能的原因（或结果），然后通过分析、比较，辩证出真正的原因（或结果）。

二、会计逻辑形式

（一）会计概念

1. 什么是会计概念

会计概念是对会计实践活动中各种客观现象本质属性的反映。如资金、财产、会计科目、会计凭证、会计账簿、会计报表等等。借助会计概念这种形式，人们就可以把会计事物和其他事物区别开来，并逐步把握会计事物的本质。认识是一个由低级阶段向高级阶段发展的过程，随着会计实践和认识的发展，会计概念对会计活动的反映和概括也会越来越精确、越深刻。会计概念在反映会计事物本质属性的同时，也就反映着具有这些本质属性的会计这一事物。这两方面分别构成了会计概念的内涵和会计概念的外延。会计概念是组成会计判断，从而组成会计推理与会计论证的基本要素。会计概念又是会计思维成果的结晶，人们通过会计判断、会计推理与会计论证所获得的新知识，又会凝结在会计概念之中，使已经形成的会计概念完善化、精确化，并形成新的会计概念。会计概念之间存在着各种各样的关系，会计逻辑学从会计概念的内涵与外延两方面来研究会计概念间的关系，并根据会计概念的外延有无重合，将会计概念间的关系分为相容关系和不相容关系。相容关系又可分为同一关系、种属关系和交叉关系，不相容关系又可分为矛盾关系和反对关系。

2. 会计概念的概括、限制与定义

（1）会计概念概括。会计概念概括是通过减少会计概念的内涵来增加会计概念外延的逻辑方法。它也是根据会计概念的内涵与外延的反变关系，使一个外延较窄的会计概念过渡到外延较宽的会计概念。对一个会计概念概括到什么程度要根据实际需要而定。运用概括主要是为了明确会计概念所反映的客观经济活动的一般意义，主要是使会计人员对具体问题的认识从特殊过渡到一般，把握问题的本质，揭示所反映对象的共性，有助于会计人员对所反映的经济活动现实做出合乎逻辑的结论，对客观经济活动做出全面、客观的评价和分析，进而更好地发挥会计的职能作用。

（2）会计概念限制。会计概念限制是通过增加会计概念的内涵以缩小会计概念的外延的逻辑方法。即由一个外延较大的会计概念过渡到一个外延较小的会计概念，其根据是会计概念的内涵与外延的反变关系。例如，在"成本"这一概念的内涵中增加"变动"这一内涵，它就过渡为"变动成本"这一概念，缩小了成本概念的外延。在会计工作中，当我们需要把某个问题的认识具体化的时候，就要对其中的概念进行限制。对会计概念进行限制，有助于对会计的认识由一般过渡到特殊，有助于严密地论证和准确地表达思想，提高工作效率。

（3）会计概念定义。会计概念定义是用简练的语言、简明的方式将会计概念的内涵揭示出来，揭示会计概念所反映的对象的本质属性。会计概念定义是人们对经济现象和会计活动的认识成果的总结。人们运用会计概念定义的形式，把在会计实践中达到的对经济现象的特有属性的认识巩固下来，并用以指导进一步的会计实践活动。要给会计概念作出正确的定义，必须具有对会计所反映事物的正确而深刻的具体知识，也就是说，必须在会计实践的基础上掌握有关会计知识。

3. 会计概念的作用

（1）会计概念明确是正确会计思维的必要条件。思维不能没有概念，概念明确是正确思维的必要条件。比如会计分析报告的起草、成文或发布，应该抓住所要分析的经济活动的主要方面和主要内容，准确使用相关的概念和信息，做出恰当的判断，进行合乎逻辑的推理，只有这样才算正确地表达了会计思维，使做出的报告严谨、科学而又规范。相反，概念不明确，思维就发生混乱，会计报告则起不到正常交流思想、确切阐明观点的效果，甚至还会造成误导和过失。

（2）会计概念是会计学科的基石。各门学科都有自己特定的概念，都是由一系列概念构成的理论体系。会计理论体系中的定义、原理和方法无一不是运用概念作出判断或运用判断进行推理的结果，比如会计概念、会计基本核算前提以及会计准则等。没有资产、负债、借贷记账法、公允价值、非货币性资产等一系列概念，就不可能有会计基本理论和应用理论等。在这种意义上，掌握会计知识体系，就要从掌握基本的会计概念开始。所谓不死抠名词概念，只是指在发生误解时，强调领会精神实质，不是说会计概念可以不精确，更不是说概念无足轻重。

（3）会计概念是认识和发展会计的途径。探索真理是一个过程，概念的产生、存在和发展也是一个过程。一个会计概念是在一定的历史条件下存在的，并代表着对这一会计事物的认识程度，而不是认识的终点。会计实践是不断发展变化的，会计理论也是不断发展和完善的，而这种发展的轨迹往往体现在一系列会计概念的演变上。只有充分研究和认识会计概念，不断完善概念的定义和运用，才可认识和创新会计理论，完善会计思想。

（二）会计判断

1. 什么是会计判断

会计判断是通过对会计对象的性质、关系等的肯定或否定来反映对象情况的真实或虚假。会计判断总是有真有假。当其所肯定或否定的内容与其所断定对象的实际情况相符时，该判断就是真的；否则，该判断就是假的。检验会计判断的真假标准，归根到底是会计实践。

2. 会计判断的重要意义

（1）会计判断是会计人员思考问题的基本形式。会计人员思考问题交流思想，无时不用判断这种思维形式，会计判断是会计人员在长期的会计实践中对深层客观规律的认识，是逻辑理论体系的重要组成部分，是人类思想的最重要单位。

（2）会计判断是会计实践活动的组成部分。它既是会计概念的扩展，又是会计推理的基础。从结构方面看，它由概念组成，又是构成推理的要素。因此，如果没有判断，概念便无法明确，推理也无法进行，会计信息的交流以及会计工作的开展便不可能完成。

（3）会计判断是会计理论体系的重要内容。会计体系是企业、组织等实体的管理系统的一个子系统，发挥着会计信息发布、管理功能发挥等方面的重要作用。在这个子系统中会计依据自身的信息优势，对外进行持续的信息交流和资源共享，而其中的会计人员是最主要的因素，会计系统的功能如何发挥直接决定于会计人员的各种思维活动。在强调"以人为本"的现代管理理念指导下，研究如何提高会计人员的逻辑判断和推理能力，加强会计信息对管理决策的指导作用相当重要，为此要把会计哲学、会计心理学和会计逻辑学等学科体系纳入会计理论体系，做到有机融合、共同发展，是当前会计理论建设不可忽视的有益尝试

3. 会计判断的逻辑特征

会计人员正确运用判断，提高职业判断和推理能力应了解判断的特征。归纳起来逻辑判断有以下主要特征：

（1）任何会计判断都有其结论。判断反映思维对象的情况，总要有所断定。它或者肯定什么，或者否定什么，而不能既不肯定什么，也不否定什么。不表达任何对象属性并且不对对象情况作出断定的判断是不存在的。会计人员借助会计信息，依据会计理论发表看法或态度，要有理有据，结论恰当，正确表达笔者的判断结果。

（2）任何会计判断结论都有对错之分。判断是对思想对象情况的断定，而断定的内容就有与实际符合不符合的问题。与实际情况相符的判断是真的，与实际情况不符合的判断就是假的。虽然有时对某一问题或情况的判断"说不清对错"，但客观上的情况只有一个结论，不可能变来变去，会计人员应加强自身学习，提高职业判断水平和职业鉴赏力，追求正确的判断，克服虚假、不准确的判断，更要旗帜鲜明地反对和打击故意编造不实甚至荒谬的结果或信息的行为。

（3）任何会计判断都有其内在的结构。会计判断的内在结构可以抽象成一定的逻辑形式。例如："计算机会计的记账流程与手工会计的记账流程有许多不同之处"，这个具体判断从结构上可以抽象为"aRb"这样三项关系判断的逻辑形式。掌握会计判断的逻辑形式有助于会计人员从形式和结构上保证会计判断的规范，为得出正确的会计结论打好基础。

4. 进行会计判断的要求

会计判断是会计人员认识会计事项真相的标志，起着指导会计实践活动的作用，为此会计人员应注意以下几个方面的要求：

（1）判断内容的准确性。会计判断必须真实准确，即如实地反映会计事项的本来面貌，并能够满足会计实践的需要，能够解决会计实践中所提出的矛盾和问题。

（2）判断形式的规范性。正确地了解和把握各种会计判断形式，也是正确地了解和把握各种会计推理形式的必要条件。要求会计人员必须对各种不同的判断形式进行分门别类地研究，以准确地了解和把握各种会计判断形式的逻辑特性和逻辑意义，这样才能正确地运用由会计判断形式构成的相应的推理形式。

（3）判断能力的创新性。会计判断贯穿于会计工作的整个过程，学习、掌握会计判断的逻辑知识，提高和创新会计逻辑判断能力，对于会计人员来说具有十分重要的意义。

（三）会计推理

1. 什么是会计推理

会计推理是由一个或几个已知的会计判断推导出一个新的会计判断的思维形式。在会计实践活动和会计理论研究工作中，许多带有结论性的会计判断都是通过会计推理获得的。会计推理总是以一个或几个会计判断为出发点，推导出新的会计判断。

作为出发点的会计判断，称为会计推理的前提，推出的会计判断为会计推理的结论。会计推理是由前提和结论两个部分所组成。一个会计推理可以有一个前提，也可以有几个前提。前提和结论间的关系称为推出或推导关系。任何会计推理必须具有前提，才能进行推理，任何会计推理必然推出结论，才叫会计推理。

会计推理是以具有具体内容的会计判断作为前提和具有具体内容的会计判断作为结论组成的。但是，会计逻辑学研究会计推理时，并不研究构成会计推理的各判断的具体内容，只研究哪些会计推理形式是正确的或有效的；此外，还研究那些对于会计工作有特殊意义的逻辑推理形式，以充分发挥会计推理在会计工作中的作用。

会计推理实质上是逻辑推理在会计工作中的具体运用，但从思维角度来讲，会计推理实际上是主观反映客观的过程。要使会计推理过程能够正确地反映会计活动的客观实际，得出可靠的会计结论，进行会计推理除应遵守逻辑推理的各种规则外，还必须遵守客观、全面、具体性三原则。

会计推理同会计概念、会计判断一样，是会计工笔者认识会计实践活动中各种客观事物不可缺少的一种思维形式。没有会计推理就谈不上对会计对象的正确认识，没有会计推理，也就谈不上进行会计工作和会计科学研究。会计推理还是会计工笔者进行会计证明与反驳的重要工具，是会计工笔者建立与验证会计假设时必不可少的逻辑方法。

2. 会计推理的分类

会计人员借助形式逻辑学的基本原理，结合会计思维活动的自身规律，研究会计推理的不同类型，可以更好地把握会计推理的应用技巧，为会计工作服务。

会计推理可以依据不同的分类标准而分为不同的种类，常见分类方法有以下几种。

（1）依据前提判断的多少，可以把推理分为直接推理和间接推理两

119

类。直接推理是以一个判断为前提的推理。其前提判断可以是一个简单判断，也可以是一个复合判断。间接推理是以两个或两个以上的判断为前提的推理。

（2）依据前提和结论之间是否有蕴涵关系，可以把推理分为必然性推理和或然性推理两类。前提和结论之间有蕴涵关系因而其结论是必然推出来的推理，叫做必然性推理。这包括演绎推理和完全归纳推理。前提和结论之间没有蕴涵关系因而其结论不是必然推出来的推理，叫做或然性推理。这包括不完全归纳推理和类比推理。

（3）依据前提是简单判断还是复合判断，可以把推理分为简单判断推理和复合判断推理两类。以简单判断为前提的推理，叫做简单判断推理。以复合判断为前提的推理，叫做复合判断推理。

（4）依据推理内部结构层次的多少（即能否分析为多个推理形式的复合），可以把推理分为简单推理和复合推理两类。只有一个结构层次的即不能再分析为两个推理的单一结构的推理，叫做简单推理或单层次结构推理。可以分析为两个以上的推理的多层次推理，即由两个或两个以上的推理复合而成的结构复杂的推理，叫做复合推理或多层次结构推理。

（5）依据是否能进行始终不失其必然性的连续地逻辑推演，可以把推理分为演绎推理和非演绎推理两类。演绎推理是这样的推理：它能够进行连续的逻辑推演，而且各个推演阶段的结论都是自前提必然推出来的。就其知识作用来看，演绎推理既可以从一般推出一般，也可以从一般推及个别，还可以从个别推到个别。非演绎推理是不能进行始终不失其必然性的连续的逻辑推演的推理。这包括有归纳推理和类比推理两类。归纳推理是这样的推理：它从反映个别性知识的前提出发，创造性地推出带一般性知识的结论（即从个别推一般），其结论是否正确，还有待于实践来检验。归纳推理可以根据其前提是否涉及一类对象的全部分等而分为完全归纳推理和不完全归纳推理。不完全归纳推理又可以分为简单枚举归纳推理和科学归纳推理。就认识作用方面来看，归纳推理是具有从个别推及一般的特点的或然性性质。

类比推理是这样推理：在对两类（或两个）对象作了分析比较的基础上，依据两类（或两个）对象有某些相同或相似的属性，进而推断这两类（或两个）对象的其他属性也相同或相似。类比推理既可以从特殊推特殊，也可以从一般推一般。

会计类比法亦称会计类推、会计类比推理。根据两个或两类会计对象在某些属性上相同，推出它们的其他属性也相同的推理。如用 A 与 B 分别代表两个或两类不同的对象，用 a、b、c、d 分别代表不同的属性，则其推理过程可用如下公式表示：

A 有 a、b、c、d 属性

B 有 a、b、c 属性

所以，B 也可能有 d 属性

此类推理仅仅是根据两个或两类会计对象（会计命题）的简单比较而进行的，不能解决属性间的联系性质。为了提高此类会计推理的可靠性，应用时要尽可能找到类比对象间较多的相同属性，尽可能从两类对象的较本质的属性上去进行类比。前提中确认的相同属性愈是本质的，相同属性与类推属性之间愈是相关的，则结论的可靠性程度也愈大。会计类比法在会计科学发展的过程中起着重要的作用。

三、会计逻辑基本类型

（一）会计核算逻辑

1. 会计核算规范

会计核算规范是从取得会计凭证开始，到编制出会计报表的每一步骤和每一过程，都需要严格执行的规则和要求。

会计核算规范包括两个层次：第一个层次是会计处理的一般原则，包括关于会计处理和报告的基本要求，是制订会计制度的基本依据。它包括会计核算基本前提、会计目标和信息质量的要求等一般原则，会计要素准则和财务报告准则等。会计核算基本前提主要是会计核算工作得以进行的前提条件；会计目标和信息质量的一般要求有：真实性、相关性、清晰性、可比性、实质性、重要性、谨慎性、及时性等；关于普遍适用的原理性规范有：权责发生制，配比原则，实际成本计价原则，划分收益性支出与资本性支出原则。第二个层次是根据第一个层次的基本要求，对各种经济业务做出的具体规定和要求。它又分为两个部分：第一部分是就各个行业和部门具有共性的基本会计核算业务所做出的规定，如资产负债表、利润表、现金流量表、所有者权益变动表、固定资产会计、折旧会计等；第二部分是就特殊行业的会计业务所做的规定。

2. 会计核算逻辑程序

会计核算逻辑程序是对单位发生的经济活动，以货币为计量单位，取得会计凭证，登记账簿，进行财产清查，编制会计报表的过程。

对于日常发生的各项经济业务，要填制并审核凭证，按照规定的会计科目对经济业务进行分类核算，并应用复式记账法记入有关账簿，对于账簿记录，要通过财产清查加以核实，在保证账实相符的基础上，根据账簿记录，定期编制会计报表。其逻辑特征体现为连续性、系统性、正确性和能动性。这些逻辑特征贯穿于会计信息归纳、整理、分类、分析、判断、推理的会计核算的全过程。

3. 填制会计凭证逻辑

填制会计凭证逻辑是填制会计凭证过程中的思维规律。

会计核算必须遵循一切会计记录都要有真凭实据的原则。会计凭证按其填制的程序和用途，分为原始凭证和记账凭证。原始凭证是在经济业务发生时取得或填制的，用以记录和证明经济业务的发生或完成情况的原始证据；除一次凭证外，累计凭证和汇总原始凭证都应用了汇总归纳推理。记账凭证是会计人员根据审核后的原始凭证或汇总原始凭证，按照经济业务的内容加以归类，并据以确定会计分录而填制的、作为登记账簿依据的凭证，在实际工作中，会计分录的编制，是通过记账凭证的填制完成的。

在记账凭证的填制过程中，除了应用汇总归纳推理，还必须运用复式记账的基本原理。汇总归纳推理是把某类现象的每一个部分作为单项而存在的数字汇集成一个整体单位，以反映该现象的发展状况的完全归纳推理。在会计核算中，这种形式的推理使用频繁而且广泛。为了准确地反映经济情况，从总体上把握事物的发展变化，就需要对各种资料所反映的各项数字，进行单一汇总，求得某一整体事物的数字总额、总计。例如，发货票这种原始凭证，在其内容的填制上，就体现了汇总归纳推理的基本形式。

复式记账凭证和单式记账凭证也都在不同程度上应用了汇总归纳推理。单式记账凭证更便于汇总计算每一会计科目的发生额，所以它对科目汇总表核算组织程序的使用十分方便。汇总归纳推理应用于会计凭证，其主要依据是，作为整体性单位的经济现象或其他事物的数量都是不同的，即它所代表、所反映的经济现象和其他事物情况是有质的差异的，因而也就可以凭借这些数字进行推理，由反映某一经济现象或其他事物的各个具体材料、具体数字推出整体的数字状况，从而由对这一经济现象或其他事物的分散的、局部的认识，再到对该经济现象或其他事物的整体的认识，把握它的发展趋势和规律。

4. 借贷复式记账逻辑

借贷复式记账的主要内容包括平衡方程式和记账规则两部分，这两部分以一定的逻辑形式相联系。

会计平衡方程式是企业财务状况的表达式，企业在经济活动中发生的各项经济业务，一切增减变动都是发生在资产、负债、所有者权益、成本费用和损益 5 类项目之间，任何一项经济业务，必然在会计平衡方程式（"资产 = 负债 + 所有者权益"）中导致双重的影响。企业占用资金的形态体现为各项"资产"，取得资金的渠道有两种不同的来源，一是企业对债权人的"负债"，二是企业所有者的"权益"。"资产"方与"负债"加"权益"构成的另一方，在方向上相反，运用代数的原理，可以表现为以等号为原点，以两方分别为正负极的数轴，两方对照，符号相反，绝对值相等。在会计核算中，这种平衡还表现在账户结构中。同时，"有借必有贷，借贷必相等"和复式记账规则，与代数等式的绝对值相等和账户结构关系的原理一致。这种代数具有数学上的数理逻辑性，同时，也揭示了会计方法的内在一致性。

运用复式记账法时，运用逻辑思维一般要考虑确定所发生的经济业务涉及哪一类或哪几类科目；确定这一类科目或几类科目是增加还是减少，金额各为多少；确定记账时应记在该类科目的借方还是贷方。

（二）会计预测逻辑

1. 会计预测逻辑的概念

会计预测逻辑是根据经济数据或会计信息的历史资料，依据现实条件，预计和推测经济现象的未来发展趋势。这一逻辑过程的一般程序是：明确会计预测的目标和范围 + 收集和整理有关财务信息 + 选择相关预测方法 + 提出预测模型 + 选择最佳方案 + 分析会计预测误差。

2. 会计预测逻辑的主要特征

（1）时间性。会计预测必须是对时间上某一特定时点做出的，改变这个时点，往往会影响会计预测的性质及结果。

（2）或然性。会计预测目标能否实现，一方面取决于人们对客观经济现象认识的能力；另一方面，在于某一时间内客观经济发展受外来因素干扰的状况。它是一种会计人员利用现有资料及经验的一种主观推测，所以会计预测的结论可能与实际并不相符。

（3）可能性。会计人员通过利用历史数据资料和科学的预测方法，研究和分析会计信息的演变规律，从而作出合乎逻辑的推论。这种推论是完全可能反映客观经济现象未来的变化发展趋势的，其结论一般是带有可能性的可能模态判断。会计预测的逻辑方法一般有历史类比法、模型法、因果分析法和综合分析法等。

3. 会计预测逻辑的基本原则

根据经济管理的要求和预测的性质，在进行会计预测时要遵循的原则是：

（1）依据党和国家的方针、政策、计划和法规；

（2）预测的目的是达到最佳经济效益；

（3）从被预测对象的系统出发；

（4）依据发展的连续性从历史发展的趋势进行预测；

（5）可以按照相同事物的发展加以比较；

（6）考虑事物的相互联系、相互制约的影响。

4. 会计预测的逻辑程序

进行会计预测的程序包括：

（1）确定预测目标。依据企业和会计的基本任务和一定时期的特定需要，如定期对财务目标的预测，不定期对影响提高经济效益的某方面的目标进行预测。

（2）收集预测资料。按照预测目标收集有关资料，为预测提供依据。

（3）进行预测。按照预测目标，在占有资料的基础上，选择一种或多种预测方法，进行预测计算。

（4）预测评价。对预测的结果与历史发展和现实情况比较，是否符合客观发展规律；各种预测的结果进行比较，确定其科学性。对可靠性差的预测结果要进行修正。提供可靠的预测结果，才能作为进行决策和编制计划的依据。

（三）会计决策逻辑

1. 会计决策逻辑的概念

会计决策逻辑是会计决策中的思维规律。会计决策是指按财务指标的一定目标，选择最优方案的过程。这个过程是一个复杂的思维过程，是一种创造性的思维活动，其中包括想象、灵感、直觉等一些非逻辑思维因素，但逻辑思维仍然为其提供基本的、必需的前提，同时为它们所产生的思想成果提供理论上的论证和支持。会计决策既是企业经营决策的重要内容，又是经营决策的具体落实，并影响其他决策。

2. 会计决策逻辑的基本原则

进行会计决策时应遵循的准则是：

（1）要依据党和国家的方针、政策、计划和法规；

（2）成本效益原则，即以较少的耗费取得较多的收益；

（3）符合客观发展的需要，经过努力可以实现；

（4）实行民主，贯彻领导与群众、民主与集中相结合的要求进行决策。

3. 会计决策的逻辑程序

进行会计决策主要包括以下步骤：

（1）确定决策目标。根据企业管理的需要和生产经营活动中存在的问题来确定。

（2）收集信息。有了会计预测资料，还可以收集相关资料，为目标设计方案提供可靠的依据。

（3）设计决策方案。按照确定的目标，依据收集的信息，选择决策方法，为进行决策设计各种备选方案。

（4）评价决策方案。主要是对各种决策方案进行可行性研究，比较各种决策方案及实现决策目标后的效果，各种限制条件的协调性、稳定性、适应性和可靠性，为实现方案目标而制定可行性措施。

（5）选择决策方案。对经过评价的各种决策方案，按照最优标准或满意标准，从中优选一种方案。

（6）执行决策。根据选择的决策方案，制定实施措施。

前文步骤可以看成一般逻辑程序的3个阶段：第一阶段是明确概念阶段，包括确定决策目标和收集相关信息两个步骤；第二阶段是逻辑分析阶段，包括设计决策方案和评价决策方案两个步骤；第三阶段是抉择阶段，包括选择决策方案和执行决策方案两个步骤。在第一、第二阶段，主要使用归纳推理和类比推理法，这时，通过收集财务信息，进行分析、比较、统计、归纳整理，从中找出典型规律，从特殊、个别推向一般，即用一些事实判断来解释、推测出另一些事实判断；在第三阶段，一般使用演绎法和假说等逻辑方法，通过第一、二阶段的推理，会计决策工笔者可以创造一个简化的出发点，然后运用演绎法，推出纯逻辑上的限定关系，即由一般推知特殊，它的模式与被观察的实际事态并不一定一致，带有假说的性质。这种从特定前提下进行的演绎，只要保证前提正确，就能反映对象的本质，从而达到正确决策。

（四）会计控制逻辑

1. 会计控制逻辑的概念

会计控制逻辑是会计控制过程中的思维规律。会计控制是按照一定标准，使经济活动（或资金运动）达到预期目标的进行过程。

2. 会计控制逻辑的主要特征

会计控制是实现会计目标的关键环节，其特点是：

（1）规定性，按规定的标准进行控制；

（2）目标性，使经济活动达到预期的目标；

（3）保障性，采取一定手段保障经济活动的预期目标能实现；

（4）系统性，从系统化角度实施会计控制措施。

3. 会计控制系统

会计控制系统是由控制人员、会计信息和被控系统组成的有机整体。建立会计控制系统要确定被控系统、建立会计信息反馈系统和确定控制组织系统。

（1）确定被控系统。对财会部门来说，被控对象是各种财务活动，各种财务活动围绕财务目标而运行。因此，确定被控系统要与确定被控对象及其财务目标落实到单位相联系。

（2）确定控制组织系统。控制组织单位是企业内部经济责任单位，负有在控制跨度内管理有关经济活动的责任，有专业或兼职的控制人员。

（3）建立会计信息反馈系统。使新的会计信息取得反馈信息后再输出，利用系统运动的结果，调整系统未来的运动。

4. 会计控制程序

会计控制程序是指对资金运动或经济活动进行会计控制的步骤。会计控制是一个过程，它的程序是：

（1）进行会计控制时，根据会计控制原则，严格掌握会计控制标准，使资金运动或经济活动控制在标准之下。掌握控制标准，除由会计部门进行外，根据权责范围，还要由其他职能部门和群众进行。

（2）用资金运动或经济活动的实际情况，与会计控制标准（主要是财务会计制度、计划或预算和定额）对比，检查执行情况，测定和分析实际脱离标准的差异。

（3）有关领导人员和控制人员，根据差异分析，采取相应措施。

5. 会计控制模型

会计控制模型是指对被控对象进行控制的标准形态。在会计控制过程中，为了有效地进行控制，将被控对象的内容和相关的控制标准进行结合而建立模型，并据以进行控制。会计控制模型按被控对象涉及的范围，有宏观控制模型和微观控制模型；按揭示被控对象的要求，有系统控制模型（反映被控系统）和过程控制模型（反映被控系统的运行过程）；按被控系统的状态，有静态控制模型（反映一定时点的经济状态）和动态控制模型（反映一定时期的经济活动情况）；按被控系统的特征，有结构控制模型、行为控制模型和功能控制模型；按被控系统量化程度，有定性控制模型和数学控制模型。

（五）会计检查逻辑

1. 会计检查逻辑的概念

会计检查逻辑是会计检查过程中的思维规律。会计检查是依据一定的标准对会计资料的正确性、完整性、系统性和经济业务的真实性、合法性、合理性进行的检查。

2. 会计检查的内容

会计检查的内容是对会计资料和经济业务进行检查。由会计部门进行的会计检查，是国家以法律形式赋予会计人员的权利。会计机构和会计人员有权实行的会计监督，就包括事后监督的会计检查。会计检查是提高会计核算质量的必要措施，是加强会计管理的有效方法，是保护企业财产的重要制度。在国家建立了审计机关和企业成立了内部审计机构以后，也不能取代会计检查。在市场经济体制下，要重视和加强会计检查。

3. 会计检查种类

会计检查可划分为以下种类：

（1）按进行检查的机构分：内部检查，由企业内部的会计机构组织的检查；外部检查，由上级主管部门的会计机构组织的检查。

（2）按照进行检查的时间分：定期检查，按有关规定，每月、季、年进行的检查；不定期检查，根据工作需要，进行的临时检查。

（3）按照检查的范围分：全面检查，对全部会计资料和全部经济业务进行的检查；专题检查，对某个方面的会计资料或经济业务进行的检查。

（4）按照进行检查的详细程度分：详细检查，对被检查对象进行全面细致的检查；重点检查，对被检查对象抽出其一部分进行检查。

（5）按照检查的内容分：会计资料检查，经济业务检查。

4. 会计检查专门方法

完成会计检查任务，要相应采用会计检查的专门方法。一般有：

（1）核对法，根据相互关联的会计资料进行相互对照；

（2）审阅法，对会计资料仔细地阅读和观察；

（3）分析法，揭示会计资料反映的经济活动的性质和组成因素，以及各因素之间的相互关系；

（4）查询法，通过向有关单位或个人调查征询，以取得必要的检查资料；

（5）盘存法，在保管和使用财产的现场，对实有财产数额的清点；

（6）详查法，对被查单位在被查期间的会计资料进行全面的检查；

（7）抽查法，对被查单位抽取其在被查期间的某一时期的全部或一部分会计资料进行的检查；

（8）顺查法，按会计核算程序顺次地对会计资料进行的检查；

（9）倒查法，按会计核算程序的相反顺序对会计资料进行的检查。

（六）会计分析逻辑

1. 会计分析逻辑的概念

会计分析逻辑是指会计分析过程中的思维规律。会计分析是以会计核算资料为依据，结合统计和其他有关资料，查明计划（预算）的执行情况，研究完成或完不成计划（预算）的原因，发现经济活动和财务收支过程中取得的成绩、存在的问题，以便总结经验、提出措施，改进工作的过程。

2. 会计分析的一般程序

（1）明确目的，制订方案；

（2）搜集会计资料，掌握情况；

（3）指标对比，揭示矛盾；

（4）分析矛盾，确定原因；

（5）归纳总结，挖掘潜力。

进行会计分析时，其思维必须把会计活动看作一个具有多样性的统一体，从其内在的矛盾运动、变化、发展中考察，以便从本质上完整地认识会计活动的具体情况。

会计分析的主要逻辑方法有因素分析法和比较法两种，其基本模式是归纳→演绎→归纳的往复运行。

3. 会计分析的主要方法

对企业资金运动或经济效益的各组成要素、发展阶段及其相互关系和结果进行分析的方法。会计分析的具体方法有：

（1）因素分析法（例如连环替代法、因果分析法、ABC 分析法等）；

（2）平衡分析法；

（3）比较分析法；

（4）动态分析法；

（5）数学分析法。

第五章 会计行为规范

第一节 会计行为规范体系

一、会计行为规范的内涵与作用

（一）会计行为规范内涵

为了促使财会机构和财会人员能够合理有序地开展会计工作，实施会计行为，实现会计目标，必须具备健全完善的约束性标准，即会计规范。什么是会计规范？学术界的看法不完全一致，具有代表性的观点主要有："会计规范是在会计领域内起作用的一种社会意识形态，具有公认性、统一性、客观性、广泛适用和反复适用性；作为一种标准，它帮助会计人员解决如何工作的问题，为评价会计工作提供客观依据；作为一种机制，它是保障和促进会计活动达到预期目的的一种制约力量。""会计规范，是指协调、统一会计处理过程中对不同处理方法作出合理选择的假设、原则、制度等的总和。""会计规范是会计人员正确处理工作所要遵循的行为标准，是指导和约束会计管理行为朝着合法化、合理化、有效化方面发展的路标。会计规范有正式规定的，如会计法律规范；也有非正式的，如会计职业道德规范。""会计规范是会计管理行为的准绳，是指导会计管理行为科学化、合理化、有效化发展的路标"等。以上各种观点都是对会计规范的解释，而不是对会计行为规范概念的表述，这就涉及两个问题需要我们作进一步探讨：一是会计规范与会计行为规范是否属于同一概念？两者之间有何异同？二是如何科学定义会计行为规范？要想回答好这两个问题，必须明确三点：①准确理解"规范"含义及其作用；②合理界定会计行为的内涵及外延；③阐述清楚会计规范的对象及特征。

规范的基本含义是指从事和评价某项活动的法式、标准。这里的"规"含有法则、规则、规定的意思，而"范"则是典范、范例之意。规范所要确立的是在某项活动中应该做什么，应当怎样做以及应该在什么样的内、外条件下去做，它对该项活动中的各种行为都起着引导和制约的作用，是行为主体必须遵循的法则，也是对行为主体所产生的行为后果进行评判和衡量的标准。

"行为，是受思想支配而表现出来的活动。"① 会计行为是会计人员依据会计规范处理单位经济业务而表现出来的活动。会计行为是对一定单位经济业务事项的确认、计量、记录和报告的行为，以及保证确认、计量、记录、报告运行过程、运行质量的管理和监督活动。会计行为是一个内涵丰富、外延广泛的概念。按照会计的职能划分，会计行为可分为会计核算行为、会计监督行为、会计决策行为、会计控制行为、会计考核行为等；按照会计的循环过程可分为会计确认、会计计量、会计记录和会计报告行为；按照会计行为的主体层次可分为会计个体行为、会计群体行为和会计领导行为等。就一个单位而言，生成并提供真实、完整的会计信息是最重要的会计行为，因为会计信息的生成与提供，是会计确认、会计计量、会计记录以及会计报告四种行为的综合结果。就整个社会而言，强化会计管理和会计监督是最重要的会计行为，因为社会管理者必须借助会计管理和会计监督实现维护社会经济秩序的目的。

会计规范是指从事和评价会计工作的法式、标准。会计规范所要解决的问题是，规定会计人员在会计活动中应该做什么以及应该怎样做，引导和促使各种会计行为朝着合理化、科学化和有效化的方向发展，因此，会计规范的对象实质上是会计活动中的各种行为。

会计规范作为一种作用于会计行为的社会行为规范，具有以下特征：①公认性。即会计规范应该得到大多数人的认同，不管这种规范是正式成文还是惯例性的，都必须具有公认性。②约束性。即会计规范能够运用制裁手段和精神手段，明确界定会计行为中的"必须行为"、"应该行为"和"禁止行为"，以引导会计行为符合规范要求。③普遍性。即会计规范的适用对象不是特定的某一个人，而是适用于每一个人，不是针对特定的

---

① 行为，现代汉语词典（第6版）[M].北京：商务印书馆，2012：1456.

某种行为，而是针对任何会计行为，它具有反复适用性和广泛适用性。④预测性。即当事人借助会计规范可以预先估计违反规范可能产生的后果和承担的责任。⑤发展性。即依附于一定社会环境建立的会计规范是一个动态的演变过程，它随着社会政治经济环境和会计理论与实践的发展变化而不断发展和完善。⑥融通性。各国的会计规范虽然因国情有别而内容不尽相同，但它并不是一个封闭的系统，而是一个不断输入别国精华并输出本国经验的开放式系统，随着全球经济的一体化，这一特征更加明显。

需要指出，作为会计规范对象的会计行为，尽管受到会计规范的约束和引导，但它对会计规范同样具有反作用力。因为会计行为的内容和方式往往随着行为环境的改变，行为主体素质的提高而发生变化，且一般表现为行为内容趋向复杂化、行为方式趋向现代化，这就必然对会计规范提出更高要求。因此从总体上看，会计规范不仅仅是一个动态的演变过程，而且是一个不断优化、不断完善的过程。

基于上述分析，我们认为，会计规范的实质就是会计行为规范，两者无论是内涵还是外延都基本相同，都是对会计活动中的各种行为起制约作用的准绳。会计行为规范的建立与调整将直接影响会计行为的质量，进而影响会计行为目标的实现。这是因为会计行为规范具备两方向的功能：一是它自身的引导和制约方式，能够促使会计行为的规范有序；二是它有明确的衡量和评价标准，能够说明会计行为的是非优劣。按此思路，我们将会计行为规范定义为：会计行为规范是指导、约束、促进、保障会计行为朝着科学化、秩序化、有效化、目标化方向发展的路标，是会计及相关人员实施会计行为、管理监督人员评判会计行为的准绳。

（二）会计行为规范作用

1. 会计行为规范对会计实践活动起着指导和约束作用

会计行为规范是人们对会计实践活动的普遍经验、基本原理和规律性科学认识的归纳和体现，且随着社会环境变化、会计理论和实践的不断发展而发展完善。但会计行为规范又高于会计实践，能指导和约束，分析和评价会计实践，引导会计实践活动朝着合法化、合理化、有序化方向发展，确保会计行为目标的实现。

2. 会计行为规范是会计理论的重要组成部分

一般认为，会计理论体系是由会计基础理论、会计规范理论和会计行为理论三部分组成。其中会计规范理论上承会计基础理论（纯会计理论），下启会计的行为理论（应用理论）。

3. 发挥着理论联系实践的桥梁作用

因此，构成会计规范理论基础的会计行为规范，不仅是会计理论研究的重点，而且其本身就是会计理论体系的核心内容。

4. 会计行为规范的形成和发展是客观要求和主观需要的统一

客观要求是指会计行为规范与特定的社会经济环境密切相关并受社会经济环境的决定，既不能落后也不能超越环境的要求。所谓的主观需要，是指会计行为规范的形成和发展与会计自身的规律密切相关并受会计理论和实践水平的制约，会计实践领域的拓展、会计理论研究的深入，会计操作手段的进步，会计对外交流的增多，都需要并能够促使会计行为规范的不断完善。会计行为规范是客观要求和主观需要的统一。但会计的主观需要受制于社会经济环境的客观要求。

5. 会计行为规范的形成过程经过"自发"和"有组织制定"两个阶段

在会计发展的早期，会计人员在长期实践的基础上，逐步形成了一些非条理化的，缺乏完整性的会计习惯和规则，这些标准未经任何组织机构制定，但在会计实践中确实发挥着规范作用。会计行为规范进入有组织制定阶段是基于四个方面的原因：①维护各利益相关者经济利益的需要；②保证会计资料的真实可靠，防范会计上的弄虚作假和营私舞弊；③统一衡量和评价会计行为的标准，增强会计信息的可比性；④会计方法技术的交流及会计理论体系的建立。从目前世界各国的情况看，尽管会计行为规范的制定机构和组织形式不同，但都把有组织地制定会计行为规范当做规范会计行为，保证会计信息质量、维护利益相关者的利益和市场经济秩序的重要手段。

二、会计行为规范体系结构

（一）会计行为规范体系的内涵

会计行为规范体系是指由存在内在联系，既相互制约又相辅相成的各项会计行为规范所构成的有机整体，是各项会计行为规范有机化、系统化的必然结果。用系统论来认识，作为子系统的各项会计行为规范都有其特定的作用，分别用来解决某一方面或某几方面的会计行为问题，但它们之间又具有一定的结构层次和内在联系，都要受到外部环境的决定和影响。

因此，就会计行为规范体系自身而言，它是一个"自成系统"，就外部社会政治、经济、法律等环境而言，它又是一个"互成系统"。

会计行为规范体系具有四个方面的特征：①结构性。即组成会计行为规范体系的各种规范之间具有一定层次结构、内在联系及相应的逻辑关系。②功能性。即该体系中的每一种会计行为规范都有其特定的作用，且各种规范的功能在这一体系中又得到了最佳的组合。③整体性。即各种会计行为规范之间相互作用、相互支持，缺少任何方面的会计行为规范都会使这一体系受损，破坏或削弱其整体功能。④开放性。会计行为规范体系与外部环境密切联系并受到外部环境的制约或影响，其内容随外部环境的变化而不断发展完善。

(二) 会计行为规范体系的结构

会计理论界一般认为，会计行为规范体系由会计前提规范、会计法律规范、会计技术规范和会计职业道德规范四个层次组成。

1. 会计前提规范

主要用来揭示会计系统自身必须具备的前提条件，规定会计行为应遵循的内在要求，解决会计行为在什么样的内在前提下启动、会计行为模式在什么样的会计特性下形成以及实现会计系统运行的科学化、有效化应受到何种前提制约等问题。因此，会计前提规范既是引导会计行为科学化、有效化的重要标准，也是研究和建立会计行为规范体系乃至会计理论体系的基本出发点。

会计前提规范可以具体化为会计目标和会计假定。会计目标是会计主体在一定的环境条件下，通过自身活动所要达到的预期结果和基本要求。从会计理论角度讲，会计目标是会计理论研究的逻辑起点，是会计理论结构的最高层次，是决定会计行为规范的理论基础。从会计行为的角度讲，会计目标是会计行为的定向机制，是实施会计行为的出发点和归宿点，对会计行为起着导航作用。会计假定代表了那些虽未最终得到证实，但已由长期实践所一再证明了的反映会计本质和规律性的科学推理。它既是构建会计行为规范的前提条件，也是理解会计行为规范的钥匙，同时本身就是对会计行为的立场、时空范围及方式所作的限定。会计假定主要包括会计个体、持续经营、会计分期和货币计量等。

会计目标与会计假定共同作为会计前提规范的原因是，它们共同受到会计所处的社会政治经济环境的影响，会计目标主要界定会计应该做什么，会计假定主要明确会计在什么样的内在条件下去做。两者之间无法替代，必须相辅相成，才能实现会计前提规范的功能。

2. 会计法律规范

由国家权力机关和行政机关制定或认可，并通过国家强制力保证实施的有关会计工作的行为准则。会计法律规范主要用来调整会计行为与各方面的经济利益关系，明确会计行为应遵循的外在要求，界定会计行为合法合理的标准，说明违背法律标准可能导致的后果等。会计法律规范是调节和控制会计行为的外在制约因素，是维护社会经济秩序、造就有利于统一微观与宏观经济效益的社会机制、确保会计行为合法化的强制性力量。

会计法律规范包括基本会计法规和单行会计法规。基本会计法规是对会计的性质和任务、会计工作管理体制、会计核算和会计监督的要求、会计工作的法律责任等问题所做的原则性的规定。它是一定时期会计工作的总纲领，是其他一切会计法规的"母法"。单行会计法规是基本会计法规的具体化，主要是对会计人员的职责和素质要求、会计工作的考核、会计档案的管理、会计事务管理部门的权力、责任和任务等问题所作的具体性规定。

需要指出，会计法律规范除上述直接制约会计行为的法规外，还包括公司法、税法、投资法、银行法、破产法、审计法等的相关内容。因为这些法规是全社会经济工作和每一个单位经济活动得以正常进行的保证，同时也是与会计法协调配合、相辅相成进而实现会计行为法制化的基础。

会计法律规范除了具备会计行为规范的一般特征外，还具有强制性特征，它需要借助国家机器或单位行政力量来强制推行，保证实施。一般情况下，其他行为规范如果与会计法律规范发生冲突时，必须无条件服从法律规范的要求。这一特征确立了会计法律规范在整个行为规范体系中的中坚地位和对其他规范的决定或影响作用。

3. 会计技术规范

由财政部等国务院有关部门制定的，对所管辖范围内的会计核算等工作具有指导和约束作用，着重反映会计实务中带有规律性的程序和方法的业务性规范。从会计行为的实施过程和最终成果的角度看，会计技术规范是会计行为规范体系的核心内容，它主要用来界定各种经济业务的会计处理标准，明确会计实务中所使用的程序和方法，提供会计信息的披露要求及质量评价办法。

会计技术规范主要由会计准则和会计制度所组成，其中会计准则又可划分为基本会计准则和具体会计准则两部分。会计技术规范的制定和颁布，必须得到有关部门或会计职业团体的支持和认可，否则很难在指导会计行为过程中形成权威性并充分发挥作用。

4. 会计职业道德规范

是根据会计职业特点提出的，要求会计人员在会计行为中普遍遵守的职业道德标准。作为约束会计行为的一种精神手段，会计职业道德规范主要用来调整会计人员的权责关系，提出对会计人员的素质要求，界定实施会计行为的思想基础，保证会计人员客观、公正、合理地处理各方面的经济利益关系。

会计职业道德规范除具有会计行为规范的一般特征外，还有职业性和广泛性的特征。前者是指它与会计职业活动紧密关联，充分体现会计职业特点，后者是指它对会计人员既有业务素质方面的要求，又有心理、思想、品质方面的要求。从这一角度讲，会计职业道德规范是一种境界最高的规范。其作用在于提高会计人员的思想境界和道德修养，强化会计人员的职业责任感，为执行会计法律规范和会计技术规范奠定良好的思想基础。

通过前文所述，不难看出会计行为规范体系中各层次规范之间的关系：

第一，会计前提规范是起点，会计法律规范是指导，会计技术规范是核心，会计职业道德规范是保证。

第二，在会计前提规范这一研究和建立会计行为规范体系的起点上，因主要解决的问题不同而形成了独立作用的其他三种规范。会计法律规范不仅引导和制约会计行为，而且直接或间接地制约或影响其他两种规范的性质、内容与作用，它主要规范的是会计行为的"合法"问题；会计技术规范是对会计法律规范的展开和具体化，它既要体现会计法律规范的要求，又要充分反映会计的本质特征和规律性，主要规范会计行为的"合理"问题；会计职业道德规范既要符合会计法律和会计技术规范的要求，又必须对会计行为人的思想、心理、品质、情感和业务素质等提出要求，主要规范的是会计行为的"合情"问题。可见，各种规范相互支持，共同作用，缺一不可，不能相互替代。

第三，会计行为规范体系是一个从无序到有序、从不完善到完善、从粗放到精细的演变发展过程，它受到特定社会政治经济环境的制约，社会政治经济环境的改变必然引发各种规范的变化，进而引起整个会计行为规范体系的发展变化。

可见，构造会计行为规范体系应当以会计目标为理论依据和逻辑起点，以会计假定为基本前提，从会计与特定的社会政治经济环境的关系入手。只有这样，才能保证会计行为规范体系的科学性、适用性、完整性和严密性，最大限度地发挥其作用。

三、会计行为规范的作用方式与过程

会计行为规范的作用方式与过程大致可分为他律、自律、他律与自律相结合三种。

（1）他律即需要借助外力来强制推行，要么是借助于国家机器来强制推行，要么是借助于企业行政力量来强制推行。以他律为作用方式的会计行为规范就是他律性规范（或强制性规范），会计法律规范就属于此类。这种强制性规范的基本特点是：有高度清晰明确的标准以界定合法与不合法的界限；有效的监督或评价体系检查或考核会计工作；有严格的奖惩制度以制止那些不合法的行为。

（2）自律即外在的要求已转化为会计人员的内在目标意识，通过会计人员的自律来起作用。以自律为作用方式的会计行为规范就是自律性规范，会计职业道德规范就属于此类。会计职业道德规范的着眼点在人与人之间的关系尤其是人与人之间的经济关系，因此，其主要内容是"公平"、"公正"、"公允"。它要求会计人员能按照"良好的商业惯例"、站在"超然、中立"的立场上，来公平合理地处理企业与其他方面的经济关系。

（3）他律与自律相结合即他律与自律两种方式共同作用、协调。会计理性规范是一种他律与自律相结合作用的规范，既有他律因素在起作用，又受到某种自律因素的影响，体现出会计理性规范在社会经济环境和企业内部经营管理的双重适应性。

第二节　会计法规规范

一、会计法规体系

会计法规体系，是指由指导和约束会计行为的各种法律规范所组成的

有机统一整体。作为会计行为规范体系的一个子系统，会计法规体系同样具有结构性、功能性和整体性等特征。因此，要想全面认识会计法规体系的基本框架，详细了解会计法规体系的具体内容以及各种法规的作用，必须借助于对会计法规体系结构的全面分析。

会计法规体系可以从"纵向结构"和"横向结构"两方面进行分析。我国会计法规体系纵向构成可分为四个层次：

（1）会计法律。由全国人民代表大会常务委员会指定颁布，如《中华人民共和国会计法》，它是调整我国经济生活中会计关系的法律总规范，是会计法律制度中最高的法律规范，是制定其他会计法规的依据，也是指导会计工作、规范会计行为的最高准则。

（2）会计行政法规。由国务院制定发布。如1990年12月31日国务院发布的《总会计师条例》。它是调整经济生活中某些方面会计关系的法律规范，专门针对会计工作的某一方面内容做出规定。

（3）会计地方性法规、自治条例和单行条例，有省、自治区、直辖市和较大的市的人民代表大会及其常委会制定的地方性法规，有民族自治地方的人民代表大会的自治条例和单行条例。这部分法规的制定和实施，既有利于保证全国性会计法规在各地区、各部门的普遍适用性，又利于兼顾各地区、各部门会计活动的特殊性，促进会计工作的发展。

（4）会计规章。由国务院各部、委员会、中国人民银行、审计署和具有行政管理职能的直属机构制定。如由主管全国会计工作的行政部门财政部就会计工作所制定的规范性文件。国务院其他部门根据其职责制定的会计规范性文件也属于会计规章，但必须报财政部审核批准。会计规章的制定必须依据会计法律和会计行政法规，如财政部发布的《企业会计制度》、《会计基础工作规范》、财政部与国家档案局联合发布的《会计档案管理办法》等均属于会计规章。内容详细具体、业务技术性强、涉及面宽、变化性大是会计规章的特点。

根据会计法规调整会计法律关系的范围和作用不同，会计法规体系的横向构成也分为三种情况：

（1）基本会计法规。是调整国民经济各部门和所有领域经济活动中各方面会计关系的法律规范的总称。其指导范围宽，强制力大，是指导会计工作、规范会计行为的根本准则，也是制定其他会计法规的依据。《中华人民共和国会计法》即属于基本会计法规。

（2）专项会计法规。是调整国民经济各部门经济活动中某方面会计关系的法律规范的总称。其制定依据是基本会计法规，制定目的是使原则性极强的基本会计法规条例化、具体化，可以说，专项会计法规是基本会计法规某些条款的详细说明规定。例如：《总会计师条例》、《会计专业职务试行条例》等是对《会计法》中有关会计机构和会计人员内容的具体规定

（3）部门会计法规。是调整国民经济某个部门经济活动中会计关系的法律规范的总称。其制定依据除基本会计法规外，还要考虑专项会计法规的要求。各行业的特殊业务规章制度如《民航企业会计核算办法》等等。

以上专项会计法规和部门会计法规都是针对某一方面的会计内容制定的，但相对于综合性的基本会计法规来讲，它们都是单行会计法规。

二、会 计 法 律

会计法律是指调整我国经济生活中会计关系的法律总称，即 1985 年 1 月 21 日第六届全国人大常委会第九次会议通过、根据 1993 年 12 月 29 日第八届全国人大常委会第五次会议《关于修改〈中华人民共和国会计法〉的决定》修正、1999 年 10 月 31 日第九届全国人大常委会第十二次会议修订的《中华人民共和国会计法》（以下简称《会计法》）。内容包括：目录，总则，会计核算，公司、企业会计核算的特别规定，会计监督，会计机构和会计人员，法律责任，附则。会计法有着重要意义。

第一，会计工作规范化，必将保证会计核算高质量。新《会计法》不仅对会计基础工作逐条逐项加以规范，而且对公司、企业会计核算提出特别要求，使所有单位的会计处理不再随心所欲，使经济业务事项当事人都时时刻刻处于法律规定的"为"则为，"不为"则不为的要求之中；而不可有法律规定"为"所不为，"不为"所为的违法行为，从而使会计工作依有所法，保证会计核算的质量。

第二，会计监督体系化，必将维护经济建设正常秩序。新《会计法》以内部监督、国家监督、社会监督构成了完整的会计监督体系。监督者必先受监督。《会计法》对监督者提出了"依法监督"的严格要求及其他应该履行的种种义务，体现了监督者和被监督者在实施监督过程中的平等地位，必然会发挥会计监督的强大作用，给违法乱纪者以强有力的遏制，以维护社会主义市场经济的正常秩序。

第三，责任主体一元化，必将使会计工作更加顺畅。新《会计法》把

单位负责人作为单位会计工作的责任主体，并且在附则中对单位负责人的概念加以明确界定。单位负责人贯彻执行会计法，加强对会计工作的领导，使企业财务工作更加规范。

第四，会计打假强硬化，必将铲除滋生虚假会计资料的土壤。新《会计法》第一条就提出"保证会计资料真实、完整"，把会计资料的真实、完整作为立法宗旨。会计资料真实、完整的对立面是会计资料的虚假。新《会计法》条条款款，无不渗透着打击虚假会计资料的威严，使虚假会计资料再无生长条件。

第五，法律责任具体化，必将使违规违法者自食其果。《会计法》在法律责任方面的规定既有对会计人员违规、违法行为的惩治条款，也有对单位负责人违法行为的惩治条款，还有对财政部门及其有关行政部门的工作人员违法的惩治条款。这些条款具体、明确、严格；具有极强的针对性和可操作性，无疑是挡在违法乱纪者面前的屏障，倘若有人自不量力，将受到法律的严厉惩罚。

第六，会计人员复合化，必将提高会计人员队伍素质。新《会计法》把会计人员职业道德和继续教育列入了法律条文，规定了对会计人员保护条款，说明了党和国家对会计人员队伍建设的重视。会计人员在社会主义市场经济建设过程中任重道远，《会计法》这些规定，必将使会计人员加强职业道德修养，提高专业知识水平和相关知识水平，提高政治素质，使更多复合型会计人才脱颖而出，迅速建设起一支高素质的会计队伍。

第七，会计工作国际化，必将有利于参加国际竞争。新《会计法》在许多方面采用了国际惯例，使我国会计工作向国际会计准则靠拢。在我国加入 WTO 之际，新《会计法》将推动我国会计工作在改革中发展，在国际竞争中显露头角。

三、会计行政法规

会计行政法规，包括国务院颁布的《企业财务会计报告条例》和《总会计师条例》等。《企业财务会计报告条例》（以下简称《条例》）作为《会计法》的配套法规，为完善和实施企业会计准则和会计制度提供了法律依据。该《条例》对资产、负债、所有者权益、收入、费用、利润六大会计要素进行了重新定义，具有很强的现实性，比如，根据《条例》规定，企业的不良资产不符合资产定义，应当采取积极措施加以消化，但在实际中，这方面的工作仍然是相当艰巨的。《总会计师条例》是国务院于1990年颁布的，是为了确定总会计师的职权和地位，发挥总会计师在加强经济管理、提高经济效益中的作用。内容包括总则、职责、权限、任免和奖惩以及附则。

四、会计制度

（一）统一会计制度与会计制度体系

会计制度是指政府管理部门和企事业单位对处理会计事务所制定的规章、规则、办法等规范性文件的总称。《中华人民共和国会计法》（以下简称《会计法》）第八条规定："国家实行统一的会计制度。国家统一的会计制度由国务院财政部门根据本法制定公布。"国家统一会计制度的基本内容，根据《会计法》第五十条的规定，国家统一的会计制度包括"会计核算、会计监督、会计机构和会计人员以及会计工作管理的制度。"

统一会计制度是一个体系，是由政府管理部门制定的各种统一会计制度和企业、事业单位制定的各种单位会计制度所组成的有机整体。认识和理解会计制度体系，需要掌握以下几点：

第一，建立健全会计制度体系是社会主义市场经济的客观要求。在社会主义市场经济条件下，国家要进行必要的宏观调控，由于国家在进行宏观调控时，不仅需要各基层单位提供真实、完整的会计资料，而且需要各单位的会计工作在处理各种利益关系中严格执行国家的方针、政策和法律、法规，这就对建立统一会计制度提出了客观要求，因为统一会计制度既是各单位组织会计管理工作和产生相互可比、口径一致的会计资料的依据，又是国家财政经济政策在会计工作中的具体反映。从另一方面看，各基层单位特别是企业为了适应市场经济的要求，在竞争中立于不败之地，必须强化管理，建立健全包括企业会计制度在内的企业管理制度体系，这就对企业会计制度的建立提出了客观要求。可见，无论从宏观调控还是从微观管理的角度看，都必须建立健全会计制度体系，这是我国会计制度体系形成和发展的基本动因。

第二，会计制度体系由两个层次组成：一是国务院财政部门根据《会计法》制定的国家统一会计制度，它在全国范围内施行，主要包括会计核算制度、会计监督制度、会计机构和会计人员管理制度以及会计工作管理制度等；二是各企事业单位根据统一会计制度要求，结合本单位实际情况制定的企业（单位）会计制度，它只在本单位范围内施行。

第三，会计制度基本属于会计行为规范体系中的技术规范，是对会计实务中具有普遍性和规律性的程序和方法的总结性规定，因此，会计制度体系的建立应当侧重于满足会计实务要求，体现务实性、技术性和针对性特征。

第四，会计制度体系受制于会计法规体系和会计准则体系，随会计法规体系和会计准则体系的变化而发展变化，且表现为不断完善、不断优化的过程。

第五，完整的会计制度体系是我国会计的一大特色，其中的统一会计制度在西方多数国家并不存在，会计制度在我国会计行为规范体系中的地位以及在会计实践中的作用也绝非其他国家可比。

（二）行业会计制度

行业会计制度这一概念的形成与我国统一会计制度的制定方式密切相关。长期以来，财政部在制定统一会计核算制度时，往往要根据国民经济不同行业的特点和需求进行，以保证统一会计制度的适用性。按此思路制定的会计制度，习惯上按行业划分为"工业企业会计制度"、"商品流通企业会计制度"以及交通、施工、金融、农业等会计制度。由于这些行业性会计制度是国家统一制定的，也是在国家范围内施行，因此行业会计制度随着时间的推移逐步演变成了统一会计制度的同义语。其实，这种理解是片面的，因为统一会计制度如前所述，除会计核算制度外，还包括会计监督制度，会计机构和会计人员管理制度以及会计工作管理制度。在这些制度中，只有会计核算制度因行业特点和需求不同需要分行业制定，因此，行业会计制度准确地讲只是一种统一的会计核算制度。

按此分析，行业会计制度是指由财政部根据各行业的会计特点和需求制定的，主要用来规范各行业会计核算行为的一种统一会计核算制度。它具有三个方面的特点：一是规范对象明确，主要针对会计核算内容；二是适用范围固定，如2001年1月1日实行的《企业会计制度》只适用于金融保险企业和小企业以外的其他企业；三是内容详细具体，通常情况下任何一种行业会计制度都包含了会计科目及其使用说明，会计报表及其编制说明、经济业务的账务处理办法等。

需要指出，行业会计制度中的"行业"如何划分，既决定行业会计制度的种类，又决定每一种行业会计制度内容的简繁。划分多少行业，则取决于宏观管理和调控的需要。1993 年以前，我国行业会计制度划分较细，多达 40 多个，且不完全由财政部独立制定。1993 年会计制度改革中，财政部打破部门管理和所有制的界限，尽可能按经济特性作了统一，重新划分为八大行业，并统一制定了 13 个会计制度。13 种会计制度均按照总说明、会计科目、会计报表和主要会计事项分录举例的体例统一设计。2001 年开始，财政部又将上述行业会计制度归并为《企业会计制度》《金融保险企业会计制度》和《小企业会计制度》。

行业会计制度在我国长期的会计实践中发挥了积极作用，特别是在规范会计核算行为，维护财经纪律，强化会计的宏观管理等方面，作用更为明显。但随着市场经济体系的逐步完善，全国乃至全球经济一体化格局的形成，以行业会计制度为核心的规范体系的弊端也日渐暴露出来，如不利于与国际会计惯例真正接轨，不利于企业横向发展、会计人员素质提高等。

2006 年 2 月 15 日财政部公布修订和新制定的《企业会计准则——基本准则》和 38 项具体企业会计准则，自 2007 年 1 月 1 日起在企业实行，《企业会计制度》《金融保险企业会计制度》和《小企业会计制度》先后不再实行。

反映不同行业会计核算的特点，财政部制定了不同行业的《核算办法》或《核算制度》。

（三）企业会计制度

由于统一会计法规制度是就全国范围内带有普遍性的会计工作内容所做的规定，是会计一般活动规律的概括总结，不可能完全兼顾各企业会计活动的特殊情况，也不可能完全满足不同经营方式，不同经营范围，不同经济成分的企业的会计需求。因此，为了进一步规范企业的会计行为，将统一法规制度的普遍性与企业会计活动的特殊性紧密结合起来，各企业必须制定企业会计制度。所谓企业会计制度，是指企业财会部门根据统一会计法规制度的要求制定的，适用于本企业会计工作的规范。与统一会计法规制度比较，主要区别有三点：一是适用范围不同，统一会计法规制度在全国范围内或国民经济某些部门内通用，而企业会计制度只适用于制定企业；二是施行要求不同，统一法规制度是强制性的，而企业会计制度在施行中可由财会人员灵活掌握；三是调整对象不同，统一法规制度或是调整各部门各方面的会计关系，或是调整各部门某方面的会计关系，或是调整某部门的会计关系，而企业会计制度只调整其制定企业的会计关系。

企业会计制度的作用可概括为三方面：①完善会计行为规范体系，对统一会计法规制度作出具体说明和详细补充；②保证统一会计法规制度的贯彻落实，企业会计制度作为统一法规制度与企业会计实践的结合体，使统一法规制度的普遍指导意义更加具体化、对象化，为统一法规制度在企业的施行奠定了良好的基础；③具体规范企业的会计行为。此外，通过企业会计制度的设计和制定，还有利于设计人员全面了解企业的具体情况，深刻领会统一会计法规制度的精神，熟悉相关的经济法规，提高设计人员的业务素质。

企业会计制度的内容应包括哪些，主要取决于两个因素：一是企业会计活动内容的简繁；二是企业会计管理要求的程度。会计内容繁多、管理要求高、活动领域宽，企业会计制度的内容就相对复杂，反之则相对简单。由于会计活动内容、范围与会计管理要求受企业经营规模和企业管理要求决定，所以也可以说企业会计制度的内容取决于企业的规模大小和企业经营管理要求的高低。一般地讲，企业会计制度应包括以下内容：

（1）会计核算基本条件方面的制度。主要有：进行会计核算应设置的会计科目，包括总账科目和明细科目。应使用的会计凭证，包括原始凭证和记账凭证；应使用的会计账簿，包括日记账簿、分类账簿和备查账簿；内部会计报表及其编制要求等。

（2）会计核算组织程序方面的制度。主要有：账务处理程序的规定、核算工作组织形式的规定、会计结构内部分工的规定以及岗位责任制，各岗位之间的协调配合方式等。

（3）会计管理方面的制度。主要有：会计预测、决策制度、内部控制制度、内部结算制度、会计分析制度、会计检查制度和会计考核制度等。

以上各类制度的主要作用虽然有区别，如会计核算基本条件方面的制度主要用来保证会计核算工作的正常开展，会计核算组织程序方面的制度主要用来保证会计核算的工作效率和质量，会计管理方面的制度主要目的是强化会计的管理功能，提高会计管理水平，但它们之间密切联系，互为补充，互相促进，共同完成指导和约束企业会计工作的任务，实现会计工作的目标，是一个不可分割的整体。

为了充分发挥企业会计制度的作用，必须按照以下要求设计企业会计制度：一是与统一会计法规制度和《企业会计准则》保持一致；二是符合企业会计活动的特殊要求；三是具有一定的超前意识；四是保证质量的基础上力求简便易行。即遵循政策性、适用性、预见性和简便性的原则。

由财政部制定的《企业会计制度》，于 2001 年开始在企业逐步实施。不分行业界限而分别制定企业会计制度、金融企业会计制度和小企业会计制度，是这次会计制度改革的最显著特征。

（四）会计制度与会计准则并行

从 20 世纪 90 年代中期以来，为适应会计国际化发展的趋势，在会计制度建设的同时，会计制度逐步迈向会计准则的方向发展。

1992 年 11 月 30 日财政部发布《企业财务通则》《企业会计准则》，1993 年 7 月 1 日起施行。《企业会计准则》的发布与实施，是会计制度建设迈向会计准则建设的开端。此后，根据"两则"制定的各行业财务制度、会计制度相继公布执行。1996 年 6 月 17 日财政部印发《会计基础工作规范》。2001 年 1 月 1 日开始施行新的不分行业的《企业会计制度》，使会计制度建设进入了新的阶段，同时，继续推行已制定的企业会计准则。2001 年 2 月 20 日财政部发布《财政部门实施会计监督办法》，2001 年 11 月 27 日财政部发布《金融企业会计制度》，2004 年 4 月 27 日财政部发布《小企业会计制度》，2004 年 8 月 18 日财政部发布《民间非营利组织会计制度》，2004 年 8 月 18 日财政部发布《村集体经济组织会计制度》。2006 年 2 月 15 日财政部公布修订和新制定的《企业会计准则——基本准则》和 38 项具体企业会计准则，自 2007 年 1 月 1 日起在上市公司范围内施行，鼓励其他企业执行。这是会计制度建设迈向会计准则建设的重大步骤。

我国会计制度与会计准则并行有几种模式：

（1）企业采用《企业会计准则》模式，企业不再实行《企业会计制度》《金融企业会计制度》和《小企业会计制度》，而实行《企业会计准则》（2006）和《小企业会计准则》（2011）。2014 年财政部修订的企业会计准则，有《企业会计准则——基本准则》和《企业会计准则第 2 号——长期股权投资》《企业会计准则第 9 号——职工薪酬》《企业会计准则第 30 号——财务报表列报》《企业会计准则第 33 号——合并财务报表》《企业会计准则第 37 号——金融工具列报》等，2014 年财政部发布的企业会计准则，有《企业会计准则第 39 号——公允价值计量》《企业会计准则第 40 号——合营安排》和《企业会计准则第 41 号——在其他主体中权益的披露》等。

（2）行业采用《核算办法》或《核算制度》模式，为反映不同行业的特点，财政部制定行业核算办法，如 1999 年 12 月 4 日财政部发布《住房公积金会计核算办法》，2003 年 9 月 25 日财政部印发《施工企业会计核算办法》，2014 年 12 月 29 日财政部发布《企业产品成本核算制度——石油石化行业》，2015 年 12 月 1 日财政部发布《企业产品成本核算制度——钢铁行业》。这种行业的企业同时需要采用《企业会计准则》。

（3）事业单位采用准则与制度结合模式。事业单位采用会计准则的同时又采用会计制度。2012 年 12 月 6 日财政部发布《事业单位会计准则》，2012 年 12 月 19 日财政部修订《事业单位会计制度》，如 2013 年 12 月 27 日财政部发布《中小学校会计制度》，2013 年 12 月 30 日财政部发布《高等学校会计制度》，2013 年 12 月 30 日财政部发布《科学事业单位会计制度》等。

（4）其他组织采用会计制度模式。企业、行业和事业单位以外的其他组织采用会计制度模式，如 2004 年 8 月 18 日财政部发布《民间非营利组织会计制度》，2004 年 8 月 18 日财政部发布《村集体经济组织会计制度》，2007 年 12 月 20 日财政部发布《农民专业合作社财务会计制度（试行)》，2008 年 2 月 14 日财政部发布《新型农村合作医疗基金会计制度》等。

适应经济全球化发展的会计国际化，在会计制度建设的同时，会计制度逐步迈向会计准则，从此，在我国企业会计核算工作中，形成双轨制——会计制度与会计准则同时并行。

（五）会计制度体系与会计法规体系

在讨论会计制度体系和会计法规体系时还存有各种认识，如有人认为：①我国会计法规体系主要包括会计法律、会计行政法规、国家统一的会计制度和地方性会计法规四个层次。②会计法规体系是指国家权力机关和行政机关制定的各种会计法律规范性文件的总称，包括会计法律、会计行政法规、会计规章。③会计法规体系包括三个层次：会计法律；会计行政法规；国家统一的会计制度（部门规章、规范性文件）。④会计法规体

系包括会计法律、会计行政法规、会计地方性法规和会计规章。⑤会计法
规体系包括会计法律、会计行政法规、会计地方性法规、会计规章和会计规
范性文件。综上各种认识，关键点在于界定会计规章和会计规范性文件，不
能把会计规范性文件混同为会计规章，如《企业会计准则》中，《企业会计
准则——基本准则》是会计规章，而《企业会计准则第 1 号——存货》等
38 项具体准则是会计规范性文件。

　　会计规章的制定是依据《中华人民共和国立法法》有关规章的规定。
《中华人民共和国立法法》第七十一条"国务院各部、委员会、中国人民
银行、审计署和具有行政管理职能的直属机构，可以根据法律和国务院的
行政法规、决定、命令，在本部门的权限范围内，制定规章。"第七十三
条"省、自治区、直辖市和较大的市的人民政府，可以根据法律、行政法
规和本省、自治区、直辖市的地方性法规，制定规章。"第七十五条"部
门规章应当经部务会议或者委员会会议决定。地方政府规章应当经政府常
务会议或者全体会议决定。"第七十六条"部门规章由部门首长签署命令
予以公布。地方政府规章由省长或者自治区主席或者市长签署命令予以公
布。"依据《中华人民共和国立法法》有关规章的规定，会计规章是国务
院各部、委员会、中国人民银行、审计署和具有行政管理职能的直属机
构，省、自治区、直辖市和较大的市的人民政府，根据会计法律、会计行
政法规、会计地方性法规制定的并由部门首长或省长签署命令予以公布的
会计制度。从会计规章的定义可以看出：①会计规章的制定主体除主管全
国会计工作的各级财政部门外，还包括各方面的主体；②会计规章需由部
门首长和省长或自治区主席、市长签署命令予以公布；③会计规章的性
质，是根据《中华人民共和国立法法》规定的程序，具有立法性的会计
规章。

　　会计规范性文件是指制定主体根据法律、行政法规、地方性法规和规
章制定的会计法规以外的其他具有约束力的非立法性的文件。规范性文件
制定主体很多，例如各级人民政府及其所属工作部门，人民团体、社团组
织、企事业单位、法院、检察院，以及各级党组织等。

　　会计规章与会计规范性文件最明显的区别是签署公布人不同，会计规
章由部门首长签署公布。例如：《企业会计准则——基本准则》，财政部令
第 33 号，由财政部部长金人庆签署公布，是会计规章；而《企业会计准
则第 1 号——存货》等 38 项具体准则，财会〔2006〕3 号，部门首长不
签署，注明制定部门文件编号，由其公布，是会计规范性文件。

从以上分析可以看出，国家统一会计制度中的部门规章是具有立法性的会计规章，规范性文件是具有约束力的非立法性的文件。这样，会计法规体系与会计制度体系（国家统一会计制度体系）不是等同的，其比较如图 5－1 所示：

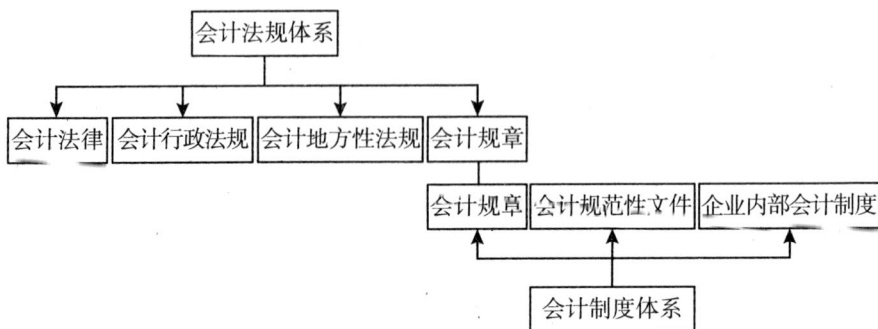

图 5－1　会计法规体系与会计制度体系比较图

分清会计法规体系与会计制度体系，有利于依据会计法规和会计制度规范会计行为。

第三节　会计理性规范

一、会计理性规范的内涵

会计理性规范有两层意思：一是所提出的判别标准和行为准则的依据是理性的、逻辑的、符合会计内在规律的，是可以在人们的知识、经济和理性思维范围加以说明和解决的；二是规范表述的形式是理性的，具有严谨的逻辑结构和明确的目的性。理性化的评价标准和规范，可以通过知识经验的增长、科学理论水平的提高和思维能力的增加，使之不断完善。简言之，会计理性规范是在承认会计法规要求和会计职业道德规范要求的前提下，会计人员实施会计行为（主要从事会计确认、计量、记录、报告工作），以追求特定实体的经济利益和经济效益的标准。

会计理性规范包括会计基本准则和会计具体准则、企业会计政策以及会计技术要求（规程）。会计基本准则是进行会计核算工作必须共同遵守的基本要求，它体现了会计核算的基本规律，包括会计前提、会计目标、会计信息质量特征、会计要素及其确认计量规则、资本保持观念等内容，具有覆盖面广、概括性高的特点。会计具体准则是根据基本准则的要求，对经济业务的会计处理所作出具体规定的准则，包括基本业务会计准则、财务报告准则、特殊行业会计准则和特殊业务会计准则等内容，具有针对性强、便于操作等特点。企业会计政策是各个企业在遵循会计准则的前提下，根据自身三大活动（生产经营、筹资和投资）的特点和理财需要以及市场经济条件下对企业会计行为的要求，在财务报表的编制方面（由此追溯到各种会计业务的日常确认、计量、记录处理）所采用的各种原则、基础、惯例、程序和方法等而作出的规定，以便规范本企业的财务会计行为。它具有遵循性、特殊适用性等特点。会计技术规程是企业为了贯彻会计准则和会计政策的规范，而制定的关于会计业务处理的具体技术方法和要求，比如现金日记账和总账采用订本式、账册登记技术要求、错账更正的技术要求、成本计算规程、会计核算程序等等，它具有业务性、技术性的特点。

二、会计准则结构概述

就会计准则的结构而言，会计理论研究成果表明，尽管中外会计准则的差别是客观存在的，但会计作为一种核算工作，必然有其共同的一面。这种共同面表现为两点：第一，会计准则的总体结构基本一致，一般都是由基本准则和具体准则两个层次构成；第二，基本准则中若干会计基本概念及其相互之间的关系的规定，也具有相当的共同性。

（一）会计准则的总体结构

会计准则的总体结构，是反映会计准则的组成及其各个组成部分之间的相互关系，它一般有基本准则和具体准则两个层次，如图5-2所示。

基本准则是进行会计核算工作必须共同遵循的基本要求，它体现了会计核算的基本规律。由于基本准则主要是对会计若干基本概念的原则性规定，统驭和控制着整个会计准则的制定与执行，所以国外大多称其为"会计概念结构"（美国）或者"编报财务报表的框架结构"（国际会计准则）。这也是本节要着重探讨的问题。

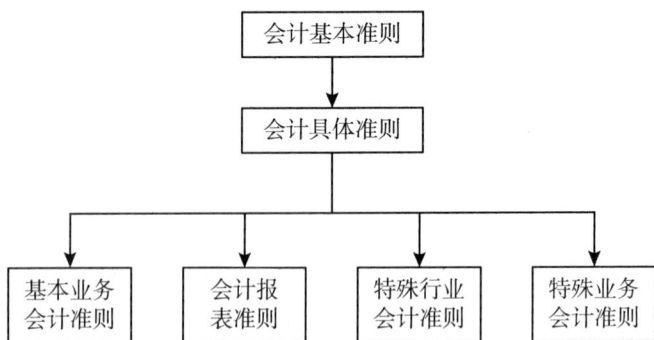

图 5 - 2　会计准则层次图

具体准则是根据基本准则的要求，对具体经济业务的会计处理所作出具体规定的会计准则。它包括四个方面的内容：对各行业会计核算中共同的基本业务作出规定的基本业务会计准则，对各种会计报表格式、内容和列示方法作出规定的会计报表准则，对特殊行业基本会计业务作出规定的特殊行业会计准则，对一些特殊业务会计处理作出规定的特殊业务会计准则。

（二）会计基本准则的一般结构

会计基本准则，即会计概念结构。中外会计所构筑的会计基本概念结构一般是：财务报表目标、会计基本前提、财务报表的质量特征、财务报表要素、财务报表要素的确认与计量标准，由此构成一个层层递进、相互关联、前后一致、科学严密的完整体系，如图 5 - 3 所示。

在这一体系中，会计基本前提是为实现财务报表目标而对会计行为环境条件的判定和限制，其实质是对财务报表要素（体现了财务报表目标）及其确认与计量的一种时空设定；财务报表目标的要素及其确认与计量体现了财务报表的目标；而财务报表的质量特征则是财务报表目标与其他会计概念的"桥梁"和"纽带"。可以说，用目标指引方向，使目标同其他财务会计基本概念相互关联和协调一致，已经成为中外各国研究和制定会计准则体系所追求的宗旨。

```
┌──────────────┐
│   会计基本目标   │
└──────────────┘
       │
       ▼
┌──────────────┐
│   会计基本前提   │
└──────────────┘
       │
       ▼
┌──────────────┐
│   会计基本原则   │
└──────────────┘
```

┌──────────────┐   ┌──────────────┐   ┌──────────────┐
│   会计信息   │   │ 选择会计政策   │   │ 会计要素确认与   │
│   质量特征   │   │ 的基本指南   │   │ 计量的基本原则   │
└──────────────┘   └──────────────┘   └──────────────┘

```
┌──────────────┐
│  会计对象基本要素  │
└──────────────┘
       │
       ▼
┌──────────────┐
│   财务会计报表   │
└──────────────┘
```

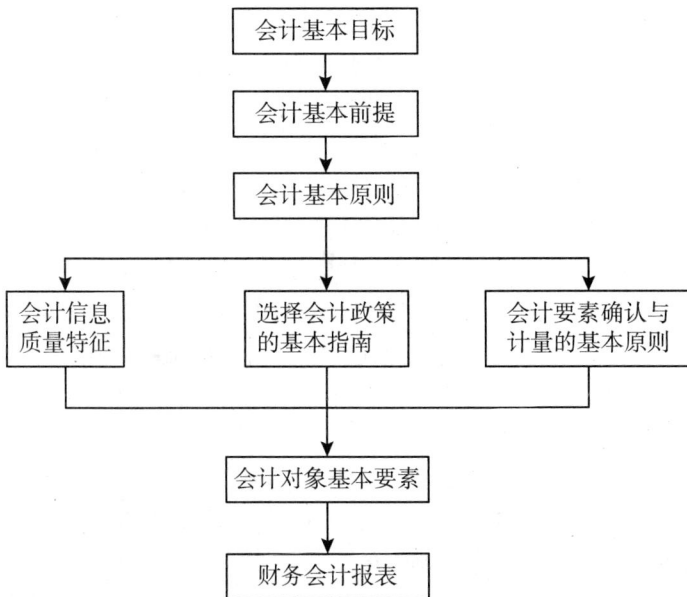

图 5-3　会计基本准则结构图

三、会 计 惯 例

　　自 20 世纪 90 年代初我国将"走向国际化"作为会计改革的基本目标开始，与国际会计惯例接轨就成为会计理论界比较一致的看法和共同努力的方向。然而，当研究者们真正对会计的国际惯例进行全方位、深层次、实证性研究，并设法使我国的会计理论和方法体系特别是会计规范与之"接轨"时，却对以下问题产生了困惑：会计的国际惯例究竟是什么？它是如何形成的？我国的会计怎样才算与国际惯例接轨？如何正确处理会计国际化与会计国家化之间的关系，等等。要想回答这些问题，保证我国会计改革不走弯路，实现会计国际化与国家化的统一，必须科学界定会计国际惯例的内涵，准确把握会计国际惯例的外延。

　　按照一般辞书的解释，惯例是指被人们共同认可的常规做法，是可以供后人比照办理的先例，也包括由于某种做法被认可的区域范围大小，社会总共有多少不同，惯例可以是一个民族的，也可以是若干个民族甚至是各民族都认可并共同遵守的，既可以是一个国家或地区的，也可以是国际性的。按此理解，所谓国际惯例，是指世界各国或多数国家普遍认可并遵守的常规做法，它能够为世界各国进行政治、经济、文化等方面的交往，提供相对有效的依据和评判标准。因此，国际惯例可分为国际政治惯例、国际经济惯例、国际文化惯例等。

国际经济惯例是世界上大多数国家或地区在经济交往过程中共同认可并自愿遵守的各种约定成俗的规矩。它是在一些国家的经济惯例和法律的基础上产生，并通过无数次国际经济交往的实践检验而逐渐形成的。会计惯例属于经济管理的组成部分，因此会计的国际惯例也应属于国际经济惯例的范畴，它是对国际间的会计交流和经济交往起引导作用的会计标准和规矩。以什么样的标准和规矩作为会计的国际惯例，我国理论界的看法不同，代表性的观点有两种：

第一，以国际会计准则委员会（IASC）制定发布的"国际会计准则"作为会计的国际惯例。其理由是：①IASC 是一个由近百个国家的会计职业团体构成的民间组织，它所制定的会计准则，具有相当的权威性和代表性；②IASC 集中了国际上许多权威会计职业团体的专家和来自国际证券交易联合会、国际商会、国际律师协会等组织的顾问，对每一项会计准则的制定都非常谨慎、客观，会计准则的科学性和技术性无可非议；③以国际会计准则作为会计国际惯例，便于我国制定会计准则时直接参照。

第二，以世界上经济发达国家的会计标准和规范作为会计的国际惯例。其理由是：会计不仅是促进各国经济发展的重要手段，而且为国际经济交往提供了十分重要的媒介和手段，因此，应将经济发达、跨国公司数量多且规模大，在国际贸易中地位重要，对世界经济形势影响较大的若干个国家的会计进行比较，选择它们共同遵守的会计标准和规范作为会计的国际惯例。

比较上述两种观点，不难看出第一种观点的理由较为充足，但基于以下认识，我们仍然认为以国际会计准则作为会计的国际惯例是不完全恰当的。其一，从国际会计准则的内容到制定过程看，它首先是一个政治和外交问题，然后才是会计的技术方法问题。在这里，不可避免地存在发达国家与发展中国家，英语国家与非英语国家等方面的利益摩擦，而作为协调结果的国际会计准则，具有明显的欧美倾向，对发达国家更为有利。"寻租"理论对国际会计准则的制定同样具有影响。其二，国际会计准则在内容上很难统一各国会计的固有差异，无法满足各国财务报表提供者及使用者的不同需求，因此，不会有任何一个国家不折不扣地执行国际会计准则，而更多的是采取实用主义态度。其三，各国会计活动的特殊性很难在国际会计准则中得到体现，即使是反映会计活动普遍性的准则内容，也往往会因各国的环境差异以及主观认识上的分歧而得不到普遍认同。

可见，观念上界定会计的国际惯例比较容易，但从具体内容上确定却似乎很难。换句话讲，对于什么是会计的国际惯例，比较容易回答，但对于什么可以作为会计的国际惯例却并不容易。因此，无论会计国际惯例的内涵还是外延的界定，都只能是一种理论上或观念上的认定。照此理解，我们认为：会计国际惯例的内涵是会计系统中已经为世界各国或大多数国家所接受的会计思想、会计观念和习惯做法。会计国际惯例的外延涉及从属于会计系统或与会计系统密切相关的各个方面，包括会计规范体系、会计核算体系、会计管理体制、社会审计监督体系、社会会计服务体系以及会计教育体系中被共同认可的内容。经济发达国家的会计准则和国际会计准则之所以不能直接作为会计的国际惯例，是因为它们既不完全符合会计惯例的内涵，也不能充分满足会计惯例的外延。

这就提醒我们，与国际会计惯例协调，应当是会计思想、会计观念上的全面交融和逐步统一，而在会计规范体系、会计管理体制、会计报告要求等方面则必须有分析、有选择的借鉴、吸收国际会计准则或者某一国家的会计准则作为"会计惯例"来参照执行。否则，不仅不利于坚持会计的国际特色，而且会延误会计的国际化进程。

从会计专业分类角度看会计惯例国际化应该包括以下几个方面：①会计政策惯例国际化，亦即在制定会计法规、会计准则、会计制度的过程中，在内容、结构体系、制定方法和程序等方面趋同国际会计政策惯例，其中核心是会计准则的国际化，因为会计准则是会计规范的核心，一国的会计准则在结构、体系和规范的内容及方法上是否与国际会计准则惯例趋同，是影响会计国际需求的主要因素；②会计管理体制惯例国际化，主要指会计组织管理体制和会计人员管理体制两方面趋同国际会计管理惯例；包括本国会计管理机构设置、企业会计机构和人员的管理模式、民间会计组织设置与运行模式，特别是积极参加国际性会计组织等；③会计教育惯例国际化，包括会计教育目标的定位、专业层次的设置、课程体系的编排、教育管理模式等趋同国际惯例；④执业会计惯例国际化，包括注册执业人员的认定、考核方法、机构的审批、民间审计的运作和监管模式等趋同国际惯例；⑤会计确认、计量、记录与报告惯例国际化，即建立与国际惯例相同的会计确认标准、计量记录方法和报告体系等，促进所提供的会

153

计信息满足国际经贸往来和国际资本市场等的需要；⑥积极引进和运用国际上通用的先进会计思想、管理方法和技术方法；⑦促使与各国会计事务处理的协调化、标准化和规范化；⑧积极参加国际会计活动，努力促使其他会计事务处理方法趋同国际惯例。

第四节　会计职业道德规范

一、会计职业道德与会计职业道德规范的概念

（一）会计职业道德的概念

会计行业作为市场经济活动的一个重要领域，主要提供会计信息或鉴证服务，其服务质量的好坏直接影响着经营者、投资人和社会公众的利益，进而影响着整个社会的经济秩序。因此，可以毫不夸张地说，会计工作是社会主义市场经济大厦的一块重要基石。会计工笔者在提供信息或鉴证服务的过程中，除了必须将本职工作置于法律、法规的约束和规范之下，还必须具备与其职能相适应的职业道德水准，认真履行会计职业道德。

"职业道德是人们在从事某一职业时应遵循的道德规范和行业行为规范。"① 会计职业道德是会计人员在从事会计职业活动中，应遵循的体现会计职业特征的会计行业行为规范。市场经济越发展，对会计工作的职业道德水准要求越高。会计职业道德建设是社会主义思想道德体系建设的重要组成部分，是社会主义市场经济健康发展的根本要求。党和政府历来十分重视会计工作和会计职业道德建设。

会计职业道德教育是学校对会计专业学生和企业对会计人员的重要任务。在党和政府的关心、重视下，我国会计职业道德建设取得了一定进展，但也面临不少新情况、新问题，如何正确认识和分析现阶段我国会计职业道德的状况，按照新时期我国社会主义职业道德建设总体要求和会计工作发展需要，建立健全会计职业道德规范体系，广泛开展会计职业道

---

① 现代汉语词典（第6版）[M]. 北京：商务印书馆，2012：1672.

宣传教育，全面提高会计职业素养和执业质量，已成为当务之急。

（二）会计职业道德规范的概念

会计职业道德规范，是指在一定社会经济条件下，对会计职业行为及职业活动的系统要求或明文规定。它是社会道德体系的一个重要组成部分，是职业道德在会计职业行为和会计职业活动中的具体体现。

根据我国会计工作、会计人员的实际情况，结合《公民道德建设实施纲要》和国际会计职业道德的一般要求，我国会计职业道德规范的主要内容包括：爱岗敬业，诚实守信，廉洁自律，客观公正，坚持准则，提高技能，参与管理和强化服务。会计人员职业道德规范的对象既有单位会计人员，也有注册会计师，两者都是以会计信息为载体从事工作，从广义上说，都是会计人员的一部分。前者是依据我国现行会计准则、会计制度等会计法律、法规、规章制度，经过记账、算账、报账、用账等环节，生成会计信息；后者是运用独立审计准则等，对单位会计信息的合法性、真实性、完整性进行社会审计。正因为如此，应将两者都纳入会计职业道德规范调整的范围内。

二、会计职业道德规范的内容

会计职业道德规范的内容是爱岗敬业、诚实守信、廉洁自律、客观公正、坚持准则、提高技能、参与管理和强化服务。

（一）爱岗敬业

爱岗就是会计人员热爱本职工作，安心本职岗位，并为做好本职工作尽心尽力，尽职尽责。它是会计人员的一种意识活动，是敬业精神在其职业活动方式上的有意识的表达。这种表达可概括为一个"忠"字，即忠于职守，具体表现为会计人员对自己应承担责任和义务所表现出的一种责任感和义务感。会计人员的这种责任感和义务感一旦形成，便成为一种巨大的精神力量，在履行自己的职责时，能够将"不得不为"的行为转变为"自觉自为"的行为，形成主动干好本职工作的一种动力。一个有很强责任感的会计人员会千方百计干好工作，去履行自己的使命和责任；而一个责任感不强或没有责任感的人，就会把工作当儿戏，也谈不上做好本职工作。这种爱岗意识所形成的责任感和义务感包含两方面的内容：社会或他人对会计人员规定的责任和会计人员对社会或其他人所负的道义责任。

敬业是指人们对其所从事的会计职业或行业的正确认识和恭敬态度，并用这种严肃恭敬的态度，认真地对待本职工作，将身心与本职工作融为一体。对会计职业的不同认识和采取不同的态度可以直接导致不同的职业行为及后果。会计职业道德中的敬业，就是从事会计职业的人员充分认识到会计工作在国民经济中的地位和作用，以从事会计工作为荣，敬重会计工作，具有献身与会计工作的决心。

爱岗敬业是爱岗与敬业的总称。爱岗和敬业，互为前提，相互支持，相辅相成。"爱岗"是"敬业"的基石，"敬业"是爱岗的升华，"敬"由"爱"生，"爱"由"敬"起。会计人员对所从事的会计工作没有热情，不热爱，就难以做到刻苦耐劳，兢兢业业；就不会主动想到去刻苦钻研业务，更新专业知识，提高业务技能；就不会珍惜会计这份工作，努力维护会计职业的声誉和形象，自觉做到忠于职守；就无法具备与其职务相适应的业务素质和能力，更谈不上坚持准则、客观公正、文明服务，维护国家和企业的利益，为国家和企业承担责任。会计人员虽有热爱会计职业的一腔热情，没有勤奋踏实的工作作风和忠于职守的实际行动，敬业也就成为一句空话。

会计人员如果没有形成爱岗敬业的观念，不珍惜自己的职业声誉，不忠于职守，甚至于私欲膨胀，就很可能无视国家和企业的利益，向会计信息的使用者提供虚假的会计信息，其后果不仅严重干扰了信息使用者决策的正确性，而且给社会经济生活和会计职业的形象及声誉带来破坏性的影响。

作为一名会计人员，他首先是一位社会公民，必须遵守公民道德规范；同时，作为一名会计人员，还必须遵守会计职业道德规范，热爱本职工作。因此，爱岗敬业是会计人员干好本职工作的基础和条件，是其应具备的基本道德素质。爱岗敬业不仅仅是一种观念、一种精神、一句口号，它更需要有具体的行动来体现，既要有安心工作，勤学苦练的钻研精神，又要有严肃认真的工作态度，勤学苦练的钻研精神，忠于职守的工作作风。会计人员只有把会计职业权利和义务有机地结合起来，才能恪尽职守，出色完成所承担的任务，才能做到遵纪守法、廉洁奉公，做好本职工作。这就是爱岗敬业意识在会计工作中的具体体现。爱岗敬业要求：正确认识会计职业，树立爱岗敬业的精神；热爱会计工作，敬重会计职业；安心工作，任劳任怨；严肃认真，一丝不苟；忠于职守，尽职尽责。

（二）诚实守信

诚实是指言行跟内心思想一致，不弄虚作假、不欺上瞒下，做老实人、说老实话、办老实事。诚实是中华民族的优良传统和美德。信，即信用、信任、真实可靠。守，是指遵循、依照。守信就是遵守自己所作出的承诺，讲信用，重信用，信守诺言，保守秘密。

一般来说，诚实即为守信，守信即诚实，他们是职业道德的两种不同表现形式。有诚无信，道德品质得不到推广和延伸；有信无诚，信就失去了根基，德就失去了依托。诚实必须守信。可见，诚为本，信为用，诚涵内，信显外。诚与信是一而二，二而一。自古以来，人们将"诚实"和"守信"视为道德的最高境界，也将其作为道德的基本要求，甚至将诚实作为经邦治国、修身养性的根本。

诚实守信是做人的基本准则，也是公民道德规范主要内容。

市场经济越发达，职业越社会化，道德信誉就越重要。市场经济是"信用经济"、"契约经济"，注重的就是"诚实守信"。可以说，信用是维护市场经济步入良性发展轨道的前提和基础，是市场经济社会赖以生存的基石。江泽民同志指出："没有信用，就没有秩序，市场经济就不能健康发展。"朱镕基同志在 2001 年视察北京国家会计学院时，为北京国家会计学院题词："诚信为本，操守为重，坚持准则，不做假账。"这是对广大会计人员和注册会计师最基本的要求。《公民道德建设实施纲要》明确要求全社会大力倡导以"明理诚信"为主要内容之一的基本道德规范和以"诚实守信"为主要内容之一的职业道德规范。诚实守信要求：做老实人，说老实话，办老实事，不搞虚假；保密守信，不为利益所诱惑；职业谨慎，信誉至上。

（三）廉洁自律

"不受曰廉，不污曰洁"，不收受贿赂、不贪污钱财，就是廉洁。廉洁是为政之本、为官之德。古往今来，一切有识之士无不把廉洁清正作为入仕从政的准则。"天下为公"的包拯，不仅严于律己，而且铁面无私，执法如山。"自律"，是指自律主体按照一定的标准，自己约束自己，自己控制自己的言行和思想的过程。其主要特征在于"律"，即将定的具体标准作为具体行为或言行的参照物、进行自我约束、自我控制，使具体的行为或言论达到至善至美。

自律的核心就是用道德观念自觉地抵制自己的不良欲望。一个能自律的人，能保持清醒的头脑，把持住自我不迷失方向；而不能自律的人则头脑昏昏，丧失警惕，终将成为权、财的奴隶。对于整天与钱财打交道的会计人员来说，经常会受到财、权的诱惑，若会计人员职业道德观念不强，自律意志薄弱，很容易成为权、财的奴隶，走向犯罪的深渊。例如，广东省茂名市中国农业银行高州支行沙田营业所出纳员车驾海，利用职务之便，多次使用错账冲销开户存款的方法，偷取储户存款和侵吞国家银行库款达 130 万元，最终被判无期徒刑。惩治腐败，打击会计职业活动中的各种违法活动和违反职业道德的行为，除了要靠法制手段，建立坚强和完善的法律外，会计人员更要严格自律，防微杜渐，构筑思想道德防线，也是防止腐败和非职业道德行为的有效手段。

会计活动直接涉及和影响国家、单位、投资者、债权人等各方的经济利益。如果会计人员不能做到清正廉洁，客观公正，其职业活动必然会损害或影响第三者的利益；如果会计人员在职业活动中不能严格自律，自我约束、抵制不正当的思想和行为，也难以做到客观公正、清正廉洁。廉洁自律是会计职业道德的前提，这既是会计职业道德的内在要求，也是会计职业声誉的"试金石"。

会计工作的特点决定了廉洁自律是会计职业道德的内在要求，是会计人员的行为准则。会计人员整天与钱物打交道，没有"理万金分文不沾"、"常在河边走，就是不湿鞋"的道德品质和高尚情操是不行的。会计人员和会计组织只有首先做到自身廉洁，严格约束自己，才能要求别人廉洁，才能理直气壮地组织或防止别人侵占集体利益，正确行使反映和监督的会计职责，保证各项经济活动正常进行。会计职业组织和会计人员的廉洁是会计职业道德自律的基础，而自律是廉洁的保证。自律性不强就很难做到廉洁，不廉洁就谈不上自律。会计人员必须既廉洁又自律，两者不可偏废。

会计职业的社会声望既关系到行业是否能健康发展，也关系到会计从业人员的切身利益。会计职业声望高，则说明社会对会计行业的认可程度高；反之，会计职业声望低，则说明社会对会计行业认可程度低。如果会计人员不能廉洁自律，必然会损害第三者的利益，人们就回失去对会计职业的信任。贪污浪费、公款吃喝、岗位谋私等行为不仅损害了国家利益、集体利益和他人利益，而且也降低了会计的职业声望。因此，廉洁自律是维护会计职业声望的基石，会计人员廉洁自律就是爱惜自己的行业声誉。

廉洁自律要求会计人员树立正确的人生观和价值观；公私分明，不贪不占；遵纪守法，尽职尽责。

（四）客观公正

客观是指按事物的本来面目去反映，不掺杂个人的主观意愿，也不为他人意见左右，既不夸大，也不缩小。对于会计职业和会计工作而言，客观主要包括如下含义：一是真实性，即以客观事实为依据，真实地记录和反映实际经济业务事项；二是可靠性，即会计核算要准确，记录要可靠，凭证要合法。公正就是公平正直，没有偏失，但不是中庸。苏格拉底认为："公正是对商品经济本质属性的高度概括，也是市场发育的前提条件。"对于会计职业和会计工作而言，公正主要包括以下含义：一是国家统一的会计制度，即会计准则、制度要公正。也就是说，会计准则、制度不是为某一特定的主体，任何一个主体都能平等地运用会计准则、制度，而不会因某一特定主体的运用较其他主体的运用获得更大的优势。二是执行会计准则、制度的人，即公司、企业单位管理层和会计人员不仅应当具备诚实的品质，而且应当公正地开展会计核算和会计监督工作，即在履行会计职能时，摒弃单位、个人私利，公平公正，不偏不倚地对待相关利益各方。三是注册会计师在进行审计鉴证时应以超然独立的姿态，进行公平公正的判断和评价，出具客观、适当的审计意见。

客观是公正的基础，公正是客观的反映。要达到公正，仅仅做到客观是不够的。公正不仅单指诚实、真实、可靠，还包括在真实、可靠中作出公正选择。这种选择尽管是建立在客观的基础之上，还需要在主观上作出公平合理的选择。是否公平、合理，既取决于客观的选择标准，也取决于选择者的道德品质和职业态度。客观公正要求会计人员端正态度；依法办事；实事求是，不偏不倚；保持独立性。

坚持客观公正原则的基础是会计人员的态度、专业知识和专业技能。没有客观公正的态度，不可能尊重事实，有了正确的态度之后，没有扎实的理论功底和较高的专业技能，工作也会出现失误，感到力不从心。

依法办事，认真遵守法律法规，是会计工作保证客观公正的前提。当会计人员有了端正的态度和知识技能基础之后，他们在工作过程中必须遵守各种法律、法规、准则和制度，依照法律规定进行核算，并做出客观的会计职业判断。

客观公正贯穿于会计活动的整个过程：一是会计核算过程的客观公

正，即指会计人员在具体进行业务处理时，或需要进行职业判断时，应保持客观公正的态度，实事求是、不偏不倚。如会计人员在办理有关交纳企业所得税的业务时，应依法纳税，不能以损害国家利益为前提而少交税款。二是最终结果公正，是指会计人员对经济业务的处理结果是公正的。例如，某人因公出差丢失了报销用的车票，业务处理时不能因为无报销凭证就不报销，也不能随意报销，应要求出差人员办理各种合法合理的证明手续后，才能报销，即最终结果是客观公正地进行会计处理。不报销或随意报销都是不客观公正的。没有客观公正的会计核算过程作为保证，结果的客观公正性就难以保证；没有客观公正的结果，业务操作过程的客观公正也就没有意义。

客观公正是会计职业者的一种工作态度。要求会计人员对会计业务的处理，对会计政策和会计方法的选择，以及对财务会计报告的编制、披露和评价必须独立进行职业判断，做到客观、公平、理智、诚实。

（五）坚持准则

坚持准则，要求会计人员在处理业务过程中，严格按照会计法律制度办事，不为主观或他人意志左右。这里所说的"准则"不仅指会计准则，而且包括会计法律、国家统一的会计制度以及与会计工作相关的法律制度。会计法律是指《会计法》《注册会计师法》；国家统一的会计制度是指，由国务院授权财政部制定发布或财政部发布的关于会计核算标准、会计基础工作以及会计人员管理的有关规定、制度和办法。如《企业会计准则》《企业会计制度》《金融企业会计制度》《会计基础工作规范》《会计从业资格管理办法》等。与会计工作相关的法律制度是指金融证券、税收等法律制度，如《票据法》《现金管理暂行条例》《企业所得税暂行条例》等。会计人员应当熟悉和掌握准则的具体内容，并在会计核算中认真执行，对经济业务事项进行确认、计量、记录和报告的全过程应符合国家统一的会计制度，为国家、企业、债权人、投资人和其他相关当人提供真实、完整的会计信息。

会计人员在进行核算和监督的过程中，只有坚持准则，才能以准则作为自己的行动指南，在发生道德冲突时，应坚持准则，以维护国家利益、社会公众利益和正常经济秩序。注册会计师在进行审计业务时，应严格按照独立审计准则的有关要求和国家统一会计制度定，出具客观公正的审计报告。

现实生活中经常会出现单位、社会公众和国家利益发生冲突的情况。面对不同的情况会计人员应如何处理，国际会计师联合会发布的《职业会计师道德守则》提出了如下建议：

（1）如遇到严重的职业道德问题时，职业会计师首先应遵循所在组织的已有政策加以解决；如果这些政策不能解决道德冲突，则可私下向独立的咨询师或会计职业团体寻求建议，以便采取可能的行动步骤。

（2）若自己无法独立解决，可与最直接的上级以期研究解决这种冲突的办法。

（3）若仍无法解决，则在通知直接上级的情况下，可请教更高级的管理层。若有迹象表明，上级已卷入这种冲突，职业会计师必须和更高一级的管理当局商讨该问题。

（4）如果在经过内部所有各级审议之后道德冲突仍然存在，那么对于一些重大的问题，如舞弊，职业会计师可能没有其他选择。作为最后手段，他只能诉诸辞职，并向该组织的适当代表提交一封信息备忘录。

国际会计师联合会发布的《职业会计师道德守则》中提出的道德冲突时解决的途径值得借鉴。我国会计人员如果遇到道德冲突时，首先要对发生的事件作出"是"、"非"判断，如涉及到严重的道德冲突时，应对法律负责，维护国家和社会公众利益。坚持准则要求会计人员熟悉、遵守和坚持准则。

（六）提高技能

会计是一门不断发展变化、专业性很强的学科，它与经济发展有密切的联系。近年来，随着市场经济的发展和经济全球化进程的加快，特别是我国加入世界贸易组织后，会计改革不断深入，会计专业性和技术性日趋复杂，对会计人员所应具备的职业技能要求也越来越高。加之一些新经济事物不断涌现，如衍生工具的出现、人力资源价值的计量与核算、通货膨胀、经济全球化带来的外币兑换等等，都给会计学科的发展注入了新的活力，也给会计服务提出了更高的要求。

会计人员是会计工作的主体。会计工作质量的优劣，一方面受会计人员技能水平的影响，包括会计人员对会计原则、制度的理解、掌握的程度，对客观事物的判断能力等；另一方面受会计人员道德品行的影响，包括对会计工作的认识态度，工作作风，对道德冲突的正确解决等。会计人员的道德品行是会计职业道德的根本和核心，会计人员的技能水平是会计人员职业道德水平的保证。没有娴熟的会计技能，再好的个人道德品行，也无法干好会计工作。会计工作是一门专业性和技术性很强的工作，从业人员必须"具备一定的会计专业知识和技能"，才能胜任会计工作，才能勤勉、谨慎地运用其知识、技能、经验，善于根据客观环境做出正确的职业判断，如选择恰当的会计政策、做出合理的会计估计等。社会在前进，经济在发展，科学在进步。作为一名会计工笔者必须不断地提高其业务技能，这既是会计人员的义务，也是做好会计工作的需要。

提高技能，要求会计人员提高职业技能和专业胜任能力，以适应工作需要。职业技能，也可以称为职业能力，是人们进行职业活动，承担职业责任的能力和手段。就会计职业而言，它包括会计理论水平、会计实务能力、职业判断能力、自动更新知识能力、提供会计信息的能力、沟通交流能力以及职业经验等。提高技能，是指会计人员通过学习、培训和实践等途径，持续提高上述职业技能，以达到和维持足够的专业胜任能力的活动。

会计专业理论主要包括会计原理、成本会计、管理会计、会计发展史、财务管理、审计理论以及相关的税收、金融、证券、法律知识等。

会计实务操作能力包括会计人员的专业操作能力、操作的创新能力等。

自动更新知识的能力，是指会计人员自己获取会计专业知识的能力，包括会计人员自觉地学习专业知识，学习社会出现的新知识，学习与会计相关的经济理论和法律知识，学习更新的会计法律、制度知识的能力。

提供会计信息的能力，主要包括会计信息的收集、组织、处理和传输等技术能力。

沟通交流能力，是指会计人员在特定的环境下与他人互相交往与交流的能力，包括适应环境能力、表达能力、吸收信息能力。会计工作既是一项经济管理工作，同时也是一个服务窗口行业。会计人员在职业活动中涉及各方面、各层次的不同利益的人群，这要求会计人员要具有适应各种不同环境的能力，具有从各方面听取或吸收信息的能力，以及具有准确恰当地运用语言和文字表达的能力。

职业判断能力，也是会计人员提高技能的一个重要方面。它是指建立在专业知识和职业经验基础之上的判断能力，而不是主观随意地猜测，是职业胜任能力的综合体现。职业判断需要职业经验来支撑。

职业经验，是职业实践的积累和升华。现实生活是复杂多变的，各单位、各个不同的时期以及各种不同的环境条件下，经济业务的性质、会计处理的方式、方法都不尽相同。这不仅需要会计人员将所学的知识举一反三，还需要对实践进行总结提高。如成本核算方法的选择、存货计价方法的选择等，在不同的企业、不同的时期或不同的条件下会有不同的选择，这都需要职业经验。

"道"之不存，"德"将焉附。道之施行，需德润之，无德道难行。会计之道，就是会计的职业技能和技术，没有娴熟的会计之道，会计之德也就失去了依托。有了高超的职业技能，更要"德"来滋润。没有良好的德行滋润，技能越高，其破坏力越大，最终将毁掉会计职业。因此，遵守会计职业道德客观上需要不断提高会计职业技能。

提高技能要求会计人员具有不断提高会计专业技能的意识和愿望，具有勤学苦练的精神和科学的学习方法。据财政部统计，到1999年底，国有企业单位和县级以上集体所有制单位中在岗的会计人员中，有26.03%的人员学历没有达到中专以上水平。其他经济组织持证在岗会计人员中，有36.36%的人员没有达到中专以上水平。从会计队伍的学历水平可以看出，仍有相当一部分会计人员的专业技能达不到要求。要提高专业技能，必须不断加强学习。

（七）参与管理

管理是人类各种活动中最重要的活动之一。自从人们开始组成群体以实现个人无法达到的目标以来，管理工作就成为协调个体努力必不可少的因素。人类社会越依赖集体的努力来完成任务，管理工作也就越发重要。管理工作包括计划、组织、人事、领导和控制等五种基本职能。

参与管理，简单地讲就是间接参加管理活动，给管理者当参谋，为管理活动服务。会计管理者认为，会计或会计工作本质上就是一种管理活动，它以商品价值运动为管理对象，以货币计量为主要形式，以核算、监督为基本职能，通过收集、处理和利用经济信息，对经济运行过程进行组织、调节和指导工作，促进人们权衡利弊，比较得失，讲求经济效益。而会计信息论者认为，会计是一个以提供财务信息为主的信息系统，会计人员在企业管理中，为企业管理部门正确地进行最优决策和有效经营提供所需数据。无论管理论者还是信息论者，他们都揭示了这样一个命题，就是会计或会计工作并不能够直接进行企业生产经营活动的管理或决策。会计工作或会计人员与管理决策者在管理活动中分别扮演着参谋人员和决策者的角色，承担着不同的职责和义务。

会计人员在参与管理过程中并不直接从事管理活动，只是尽职尽责地履行会计职责，间接地从事管理活动或者说参与管理活动，为管理活动服务。2002 年 5 月 16 日，《中国财经报》以"抠出来的盈利"为标题报道了中国航空工业第二集团所属的保定向阳航空精密机械有限公司全面推行的"成本工程"，大大降低了企业营运成本，使企业一举扭亏为盈。"成本工程"不是传统意义上的"节约"，而是创造性进行了许多"以进为退"的改革措施。公司实行资金统一管理、统一调配与使用模式，制定了《财务收支审批制度》，公司各生产经营单位开设了"只付不收"的银行账号。通过一系列措施，在公司上下形成了"人人讲成本，人人算成本，人人降成本"的良好风气。这项改革与公司财务会计部门积极参与管理是密不可分的。

会计人员要树立参与管理的意识，积极主动地做好参谋。经常主动地向领导反映经营管理活动中的情况和存在的问题，主动提出合理化建议、协助领导决策、参与经营管理活动，不能消极被动地记账、算账和报账。具体说，会计人员应积极主动做好以下工作：努力钻研业务，熟悉财经法规和相关制度，提高业务技能，为参与管理打下坚实的基础；熟悉服务对象的经营活动和业务流程，使参与管理的决策更具针对性和有效性。

（八）强化服务

强化服务是要求会计人员具有文明的服务态度、强烈的服务意识和优良的服务质量。

服务态度是服务者的行为表现，要求礼貌服务，以礼待人。社会中各行各业，其活动的目的都是为人民服务，各岗位上的就业者都处于服务他人和接受他人服务的地位。在服务他人的过程中，人们承担对他人的责任和义务的同时，也接受他人的服务。因此，文明服务是现代经济社会对劳动者所从事职业的更高层次的要求，它表现为人民在参与对外工作交往和组织内部协调运作过程中，人与人之间人际关系的融洽程度和与之相对应的工作态度。

会计人员服务的态度直接关系到会计行业的声誉和全行业运作的效率，会计人员服务态度良好、质量高，做到讲文明、讲礼貌、讲信誉、讲诚实，坚持准则，严格执法，服务周到，就能提高会计职业的信誉，增强会计职业的生命力；反之，就会影响会计职业的声誉，甚至直接影响到全行业的生存和发展。

在实际工作中，我国广大科技人员工作兢兢业业、勤勤恳恳，加班加点、任劳任怨、扎实工作、无私奉献，以高度负责任的态度树立了较强的服务意识，在经济建设中作出了积极贡献，树立了良好的社会形象，使会计成为社会尊重的一种职业。

强化服务的关键是提高服务质量。单位会计人员和注册会计师的服务内容各有侧重，其服务效果的表现也不同。单位会计人员服务的内容就是客观、真实地记录、反映单位的经济业务活动，为管理者提供真实正确的经济信息，当好参谋；为股东真实地记录财产的变动状况，确保股东资产完整与增值，当好股东的管家。因此，强化单位会计人员的服务就是真实、客观地记账、算账和报账，积极主动地向上级领导者反映经营活动情况和存在的问题，提出合理化建议，协助领导决策，参与经营管理活动。注册会计师是以"独立、客观、公正"身份接受委托人的委托，提供会计鉴证等服务。因此，注册会计师（或会计师事务所）与委托人发生的经济交往关系就是一种服务与被服务的关系。注册会计师不仅要与委托人打交道，还要与在实际工作中接受服务的单位和人员打交道，因而，其强化服务的内容就是以客观、公正的态度正确评价委托单位的经济财务状况，为社会公众及信息使用者服好务。

会计职业强化服务的结果，就是奉献社会。如果说爱岗敬业是会计职业道德的出发点，那么，强化服务、奉献社会就是会计职业道德的归宿点。任何职业的利益、职业劳动者个人的利益都必须服从社会的利益、国家的利益。把奉献社会作为职业的崇高责任是职业道德的基本要求和最终归宿。强化会计服务的基本要求就是会计人员要有强烈的服务意识，服务要文明，质量要上乘。

以上会计职业道德规范的八项主要内容中，许多都是应由单位会计人员、注册会计师共同遵循的，也有侧重单位会计人员的，如参与管理等。至于注册会计师行业，还应遵守中国注册会计师协会发布的《中国注册会计师职业道德基本准则》的有关规定。会计职业道德规范的内容与会计职业活动有着紧密的联系。随着社会的发展，会计职业活动的内容将不断丰富，社会对会计工作的职业技能和职业要求也越来越高，会计职业道德规范的内容也在扬弃中不断地丰富和发展。有的会计职业道德规范被淘汰，但同时一些新的会计职业道德规范被充实进来。同样，有关会计法律制度的内容也可能被纳入会计职业道德规范。

三、会计职业道德自律与自律机制

会计职业道德是会计职业行为与会计职业活动的自律，自律和他律从来就是密不可分的，尤其是那些不能通过法律来强制执行的会计职业道德规范，其自律的意义就更不可低估。研究会计职业道德的自律有利于加强和完善中国会计职业道德的建设。

（一）会计职业道德自律与自律机制的含义界定

会计职业道德自律是指职业会计人在会计职业生活中，在履行对他人和社会义务的过程中形成的一种会计职业道德意识。会计职业道德自律既是体现在职业会计人意识中的一种强烈的会计职业道德责任感，又是职业会计人在意识中依据一定的会计职业道德准则进行自我评价的能力。会计职业道德自律作为一种职业道德情感，它是职业会计人对他人和社会义务感的强烈表现，在对会计职业道德调查中显示：认为在会计人员中能够自觉遵守职业道德的是：大多数的占 37.24%，多数的占 49.45%，少数的占 12.11%，个别的占 1.2%，可见大多数和多数占到 86.69%，说明我国会计人员中能以会计职业道德自觉规范自我行为的占绝大多数，对职业道德自律有着强烈的愿望。作为一种自我评价能力，它是一定社会的道德原则、规范在职业会计人意识中形成的相对稳定的会计信念和意志。自律时期的会计职业道德，是以会计职业良心为核心的一种职业道德。会计职业良心是对会计职业责任的自觉意识，是职业会计人情感、意识和信念在职业会计人意识中的统一，因此，会计职业良心在职业会计人的道德生活中，就不仅能够使职业会计人表现出强烈的职业道德责任感。而且能够使职业会计人依据一定的职业道德原则和规范自觉地选择和决定行为，成为职业会计人发自内心的巨大的精神动力，在职业会计人的行为过程和行为整体中起着主导的作用。在我们的调查中又显出：认为会计职业道德对会计人员行为发挥自我规范作用中，作用大的占 28.11%，作用较大的占 43%，作用一般的占 23.48%，作用不大的只占 5%，这说明会计职业道德中自律作用起重要主导作用。

会计职业道德自律是以会计职业良心为核心的，会计职业道德他律是以会计职业义务为核心的。会计职业道德是一种实用性的，旨在维护社会经济秩序的职业规范，而不仅仅是精神性的，从现实状况来看，会计职业道德中的许多重要内容都直接纳入了会计规范。这就揭示了会计道德自律与他律的辩证关系及其内在原理，一方面会计职业道德在维护和实现会计职业自身利益时是以维护社会经济秩序为前提的，所以会计职业道德自律必须服从于特定社会道德及其经济规律和法律的要求和规定，从而使得会计职业道德具有明显的他律性质；另一方面会计职业道德具有明显的会计行业的"行规"和自我约束、自我规范、自我良心发现的特征，使得会计职业道德自律必然具有行业自律和职业会计人个人自律的性质，事实上法律规定从来都不可能完全包括会计职业道德内容的所有方方面面。会计职业道德自律与他律相辅相成，"法治"与"德治"相得益彰互为补充。因此，在研究、强调会计职业道德自律的时候，我们决不可忽视作为他律的会计职业义务，建立会计职业道德自律机制非常必要。在调查中我们发现，认为在我国现实生活中对不讲职业道德会计人员的处置情况分别是，认为根本没有处置的占 25%，太轻的占 75%，太重的为 0。说明我国会计职业道德自律机制基本没有发挥作用或作用不大：会计职业道德自律机制就是指会计职业道德自律的一种结构和活动原理。它是会计职业道德规范的具体要求、标准和内容转化为职业会计组织和职业会计人内在的目标、标准和需要。在这种机制下，会计职业道德规范的执行不是受制于外力，而是通过会计人员自我调节、自我约束、自我判断和自我"立法"来体现会计职业道德规范内容及要求的一种制度安排。

（二）会计职业道德自律机制的本质与特征

1. 会计职业道德自律机制的本质

会计职业道德自律机制从本质上讲是会计职业人集体意志和责任的具体要求，而不是某一会计职业人个体的行为和意志要求；它是以或多或少的牺牲会计职业人个体利益为前提的，以体现整体利益的原则和规范为善恶标准，来调节会计职业人个人利益和职业整体利益的矛盾；它是通过会计职业道德自律管理体制设置、法律及制度安排、职业良心建立及约束、职业职责规范及自我评价等手段而实现会计职业整体利益要求的一种运转状态。我们之所以要建立会计职业道德自律机制有一点是不可忽视的，即自律以职业良心为核心，但是在个体职业道德没有达到完全成熟的情况下，就需要职业团体以职业价值目标为统帅，将职业道德的自律与他律有机结合，建立职业团体自我约束、自我控制的机制，这也就是说会计职业道德自律机制是一种不排斥他律的，而且要尽可能发挥他律职能作用的自律机制，这才可能是一种健全并行之有效的自律机制。在调查中，认为全部会计人员的职业道德来自会计法律、法规要求的占到了66.49%，说明在我们广大会计人员中会计职业道德应有相应的法律法规规范。

2. 会计职业道德自律机制的特征

由会计职业道德自律机制之本质所决定，会计职业道德自律机制的主要特征可概括为以下几点：

第一，外在组织、制度安排与内在体验、意志和谐统一。会计职业道德自律机制以外在的管理体制、法律、制度安排为运行方式，同时它又以会计职业人职业良心体验、职业意志约束、职业责任限制等为主要内容的一种职业道德运行状态。如果没有外在组织、制度安排而仅依靠职业良心、意志等，其作用必将是有限的。

第二，经济目标与道德目标统一。会计职业道德自律机制的核心内容之一是会计职业道德自律的内在导向机制，内在的导向来源于目标，它规定了会计职业道德自律行为及其机制运行状况的评价标准，规定了会计职业道德行为的具体方向。最常见的基本目标是经济目标和道德目标，前者追求的是经济效益，后者要求的是职业信念、职业理想行为。这里经济效益包括社会经济效益和会计职业集体经济地位及经济利益，它规定了会计职业道德自律机制的最高评价标准是有用性和有效性；而追求职业信念和职业理想行为则规定了最高的职业标准是公正无私。会计道德自律机制只有达到实事求是、客观公正的境界，会计职业界才能获得相应的社会经济地位，实现提高经济效益的宗旨。因此，会计职业道德自律机制具有经济目标与道德目标相一致的特点。

第三，认识功能与调节功能的统一。会计职业道德自律机制通过管理机构设置、法律及制度安排等着重从会计职业人个体和职业整体的利益关系角度，明确并支持或限制、打击会计职业行为的真伪、善恶和美丑，进而提出评价会计职业道德行为的标准和依据，这些都说明会计职业道德自律机制具有认识会计职业道德现实状况的基本功能。最重要的是会计职业道德自律机制的调节功能。这种调节功能是从现实生活中会计职业个人对待会计职业整体利益和其他个人利益的角度，来调节会计职业人的各种职业活动和职业关系；会计职业道德自律机制将会计职业人"应当怎样"的道德准则内化为调节职业道德的尺度；它从权利和义务两方面调节会计职业人的行为时，主要依其自身的固有规定和特有机理而实施调节；会计职业道德自律机制的调节功能，常常不是通过诉诸国家机器和惩罚手段（尽管有时也是必要的），而主要诉诸舆论褒贬、沟通疏导、教育感化等，尤其注重唤起人们的职业荣辱心，培养人们的职业道义、责任感和善恶判断能力，因而一般不带有国家强制性质，其调节方式主要通过道义的力量去感化，去教育。

不难看出，会计职业道德自律机制的认识功能是基本的功能，调节功能是建立在认识功能之上的，但是，认识功能毕竟不能完全实现会计职业道德自律机制的最终目标，因此调节功能是最重要、最突出的功能。两者是相辅相成、和谐统一共同发挥作用，实现自律机制目的和要求。

（三）会计职业道德自律机制的要素

会计职业道德自律机制要素是指保证会计职业道德自律机制正常运行，发挥其职能作用的基本构成要件和因素。其基本内容应包括会计职业道德自律管理机构、自律管理法律及制度、自律目标及标准、自律功能效果反馈及效应机制、自律环境及自律运行能力等内容。

会计职业道德自律从本质上看，从来就不是职业会计人个体的事情，而是职业整体的自律。因此，要实现这种集体自律，建立健全相应自律管理机构就是首要的基本的任务和内容，它是实现自律的基本组织保证。在我们的调查中，认为要发挥会计职业道德自律作用的各主要措施中，加强会计职业道德教育占 25.16%，加大会计人员激励力度占 13.97%，提高单位负责人素质占 23.87%，加强会计职业道德监管、建立完善的会计职业道德自律机制的占 37%，说明广大会计人员对于建立会计职业道德自律组织，加强监管力度的认可和强烈要求。会计职业道德自律组织如何建立及如何开展工作、职业会计人如何进行职业道德自律都需要有一定的规章制度，由此，会计职业道德自律需要有一系列相应法律、法规和制度，自律实际上是职业会计人的自我约束，没有规章制度，自律作用是极其有限的。会计职业道德自律目标是指人们力求于会计职业道德自律机制运行过程结束时实现的预定目的或结果。它是自律机制设计的出发点和归宿点，也是自律机制效率高低的评价标准和依据。会计职业道德运行系统是一个开放系统，其社会职能同其所处的外部因素的社会职能之间有着密切的联系，许多会计法规常借助会计职业道德评价、教育等实现其调节功能，会计职业道德自律则往往借助会计法规及其他法规的认可和支持实现其调节功能，这种会计职业道德自律功能的复杂性要求在确定其自律机制时要做出特殊的安排，在强调自律功能的同时要注意发挥会计职业之外的制约和

169

监管。自律效应是指其目标预定值和实际值之关系，目标实现值与目标预定值相当即为正效应；反之，目标实现值与目标预定值不相当即为负效应。事实证明很多时候会计职业道德自律机制的效应状况不仅同其内部机制是否优化有关，而且同其外部机制是否优化也有关，因此，要保证其正效应，避免负效应，除保持正常的内部自律机制之外，还应使其有一个正常的外部机制。会计职业道德自律机制在一定程度上依赖于其所处的外部会计及经济机制环境，如全社会性的道德教育状况，职业会计人普遍的职业道德水准等，不仅同自身的内部机制有关，而且也同它与该社会经济、政治、文化等构成的外部机制有关。会计职业道德自律机制运行能力，是指这种自律机制运行中内部各要素的机理和功能之间的联系和作用，这种运行能力在其特定条件下具有相对稳定的客观规律性，也就是说会计职业道德的自律能力在一定条件下有其限度，既不可能无限制扩大，也不可能无限制地缩小。

上述会计职业道德自律机制要素是相互联系、相互制约的一个整体，只有这些要素都具备并且都能发挥其应有作用，会计职业道德自律机制才可能得以正常运行并取得预期效果。

第六章 会计行为

第一节 会计行为的概念与特征

一、会计行为的概念

（一）行为

会计行为是行为的一个类别，什么是会计行为，先要知道什么是行为。行为有多种定义：行为是一种有意识的行动；行为是人们一切有目的的活动；行为是人对外界刺激产生的有意识的和无意识的积极反应；行为是受思想支配而表现出来的外表活动；生理学上，行为是人体器官对外界刺激所产生的反应；哲学上，行为是人们日常生活中所表现的一切活动；心理学上，行为是有机体的外显活动。一般而言，行为是人们有目的的活动。

行为按其目标与动机的关系可分为：意志行为，是人们有明确动机目标的行为；潜意识行为，是人们具有明确目标但无明确动机的行为；娱乐消遣行为，是人们有明确动机但却无明确目标的行为；运动动作的无意识行为，是人们无意识但目标动机明确的行动。

在一定客观环境下的行为具有以下特点：①目标性，有目的的活动；②动机性，推动从事某种活动向前进的内部动力；③主动性，自觉、积极地从事某种活动；④规范性，按照相关的标准进行的活动；⑤可量度性，可以通过一定手段进行预测、计划、控制、计量和评价；⑥连续性，一定的活动是连续不间断地持续进行；⑦多样性，有性质、时间、空间、效果等不同的各种活动；⑧适应性，能与客观发展变化的环境相适应；⑨社会性，体现了一定的社会关系。

（二）会计行为

在企业，会计行为是企业行为之一，它直接影响企业目标的完成。会计行为是客观存在的，自会计产生就有了会计行为，不过在人类历史发展的长河中，在发展的不同阶段有其不同的特点。在我国，人们较少提到会计行为。实际上在会计工作和会计著作中，经常提到会计事项、会计事务、财务收支等等。这些概念所反映的内容，都是会计人员所处理的经济业务，如材料采购已通过银行支付款项，从银行提取现金，销售产品未收取货款等，会计人员向有关方面提供会计信息，参与企业经营决策等等，这都是会计行为。对于会计行为的定为，还存在多种认识，基本上可以分为三类：第一类是会计行为信息论，即"会计行为就是指会计人员为实现会计目标在提供企业会计信息的系统运行过程中的活动。""会计行为是指提供会计信息的行为，即会计信息的生产和分配活动，具体说就是记录、计算和报告或测定和传递的行为。""会计行为是对会计信息的生产和分配活动。""会计行为是指会计人员在从事账务核算等过程中的活动。""会计行为是指一个会计主体的会计人员对会计数据进行记录、加工并检验后根据会计行为目标的要求向会计信息的使用者披露会计信息的整个过程的总称。它包括会计处理行为和会计披露行为。"第二类是会计行为管理论，即"会计行为是指会计人员按照会计目标采用一定的会计手段对会计信息进行搜集、整理、加工、利用的一种经济管理活动。""会计行为是指会计信息的收集、加工、整理及输出，以及利用会计信息进行经济管理的活动。""会计行为是指以会计核算和会计监督为主要内容的会计管理工作。""会计行为是指在内部动因和外部环境的刺激下，通过会计目标的驱动，由会计行为主体（会计行为个体和会计行为群体）应用现代会计理论、管理学原理及会计计量等技术方法、手段作用于会计客体，生产、分配和利用会计信息及其相关信息参与企业经营决策与管理。""企业会计行为是企业会计人员按照一定的会计目标，采用一定的会计手段或方法，生产和分配会计信息，以及利用会计信息和其他相关信息参与经营管理的活动。"第三类是会计行为反应论，如"会计行为是会计行动的外部表现。""会计行为是指会计组织（或人员）在内在动力驱使下，对外部环境刺激做出能动反应的一般活动。""会计行为就是会计管理系统在内外环境的刺激下，所作出的那种现实的、合乎理性和具有规律的，能动的反应活动。"

综上种种对会计行为的不同定义，实际上表明对会计本质的不同看法。会计行为信息论只表明会计信息行为只是会计行为的重要组成部分但不是全部会计行为；会计行为反映论没有揭示会计行为是什么内容的行为。笔者认为，会计是一种管理活动，会计行为是会计人员按照一定的会计目标，采用相应的会计手段，对资金运动进行核算和管理的活动。这个定义表明，会计行为是会计人员的有目的的活动。当然，我们所指会计人员的会计行为，是指会计人员在企业事业等单位进行会计工作时所发生的会计行为，不包括会计人员的其他属于个人事务的行为。

（三）行为会计

与会计行为相关的概念是行为会计，有人误以为行为会计就是会计行为，实际上行为会计是不同于会计行为的概念。行为会计一词最早出现在1967年。贝克（S. B. Becker）提出，行为会计研究是不同于其他会计研究的一种新范式，行为会计研究主要运用行为科学方面的理论和方法来验证会计信息及其加工处理过程中与人们行为的相互作用和影响。1981年，美国会计学会（AAA）成立了"会计、行为与组织分部（Accounting, Behavior and Organizations ABO）"。此后该分部（ABO）于1989年创办了《行为会计研究》（BRIA）刊物。这些组织活动有利于促进行为会计的发展。我国对行为会计的研究起步比西方国家晚了许多，直至20世纪80年代末才开始引进和介绍行为会计，此后陆续发表了一些相关的论文和研究成果，逐渐引起会计理论界同仁的重视。行为会计是融合会计学、行为科学、心理学、人类学、社会学、经济学等学科的一门交叉性会计分支学科。

什么是行为会计还没有共同的认识："行为会计是会计学和社会科学相互交叉的边缘学科，主要研究人类行为对会计信息乃至会计系统的影响，以及会计信息对人类行为和行为决策的影响。""在严格的学术意义上，行为会计则是指在会计技术方法基础上，利用行为科学和数学中相关的理论与方法，研究会计信息生产、传递和使用过程中各当事人的行为"。行为会计"是将生产经营中动态的行为过程和价值运动过程与静态的行为对象和行为结果结合起来，围绕行为—价值这个中心广泛提供各种相关信息，并利用信息进行管理的一种活动。"行为会计"是以行为科学为基础，研究人类行为如何影响会计信息系统的设计、建立和运行以及会计信息系统如何影响企业经营决策和人类行为的会计分支。"实际上，行为会计是以行为科学为理论基础，研究会计行为的性质和规律的知识体系。这表明，行为会计是研究会计行为的，会计行为是行为会计的研究对象。

行为会计的研究范围非常广泛，它包括会计行为涉及的各个方面，即对资金运动进行核算和管理的各种会计行为。行为会计采用系统分析的方法，主要研究会计环境对会计行为的影响，会计行为对会计环境的影响，会计行为内部各种会计行为之间的相互影响。

二、会计行为的特征

会计行为是会计人员有目的的实践活动，这种活动是在一定时间和空间范围内，在内外部环境制约下进行的，是一种复杂的实践活动，使它具有以下特征：

（1）目标性，以经济效益为目标。会计行为的目标是促进企业提高经济效益。会计人员在处理经济业务和办理有关事务过程中，有的直接同经济效益相联系，如处理投入消耗（如材料消耗，支付工资和费用）和取得收益（如产品销售收入，其他收入）的经济业务；有的间接同经济效益相联系，如为企业提高经济效益创造条件的会计事务活动，提供会计信息，开展会计预测，参与企业经营决策等。

（2）主动性，自觉、积极地从事会计活动。会计人员在一定政治思想指导下，依据会计规法，按照会计目标的要求，主动地在自己的岗位上履行职责所规定的工作。会计人员的工作，有了主动性，才能提高工作效率和出色地完成本岗位的工作任务。会计人员主动性的动机，一是会计责任的驱使，二是经济利益的驱使，出色地完成会计工作任务，促进会计目标的实现，能获得较多的报酬和奖励。

（3）计量性，以货币形式计量反映会计行为。在社会主义市场经济条件下，由于价值规律的作用，实行经济核算的要求，会计对生产经营活动过程中的耗费与成果，需要以货币为计量单位，对其资产、费用、收入、负债、权益等进行核算，反映企业在一定时期内的资金、成本和利润。对会计行为的计量以货币为主要形式，同时也采用实物计量和劳动计量以便全面反映会计行为。

（4）综合性，从资金、实物和信息等方面显示会计行为。企业会计行为是资金、实物和信息的综合体现。在企业生产经营活动中，任何一项会计行为，都要引起资金的增加或减少，同时，资金的增减变化，反映了实际物资的变化，如采购材料，增加了材料也减少了银行存款；销售产品，收到货款增加了银行存款也减少了库存产品。随着资金与实物的同时增加或减少变化，对其反映的会计信息也随之流动而向相关方面传递。

（5）法规性，依法组织和实施会计行为。在企业生产经营过程中，筹集资金、物资采购、费用开支、生产耗费、产品销售、提供劳务、应收应付款项、工程建设、技术开发和产权变动等会计事项所涉及资金的支付，都需要依据国家的会计法律、法规和规章，以及相关法规的规定进行会计处理和管理，要做到有法必依，执法必严，违法必究，对严重违法乱纪的行为要追究刑事责任。

（6）可控性，按照一定标准对会计行为进行控制。会计人员在企业生产经营活动中的会计行为可以依照一定规范进行有效地内部控制。在企业，会计内部控制是会计监督（会计监管）过程的中心环节，实施控制内容以资金控制为中心，过程控制以预算控制为中心，通过会计内部控制，保证企业经营管理合法合规、资产安全、财务报告及相关信息真实完整，提高经营效率和效果，促进企业实现发展目标。

（7）持续性，随着企业持续经营会计行为是有序地持续进行。企业生产经营活动的连续性和资金运动的循环与周转是有序的重复。生产经营活动的供应、生产和销售的三个有序过程，使资金运动相应表现为有序循环的三个阶段；货币资金用以采购材料，采购的材料要投入生产，生产中要支付工资和开支其他费用，生产的成果要销售，销售收入要进行分配，如此依序持续地重复，相应促进企业持续发展。

（8）社会性，会计行为体现了一定的社会关系。如企业与国家财政、税务、银行、审计和主管部门之间的关系；企业与企业、事业单位之间的关系；企业与社会个人（如顾客、个体工商业者、投资者）之间的关系；企业内部各方面之间，企业同职工之间的关系。这些相互之间的关系，是以资金、信息的流动相关联，并受国家有关法规和一定的物质利益所制约。合理的会计行为，就意味着正确地处理国家、企业与个人之间的经济利益关系。

第二节 会计行为要素与会计行为影响因素

一、会计行为要素

(一) 会计行为一般构成要素

会计行为是一个运行的系统，会计行为系统是由若干要素相互联系、相互作用而形成的有机整体。会计行为由哪些要素构成还有多种观点：第一种观点，"会计行为是由主体、客体、目标和手段等要素构成。"第二种观点，"会计行为是由会计行为导向，会计行为主体和会计行为客体，会计行为目标等要素构成。"第三种观点，"会计行为是由会计主体、会计手段和会计客体等要素所构成。"比较上述观点，第一种观点会计行为要素中的目标要素，实际上应寓于会计主体之中，会计行为是会计主体的有目的（目标）的活动，会计主体的行为是有明确的目标，因而目标不是会计行为的单独的要素。第二种观点会计行为要素中的会计行为导向、会计行为目标要素，实际上也是寓于会计主体之中，会计行为的会计主体是在一定导向下确定会计行为目标进行的活动，因而会计行为导向和会计行为目标也不是会计行为构成的单独要素。笔者同意第三种观点，会计行为是由会计主体、会计手段和会计客体三要素所构成。

会计行为具有要素的系统性、主体的能动性、客体的复杂性和手段的技术性等特征，不同构成要素对会计产生不同的影响。应规范会计行为，提高会计行为的质量，以便更好地实现会计行为的目标。

(二) 会计行为主体

会计行为主体是对会计客体有认识和实践能力的会计人员和会计机构。会计行为主体是一个体系，它包括会计人员和会计机构，会计机构是会计人员的集合体，是会计人员从事工作的场所，会计机构是会计人员的群体。会计人员主体，也是一个体系，从职务上分，有高级会计人员、中级会计人员和初级会计人员；从行政关系分有领导人员、主管会计人员和一般会计人员。

需要指出，会计行为主体不同于在会计核算基本前提（或会计假设）中所规定的"会计主体"，这是两个不同的概念，会计主体是会计行为主体处理会计事项的特定单位，是会计工作的空间范围即会计单位。

会计行为主体具有以下特征：

（1）前提性，已有会计行为主体是成立经济组织的前提条件。只有会计行为存在，才能组织和处理会计事项并发生会计行为；发生了会计行为，就必然存在会计行为主体。

（2）导向性，指导会计行为的思想。会计行为主体的指导思想应是正确的世界观、价值观和人生观，以此形成的会计精神和会计事业心，为实现会计理想而刻苦努力。

（3）目标性，以经济效益为目标。会计行为主体以提高经济效益为目标，在处理经济业务和办理有关事务过程中，直接和间接地促进企业提高经济效益。

（4）能动性，自觉、主动地实施的会计行为。会计行为主体在正确的思想指导下，按照会计目标的要求，发挥会计精神，自觉、主动、积极、创造性地做好会计工作。

（5）职能性，发挥应有的职能作用。会计行为主体根据会计工作的性质和有关规定，对会计事项的处理具有会计核算和会计管理职能，据此发挥会计应有的作用。

（6）双重性，既要维护国家利益又要维护本单位利益。在我国社会主义市场经济条件下，会计行为主体既要代表国家又要代表本单位依法实施会计行为维护其利益。

（7）责任性，对会计行为后果负有责任。会计行为主体在实施会计行为过程中，对生产经营活动过程中会计事项的处理和会计目标的完成按规定负有相应的责任。

（三）会计手段

会计行为手段是会计行为主体为实现会计目标而使用的方法、工具和信息。会计行为主体进行会计实践活动，必须要利用会计手段，它包括会计方法、计算工具和会计信息。

（1）会计方法。会计人员为完成会计任务所采取的技术、措施和途径。它包括会计核算方法和会计管理方法。会计方法要现代化，以适应完成会计工作任务的需要。采用现代的会计方法，对于保证会计系统的运

177

行，充分发挥会计系统的整体功能起着重要的作用。

（2）计算工具。会计人员在会计工作中进行计算时所使用的器具。它包括手工计算工具（如算盘、计算尺等）与电子计算工具（如电子计算机等）。采用电子计算工具以适应对会计数据处理及时、正确、系统的要求。

（3）会计信息。反映资金运动的特征及其运动状态的经济信息。它表现为以会计的凭证、账簿、报表、报告、文件和磁带、胶片等为载体的各种会计的数据（数字、字母、符号、字、图表等所组成的序列）和资料。会计人员要输入、处理、传递、存贮、输出会计信息，以满足各方面对会计信息的需要。会计信息有资金信息、成本信息、利润信息和其他信息。

（四）会计行为客体

会计行为客体是会计行为主体实施会计行为的对象。它是指会计实践活动的对象。会计行为客体和会计对象是一致的，都是经济活动中的资金运动。资金运动表现为取得资金（筹集资金）和使用资金（投放资金），即资金来源和资金使用；资金运动的表现形式，是资产、费用、收入、负债和权益等，即会计对象的要素。会计行为客体是会计行为主体进行会计核算和会计管理所体现的生产经营活动的客观内容。

会计行为客体具有以下特征：

（1）客观性，不依赖于会计行为主体而客观存在。在经济活动中发生的各种经济事项，通过原始凭证反映其客观存在，会计行为主体要如实地反映客观存在的经济事实。

（2）价值性，以货币形式反映会计行为客体。会计行为客体是以货币为主要计量单位进行价值计量的价值运动，即资金运动，用各种价值指标分别反映经济活动及其成果。

（3）实体性，以各种现实载体反映会计行为客体。它体现为企业的各种资产，如货币资金、应收款项、存货、固定资产、在建工程和无形资产等。

（4）计量性，以货币形式计量反映会计行为客体。对会计行为客体的资金运动所体现的生产经营活动过程中的耗费与成果，需要以货币为计量单位进行计量。

（5）时间性，是一定时期的会计行为客体。它是一定时期（会计年度、季度、月度）已经发生或正在发生的经济活动，或预测未来一定时期将要发生的经济活动。

（6）空间性，是一定范围的会计行为客体。它取决于会计主体的范围，如企业、事业单位、集团、地区、部门、国家等不同的会计行为范围。

（7）动态性，随着时间的推移而发生变化。会计行为客体不是固定不变的，它随着经济发展、科技进步而发生变化，如在规模、结构、速度、特色和质量等方面发生变化。

（8）规范性，采用一定标准制约会计行为客体。在经济活动中，依据国家的会计法规、会计职业道德和企业内部制度，以及相关的规定规范会计行为客体。

二、会计行为影响因素

（一）影响会计行为的外部因素

影响会计行为的外部因素是会计行为外部环境。会计行为环境是会计行为所处周围的情况和条件。它影响会计行为的变化、发展与存在。影响会计行为的外部环境因素主要有：

政治环境。中国实行社会主义制度。中国的国体是工人阶级领导的，以工农联盟为基础的人民民主专政的社会主义国家，政体是人民代表大会制。坚持以马克思列宁主义、毛泽东思想、邓小平理论和"三个代表"重要思想为指导思想；坚持马克思主义的思想路线；坚持社会主义初级阶段的基本路线。一定的政治环境形成相应的会计模式，从而直接和间接地影响会计行为。

经济环境。中国建立以公有制为主体、多种所有制经济共同发展的社会主义初级阶段的基本经济制度。实行按劳分配为主体、多种分配方式并存的分配制度，把按劳分配与按生产要素分配结合起来。建立社会主义市场经济体制。社会主义的根本任务是发展生产力，把集中力量发展社会生产力摆在首要地位。建立和完善适应生产力发展要求的经济制度和经济体制。中国在建立社会主义市场经济体制条件下，国民经济发展迅速，国民经济的市场化、社会化程度明显提高。对外开放总体格局基本形成，封闭半封闭状态已经根本改变。中国的经济发展已与世界经济的发展有着密切的联系。世界经济的发展，有其显著的特点：世界经济全球化；发展高科技和资本、技术密集型产业；区域性经济将继续发展。20世纪70年代以来，一种新型的经济即主要取决于智力资源的知识经济也在逐渐发展。在建立社会主义市场经济体制条件下，企业要建立现代企业制度和产权制度，转换经营机制，这使企业真正成为依法自主经营、自负盈亏、自我发展、自我约束的商品生产和经营单位。这对企业有决定性影响，使企业重视提高经济效益，重视贯彻按劳分配原则，调动职工积极性，千方百计地挖掘内部潜力，加强资金管理，降低成本，增加生产，提高产品质量，扩大销售，增加利润。经济越发展会计越重要，对会计的要求也越高。市场经济体制决定会计管理体制和会计模式，相应对会计行为也提出更高的要求，要求按照市场经济会计模式处理会计事项，为政府、投资者及债权人提供高质量的会计信息，正确处理国家、企业与职工三者的经济利益关系，正确处理宏观经济效益与微观经济效益的关系。

文化环境。文化环境包括精神文化和精神文明建设。繁荣社会主义文化，遵循社会主义精神文明建设的特点和规律，不断满足人民群众日益增长的精神文化需求，提高全民族的科学文化素质，培育有理想、有道德、有文化、有纪律的社会主义公民，促进人的全面发展。建设和谐文化，巩固社会和谐的思想道德基础。必须坚持马克思主义在意识形态领域的指导地位，牢牢把握社会主义先进文化的前进方向，弘扬民族优秀文化传统，借鉴人类有益的文明成果，倡导和谐理念，培育和谐精神，进一步形成全社会共同的理想信念和道德规范。社会主义核心价值体系是建设和谐文化的根本。树立社会主义荣辱观，培育文明道德风尚。坚持正确导向，营造积极健康的思想舆论氛围。广泛开展和谐创建活动，形成人人促进和谐的局面。大力发展先进文化，支持健康有益文化，努力改造落后文化，坚决抵制腐朽文化，促进全社会形成积极向上的共同精神追求。文化环境对会计行为有重大影响，它要求会计行为主体按照精神文明建设的要求，坚持马克思主义在意识形态领域的指导地位，牢牢把握社会主义先进文化的前进方向，发扬会计精神和和谐会计思想，实施会计行为。

社会环境。社会环境是人类所处的社会生活领域。在构建和谐社会主义的条件下，需要建造和谐的社会环境。它包括：健全社会组织，增强服务社会功能；发展和规范律师、公证、会计、资产评估等机构，鼓励社会力量在教育、科技、文化、卫生、体育、社会福利等领域兴办民办非企业单位；发挥行业协会、学会、商会等社会团体的社会功能，为经济社会发展服务；发展和规范各类基金会，促进公益事业发展；各类社会组织要加强自身建设，提高自律性和诚信度，协调政府、市场、社会和个人之间的关系，达到社会团结或社会整合的目标；建立和健全社会保险体系、社会保障体系和社会救助体系等，大力发展教育事业，大力发展医疗卫生事业，大力发展社会保障事业，积极扩大就业，协调社会成员的利益关系，为人民群众提供可靠的安全；建立和健全公共安全预测与防护体系、社会危机处理体系、环境保护体系以及突发事件应急处理机制，以达到社会风险危害最小化、增强社会安全与稳定的目标；大力发展环境保护事业，促进人与自然的和谐；加强社会管理，加强社会制度、体制和机制建设；政府和社会组织为促进社会系统协调运转，对社会系统组成部分、社会生活的不同领域以及社会发展的各个环节进行组织、协调、服务、监督和控制的过程；建立健全党委领导、政府负责、社会协同、公众参与的社会管理模式。社会环境对会计行为的影响是多方面的，扩大了会计面向社会的活动范围，强化了与社会各方面的联系和为社会服务的功能，增加了社会责任，重视正确处理单位利益与社会利益的关系。

法制环境。依法治国是宪法规定的治国方略。《宪法》第五条规定："中华人民共和国实行依法治国，建设社会主义法治国家。"市场经济是法制经济，现代企业要依法经营，依法进行管理。要建立比较完善的社会主义市场经济体制，需要加强经济立法，建立和完善适应社会主义市场经济体制的，包括法律、行政法规、地方行政法规和规章的法律体系。法制环境决定了会计法制建设。会计要建立与社会主义市场经济法规体系相适应的会计法规体系，它包括会计的法律、行政法规、地方行政法规和规章，以及相关的其他各种法规。依法治国要求依法治理会计工作，会计行为主体要按照会计法规体系和相关法规的规定实施会计行为，做到有法必依，执法必严，违法必究。

科技环境。科学技术是第一生产力。第二次世界大战以来，科学技术发展的速度和规模，发挥的作用和影响在人类的历史上是空前的。当代科学技术发展的趋势是：发展速度快，发展速度呈现指数增长的趋势，相应新学科不断涌现；发展综合化，科学技术的发展使现代技术完全建立在科学理论基础之上，而现代科学也装备了现代技术设备，科学与技术的关系密不可分，使之科学技术化和技术科学化；科学技术与社会科学结合，解决当代人类面临的高度综合性的问题。科学技术的进步，在会计工作中大力采用现代电子技术和现代通讯技术，逐步实施会计信息化，相应扩大会计工作范围，改进会计方法和会计工作手段，提高会计工作效率，强化会计核算和管理职能，使会计行为发生了显著的变化。

会计外部的各种环境是通过国家行政、市场经济和法律制度，直接和间接地影响企业行为，并同时直接和间接地影响会计行为的规范化、法制化和信息化，制约着会计行为的目标、手段、过程和结果。

（二）影响会计行为的内部因素

影响会计行为的内部因素主要是会计所处的内部条件，这主要是内部管理条件和会计人员条件。

管理条件。第二次世界大战以后，特别是 20 世纪 50 年代后期，经济管理已从科学管理到现代管理。现代管理的特点是：①面向市场的管理，是开放型的、质量效益型的、以价值形态管理为中心的、提高市场竞争力的管理。②从系统出发，注重战略发展的研究，实行战略管理，强调社会整体经济效益，实行全过程的系统管理。③从社会化大生产出发，实行生产专业化和经营多样化，一业为主多种经营的管理。④国家加强宏观调控，国家政府的经济管理部门要制定和执行宏观调控政策，制定各种中长期经济规划、经济政策和产业政策，发挥行政指导作用，对企业进行正确地引导。⑤企业加强内部管理，建立满足单位内部经营机制要求的单位内部管理。⑥从"以人为本"出发，实行以人为中心的管理，高层管理为主的管理，重视行为科学的运用，培育企业精神，采用分权管理体制。⑦广泛运用电子计算机等现代科学技术手段，重视信息的管理。会计所处的管理条件直接影响会计行为，使其要依据会计法规和相关法规，以及企业制定的内部财务会计制度，按照经营机制（运行机制、责任机制、协同机制、信息机制、分配机制和激励机制）的要求，采用集中与分权管理相结合，系统与要素管理相结合，重点（中心）与一般管理相结合，会计人员与计算机管理相结合，定期与日常管理相结合等管理形式，对生产经营过程实施会计行为。

会计人员条件。会计人员条件指会计人员的素质和工作状况。会计人员的素质包括思想（世界观、价值观、人生观）、专业（基本理论、基本技能、工作态度）、科技和文化（如精神面貌、职业道德水平）等方面的素质。会计人员的工作状况如会计人员的地位、岗位责任、技术条件、工作能力、发挥的作用、与各方面的关系、领导的信任、经历和薪酬等。会计人员条件直接影响会计行为。

第三节 会计行为的目标

一、会计行为目标的确定

　　会计行为目标即会计工作目标，是会计工作在一定时期应完成的任务和达到的要求。其特点是导向性、综合性、层次性、时期性、预期性、指标性和管理性。依据国家经济发展目标、企业经济发展目标、经济发展的客观规律和会计部门的条件，确定会计工作的目标。会计工作的目标是提高经济效益。因为企业是以提高经济效益为中心，把提高经济效益作为企业的目标。作为企业一个职能部门的财务会计部门，同样也要以提高经济效益为中心，把提高经济效益作为会计工作的目标。

　　有人认为，会计的目标是提供会计信息。这主要是由于对会计本质的认识不同所产生。认为会计本质是管理活动，就认为会计目标是提高经济效益；认为会计本质是会计信息系统，就认为会计目标是提供会计信息，并认为在 1992 年 11 月 30 日财政部发布的《企业会计准则》第二章一般原则中已有规定："第十一条　会计信息应当符合国家宏观经济管理的需要，满足有关各方了解企业财务状况和经营成果的需要，满足企业加强内部经营管理的需要。"如果把会计工作目标确定为只是提供会计信息，其结果必然是企业的全部会计工作，只是为了编制会计报表（以便提供会计信息），即只是记账、算账和报账（报送会计报表）。这样，会计工作还是典型的核算型会计模式，会计工作的职能也只有核算职能，会计改革所强调的从核算型转变为管理型是否还是客观的需要。有人会指出，会计目标是提供会计信息所指的会计工作就是会计核算工作。应该指出，《中华人民共和国会计法》中所指的会计工作绝不只是会计核算工作，会计不等于会计核算；从中国千万家企业来看，实际的会计工作（或叫财会工作、财务工作），就是那个会计机构（或叫财会机构、财务机构）、那些会计人员在进行的会计工作，也绝不是都只是为了编制会计报表以便提供会计信息而日复一日地辛劳工作。会计目标不只是为了提供会计信息，还有更多的其他工作要做，是为了企业提高经济效益而做好会计工作。在 2006 年财政部发布经过修改的《企业会计准则——基本准则》，第四条明确规定："财务会计报告的目标是向财务会计报告使用者提供与企业财务状况、经营成果和现金流量等有关的会计信息，反映企业管理层受托责任履行情况，有助于财务会计报告使用者作出经济决策。"① 显然，提供会计信息只是财务会计报告的目标，而不是会计工作的目标。会计目标是依据会计法规，对经济活动进行核算和监督，提供会计信息，促进增产节约、增收节支，以便提高经济效益。这是会计行为的基本目标，会计行为基本目标是通过会计的核算和管理工作，完成各项具体工作目标来实现的。

二、会计行为的具体目标

会计行为具体目标是为完成会计基本目标，根据会计核算与管理的要求，在一定时期在不同方面应完成的具体的任务和达到的要求。会计具体目标包括：

（1）提供会计信息。按照会计核算的要求，建立输入、加工处理、传递、贮存和输出会计信息的制度；编制和审核原始凭证和记账凭证；登记和审核日记账、明细账和总账，编制会计报表；加强调查研究，整理国内和国际市场有关经济效益的资料，以便及时、正确、系统地为国家宏观经济管理、社会有关各方和企业加强内部经营管理提供会计信息。

（2）作好会计决策。既要参与企业有关经济效益的战略决策，出主意，当参谋，确定一定时期经济效益的目标，寻求提高经济效益的途径，采取必要的重大措施；又要做好本部门的管理决策，多谋善断，为提高经济效益制定相应的办法。

（3）实行预算（计划）管理。要建立和健全基础工作；及时、正确地编制财务预算（计划），按权责利相结合的原则，将预算（计划）指标层层落实到有关部门；组织群众实施预算（计划），发现问题，及时解决；定期检查预算（计划）执行情况，考核经济效益，分析预算（计划）完成情况的原因。

（4）严格会计控制。要制定控制标准，如制定各项定额和预算（计划），建立各种制度；做好事前和防护性的控制，防患于未然；做好日常控制，按控制标准保证生产经营活动需要，控制燃料、原材料消耗和费用

---

① 中华人民共和国财政部制定. 企业会计准则2006［M］. 北京：经济科学出版社，2006：1.

开支，厉行节约，反对浪费，降低成本。

（5）开展会计检查。建立会计检查制度，检查会计凭证反映经济活动的真实性、合法性、合理性和编制凭证手续的完整性；检查账簿登记的正确性、及时性、系统性、完整性和反映经济活动的真实性、合法性和合理性；检查会计报表的真实性、及时性、正确性和完整性；清查财产的真实性和合法性；定期或不定期、全面或部分地进行会计检查，做到账证、账账、账表和账实相符。

（6）进行会计分析。对经济活动要进行定期或不定期的、全面或专题的分析，以及日常分析和事后分析，专业分析和群众分析，揭示经济活动变化的趋势、经济效益大小的原因，提出措施，以便进一步提高经济效益。

第四节　会计行为的分类

企业会计行为的具体内容，是由会计人员处理的生产经营过程发生的各种经济业务。按其性质，有资产业务、负债业务、所有者权益业务、收入业务和费用成本业务等；按发生阶段，有供应过程经济业务、生产过程经济业务和销售过程经济业务等。按会计人员职责，有会计核算业务、会计监督业务、办理会计事务、进行财务管理等。凡由会计人员处理的经济业务，都属于会计行为的内容。会计人员处理经济业务是一个过程，会计行为也是一个过程，会计人员在受理经济业务、处理经济业务和事后检查经济业务时，都要注意行为规范。会计行为反映的内容是很复杂的。为了正确处理会计行为需要对其进行分类：

一、按会计行为范围分类

会计行为按其范围分为宏观会计行为和微观会计行为。

宏观会计行为是指会计人员办理与宏观经济相关会计事项的行为。宏观经济是整个国民经济总体及其经济活动和运行状态，如总供给与总需求，国民经济的总值及其增长速度，物价的总水平、劳动就业的总水平与失业率，货币发行的总规模与增长速度，进出口贸易的总规模及其变动等。会计人员及相关人员在制定和实施有关涉及整个国民经济各方面的财务会计方面的政策和法规的行为即为宏观会计行为。如制定和实施《中华人民共和国会计法》和《中华人民共和国注册会计师法》的活动，制定和实施《总会计师条例》和《企业财务会计报告条例》的活动，制定和实施《企业会计准则》的基本准则和具体准则的活动。

微观会计行为是指会计人员办理与微观经济相关会计事项的行为。微观经济是单个经济单位的经济活动。它包括企业为单位、家庭和个人进行的生产、分配、交换、消费活动。微观经济的运行是在执行国家的政策和法规的前提下，以价格和市场信号为诱导，通过市场竞争而自行调整与平衡微观经济主要企业及其生产经营活动。企业组织正常的生产经营活动，需要筹集资金，由投资者投入资金和向债权人借入资金；企业有了资金，为了生产，用于采购材料或商品，购建固定资产，支付职工劳动报酬，开支其他费用等；企业生产的产品通过销售收回货币资金，企业获得利润或亏损。会计人员办理企业筹集资金、使用资金和收回资金的会计事项就是微观会计行为。

二、按会计行为与单位的关系分类

会计行为按与单位的关系分为单位内部会计行为和单位外部会计行为。在企业和事业单位随着经济活动的运行，要发生单位与外部和单位内部的会计事项，它是浑然一体的过程。如在企业，随着生产经营过程而发生各种会计行为，它包括：①财务会计部门与其他部门发生的会计事项，如在供应过程，发生的采购材料或商品、运输费用、货币资金的变动和应付款项等会计事项；在生产过程，投入生产的材料和其他费用的会计事项；在销售过程，产品或商品的销售、提供劳务发生的销售费用和其他费用等会计事项。②财务会计部门与员工发生的会计事项，如支付员工的工资和资金，员工报销费用等会计事项。以上企业会计事项按与单位的关系分为单位内部会计行为和单位外部会计行为。

单位内部会计行为是指会计人员处理单位内部发生的会计事项的行为。它包括在生产经营过程中财务会计部门与员工发生的支付员工的工资和资金，员工报销费用等会计事项。

单位外部会计行为是指会计人员处理单位与外部发生的会计事项的行为。它包括在生产经营过程中财务会计部门通过各职能部门发生的与外部的会计事项。例如：与企业、事业单位、个体工商户的商品买卖、劳务供应、技术转让等的交易事项，与金融部门的信贷和结算的金融事项，与财政部门的缴款和拨款的缴拨事项，与税务部门相关的缴纳各种税金的纳税事项，与保险部门的保险事项，与社会审计部门的审计事项，与工商管理部门的企业登记和商品广告的事项，与业务主管部门的资金缴拨事项等。这些会计事项就是单位外部会计行为。

三、按会计行为主体分类

会计行为按行为主体分为个体会计行为和群体会计行为。

会计个体行为，是会计人员在一定的思想、规范和意志的指导下按岗位职责处理会计事项的行为。个体会计行为按岗位职责不同又分主管会计人员行为、会计主管人员行为和一般会计人员行为。①主管会计人员行为，是协助单位行政领导人组织领导本单位的经济核算和财务会计工作的专门人员的会计行为。在我国，主管会计人员是在规定的单位设置的总会计师。总会计师是单位行政群体的成员之一，其职责一是由总会计师负责组织的财务会计工作，二是由总会计师协助单位领导人的决策工作和参与本单位的有关工作。②会计主管人员行为，是负责组织管理会计事务、行使会计核算与监督职权负责人的行为。会计主管人员的主要职责是：制定企业财务制度，认真研究税法，组织编制单位的筹资计划和使用计划，组织分析参与经营决策，参与审查、稽核，提出财务报告，汇报财务工作等。③一般会计人员行为，是履行岗位职责人的行为。如出纳、存货、固定资产、资金、成本、往来、稽核、综合等岗位会计人员的行为。

会计群体行为，是指为了实现一定事项的会计目标，有共同的行为规范，在组织内部由两人或两人以上的相互依存、相互作用、相互影响的会计人员组成的集合体的行为。会计群体是有共同目标、共同行为规范的由相互依存的若干人组成的群体。在一定组织内的群体有大群体和小群体。会计群体行为如企业的财务会计处、科、室、组以整体的名义办理会计事项的行为。如企业内各职能部门之间的协作事项。

四、按会计行为的内容分类

会计行为按行为内容分为会计核算行为和会计管理行为。

会计核算行为，是会计人员对企业、事业等单位实际发生的经济业务，以货币为主要计量单位，通过专门的核算方法，进行会计的确认、计量、记录和报告的行为。会计核算的特点是：以资金运动为对象，以货币为主要计量单位，以会计凭证为核算依据，采用复式记账。会计核算的内容是经济活动，如企业的生产经营过程及其成果，表现为企业的资金运动——筹集资金、使用资金和收回资金，具体的内容是企业的资产、负债、所有者权益、收入、费用和利润等会计事项。

会计管理行为，是企业事业等单位的会计部门或会计人员按照一定目标，对资金运动（或经济活动）进行预测、决策、预算（计划）、控制、检查、考核和分析，对资金运动相关方面进行管理的行为。会计管理的对象是资金运动，其具体内容：①资金的筹集，从不同渠道取得资金，表现为所有者的权益和负债；②资金的使用，取得的资金用于不同方面，形成各类资产；③资金的耗费，在生产经营过程中耗费资金，表现为费用和成本；④资金的收回，通过销售而收回货币资金，形成企业的收入；⑤资金的分配，收回的资金要补偿成本，形成的利润要在国家、企业、个人三者之间进行分配。会计管理的原则包括：①制定财务目标，编制财务预算（计划），并实行财务目标（利润目标、成本目标和资金目标）管理；②对生产经营活动的全过程进行管理；③利用会计信息的反馈，对经济活动进行控制；④将经济责任落实到责任单位，实行岗位责任制；⑤严格执行国家法规和企业制度；⑥正确处理国家、企业和职工三者经济利益关系，维护所有者权益，保护企业的财产。会计管理是一个过程，按其管理环节，基本上可分为：事前管理的会计预测、会计决策和财务预算（计划）阶段；事中管理的会计控制阶段；事后管理的会计检查、会计考核和会计分析阶段。企业管理循环是伴随资金循环而进行的，加强会计管理，以加速资金周转，提高资金的使用效益。

五、按会计行为发生时间

会计行为按行为发生时间分为经常性会计行为和定期性会计行为。

经常性会计行为，是会计人员处理的由于生产经营活动的需要而日常发生的会计事项的行为。企业是持续经营的，为保持生产经营活动的正常进行，每日都要发生各种经济业务需要由会计机构和会计人员进行会计处理。经常性经济业务是在一定期间如每个月度内，为维持正常生产经营活动而每日或数日要发生的经济业务，从业务性质而言如采购业务、生产耗费业务和销售业务等，从结算形式而言如货币资金业务、往来结算业务和转账业务等。

定期性会计行为，是由于有关政策、结算制度和会计核算制度的规定，而定期发生的会计事项的行为。企业发生的定期会计事项，是定期确定分月度、季度、半制度、年度一次或数次发生的由会计处理的经济业务。定期的期限和经济业务定期发生的次数，依据有关政策、制度的规定确定。定期发生的经济业务，如企业定期的归还银行贷款，某些税费，计提费用（固定资产折旧、无形资产摊销等），预提费用，待摊费用，固定资产清理，应付职工薪酬（工资、职工福利、社会保险费、住房公积金、工会经费、职工教育经费等），应收股利，应付股利，准备金，坏账准备，跌价准备，减值准备，产品成本计算，工程成本计算，利润或亏损计算，利润分配等。会计人员应重视对定期经济业务的处理，到期需要逐项核对是否将到期的经济业务处理完毕，以保证会计核算的全面与正确。

六、按会计行为影响时间分类

会计行为按行为影响时间分为短期会计行为和长期会计行为。

企业短期行为，是企业管理者为了达到短期目标而不顾长期目标所采取的只影响近期即当年经济利益的行为。企业短期行为表现在各个方面，如资金筹集短期化，如采取措施应对银行贷款，专项资金挪作他用；投资行为短期化，如只投入易于回收的项目，随意改变投资项目，热衷于形象工程建设；技术开发短期化，如只生产老产品不开发新产品；生产行为短期化，如拼设备生产产品，不注意提高产品质量；资源利用短期化，如不能合理地利用不可再生资源和难以再生的资源；销售行为短期化，如销售或掺售假冒伪劣产品，忽视企业信誉；分配行为短期化，如加大员工消费基金，或增加企业积累基金；环境保护短期化，如对外界任意排放"三废一噪"（废液、废气、废渣、噪音）；人才培养使用短期化，如重使用轻培养等。企业短期行为的原因主要有：为了追求企业价值最大化或财富最大化、利润最大化、股东财富最大化，为了完成任期责任目标，为了显示成就以便骗取荣誉和升官发财，为了企业包装上市（上市公司），为了掩盖违法乱纪现象和犯罪行为等。此外，也存在因依据错误的信息和对客观

189

认识的不正确，而使决策失误从而造成的损失。企业应采取各种措施制止短期行为。同时，也需要指出，企业在特殊条件下，为了实现长期目标，采取相应的临时措施而形成的短期行为是必要的。

长期会计行为，是当期发生而影响企业今后长期发展的行为。长期行为是有利于企业长期发展、不断提高与社会效益、生态效益相结合的经济效益，不断提高企业员工物质文化水平，长期培养各种人才的活动。企业长期会计行为如会计人员处理的企业对外长期投资，固定资产更新改造，作为养老保障体系的企业年金，给予经营者的奖励期股、期权，自主知识产权工程，企业文化建设，人才培养，以及为实现长期目标的按年度计划组织实施的生产经营活动等。企业长期会计行为要基于企业制定的长期发展战略，如企业 20 年发展战略或发展规划，在此基础上分解为几个 5 年发展规划，并依据近期的 5 年发展计划制定分年度的企业发展计划。因此，企业为完成 5 年发展计划目标，按年度计划组织实施的生产经营活动是一种长期行为。只有实现了年度企业发展计划才能实现企业长期发展目标。因此，企业应重视制定长期发展战略及其实施策略，以决定企业的长期行为即企业正常的生产经营活动。

七、按会计行为遵守法规情况分类

会计行为按行为主体遵守法规情况分为合法会计行为和违法会计行为。

合法会计行为，是会计人员处理会计事项符合有关法规的行为。会计人员所依据的会计法规，包括：会计法律，由全国人民代表大会和全国人民代表大会常务委员会制定的规范性文件，如《中华人民共和国会计法》《中华人民共和国注册会计师法》；会计行政法规，由国务院根据宪法和法律制定的规范性文件，如国务院发布的《总会计师条例》《企业财务会计报告条例》；地方会计法规，由省、自治区、直辖市和较大的市的人民代表大会及其常务委员会制定的会计地方性法规，由民族自治地方的人民代表大会制定的会计自治条例和会计单行条例；会计规章，由国务院各部、委员会、中国人民银行、审计署和具有行政管理职能的直属机构，省、自治区、直辖市和较大的市的人民政府制定的规范性文件，如财政部制定的《企业财务通则》《企业会计准则》和《企业会计制度》等；以及其他法规中有关会计的规定，如《中华人民共和国公司法》中"第八章　公司财务、会计"的规定。

违法会计行为，是会计人员处理经济业务违反有关法规的行为。对于会计机构和会计人员的违法行为有关法规都有明确的规定，如在《中华人民共和国会计法》第六章法律责任的第四十二条所规定的违法行为："（一）不依法设置会计账簿的；（二）私设会计账簿的；（三）未按照规定填制、取得原始凭证或者填制、取得的原始凭证不符合规定的；（四）以未经审核的会计凭证为依据登记会计账簿或者登记会计账簿不符合规定的；（五）随意变更会计处理方法的；（六）向不同的会计资料使用者提供的财务会计报告编制依据不一致的；（七）未按照规定使用会计记录文字或者记账本位币的；（八）未按照规定保管会计资料，致使会计资料毁损、灭失的；（九）未按照规定建立并实施单位内部会计监督制度或者拒绝依法实施的监督或者不如实提供有关会计资料及有关情况的；（十）任用会计人员不符合本法规定的。"对于违法行为，构成犯罪的，依法追究刑事责任；尚不构成犯罪的，依法给予行政处分。

第五节　会计个体行为与群体行为

会计行为主体包括会计个体行为和会计群体行为，会计个体行为与会计群体行为相互联系和相互制约，会计群体行为决定着会计个体行为的方向，会计个体行为是会计群体行为的体现。

一、会计个体行为

会计个体行为是指会计人员在一定的思想、规范和意志的指导下有目的的活动。会计个体行为的基础是个人的历史背景（性别、年龄、婚姻状况、家庭构成、教育背景、工作年限与资历）、能力（智力、躯体能力、知识、技能）、人格和学习等。

会计个体行为具有以下特征：

（1）主动性，自觉、自愿、自动地发起的行为。外部环境对行为的影响是行为发起的条件，行为人的内部动力是根本原因，在其思想支配下自行决定，按照有关规范主动、积极地实施相应的会计行为。

（2）动机性，根据需要的目标从而引发的会计个体行为的内在动力。

行为的原因表现其结果的行为。动机与需要紧密相连。需要是行为人的基本动力，动机促使需要的实现。会计行为个体以会计责任和经济利益的动机为完成会计目标而实施会计行为。

（3）目标性，以岗位责任为目标。会计以提高经济效益为目标，从而决定会计个体行为的岗位责任目标，是在本岗位上处理经济业务和办理有关事务过程中，完成岗位责任目标或责任要求，直接和间接地促进企业提高经济效益。

（4）相关性，与外部环境和内部条件相关联。会计个体的行为不是独立的，而是与各方面相关联，在外部经济、政治、文化和社会环境一定的影响下，主要受单位内部各职能部门和会计工作内部各岗位职责相牵制，相应要正确处理各方面的关系以实施会计行为。

（5）复杂性，影响因素是多方面的。一定条件下的会计个体行为及其结果要受多方面复杂的因素影响，有主观因素和客观因素，有积极因素和消极因素，有主要因素和次要因素，有历史因素和现实因素，有管理因素和政策因素，有必然因素和偶然因素等。

（6）连续性，持久不断的行为。企业在正常持续生产经营条件下，相应决定会计工作要为其创造持续生产经营的条件，会计对生产经营活动中的各项会计事项，按照会计目标进行的会计核算与会计管理，需要连续进行。

（7）偶发性，突发的行为。由于外部经济、政治、文化和社会等环境存在不稳定和突发因素的影响，内部经济、技术、资金、产品、销售、质量、安全和管理等条件存在与会计相关联的不稳定和突发事项，致使形成偶发的会计行为。

（8）动态性，随着时间的推移而发生变化。一定条件下的会计个体行为，随着经济发展、科技进步和现代管理化而发生变化，致使在会计个体行为的性质、作用、责任、规范、时间、范围、模式、手段、方式、措施、途径、核算和管理等方面发生变化。

（9）适应性，能与客观发展变化的环境相适应。会计个体行为具有适应环境的能力，能由一种稳定状态通过不稳定状态而达到新的稳定状态的能力。当外部环境发生变化时，也能采取相应措施进行自我调节机制，使其适应变化了的外部环境。

二、会计群体行为

（一）会计群体行为的概念

会计群体行为是指为了实现一定事项的会计目标，有共同的行为规范，在组织内部由两人或两人以上的相互依存、相互作用、相互影响的会计人员组成的集合体的会计活动。它包含：①群体有共同的目标，各成员是为了实现一定事项的目标而聚集在一起。共同目标是形成群体的基础。如需要由两人或更多人共同完成的一项实际工作、一项调查任务、一个科研课题、一本教材而形成的群体（小组或团队）。②群体有共同的行为规范。为了完成或实现群体的共同目标，需要制定共同遵守的行为规范。群体的行为除了遵纪守法外，还必须遵守具有特殊性的群体行为规范。如根据某项科研项目制定的反映课题研究的指导思想、研究原则、政策安排、调查或实验内容、研究方法、研究措施、研究检验、研究报告和组织实施等的《研究大纲》。③群体成员相互依存。群体的事项是通过群体成员的分工共同完成的，根据群体事项的目标（任务）、性质和内容，按照群体成员的情况进行分工负责完成，各项分工的内容和任务相互联系、相互制约而促成群体成员之间相互依存，荣誉共享、风险共担，使群体团结一致，共同努力完成任务。需要指出，会计群体是在一定组织内部的会计群体，这里所说的组织，是指具有明确的共同目标，正式职务和职位的结构，权责利相结合的关系，拥有一定设施的一群人形成的实体。如企业、公司、集团、商行、事业单位、学校、研究机构、慈善机构、代理商、社团等。每个组织中都包括群体。

有人提出会计集体行为，指出："会计集体行为的概念和功能根据组织行为学关于集体的一般概念，可把会计集体定义为：会计集体是由两个或两个以上的会计人员，为了实现共同的会计目标而组成的工作团体。"[①] 这是否与会计群体行为有区别。从其会计集体定义分析，与会计群体的含义基本上是相同的，可以说，所言会计集体实际上就是指会计群体。同时，从会计集体的集体概念分析，集体概念是相对于个人概念而言，一般来说，集体概念的抽象相当于整体概念的抽象，集体包容的范围即整体包

---

① 张兆国、李乐才. 略论会计集体行为［J］. 财会月刊，1996，11.

容的范围，如体现整体的某一企业、公司、集团、学校、研究机构等。可见，集体是指某种组织（某一企业、公司、集团、学校、研究机构）的整体，不同于群体，因而，如称呼会计集体行为可能会引起歧义，一般还是称呼会计群体行为较好。

（二）会计群体行为的特征

会计群体行为体现在会计群体特征之中，其特征如下：

（1）一定数量的成员。群体成员由两人或两人以上组成。一般根据群体的任务确定成员的人数，任务简单或单一，至少两人，多则数人；任务较重或复杂，成员较多。群体的成员要与群体任务相适应的具有一定素质的人才，以保证群体任务的完成。会计群体行为是一定数量成员的行为。

（2）共同承担的目标。对特定的目标有共同的认识，并负有共同的责任，成为建立一定群体的基础。群体目标是群体成员能力和智慧的象征，是组织群体活动的动力。群体成员要树立目标思想，为实现目标而努力奋斗。会计群体行为是实现群体目标的行为。

（3）明确的成员关系。在群体内部，各成员都要承担分工的任务，分别完成自己的任务，相互之间有明确的工作关系，这种工作关系又是相互之间的直接联系或间接联系，相对独立互动，体现为各成员之间的相互联系和相互制约的关系，相互协作共同实现群体目标。会计群体行为是体现群体成员关系的行为。

（4）群体的共同情感。群体成员因共同的目标相聚在一起，在群体的活动中加深了对共同目标或者说共同事业的认识，在和谐相处的环境中，增强了相互的情感，以共同思想为基础，相互帮助，相互学习，相互沟通，使群体成为积极向上、开拓创新的群体。会计群体行为是体现群体共同情感的行为。

（5）行为上的共同规范。群体按照目标组织的活动，如日常工作、专题研究、社会调查、科学实验、信息沟通、学术讨论等，除遵守相关的法规和纪律外，还要遵守群体制定的行为规范，如有关目标项目的章程、规则、办法、要求、措施等。会计群体行为是遵守共同规范的行为。

（6）时间上的一定期间。按一定目标建立的群体其活动是有一定期限的，一定目标是一定项目的目标，随着该项目目标在一定时间内的实现，该项目的群体完成任务而解散。群体活动的时间因项目任务的不同而有长期、中期和短期之分。会计群体行为是具有一定期限的行为。

（7）群体的相对独立。在一定组织内的群体，虽然是由个体所构成的，但是一个相对独立的群体。它是有机的整体，有一定数量的成员，有群体自身的组织结构，有成员的分工和职责，有群体的工作计划、任务和行为规范。相对独立的群体有利于发挥其作用。会计群体行为是具有相对独立的行为。

（三）会计群体的规模与结构

会计群体行为的各种特点与会计群体的规模与结构直接相关联。

1. 群体的规模

群体规模是群体由多少人数构成。确定群体规模要依据以下原则：

（1）能完成群体目标。群体的规模要能保证按时、保证质量地完成群体的目标。根据群体目标项目的大小、性质和内容的复杂程度、完成时间的长短、成果的不同形式、人员素质的水平和现有的条件确定群体的人数。群体规模的人数，下限是两三人，一般是五六人，上限是八九人或更多。在实际工作中，群体规模的人数需要多少，要根据目标项目的具体情况和现实条件来确定。如在学校，需要在一年内完成的专项课题，组织 5 人左右的课题组为宜；在企业，根据生产任务的大小和生产定额的规定，从实际出发，可以组织 10 人左右的班组。

（2）充分发挥个体作用。群体成员要精练、能干，用事业心、成就感，责任机制和激励机制，调动每个成员的积极性和创造性；发挥每个成员的特点和专长，鼓励刻苦钻研、相互学习，相互促进，以他人之长补己之短，共同发展，共同提高，成为学习型的群体，以便充分发挥每个成员在群体中的作用。

（3）达到和谐相处。群体成员要有共同的理想和共同的道德与价值情感，才能为了共同的目标相聚在一起。成员之间相互沟通、相互理解、相互支持，顾大局、识大体，真诚相待，荣辱与共，心情愉快，对工作满意，才能激发大家的热情，为实现群体的目标而努力奋斗。群体的规模要有利于群体成员之间的和谐相处，共同完成群体任务。

（4）提高工作效率。群体规模的大小需要在提高效率的前提下能完成群体的任务。群体规模既要有数量又要有质量，要具有较高素质的能胜任工作的成员。与群体任务不适应而成员过多，会浪费人才和压抑人才，不能调动成员的积极性和创造性。与群体任务相适应的符合要求的成员，会主动、积极地创造条件，创造性地工作，采取各种措施提高工作效率，出色地完成群体任务。

2. 群体的结构

群体结构是群体成员按不同标志的有机组合。群体按不同标志可以划分为年龄结构、性别结构、职称结构、职务结构、专业结构、文化结构、同质结构和异质结构等。群体结构对于群体的工作效率和完成任务有直接的影响，群体结构在年龄、性别、职称、职务、专业、文化和性质等方面都合理安排、搭配得当，就能使群体成员团结一致、和谐相处、提高工作效率，很好地完成群体的任务；相反，群体结构在各方面都不尽合理，成员搭配不当，会使群体成员精神涣散，不能相互沟通、和谐相处，影响工作积极性和效率。群体主要结构有：

（1）年龄结构，是群体成员按年龄标志的有机组合。一般是青年、中年和老年相结合的结构，根据群体项目任务不同，可以是以中年为主的青年、中年和老年相结合的结构，或以青年为主的青年、中年和老年相结合的结构。

（2）职称结构，是群体成员按职称标志的有机组合。成员的职称一般有初级职称（如助教）、中级职称（如讲师）和高级职称（如教授），根据群体项目任务不同有不同的结构。

（3）职务结构，是群体成员按职务标志的有机组合。成员职务一般有各种具体职能的一般职务（如会计员）、中级管理职务（如科长或处长）和高级管理职务（如总会计师），职务结构基本上反映了能力结构，根据群体项目任务不同有不同的结构。

（4）专业结构，是群体成员按专业标志的有机组合。成员的专业如会计、审计、统计、财政、金融、管理、法律等；在专业中还有不同专业方向，如会计专业方向有财务会计、国际会计、注册会计师会计、财务管理等；根据群体项目任务不同有不同的结构。

（5）文化结构，是群体成员按文体标志的有机组合。成员文化程度一般分小学、初中、高中、大学专科、大学本科、硕士研究生和博士研究生等，文化结构大体上反映了知识结构，根据群体项目任务不同有不同的结构。

（6）同质结构，是群体成员按性质相同标志的有机组合。群体成员在年龄、性别、职称、职务、专业、文化等方面比较接近而形成同质结构。这种结构适用于目标单一、内容简单或流水作业的项目。

（7）异质结构，是群体成员按性质差异标志的有机组合。群体成员在年龄、性别、职称、职务、专业、文化等方面存在较大差异而形成异质结构。这种结构适用于目标重大、内容复杂或需要开拓创新的项目，以便发挥不同方面的优势、特点和积极性，选择最优方案和措施，更好地完成群体目标。

（四）会计群体行为的分类

会计群体行为分类是通过会计群体分类来体现的。组织内的会计群体很复杂，种类很多，具有代表性的分类主要有以下几种：

1. 大群体和小群体

群体按成员人数规模划分为大群体和小群体。

（1）大群体是成员人数较多的群体。大群体是由于共同的目标而相聚在一起，以发布信息和会议的方式加强成员之间的联系，由于群体成员较多而使成员之间缺少直接联系，社会因素影响较大，大群体人员多变动也较多，影响成员之间的稳定关系。有的大群体由于人数众多，而在其下依据大群体目标的要求，又划分若干个具有实体形式的小群体，共同完成大群体的目标任务。大群体成员人数较多是相对的，如大中型的企业、研究所、实验室的群体，行业、部门、地区、民族、阶层、阶级等的群体。

（2）小群体是成员人数较少的群体。小群体成员相对稳定，人员变动较少；成员之间可以经常直接地面对面地联系和接触，心理因素影响较大，在思想上相互沟通，情感上相互融洽，对事业有共同认识，和谐相处；成员之间相互影响、相互促进、相互学习，共同提高，有利于群体目标的实现。小群体如规模较小的企业、研究所、实验室、研究组，一般机关的科室、部队的班排、学校的班级、工人的班组和课题组等。小群体人数以多少为佳，需要根据小群体的具体情况而定，可以是 5 人左右、10 人左右、15 人左右、20 人左右不等，最多 40 人左右为宜。

大群体和小群体的划分是相对的，在一定组织范围内，如一个企业，由于各职能部门工作内容和功能的差异，从群体的成员人数而言，人数较多的就成为大群体，而相对主管的企业集团的相同性质群体而言又是小群体。

2. 正式群体和非正式群体

群体按构成形式划分为正式群体和非正式群体。

（1）正式群体是由组织正式文件明文规定的结构清楚、职责分明的群体。正式群体有固定的编制、明确的职责权限、明确的职责分工和统一的规章制度。正式群体是为了完成一定任务或实现一定目标而建立的工作群体。群体有正式的共同任务或目标，成员之间有规定的权责利关系；每个成员都有明确的职责和权限，要遵守群体行为规范。正式群体一般比较稳定，成员之间团结互助，成员具有较强的团队精神。正式群体如企业中的车间、班组，学校的班级、教研室，行政组织的科室，部队的连排班等。正式群体按工作性质分，有命令型群体和任务型群体两种：①命令型群体，是由组织决定的由直接向某个主管部门或主管人员报告工作的下属群体。如企业向总会计师报告工作的财务会计部门。在一定组织中命令型群体较多。②任务型群体，是由组织决定的为完成一项工作任务而由各部门人员组成的群体。一项工作任务不仅局限于直接的职能部门的上下级关系，还可能跨越其他职能部门的相互关系。在企业，这实际上是以某职能部门人员为主，并有其他职能部门人员参加的群体。

（2）非正式群体是未经官方正式规定而自发形成的群体。非正式群体是在成员个人倡议的基础上建立的，这种群体无正式的组织结构，没有人员的规定，没有明文规定各成员的职责，无正式的规范和章程，但也有群体自己的规范和章程，自然产生的领导人物，存在一定的约束力。非正式群体一般是个体为了满足心理需要和社会交往的需要，追求人与人之间的平等，以共同利益、感情、爱好、友谊为基础，一些性格、兴趣、感情和价值观相近的个体在人际交往过程中自发形成的。如朋友群、旅游群、棋友群、球友群等。非正式群体按性质分，有利益型群体和友谊型群体。①利益型群体，是为了某个共同关心的特定目标而形成的非正式群体。如公司中某些员工为了锻炼身体而自行组织的业余长跑队。②友谊型群体，是成员具有某些共同的特点而形成的非正式群体。这种群体一般是个体之间在工作和生活的频繁交往中，由于在职业、年龄、性别、地域、思想、兴趣、爱好等方面的相同和相近而逐渐形成的非正式群体。非正式群体可能存在积极和消极两种作用，管理者应善于利用和引导，使其发挥对社会有益的作用。

3. 同质结构群体和异质结构群体

群体按人员构成性质分为同质结构群体和异质结构群体。

（1）同质结构群体是群体成员在性质上基本相同而形成的群体。群体成员在年龄、性别、职称、职务、专业、文化等方面比较接近而形成同质结构。这种结构的群体活动目标比较单一、内容比较简单，有利于提高工作效率和有效管理。

（2）异质结构群体是群体成员在性质上存有差异但为了共同目标而形成的群体。群体成员在年龄、性别、职称、职务、专业、文化等方面存在较大差异而形成异质结构。异质结构群体成员虽然各有差异但却各有所长，可以扬长避短发挥各自优势，又可以相互弥补相互促进，使群体成为具有强大活力的开拓创新的群体。这种结构的群体活动目标重大、内容复杂，对于开拓创新、转变增长方式和实施战略决策等方面具有重大作用。

4. 开放群体和封闭群体

群体按开放程度分为开放群体和封闭群体。

（1）开放群体是群体成员及其相互关系和活动是通过各种渠道与外部环境相互联系、相互作用的群体。群体的活动是在与外界发生关系的条件下，既要按照群体规范活动，又要按照群体外部要求（国家的政策、法规等）活动，以发挥其作用。开放群体要经受外部环境的影响，要重视人员的流动，新技术的应用，信息的交流，资金的筹集与投放，群体要根据自身的条件和特点，不断进行自我调整，以适应外部环境的影响，以便有效地组织群体活动。

（2）封闭群体是群体成员及其相互关系和活动是在不与外界发生作用下的群体。群体在一定空间活动时，在不考虑与外界发生关系的条件下，按照群体规范活动，以发挥其作用。封闭群体反映在一定空间循环活动，群体成员相互联系、相互制约，按照一定的程序活动并循环进行，在结构机制的作用下，对活动中出现的问题，进行自身调节、自身完善，使之结构优化，不断完成群体工作的任务。

（五）会计群体行为的功能

会计群体功能是会计群体通过有目标的活动能够发挥的作用。其功能主要是：

1. 完成组织赋予的任务

会计群体的主要功能是完成组织上分配下来的任务，以保证组织目标的实现。一定组织如企业的任务，有生产经营活动任务、开拓创新任务和体制改革任务，这些企业总的任务需要层层分解为部门目标、车间目标和小组目标，并落实到所属群体如职能部门、车间和小组及其相关的会计群体。群体成员之间为了实现共同奋斗的目标，相互沟通、相互学习、相互协作、相互促进，开拓创新，加强团结和友谊，和谐相处，使群体激发巨大的活力、动力和创新力，以便更好地完成组织的任务。

2. 满足群体成员的需要

会计群体成员有各种需要，可以通过群体得到满足。各种需要包括：

（1）安全需要。群体的每个成员是群体的一员，没有孤独感，在各方面有一定保障，有其他成员的合作与帮助，自己有能力，能克服困难，从而获得心理上的安全需要。

（2）成就需要。群体的个体成员或与其他成员合作完成了群体赋予的任务，并共同使群体的目标得以实现。群体目标的实现或任务的完成，使每个成员有成就感，从实现目标或完成任务的过程中，增长知识和才干，获得经验与教训，有利于继续工作。

（3）自信需要。群体成员需要在群体的活动中，经过努力取得的成就，确认自己有一定能力，树立信心，能从事相应的工作。自信来自能力，有能力就会增强动力，其成果表现为成就。个体在群体环境下取得的成就，增强了信心和提高了能力。

（4）自尊需要。群体成员以自己的行为、工作能力和取得的成就，得到其他成员的认可、赞赏并受到尊重。群体使成员有了自尊心，成员就会更重视自己的工作，增强主动性和积极性，在群体中发挥更大的作用。

（5）社交需要。群体成员在实践活动中，与其他成员的相互联系和相互促进，交流工作、信息、思想、情感和兴趣，协调成员之间的关系，从而获得支持、帮助、关怀和友谊，增进了成员之间的信任和合作。群体使成员社交的需要得到满足。

（6）其他需要。群体除满足成员以上需要外，还可以满足成员其他个别需要，例如，结识棋友、球友，参加旅游和文艺活动，收藏古董（古玩）、字画、珠宝、钱币、邮票等。

第六节　会计行为的控制

一、会计行为控制的意义

会计行为的内容实际上是会计工作的内容，会计工作还存在一些问题也就是会计行为还存在问题，存在问题就需要控制，以解决存在的问题。有些企业会计工作中存在的问题主要是：①核算不规范。建账不规范或不依法建账；会计记账、结账不符合要求，记账较随意，平时不记账月底记一次账；原始凭证格式不规范，填写项目不齐全，业务手续不健全；记账凭证的填制不符合规定，填写的项目不完整、准确，会计业务手续不严密、不清楚，错账更正方法不当；会计科目设置不规范，会计科目运用混乱；成本和利润计算不实，会计报表编制不及时，财务会计信息缺乏时效性。②会计监督不力。对会计监督存在不正确认识，认为监督很难，监督会影响与其他部门之间的联系，影响与员工之间的情感，影响与领导之间的关系；内部会计监督职能因内部管理制度缺失不能充分发挥作用，或有几项制度也未能严格认真执行。有些企业领导不重视会计监督，认为有内部审计和社会审计何必还要会计监督。③企业内部制度不健全。企业一般的资金管理制度、成本核算制度、财务收支审批制度、计量验收制度、存货出库制度、固定资产管理制度、无形资产管理制度、内部会计控制制度、稽核制度、定额管理制度、财产清查制度和利润计算及分配制度等残缺不全。④存在违法现象。有些企业的会计人员存在违反会计法规定的现象，不依法设置会计账簿，依法进行会计核算，实行会计监督，并保证会计资料的真实、完整。如出现随意建账，账账不符、账实不符、账表不符、不及时做账、胡乱做账、随意调账，使会计数据不真实，个别企业甚至有造假行为。存在以上问题的原因主要是：①领导重视不够。有的领导认为，一线工人创造价值，供销人员实现价值，会计人员不创造价值只要会算就行。在这种错误思想指导下，会计机构设置与会计人员任用不符合会计规范要求，不重视会计在企业生产经营过程中的重要作用，因而，有的企业会计人员更换频繁，任用会计人员随意，还有无证上岗人员，岗位会计人员流动频繁，只使用会计人员不培养提高会计人员，使会计人员素质不高，企业会计基础工作薄弱。②岗位责任不清。在会计信息化条件下，未从会计系统的整体出发确定财务会计岗位责任，仍沿袭手工操作环境下的岗位责任；人为划分只算不管或只管不算的岗位责任，割裂核算管理一体化的趋势；各岗位之间的相互联系缺乏责任规定。③会计人员水平不高。有些企业的会计人员，会计基础理论不牢、基本技能不精，理论不能联系实际或实际不能联系理论，对会计法律、会计法规、会计准则、会计制度和相关法规，不熟悉、不精通，缺乏应有的基本能力，缺少事业心和创新精神。

　　会计行为存在以上问题就会直接影响会计工作，并影响企业生产经营活动的正常进行，因而需要对会计行为依据一定的原则与标准进行控制。

对会计行为的控制是积极的向上、向前发展的战略措施，不是影响会计人员积极性和创造性的不良举措。会计行为控制有重要意义：有利于会计行为目标的实现，有利于规范会计核算和会计监督工作，有利于会计工作法制建设，有利于推行会计信息化，有利于正确处理各方面的利益关系，有利于提高会计人员素质，有利于企业健康地持续发展。

二、会计行为控制的原则与标准

（一）会计行为控制原则

会计行为控制是为实现会计行为目标而依据一定的原则与标准对会计行为进行的控制。根据《会计法》《内部会计控制规范》《企业内部控制基本规范》和其他有关规定，对会计行为控制应遵循以下原则：

（1）目标性，以会计行为的目标对会计行为进行控制。会计行为的基本目标是促进企业提高经济效益，而基本目标是通过完成各项会计具体工作目标来实现的。据此对各项会计行为进行控制，揭示存在的问题，采取相应措施，促进企业取得最佳的经济效益。

（2）客观性，要从客观实际情况出发，依据一定时期、地点和条件对会计行为进行控制，反映问题不扩大、不缩小；随着客观情况的变化，在坚持控制标准的同时，要具有灵活性，具体问题具体分析，进行具体的控制。

（3）全面性，对涉及会计工作的各个方面、各项经济业务、各个工作岗位和各个环节都要进行会计行为控制。全面性要求是整体结构和全面系统，不得留有制度上的空白或漏洞。它既要评价企业的长期会计行为，又要重视对短期会计行为的控制。

（4）重要性，抓住对影响全局的因素进行控制。对决定企业长远发展的战略决策、重大策略、重大措施、当前重要任务、占收支比重大的项目、内部重大潜力和群众关心的重大问题的会计行为进行控制。

（5）规范性，按照国家和企业制定的内部会计控制规范进行控制。内部会计控制规范的制定应是合理、有效的，控制手续完备是可操作执行的。内部会计控制规范的执行，要坚持标准、前后一贯，企业全体成员平等对待。

（6）合法性，符合国家有关法律法规和规章。对会计行为控制必须认真执行国家的法律法规和规章。这是对会计行为进行控制的基础。企业存在违法违纪会计行为，是因为不依法办事，最后给企业造成损失。

（7）权责性，依据企业会计机构和会计岗位的职责与权限进行控制。企业采取授权分责、不相容职务相分离、责权利相结合和归口分级控制。对会计账务处理实行分级授权，建立并执行财务收支审批制度。会计岗位规则程式化。会计岗位实行定期或不定期轮换。

（8）及时性，按规定的时间要求进行控制。及时性要求将事前控制、事中控制和事后检查相结合，形成时间控制系统，随着工作进程实时控制和定期控制；针对企业财务会计工作中存在的问题与薄弱环节，或发生的偶然事件进行即时控制。

（9）促进性，为促进企业发展和提高会计人员素质而进行控制。对会计行为的控制不是影响会计工作的正常进行，也不是对会计人员的惩处，而是通过对会计行为的控制，纠正不良行为，肯定正确行为，以便促进企业发展和提高会计人员素质。

（二）会计行为控制标准

对会计行为的控制要依据有关控制标准。会计行为控制标准主要包括：

（1）国家制定的会计法规，即会计法律、会计行政法规、地方会计法规、会计规章以及其他法规中有关会计的规定。在会计规章中，主要是国务院主管部委制定的有关会计的规章，如财政部制定的《企业会计准则》、《企业会计制度》、各种会计核算办法以及各种规范性文体。

（2）会计职业道德，是会计职业行为及职业活动应遵守的标准。我国会计职业道德标准的主要内容包括：爱岗敬业，诚实守信，廉洁自律，客观公正，坚持准则，提高技能，参与管理和强化服务。

（3）企业制定的内部会计规章制度，企业为贯彻执行国家会计法规，结合企业具体情况而制定的企业应遵守执行的会计核算和会计管理的规定。如资金管理制度、成本核算制度、财务收支审批制度、计量验收制度、存货出库制度、固定资产管理制度、无形资产管理制度、内部会计控制制度、稽核制度、定额管理制度、财产清查制度和利润计算和分配制度等。

有关会计行为规范可以详见本书"第七章 会计行为规范"的相关内容。

三、会计行为控制的方法

会计行为控制方法是依据控制的标准为实现会计行为目标而采用的方法。会计行为的内容实际上是会计工作的内容，会计行为控制方法实际上也就是对会计工作控制的方法。会计行为控制方法因控制内容、要求和任务等方面的不同而有各种会计行为控制方法。会计行为控制方法可以按不同标志分为不同类别的方法，以便适用不同会计行为控制的需要。

（一）按控制主体关系分类

会计行为主体包括个体会计行为和群体会计行为。会计行为控制方法按控制与主体的关系，分目标控制法、组织控制法、激励控制法、过程控制法和教育控制法等。

1. 目标控制法

目标控制法是以会计行为的目标对会计行为进行控制的方法。会计行为的基本目标是促进企业提高经济效益，相应确定各项指标，如一定时期应完成的利润指标，并通过完成各项会计具体工作目标来实现。要控制反映企业一定时期经济效益各项指标的正确性和合理性，据此检查会计行为是否有利于基本目标的实现，揭示其存在的问题和原因，采取相应措施，促进企业取得最佳的经济效益，完成提高经济效益的指标。

2. 组织控制法

组织控制法是会计机构为实现会计行为目标，而从行政上采取组织措施控制的方法。它包括：①内部分工法。单位会计机构的会计工作，按其内容和性质，结合会计人员的数量和素质，依据内部牵制原则，确定工作岗位的方法。②岗位责任法。对每个会计岗位确定职责和权限的方法。③信息交流法。在会计机构内部各岗位之间，会计机构与外部各方面之间，建立相互联系、相互了解和相互交往关系的方法。④协调法。通过对会计机构内部各岗位之间，会计机构与外部各方面之间，在工作和利益关系上，进行协助、疏通与调整、配合，使之相互衔接、步调一致的方法；有制度协调法、会议协调法、咨询协调法、仲裁协调法。

3. 激励控制法

激励控制法是采用精神的、物质的措施，调动本单位人员积极性和主动性的控制方法。领导要组织本单位的全体人员，为实现预定的目标，需要采用精神的措施进行精神激励，采用物质的措施进行物质激励，满足员工在精神和物质方面的需要，以调动全体人员的积极性和主动性，为实现本单位预定的目标而努力工作。激励的具体方法有：①目标激励法；②榜样激励法；③竞赛激励法；④评比激励法；⑤奖罚激励法等。

4. 过程控制法

过程控制法是对实现会计行为目标的过程进行控制的方法。它按实现目标过程的环节包括：①目标确定法，根据经济发展、科技进步、管理要求和现实可能，确定一定时期应完成目标的方法。②计划安排法，按确定的目标计划分期实现的方法。③任务分解法，依据计划确定的目标按其内容的性质分解为各项具体目标并落实到有关部门和岗位的方法。④实施控制法，按照应完成的目标在日常工作中组织实施的方法；对发生的经济活动，按照有关规定和程序，要及时办理或分段处理；对经济活动过程中的偶发事项，按照有关规定和程序，采取特殊例外方式进行例外处理。⑤任务检查法，对目标完成情况进行检查的方法。⑥工作总结法，对一定时期的工作进行全面、系统的分析和研究，肯定成绩、经验和教训、问题的方法。

5. 教育控制法

教育控制法是对会计主体进行思想政治教育的控制方法。它按教育的形式分为：①宣传教育法，按照要求和需要，对有关政治思想的内容，通过一定形式，有组织、有计划地进行讲解和说明的教育方法。②个别教育法，对个别人员存在的思想和事务问题进行教育的方法。③自我教育法，每个人自觉地学习党和国家的路线、方针、政策、法规和制度，学习马列主义的基本原理，提高思想政治水平，联系自己的工作和思想实际，以克服错误思想的方法。④榜样教育法，以先进单位和模范人物为典范进行宣传教育的方法。⑤表扬批评教育法，以表示肯定、赞许和揭发缺点、错误的方式进行教育的方法。⑥对比教育法，从不同事物比较的差异中引为借鉴的教育方法。⑦竞赛教育法，通过相互比赛并争取优胜来激励上进和推动工作的教育方法。⑧说服教育法，采用民主和讨论的形式，用事实和道理来进行教育的方法。⑨传统教育法，用历史形成的民族的和革命的意志、风格、经验和习惯进行教育的方法。人员进行传统教育，引导大家结合现实，学习、继承和发扬优良的传统，争取更大的胜利。⑩培训法，为提高会计人员的素质以适应工作需要，而采用一定形式对其进行培训的方法。

（二）按组织形式分类

会计行为控制方法按组织形式，分为职务控制法、授权控制法、会计系统控制法和电子信息技术控制法。

1. 职务控制法

职务控制法是确定不相容职务职责权限，形成相互牵制而进行控制的方法。不相容职务相互分离控制要求单位按照不相容职务相分离的原则，合理设置会计及相关工作岗位，明确职责权限，形成相互制衡机制。不相容职务主要包括：授权批准、业务经办、会计记录、财产保管、稽核检查等职务。上述 5 种职务的每项职务要与其他 4 项职务相分离。

2. 授权控制法

授权控制法是按对单位内部职能部门及其人员规定处理经济业务的权限而进行控制的方法。授权批准控制要求单位明确规定涉及会计及相关工作的授权批准的范围、权限、程序、责任等内容，单位内部的各级管理层必须在授权范围内行使职权和承担责任，经办人员也必须在授权范围内办理业务。

3. 会计系统控制法

会计系统控制法是依据单位制定的内部会计制度而进行控制的方法。会计系统控制要求单位依据《会计法》和国家统一的会计制度，制定适合本单位的会计制度，明确会计凭证、会计账簿和财务会计报告的处理程序，建立和完善会计档案保管和会计工作交接办法，实行会计人员岗位责任制，充分发挥会计的监督职能。

4. 电子信息技术控制法

电子信息技术控制法是运用电子信息技术手段建立内部会计控制系统而进行控制的方法。电子信息技术控制要求运用电子信息技术手段建立内部会计控制系统，减少和消除人为操纵因素，确保内部会计控制的有效实施；同时要加强对财务会计电子信息系统开发与维护、数据输入与输出、文件储存与保管、网络安全等方面的控制。

（三）按控制方式分类

会计行为控制方法按控制方式，分为目标控制法、程序控制法、结构控制法和链接控制法等。

1. 目标控制法

目标控制法亦称跟踪控制法，是按照被控对象的目标进行控制的方法。依据单位确定的各种目标，如单位目标、岗位目标、个人目标、项目目标、过程目标等，设置控制程序（也可以不设置控制程序），从不同方面进行控制。实施目标控制也可以采用跟踪控制，如狗追捕兔子、狼追捕羊、猎手追捕物等追捕问题，事先确定猎取目标，然后跟踪猎取，不需要预定设计好行为的程序。

2. 程序控制法

程序控制法是为实现控制目标而按照规定程序进行控制的方法。程序控制要按照被控系统的控制目标，依据控制目标的性质、数值和要求，考虑单位外部环境的影响和单位内部条件的限制，确定为实现目标的控制程序。控制程序有：一般控制程序，适用于各种目标的控制；具体控制程序，针对具体的控制目标，在其一般控制程序的基础上，确定该控制目标的可具体操作的控制程序，据以进行控制。

3. 结构控制法

结构控制法是依据被控对象各种结构的相互制约关系而进行控制的方法。单位的被控对象是一个系统，是由各项要素相互联系、相互制约而形成的有机整体。系统的相互联系的各要素形成系统的结构；被控系统的层次性，形成被控系统的各层次的各种结构，依据各种结构的各要素之间的内在制约关系对被控系统进行控制。

4. 链接控制法

链接控制法是依据被控对象某方面各因素之间存在的数量关系和性质关系而进行控制的方法。如在企业的会计核算系统中，存在着凭证、账证、账账、账表、账实之间的严格数量关系，控制并核对这些数量关系，可以基本上保证会计记录的正确性和完整性。依据这些数量关系，对其进行控制，如发生偏差，就要通过相互核对，如账证、账账、账表和账实之间的核对，揭示其原因，采取相应措施，纠正其偏差。

（四）按控制标准分类

会计行为控制方法按控制标准，分为法规控制法、制度控制法、政策控制法、预算（计划）控制法、定额控制法和责任控制法等。

1. 法规控制法

法规控制法是按照国家制定的法规进行控制的方法。它主要是依据会计法规进行控制。会计法规是一个体系，包括会计法律、会计行政法规、会计地方性法规和会计规章，以及其他法中有关调整经济生活中会计关系的法律规范。在企业单位，主要是依据《企业会计准则》和《企业会计制度》对会计工作进行控制。

2. 制度控制法

制度控制法是按照单位制定的制度进行会计控制的方法。单位依据会计法律、会计行政法规和会计规章，结合单位的具体情况和发展规划要求，制定单位的会计制度。会计制度包括会计科目制度和财务会计报告制度，以及各项具体制度，如银行存款管理制度、银行支票管理规定、库存现金管理制度、备用金办法、银行借款制度、暂借款管理办法、应收款管理办法、应收票据管理办法、差旅费借款报销规定、费用管理制度、成本管理制度、发票管理办法、存货管理制度、固定资产管理制度、财产清查制度和会计档案办法等。根据单位会计制度和相关的单位其他制度，进行会计制度控制。

3. 政策控制法

政策控制法是按照党和国家的政策进行控制的方法。政策控制也就是执行政策。依据政策对经济活动或资金运动进行控制，符合政策的要执行，不符合政策的要立即纠正或停止，这样才能正确处理国家、单位和员工三者之间的利益关系，才能保证单位目标的完成。

4. 预算（计划）控制法

预算（计划）控制法是按照单位制定的预算（计划）进行控制的方法。企业预算（计划）控制是以预算（计划）为标准，对经济活动或资金运动所进行的会计控制。预算（计划）控制是控制中的主要方式。将各种预算（计划）指标层层落实到各职能部门、岗位和责任人，使人人有预算指标，人人有奋斗目标，并据此作为控制目标，对预算（计划）执行情况进行行业绩考核并分析完成情况的原因和采取相应的措施。

5. 定额控制法

定额控制法是按定额进行控制的方法。定额控制是以定额为标准，对经济活动或资金运动所进行的会计控制，在企业经济活动的各个环节和各个方面，按材料消耗定额、库存材料定额、劳动定额、费用定额、成本定额和资金定额等严格控制，符合定额的经济业务，要积极支持，保证资金需要；超过定额的经济业务，要分析超过的原因，分别处理。

6. 责任控制法

责任控制法是按责任单位和责任人的经济责任进行控制的方法。企业要划分责任部门和责任岗位，并明确其职责和权限。责任控制是通过员工履行岗位责任对经济活动或资金运动所进行的会计控制。责任控制是实行专业控制与群众控制相结合的组织保证。

（五）按控制依据分类

会计行为控制方法按控制依据，分为凭证控制法、账簿控制法和报表控制法。

1. 凭证控制法

凭证控制法是依据凭证的记录进行控制的方法。凭证控制是依据凭证记录经济业务的情况，通过会计凭证各要素之间、原始凭证与记账凭证之间和会计凭证与会计账簿之间的制约关系，对经济业务的真实性、正确性和合法性进行控制。

2. 账簿控制法

账簿控制法是依据账簿的核算记录进行控制的方法。账簿控制是依据账簿核算记录经济业务的资料，通过会计账簿构成要素之间、总分类账与日记账、明细分类账和明细账之间、会计账簿与会计报表之间和会计账簿与实际数量之间的制约关系，对经济业务核算记录的真实性、正确性和合法性进行控制。

3. 报表控制法

报表控制法是依据会计报表的资料进行控制的方法。报表控制是依据报表资料，通过会计报表构成要素之间、会计报表之间、会计报表与会计账簿记录之间和会计报表与实际数量之间的制约关系，对实时和定期地提供会计报表信息的真实性、正确性和合法性进行控制。

（六）按控制内容分类

会计行为控制方法按控制内容，分为全部控制法、单项控制法、财产保全控制法、成本控制法和风险控制法等。

1. 全部控制法

全部控制法是对内部控制的全部内容进行控制的方法。企业生产经营活动的全部内容，主要包括货币资金、实物资产、对外投资、工程项目、采购与付款、筹资、销售与收款、成本费用、利润及其分配、担保等经济业务。

2. 单项控制法

单项控制法是对内部会计控制的单项内容进行控制的方法。单项内容是全部内容中的某项内容，或者是全部经济业务中的某项经济业务。如对财产的各种构成要素——固定资产、流动资产和无形资产等的单项进行控制。

3. 财产保全控制法

财产保全控制法亦称实物资产控制法，是对财产的安全完整进行控制的方法。财产保全控制要求单位限制未经授权的人员对财产的直接接触，采取定期盘点、财产记录、账实核对、财产保险等措施，确保各种财产的安全完整。

4. 成本控制法

成本控制法是对成本进行控制的方法。企业产品成本，是综合反映企业管理、生产、技术和效益等方面的质量指标。企业历来都很重视成本控制，努力降低成本和提高经济效益。成本控制采用因素控制，以控制影响成本的各种因素。

5. 风险控制法

风险控制法是对财务风险和经营风险进行控制的方法。风险控制要求单位树立风险意识，针对各个风险控制点，建立有效的风险管理系统，通过风险预警、风险识别、风险评估、风险分析、风险报告等措施，对财务风险和经营风险进行全面防范和控制。

（七）按控制过程分类

会计行为控制方法按控制过程（时序）分为事前控制法、事中控制法和事后控制法。

1. 事前控制法

事前控制法是对将要发生的经济活动或资金运动进行控制的方法。凡事预则立，不预则废，说明事前控制的重要性。事前对经济活动或资金运动的控制，包括：①预测控制；②决策控制；③预算（计划）控制。

2. 事中控制法

事中控制法亦称实时控制法、过程控制法，是对经营活动中正在发生的经济活动或资金运动进行控制的方法。事中控制的基本要求是：①按控制标准进行控制；②依据会计信息系统进行控制；③按控制程序进行控制。

3. 事后控制法

事后控制法亦称结果控制法，是对一定时期经济活动或资金运动结束后的结果进行控制的方法。事后控制一般是事后的会计检查，在一定时期结束后，如月末、季末和年末等，对会计凭证、会计账簿和会计报表的记录、计量和完成情况进行检查等。事后控制的主要形式是核对、评估和考核等。

第七节　会计行为的优化

一、会计行为优化的必要性

会计行为是会计人员认识和改造客观世界的过程，也就是通过会计工作去实现会计目标和企业事业单位目标的过程。要发挥会计行为的作用，就要使会计行为符合客观经济规律的要求，符合会计工作的要求。这种会计行为应该是经过优化的规范性会计行为。会计行为优化是使会计行为达到规范要求能发挥正常作用的过程。在实际工作中，还存在不规范的会计行为，主要表现在：①目标性差。会计人员对经济业务的处理要达到什么目标不明确，只知道要这样处理，不知道这样处理有什么作用，带有盲目性。②主动性差。会计人员对待工作的态度，是等工作而不是去找工作，是应付工作而不是精益求精地去工作，带有被动性。③效率性差。处理经济业务或会计事务，不能按规定及时地解决，议而不决，决而不行，带有拖拉性。④真实性差。处理经济业务，只按规定的程序从形式上办理，不追究经济业务是否符合客观实际情况，或掩盖了弄虚作假的行为，带有失真性。⑤监督性差。不能严格按照有关法规和制度审查经济业务，按人情办事，按关系处理时有发生，带有失控性。

会计行为存在这些问题，其原因是多方面的，有宏观方面的也有微观方面的，有外部的也有自身的。主要原因是：①在管理方面。现代企业制度还未完全建立，要真正做到以市场经济为基础，以完善的企业法人制度为主体，以有限责任制度为核心，以公司企业为主要形式，以产权清晰、权责明确、政企分开、管理科学为条件的新型企业制度；相应的企业法人制度、企业自负盈亏制度、出资者有限责任制度、科学的领导体制与组织管理制度还不健全和完善。②在监控方面。不能按现行的法律、法规、制度严格进行控制，有法不依，执法不严，违法不究。③在领导方面。对会计工作的重要性认识不够，对按经济规律办事的严肃性认识不足，干扰会计人员对经济业务的处理。④在会计人员方面，有的素质不高，同肩负的重任和相应的职责不适应，缺乏应有水平和能力处理经济业务。

针对会计行为存在的问题及其原因有必要对会计行为进行优化，明确会计行为优化的要求，以便消除会计行为存在的问题，发挥会计行为的积极作用。会计行为优化的积极作用具体表现在：①目标作用，明确会计行为目标，指引会计工作；②控制作用，对经济业务要按标准进行控制，促使会计目标的实现；③正确处理经济业务，保障生产经营活动的正常进行；④激励作用，调动会计人员积极性，实行责权利相结合，为实现会计目标而努力工作；⑤促进作用，正确处理各方面经济关系，保障生产经营活动正常进行，促进企业提高经济效益。

二、会计行为优化的要求

会计行为优化的要求具体是：

（1）行为要具有目标性。这个目标是促使企业提高经济效益，并为此提供会计信息，明确以此为总目标（基本目标），相应要确定各种中目标、小目标和要求，使每项会计行为都具有目标性。如果目标不明确，工作就会陷入盲目、被动状态，如只管材料消耗和开支费用，却不问是否符合实际需要，有无浪费和有无效益；要增强为提高经济效益的目标性，投入消耗讲效益，产出成果也要讲效益。

（2）会计行为要具有能动性。会计人员处理经济业务和办理会计事务是主动的，受理经济业务的处理，了解并审查其情况是积极的，处理经济业务遇有困难，积极想办法，会同有关方面协作，提供条件或方便，以便顺利解决；要富有开创性，对经济业务和会计事务的处理，不仅限于一般的规定，还要在少花钱、多办事、办好事，提高经济效益方面出主意、想办法、提措施。

（3）会计行为要具有合理性。会计行为实际上是要调整企业在生产经营活动中的各种关系，正确处理各方面的经济利益。会计人员在处理经济业务和办理会计事务时，要讲求会计行为的合理性，即符合客观经济规律，适应市场经济的要求，有助于提高经济效益，正确处理国家利益同企业、个人利益的关系，社会利益同本单位利益的关系，近期利益同长远利益的关系，局部利益同整体利益的关系。不能只顾个人和本单位、近期、局部利益，而损害国家利益或企业、社会、长远、整体的利益。

（4）会计行为要具有合规性。建立社会主义市场经济，相应要建立和完善适应市场经济法规体系。企业、事业单位的收支，企业的生产经济活动，始终贯穿于执行有关法规，依法发展市场经济，才能维护有关利益人的合法权利。会计人员要依照会计的法律、行政法规、地方行政法规和规章，以及有关其他法规、财政纪律和政策，处理经济业务和办理会计事务，以保证生产经营活动的正常进行。

（5）会计行为要具有时间性。会计在组织生产经营活动中，时间就是速度，加速经济的发展；时间就是效益，节约时间，提高劳动生产率，扩大销售，提高经济效益；时间就是协调，按规定时间进行工作，使各方面取得协调，同步、同向发展；时间就是机遇，在市场竞争中把握时机，争取胜利，不断发展，丧失时间，就是遭受损失，影响企业的生存和发展。会计人员处理事项，在系统内的传递信息，对系统外的提供信息，不管是对内的各部门之间、部门内各岗位之间，生产经营过程中各环节之间，还是对外的国内或国外的各方面，都要按规定或协议、客观要求的时间进行，不得延误。

（6）会计行为要具有系统性。会计行为主体处理的会计客体——会计对象是一个系统，要求会计人员处理的事项，从每一项会计行为来看，是同会计整体相联系，考虑到对整体的影响或作用，不是孤立地处理每一个事项；从会计行为总体来观察，全部会计行为揭示了会计系统的各要素、各个方面及其相互关系，能全面反映企业、事业单位在一定时点上和一定时期内的资金运动情况、财务状况和财务成果。

（7）会计行为要具有连续性。企业、事业等单位从设立开始，生产经营活动或其他经济事业将持续下去。对企业持续的生产经营活动，在会计上的反映是会计行为的连续性；以会计的年度、季度、月份，连续不断地反映企业生产经营活动情况，认识资金运动和财务状况及其财务成果，在企业发展过程中的变化趋势和规律，提示其原因，说明特殊事项发展过程中的变化趋势和规律，提示其原因，说明特殊事项发生的条件，从而采取相应的对策，以引导企业继续求得更大的发展。

（8）会计行为要具有科学性。会计人员处理经济业务和办理会计事

213

务，采用的方法是科学的：以现代科学理论为指导，以先进的现代科学技术为手段，利用严密、有效的组织形式，处理的经济业务能如实地反映客观实际情况，是真实可信的。会计人员从实际出发，实事求是，并采用科学的方法，处理会计信息的输入、加工整理、传递、贮存和向外提供真实的会计信息，对资金的筹集、使用、耗费、收回和分配进行管理，以保证企业生产经营活动的正常进行。

（9）会计行为要具有标准性。会计行为反映的内容各种各样，行为过程不尽相同，同样行为重复进行，行为又影响各个方面、各个部门和每个人，为便于充分发挥会计行为机制的作用和加强管理，需要使会计行为标准化。按会计行为内容的性质，划分不同类别，分别确定其处理过程、行为环节、行为手段，处理的手续、要求和目的，使其具有统一的标准，便于会计人员在处理经济业务时有遵循的依据，也为推进会计工作现代化创造条件。

（10）会计行为要具有适应性。会计行为主体处理的会计客体，随着市场经济的发展，由于受到外部环境和内部条件的影响而不断变化。会计人员面对具有显著变化的会计对象系统，事前可以进行预测，根据可能出现的情况采取相应的措施；对已发生变化的情况，区分正常的、特殊的、新生的几种类型，修订控制标准，调整原有目标，拟定新的办法，分别进行处理，以适应市场经济的发展。

三、会计行为优化的内容

会计行为优化的内容实际上就是会计人员工作的内容，即一定时期的经济活动所表现的资金运动。对会计工作的优化要根据会计行为优化的要求，固化为会计岗位的职责中，以便组织、控制、检查和考核会计行为是否符合会计行为优化的要求。因此，会计行为优化的内容——会计工作，表现为对会计岗位的优化。在企业的会计机构，按照工作内容的要求，将会计工作划分为若干岗位。按岗位的职责和内容可分为会计行政领导岗位、会计核算岗位和会计管理岗位三类。各类型岗位的会计行为都需要优化，以便更好地完成本岗位的工作。

（一）会计行政领导岗位行为优化

会计机构的行政领导岗位，主要职责是研究、布置、监督、协调、考核和总结会计工作。会计行政领导岗位行为内容：具体领导本单位的财务会计工作；组织制定本单位的各项财务会计制度，并督促贯彻执行；组织编制本单位的财务成本预算（计划）、银行借款计划，并组织实施；会同有关部门组织对固定资产和流动资产的核算工作；负责完成各项上缴任务；开展财务成本预算（计划）完成情况的分析，提高经济效益；参与生产经营活动的管理，参与经营决策；审查或参与拟定经济合同、协议及其他经济文件；负责向本单位领导和职工代表大会报告财务状况和经营成果，审查对外提供的会计资料；组织会计人员学习政治理论和业务技术，负责会计人员的考核，参与研究会计人员工作的任用和调配。

会计机构的行政领导成员，要解放思想、实事求是，高瞻远瞩、正确决策，精打细算、讲求效益，严格要求、认真负责，求真务实、艰苦奋斗，坚持原则、遵纪守法，督促检查、批评表扬，重视学习、提高能力，开拓创新、不断进取，模范带头、清正廉洁。

（二）会计核算岗位行为优化

在会计机构内部，会计核算岗位一般有出纳岗位、流动资金核算岗位、存货核算岗位、工资核算岗位、固定资产核算岗位、费用成本核算岗位、销售利润核算岗位、往来结算岗位、负债核算岗位、所有者权益核算岗位、总账报表岗位、稽核岗位等。会计核算岗位可以综合和细化，可以一人一岗和一人数岗。会计核算岗位的主要职责是：以货币形式真实、准确、完善地对生产经营活动进行记录、计算和报告。

会计核算岗位行为内容：①资产核算，资产是指企业过去的交易或者事项形成的、由企业拥有或者控制的、预期会给企业带来经济利益的资源。资产核算包括流动资产、长期资产、固定资产、无形资产、递延资产和其他资产等的核算。②负债核算，负债是指企业过去的交易或者事项形成的、预期会导致经济利益流出企业的现时义务。负债核算包括流动负债和长期负债的核算。③所有者权益核算，所有者权益是指企业资产扣除负债后由所有者享有的剩余权益。所有者权益核算包括投入资本、资本公积和未分配利润等的核算。④收入核算，收入是指企业在日常活动中形成的、会导致所有者权益增加的、与所有者投入资本无关的经济利益的总流入。收入核算包括基本业务收入和其他业务收入等的核算。⑤费用核算，费用是指企业在日常活动中发生的、会导致所有者权益减少的、与向所有者分配利润无关的经济利益的总流出。费用核算包括成本、管理费用、财务费用和销售费用等的核算。⑥利润核算，利润是指企业在一定会计期间的经营成果。利润包括收入减去费用后的净额、直接计入当期利润的利得和损失等。利润核算包括营业利润、投资净利收益和营业外收支等的核算。⑦财务会计报告，是指企业对外提供的反映企业某一特定日期的财务状况和某一会计期间的经营成果、现金流量等会计信息的文件。它包括资产负债表、利润表、现金流量表、所有者权益变动表和附注。

会计核算岗位行为优化的要求：①依法处理经济业务，审核原始凭证，编制记账凭证；②及时登记会计账簿；③严格开支范围，如实计算成本和利润；④认真清理往来款项，及时、足额上缴款项；⑤定期清理财产，核对账目，做到账实相符；⑥按规定编制会计报表，真实、正确、全面地反映企业财务状况和经营成果。

（三）会计管理岗位行为优化

在会计机构内部，会计管理岗位一般有资金管理岗位、负债管理岗位、成本管理岗位、利润管理岗位和综合管理岗位等。会计管理岗位可以和会计核算岗位相结合，可以一人一岗和一人数岗。会计管理岗位的主要职责是：采用现代化方法对资金运动进行预测、决策、计划、控制、检查、考核和分析。

会计管理岗位行为内容：①资金筹集管理，包括对资本金、资本公积和负债等的管理；②流动资产管理，包括对现金、存款、存货、应收及预付款项等的管理；③固定资产的管理，包括对固定资产的折旧、修理、转让、盘盈盘亏的管理；④无形资产、递延资产和其他资产等的管理；⑤对外投资管理，包括短期投资和长期投资的管理；⑥成本管理，包括对制造成本、销售费用、管理费用和财务费用等的管理；⑦利润管理，包括对营业收入、利润和利润分配等的管理；⑧外币业务管理；⑨企业清算管理；⑩财务会计报表分析与财务评价。

会计管理岗位优化的要求：①实施财务目标管理；②集中管理与分级管理相结合；③责权利效相统一；④专业管理与群众管理相结合；⑤资金管理与实物管理相结合；⑥人机管理相结合；⑦推行会计信息化；⑧管理与服务相结合。

四、会计行为优化的途径

会计行为优化的途径主要有:

(一) 提高会计人员素质

提高会计人员素质,是会计行为得以优化的关键。会计人员素质是会计人员从事会计工作具有的品质和能力。它是会计行为主体完成会计行为应具备的基本条件。会计人员素质包括:①政治思想素质。要求会计人员树立正确的世界观、价值观和人生观,献身会计事业,具有会计职业道德,有良好的心理(意志、情感、性格、气质)修养和树立新的时代观念(系统观念、市场观念、效益观念、竞争观念、风险观念、信息观念、时间观念、法制观念、改革观念、服务观念等)。②文化素质,要具备基础知识(如哲学、经济学、逻辑学、汉语)、经济知识(如财政、税收、金融、保险、审计、统计)、专业知识(如会计原理、会计管理、国际会计、计算机会计)、科技知识和法律知识。③业务素质,要具备核算能力、管理能力、组织能力、公关能力、语言能力和文字能力。④身体素质,具有良好的身体,能适应工作的需要。当前,会计人员素质较低,应采取各种办法提高会计人员素质,以优化会计行为。

(二) 重视会计文化建设

会计文化有广义和狭义之说,广义的会计文化包括物质文化和精神文化两大方面,狭义的会计文化也是通常所称的文化是指会计精神文化。会计精神文化是在会计物质文化基础上形成的会计人员的精神面貌、心理素质、信念追求、价值观念、教育观念、人才观念、群体意识、行为规范、会计形象和会计职业道德等。实际上,会计文化是一般所说的会计精神。重视会计文化建设,是会计行为优化的重要途径。其主要措施是:①树立会计个体和会计群体的形象意识。在会计行为中,高度重视会计人员的形象。会计形象是人们通过各种感觉器官在大脑中形成的对于会计人员的整体印象。如人们常说会计是企业好管家、是理财高手。会计形象是对会计人员的看法,是会计人员的声誉,好的会计形象是企业珍贵的无形财富。要重视形象投资,塑造好的会计形象,维护会计个体和会计群体的良好形象。②塑造会计精神。会计精神是企业的凝聚力和起动力,是会计文化的核心。会计人员要树立为社会、国家、民族作出贡献的理想追求，树立会计的价值观念和群体的信念。塑造会计精神，可以提倡勤俭持家的精神，提倡艰苦奋斗的精神，制定会计行为准则等。③讲诚实守信。诚实守信是一种道德品质和道德信念，是一种崇高的人格力量。诚实守信是加强思想道德建设为重点。诚实守信是社会主义新时期的需要，要"以诚实守信为荣，以见利忘义为耻"。会计行为要讲诚实守信，诚实，就是忠诚老实，实事求是，说老实话、办老实事，不弄虚作假，不隐瞒欺骗；守信，就是讲信用，讲信誉，言而有信，信守承诺，忠诚地履行自己承担的义务。

（三）依法治理会计工作

依法治理会计工作也就是依法优化会计行为。会计工作是法制性很强的工作，会计人员需要依据会计法规的规定处理一切会计事项。依法治理会计工作一方面要建立和健全会计法规，另一方面需要依据会计法规实施会计工作。会计法规包括会计法律、会计行政法规、会计地方性法规和会计规章，以及其他法中有关调整经济生活中会计关系的法律规范。在企业单位，主要是依据《企业会计准则》《企业会计制度》和其他会计规范性规章。会计法规需要根据经济、政治、文化、社会和科技的发展不断完善。

在建立和健全会计法规的同时，重要的是依法实施会计工作，规范和优化会计行为。一方面，会计人员要熟悉会计法规，在会计工作中运用会计法规处理各种会计事项，维护企业的正当的经济利益，保证经济活动的正常进行；另一方面，会计人员要向群众和领导宣传会计法规，使他们懂得与自己工作相关的会计法规，在工作中依法办事，依法律己，依法维护自身的合法权益。

（四）加强会计职业道德教育

职业道德是指与本行业的社会地位、功能、权利和义务相一致的、要求从业者必须遵守的道德准则和行为规范。职业道德的根本要求是为人民服务。在《中共中央关于加强社会主义精神文明建设若干重要问题的决议》中指出，职业道德包括：爱岗敬业、诚实守信、办事公道、服务群众、奉献社会。由于会计职业的特点，会计人员的职业道德，也要体现会计职业的特点。因而，根据会计职业的特点，在职业道德要求的基础上，形成了会计职业道德。

会计职业道德是指与会计本行业的社会地位、功能、权利和义务相一致的、要求从业者必须遵守的调整会计关系的行为规范。它包括：忠于职守，秉公理财；实事求是，正确核算；遵纪守法，严格监督；精打细算，讲求效益；客观公正，保守秘密。前文的会计职业道德，与在《会计基础工作规范》中提出的会计职业道德："①敬业爱岗。②熟悉法规。③依法办事。④客观公正。⑤搞好服务。⑥保守秘密"基本上是一致的。

219

对会计人员需要加强会计职业道德教育，树立良好的职业道德观念，在会计工作的实际活动中，严格遵守会计职业道德规范。

（五）完善企业财务会计制度

企业根据国家制定的会计法律、会计行政法规、会计地方性法规和会计规章，结合企业的特点和具体情况，制定在本企业范围内实施的企业财务会计制度。它包括：①企业内部会计核算制度，如会计基础工作制度、计量验收制度、存货出库制度、银行存款管理制度、银行存款管理办法、银行支票管理制度、库存现金管理制度、零用金制度、暂借款管理办法、应收款管理办法、应收票据管理办法、费用开支管理办法、差旅费借款报销规定、发票管理制度、成本核算制度、利润核算和利润分配制度和财务会计报告制度等。②企业内部会计管理制度，如资金管理制度、财务收支审批制度、存货管理办法、固定资产管理制度、无形资产管理制度、会计监督制度、内部会计控制制度、稽核制度、定额管理制度、财产清查制度等。③企业内部会计体制制度，如会计工作规划、会计机构设置制度、会计岗位责任制度、会计人员任用制度、会计人才培养制度、会计人员继续教育制度、会计人员学习制度、会计考评制度等。

对于企业内部财务会计制度，会计人员要认真学习、掌握与实施，对外要宣传解释，在会计实践中随着会计环境的发展变化要不断地修改和完善。

第七章　会计公共关系

第一节　会计公共关系的性质和职能

　　会计公共关系是会计与公共关系相互结合的一个重要领域，是一种专业公共关系，是公共关系在会计领域的渗透与延伸。会计公共关系脱胎于现代公共关系。现代公共关系是商品经济高速发展的产物，它最早发端于19世纪末20世纪初的美国。自进入20世纪20年代以来，公共关系活动更是空前活跃。它不仅在政府和企业界得到大量应用，取得了卓越成就，而且在其他社会领域也有不同程度的发展。公共关系以其发展快、应用性强的特点，迅速向社会各行各业渗透与延伸，呈现出遍地开花之势。会计公共关系正是在这样一个大背景下逐渐产生与发展起来的。本章将对会计公共关系的有关理论和实务问题展开研究。

　　会计公共关系是一种专业公共关系，"可能是公关业中最为复杂的领域"，[①] 在国外习惯称之为"Financial Public Relations"，这个词汇在我国有多种译法。从微观领域看，它一般翻译为"财务公共关系"、"投资者关系"、"股东关系"等；从宏观领域看，它又常被译为"金融公共关系"、"财政公共关系"等。本章立足点是社会组织，尤其是从现代企业的角度来研究会计公共关系。因此，会计公共关系的含义与财务公共关系基本一致，但又不完全等同，它已经不再局限于投资者、股东和财务界的活动范围，而是远远突破了财务公共关系的本意，也不再是一种纯粹的社会组织内部公共关系，而是以"大会计"[②] 的观点，把内部会计公共关系

---

　　① 罗伯特·罗雷. 管理公共关系学——理论与实践 [M]. 天津：南开大学出版社，1990：324.

　　② 于玉林. 大会计学概论 [M]. 上海：立信会计出版社，2002：28.

扩展为广泛的内外兼容的会计公共关系，并且逐步渗透到其他公共关系活动中。可以说，会计公共关系是会计管理（即财务管理）① 与公共关系相结合的产物，它是会计管理模式逐渐由"内向管理型"向"内外兼管型"拓展的必然趋势，是社会组织现代会计管理的重要内容。

一、会计公共关系的含义

在借鉴前人研究成果的基础上，笔者认为，对于会计公共关系含义的认识应从以下几个方面加以考虑：

（1）会计公共关系的本质强调的是一种活动。同公共关系一样，会计公共关系既可以理解为客观存在的一种公共关系状态，又可以描述成为改善公共关系状态而开展的一种公共关系活动。其中公共关系活动起着主导地位，是通常意义上所说的公共关系。因此，本章以下如不作特殊说明，会计公共关系是指狭义的会计公共关系，即会计公共关系活动。

（2）会计公共关系活动是现代会计管理活动的重要内容。现代会计管理是一项综合性的管理工作，是社会组织各方面利益的交汇点，体现了各方面的利益关系，与社会组织内部、外部相关公众发生着各种各样的关系。传统的"核算型"和"内向管理型"会计模式已不适应时代的要求，必须不断向外部扩展，实现向"内外兼管型"会计模式的转变。会计公共关系活动，通过传播沟通会计信息、协调会计关系、塑造会计形象等职能作用的发挥，赢得内外相关公众的支持和合作，从而提高社会组织的长期效益，正是现代会计管理活动的重要组成部分。

（3）会计公共关系的构成要素包括会计公共关系主体、客体和手段。会计公共关系是一个系统。系统是由若干组成部分相互联系而构成的有机整体。系统的各个组成部分，即称为系统要素或系统结构，它决定着系统的功能（即职能）。对会计公共关系来说，其构成要素或结构主要是由三部分组成。会计公共关系主体，是会计公共关系活动的发出者和实施者，一般是指专设的会计公关人员及其机构。会计公共关系客体，即会计公众，会计公共关系对象，是指作用于一定社会组织，并与其发生会计关系的社会组织、群体或个人，它一般包括投资者、政府机关、客户、职工等。会计公共关系手段，即会计公共关系媒介，是联结会计公共关系主体

---

① 于玉林. 大会计学概论［M］. 上海：立信会计出版社，2002：31.

与客体的桥梁和纽带。其主要形式有：报刊、广播、电视、电报、电话、互联网、会议等。当然，在会计公共关系活动中，最主要的专业媒介形式是提供财务报告。

（4）会计公共关系的基本职能是会计公共关系应具有的最根本的职责与功能，主要包括传播沟通会计信息、协调会计关系、塑造会计形象等。其中，传播沟通会计信息是基础，协调会计关系是关键，塑造会计形象是核心。

（5）会计公共关系的目标是开展会计公共关系活动期望达到的境地或结果，其基本目标应当是赢得会计公众的支持和合作，最终目标则是社会组织长期效益的最大化，实现经济效益和社会效益双赢的结果。

综上所述，本书对会计公共关系的定义作出如下表述：

会计公共关系是会计公关人员及其机构为了赢得会计公众的支持和合作，实现组织效益的最大化，通过运用传播沟通会计信息、协调会计关系、塑造会计形象等职能而开展的一种会计管理活动。

二、会计公共关系的特点

所谓特点，是人或事物所具有的独特的地方。[①] 任何人或事物都有自己的特点，世界上完全相同的人或事物是不存在的。会计公共关系作为事物的一种，也必然有其自己的特点。这里探讨会计公共关系的特点，主要是从两个方面来加以考虑的：一是相对于其他专业公共关系而言，会计公共关系本身所独有的，或者表现得更为突出或更加明显的地方；二是相对于其他会计管理活动来说，会计公共关系的独特之处或突出之处。从这样的认识基点出发，笔者认为，会计公共关系的特点主要有以下几个方面：

（1）货币性。货币性是指会计公共关系活动内容具有可计量性且以货币作为主要计量单位的特点。这也是会计公共关系区别于其他专业公共关系的一个重要特点。会计公关人员在开展会计公共关系活动过程中，会涉及各方面的利益关系，而这些利益关系比如购销关系、结算关系、产权关系等更多地表现为一种经济利益关系，它们需要用货币来计量或清偿。此外，如果把会计公共关系理解为以公共关系的手段和方法来处理会计关系的一种活动，那么，它所处理的会计关系，从深层意义上看，实质上也是

---

① 现代汉语词典（修订本）[M]．北京：商务印书馆，2001：1235．

一种经济关系，或者更精确地说，就是一种货币关系。① 因为"会计关系是以货币为计量单位进行反映"，"会计关系要引起资金数量发生变化。"② 从这个意义上说，会计公共关系也具有货币性的特点。

（2）复杂性。美国著名学者罗伯特·罗雷曾经说过，会计公共关系"可能是公关业中最为复杂的领域。"③ 它的复杂性主要表现在以下几个方面：①会计公共关系主体的复杂性。会计公关人员及其机构是实施主体，它们内部的构成和层次较为复杂。②会计公共关系客体的复杂性。会计公共关系涉及多元利益公众，它们既有组织外部的投资者、政府机关、客户等，又有组织内部的组织领导者、各职能部门和职工等。③会计公共关系手段的复杂性。会计公共关系可以利用的手段或媒介形式多种多样，如报刊、广播、电视、电报、电话、互联网、会议、财务报告等。

（3）互利性。互利性是指就会计公共关系活动的目的和结果来看，应该是实现社会组织与公众之间的互惠互利。满足各自的精神与物质需要是各种社会交往背后的普遍动机。社会群体之间的交往，既以满足自己需求为前提，又以满足对方需要为必要条件。互补是社会关系建立和发展的动力，互利是互相交往的基础。只有在互惠互利的基础上，才能够建立和维持相互间的关系。在会计公共关系中，会计公关人员是以组织的名义开展工作的，因而不可能存在单方面照顾公众利益而置本组织利益于不顾的情况。反之，如果会计公关人员在开展会计公共关系活动中单方面追求本组织利益，不尊重或损害公众的利益，那同样是行不通的。理想的做法是：当二者利益发生冲突时，要多为公众利益着想，以赢得公众的信任和支持，从而为社会组织长远发展和长期获益创造良好的公共关系环境。这就是所谓的以"利他"的方式"利己"，④ 利他就是利己，眼前的利他可以换来长远的利己。

（4）双向性。双向性是指从会计公共关系活动过程来看，社会组织与公众之间的信息交流是双向进行的。一方面，社会组织积极地、主动地对外传播本组织的会计信息，以争取公众的理解和支持，塑造良好的会计形象；另一方面，社会组织也广泛收集公众的意见，根据公众反馈的信息及

① 王开田. 会计行为论［M］. 上海：上海财经大学出版社，1999：130.
② 赵威. 国际会计法理论与实务［M］. 北京：中国政法大学出版社，1995：11.
③ 罗伯特·罗雷. 管理公共关系学——理论与实践［M］. 天津：南开大学出版社，1990：324.
④ 王建成、伍中信、夏云峰. 财务公共关系导论［M］. 北京：国防科技大学出版社，2002：15.

其相关决策的需要，适时调整与改善组织自身行为和会计公共关系活动，最大限度地满足会计公众各方面的信息需要。

（5）长远性。长远性是指会计公共关系活动是一种长期性的活动，着眼于长期目标。社会组织应从长远的眼光看待会计公共关系活动，不妨把它视为一项长期投资，其追求的是持续的和长期的效益。因此，当组织的长期利益与眼前利益、组织利益与公众利益发生冲突时，会计公共关系强调应着眼于大处，着眼于将来，往往不惜牺牲组织的眼前利益以维护组织的长远发展。会计公共关系活动是一项保证组织持续发展的长期战略，任何急功近利的短期行为都是不足取的。

（6）真实性。真实性是指社会组织在开展会计公共关系活动时，要讲真话、办实事，开诚布公，以诚相待。这是会计公共关系活动最重要的特点之一。在会计公共关系活动中，传播沟通真实的会计信息，真诚地为公众利益服务，从而树立良好的会计形象和组织信誉，为实现组织长远发展和长期获益的目标创造条件。反之，如果社会组织采取欺诈、蒙骗、舞弊、失信的手段和做法，也许能起到暂时的、偶然的作用，但最终的结局只能是自毁前程或自取灭亡。这样的反例举不胜举，近几年来从国内的银广夏、郑百文到美国的安然、环球电讯、世通和施乐等公司的会计公关丑闻，它们一次次为我们敲响了警钟。

（7）合法性。合法性是指会计公共关系活动要符合法律法规的要求。一般的公共关系活动是一种自组织活动，更多地依靠自律和道德的约束，而会计公共关系活动不仅仅是自主的要求，而且也是法规的要求。在西方，"财务信息传播，不仅仅是公共关系的需要，而且也是法律的需要。"① 在中国亦是如此。因此，社会组织在开展会计公共关系活动时，必须要体现合法性的要求，以维护和保障各方面的经济利益。

总之，会计公共关系的特点可以归纳出许多方面，从不同的角度来认识，便可以得出许多不同的特点。我们在这里不可能也无意穷尽所有的特点，只是想表明认识它的主要目的。笔者认为，正确地认识会计公共关系的特点，是我们开展会计公共关系活动的前提和基础。只有根据会计公共关系的不同特点，我们才能有针对性地、灵活地采取应对策略，从而取得事半功倍的效果。①会计公共关系的货币性特点要求我们，在传播沟通会

---

① 罗伯特·罗雷. 管理公共关系学——理论与实践［M］. 天津：南开大学出版社，1990：324.

计信息和处理诸如购销关系、借贷关系、产权关系、结算关系、缴拨关系、纳税关系等各方面会计关系时，要以货币作为主要的计量单位，正确反映和协调各方之间的经济利益关系。②会计公共关系的复杂性特点告诫我们，要处理好组织与各方面会计公众的关系绝非易事，而且并非仅靠会计公关机构和会计人员所能完全解决的。正确处理组织的会计关系要多方协调与配合，应多管齐下，避免犯简单化的错误。③会计公共关系的互利性特点指示我们，开展会计公共关系活动要实现互惠互利的结果，必须首先要强调公众利益，为公众服务，让公众满意，从而塑造良好的会计形象，保持良好的合作关系，最终才能实现组织的长期利益。④会计公共关系的双向性特点提示我们，既要积极地向会计公众传播沟通会计信息、协调会计关系，同时又要主动地、虚心地倾听他们的意见和建议，及时地根据他们提供的反馈信息总结经验、吸取教训，进一步改进本组织的工作，以形成良性的互动关系。⑤会计公共关系的长远性特点提醒我们，会计公共关系是组织的一项长期战略，它的目标与组织的整体目标是一致的。开展会计公共关系活动，要立足于长远，不计较一时的成败得失。为了组织长远的发展，付出必要的代价也是值得的。⑥会计公共关系的真实性特点要求我们，从组织的长远利益出发，传播沟通真实的会计信息，真正为公众着想，树立诚信的会计形象，切实做到"诚信为本、操守为重、遵循准则、不做假账"。⑦会计公共关系的合法性特点警示我们，开展会计公共关系活动，必须要严格遵守国家有关法律法规，恪守职业道德，信守承诺，恪尽职守，不徇私舞弊，不贪赃枉法，正确处理国家利益、组织利益与个人利益之间的关系。

三、会计公共关系的职能

所谓职能，一般可理解为事物本身所应具有的职责和功能。所以，会计公共关系的职能，也就是会计公共关系应具有的职责和功能。根据系统论的观点，事物的职能决定于事物的本质。因此，会计公共关系，作为一种重要的内外兼容型会计管理活动，必然决定了它的职能更多地体现在管理方面。笔者认为，会计公共关系的基本职能，主要体现在以下几个方面：

（一）传播沟通会计信息职能

前文已述及，会计公共关系具有双向性的特点。也就是说，会计公共关系是社会组织与其相关公众之间的一个双向互动过程，而这个互动过程主要就是通过运用传播沟通会计信息的职能予以实现。

传播的本意，就是广泛散布。① 传播学认为，传播是人与人、人与群体或社会之间双向的信息传递交流、共享的过程。② 沟通的原意是使两方能通连。③ 管理学认为，沟通是信息凭借一定符号载体，在个人或群体间从发送者到接受者进行传递，并获得理解的过程。④ 事实上，无论是传播，还是沟通，在英语里都是"Communication"，只不过在翻译成汉语时，便有了多种译法。笔者在这里无意对两者作一个严格的界定，只是强调传播是告知公众的过程，侧重于信息的输出；沟通是了解公众的过程，侧重于信息的输入。告知公众是对公众权利的尊重，了解公众是对公众利益的尊重。笔者之所以把传播与沟通并列在一起，只是为了强调这种职能在运作中的信息双向对流性，其实传播中不可能没有沟通，沟通中也不可能没有传播，两者是结合在一起的。

对会计公共关系来说，要想赢得会计公众的支持和合作，实现社会组织长期效益最大化的目标，就必须充分发挥其传播沟通会计信息的职能。会计公共关系的传播，从传播主体看是一种组织传播，传播内容主要是会计信息，传播对象是会计公众，包括投资者、债权人、政府机关、客户等，传播方式主要有人际传播、实物和图像传播、大众传播等。会计公共关系的沟通，是建立在传播的基础上，传播是为了实现沟通。通过沟通，充分了解公众，认真研究公众，准确把握公众的心理，并依据公众态度自觉调整组织会计行为，建立起一种以双方利益为基础的良好合作关系。会计公共关系沟通方式主要有内部沟通与外部沟通、正式沟通与非正式沟通、书面沟通与口头沟通等。

随着市场经济的发展和信息时代的到来，信息市场在整个市场体系中的地位日益突出，而其中的会计信息市场更是信息市场的重要支柱。从宏观上讲，会计信息的质量影响着整个国家市场经济的健康发展；从微观上讲，它也影响着每一个社会组织的生存与发展。而这个重要的会计信息市场的建立与完善，主要就是通过各个社会组织运用会计公共关系的传播沟

---

① 中国社会科学院语言研究所词典编辑室. 现代汉语词典（修订本）[M]. 北京：商务印书馆，2001：193.

② 单振运. 新编公共关系学 [M]. 北京：中国审计出版社，中国社会出版社，2001：365.

③ 中国社会科学院语言研究所词典编辑室. 现代汉语词典（修订本）[M]. 北京：商务印书馆，2001：443.

④ 苏勇、罗殿军. 管理沟通 [M]. 上海：复旦大学出版社，1999：2.

通职能来实现。当社会组织向会计公众充分传播真实的会计信息、主动有效地予以沟通时，二者之间的关系就会日益密切，从而实现双方的互惠互利，同时也有利于整个国民经济的健康发展。

（二）协调会计关系职能

协调是管理的一项重要职能，同时也是会计公共关系的基本职能之一。社会组织的会计活动，体现着各方面的经济利益，面临着众多复杂的会计关系。而在这众多的利益关系中，利己动机又会使得它们之间不可避免地发生矛盾与冲突。同时根据运行原理，摩擦是必然的，顺畅是相对的。因此，在社会组织的会计活动中，如何协调会计关系、缓解和消除矛盾、增进与公众之间的感情、树立良好的会计形象，就成为了会计公共关系的又一专门职能。

所谓协调，其实包括两层含义：一是协商，二是调整。协商是各方共同商量以便取得一致意见，解决的主要是统一认识问题；调整是各方本着求大同存小异的原则，各自作出一定的让步，改变原来的行为或做法，解决的主要是行动问题。其中，协商是前提，调整是目的。没有协商的调整，得不到公众的认可；没有调整的协商，则只是纸上谈兵。因此，协调就是在协商的基础上，经过调整，以实现社会组织与公众之间互惠互利目的的过程。

对于会计公共关系来说，通过协调会计关系，可以增强组织内部的凝聚力、扩大组织在社会上的影响力，以最终实现提高经济效益与社会效益的双重目的。会计公共关系的协调，从协调内容来看，主要有利益协调、目标协调和行为协调；从协调范围来看，主要有组织内部协调和外部协调；从协调方向来看，主要有垂直方向的协调和水平方向的协调；从协调方式来看，主要有财务会议协调、会计制度协调、会计准则协调、资金协调等。

（三）塑造会计形象职能

市场经济的基本特征是竞争，竞争的最高层次是组织形象的竞争。良好的组织形象，对于一个社会组织来说，是一项重要的无形资产，它可以为社会组织营造和谐宽松的发展环境，赢得公众的支持和合作，带来源源不断的经济效益。对于会计工作来说，作为社会组织一项重要的管理工作，面临着众多的会计公众，它的形象好坏直接影响着对组织整体形象的评价。因此，塑造会计形象就成了会计公共关系的基本职能和中心工作。

形象一词的本意，是指人与物的形态、相貌、外观等。公共关系学中的组织形象，是指公众对组织的整体印象和评价。而会计形象，作为组织形象的重要组成部分，是指社会公众对一个社会组织会计工作和会计人员的整体印象和评价。良好的会计形象，主要表现为：①文明服务；②讲求信誉；③秉公办事；④廉洁自律等。

对于会计公共关系来说，塑造会计形象既是其核心职能，又是其基本目标。可以说，会计公共关系的每一项工作都是在围绕着塑造会计形象来展开的。塑造会计形象一般应遵循会计形象的定位与设计、建立与推广、巩固与矫正等程序与环节，根据不同情况可以分别采用提供优质服务、提供财务咨询、社会赞助、危机管理等各种具体方法。

总之，会计公共关系的职能广泛而复杂，国内外专家学者对此看法和认识也不尽一致。虽然如此，笔者仍不揣浅陋作了粗浅的探讨，并且认为，会计公共关系的职能具有以下几个特点：一是形式的多样性，会计公共关系可以在许多方面采用各种形式以发挥它的职能和作用；二是内容的管理性，无论是传播沟通会计信息，还是协调会计关系，抑或塑造会计形象，都可以把它们纳入组织的广义管理活动中，如信息管理、关系管理、形象管理等；三是联系的有机性，在这三个基本职能之间具有内在的联系，其中，传播沟通会计信息是基础，协调会计关系是关键，塑造会计形象是核心。只有各方面的职能充分发挥作用，协调运作，才能产生综合的最佳效果，实现会计公共关系的目标。

四、会计公共关系的学科审视

会计公共关系，作为一种社会现象，是商品经济高度发展和现代公司制企业兴起的必然产物，产生于 20 世纪 20 年代末 30 年代初的美国。会计公共关系，作为一门新兴边缘科学，即会计公共关系学，则是近十几年才出现的事物。建立会计公共关系学，是适应市场经济条件下从理论高度指导社会组织正确处理日益复杂的会计关系的需要。近十几年来频频曝光的国内外大公司对外传播披露会计信息失真的诸多会计公关丑闻，恰好从反面论证了研究和应用会计公共关系学的必要性和紧迫性。

会计公共关系学，简称会计公关学，作为会计学科体系中的一门新兴学科，是在会计学原理和公共关系学原理的基础上发展起来的一门交叉学科。它有自己特定的含义，相对独立的研究对象和研究范围，以及比较完整的理论体系。研究这些内容，对于推动会计公共关系学的学科建设与指导会计公共关系活动的顺利开展，无疑具有重大的现实意义。

（一）会计公共关系学的含义

会计公共关系学如何界定，这是该学科研究首先要解决的问题。根据笔者掌握的现有资料，曾有少数专家学者在一些文献中提到过该学科，比如于玉林教授在《现代会计结构论》《会计基础理论概论》《会计基础理论研究》《大会计学概论》等著作中多次提到过"会计公关学"，但对于如何明确界定其含义，则论述者寥寥无几。为了准确把握其深刻内涵，先让我们来学习一下这几个为数不多的论述吧。

（1）于玉林教授主编的《现代会计百科辞典》认为："会计公共关系学，简称会计公关学，是研究会计公关的产生与发展、理论和原则，公关手段和公关策略及其运用规律，以及科学地组织会计公关活动的一门应用科学。"[①]

（2）于玉林教授主编的《大会计学概论》中再次指出："会计公关学，是研究会计公关活动的一门应用科学。它要研究会计公关的产生与发展、理论和原则，手段和策略及其运用，以及科学地组织会计公关活动。"[②]

对于以上论述，笔者认为于玉林教授已经表述得很全面，但仍有继续研究的必要。我们下定义时，一般应遵循"种差＋邻近属概念"的定义规则，而这里的"种差"应能揭示该事物与相关事物最本质的区别。对于一个学科来说，与相关学科最本质的区别就在于其研究对象的不同。科学学原理认为，任何一门科学都有其特定的研究对象和探索的领域。某一个新学科能否形成，一个重要的标志就是应有本学科特定的研究对象。[③] 毛泽东同志认为："科学研究的区分，就是根据科学对象所具有的特殊的矛盾性。因此，对于某一现象的领域所特有的某一种矛盾的研究，就构成某一门科学的对象。"[④] 对于会计公共关系学来说，其研究对象就是会计公共关系领域中客观存在的某种特殊矛盾。这种特殊矛盾，也就是社会组织在

---

① 于玉林. 现代会计百科辞典 [M]. 北京：中国大百科全书出版社，1994：965.
② 于玉林. 大会计学概论 [M]. 上海：立信会计出版社，2002：259.
③ 于玉林. 会计基础理论概论 [M]. 上海：立信会计出版社，2000：325.
④ 毛泽东选集（第一卷）[M]. 北京：人民出版社，1991：309.

开展会计公共关系活动时所应遵循的客观规律和主观指导规律。因此，会计公共关系学的研究对象就是会计公共关系活动及其规律。至于会计公共关系活动的具体内容，如理论和原则、手段和策略等，本着定义应精练、简洁的原则，不宜把它们放进定义的表述中。此外，"邻近属概念"的表述涉及会计公共关系学的学科性质问题。应当说，会计公共关系学作为会计学与公共关系学相交叉而形成的一门边缘科学，具有公共关系学应用学科和会计学分支学科的双重属性。它是应用于会计领域的公共关系学，同时又是从公共关系学角度来研究的会计学。鉴于许多专家学者，如于玉林教授，一般都把会计公共关系学作为会计学的一门分支学科[①]来研究，笔者基本上也倾向于这种观点。

综上所述，会计公共关系学可以表述为：会计公共关系学是研究会计公共关系活动及其规律的一门会计分支学科。

（二）会计公共关系学的研究范围

会计公共关系学的研究范围，与其研究对象之间有着不可分割的联系。在一定意义上说，它们是同一个问题两个不同的层次。也可以说，会计公共关系学的研究范围，不过是其研究对象的进一步展开和具体化。

前已述及，会计公共关系学的研究对象是会计公共关系活动及其规律，对它的研究一般可以从理论、应用和历史三个方面来展开。因此，会计公共关系学的研究范围，通常可以分为理论、应用和历史三大部分。

（1）会计公共关系学的理论部分。这一部分着重从逻辑上直接阐述会计公共关系的本质、特点及其客观规律。一般划分为基础理论和应用理论两部分。基础理论主要包括会计公共关系学的概念、研究对象、学科性质、研究方法、研究意义、理论基础等内容；应用理论主要包括会计公共关系的分类、目标、原则、规范、方法、程序等内容。

（2）会计公共关系学的应用部分。这一部分着重从具体实践的侧面，探讨和说明会计公共关系学的理论在实践活动中的具体应用及其主观指导规律。一般可以分为组织内部会计公共关系和组织外部会计公共关系两部分。组织内部会计公共关系主要研究会计公共关系主体在开展会计公共关系活动，处理与组织领导者、相关职能部门、职工等内部会计公众关系时

---

① 有关详细内容，可参考前文提到的于玉林教授的相关著作。

采取的各种会计公关方法与技巧等；组织外部会计公共关系主要研究会计公共关系主体在处理与投资者、政府机关、客户等外部会计公众关系时采取的原则、方法、途径等。在应用部分，适当的会计公共关系案例分析，对于总结规律、指导实践也是十分必要的。

（3）会计公共关系学的历史部分。这一部分着重从历史的角度考察和分析会计公共关系实践及其理论的起源、产生与发展的整个历史演进过程及其发展规律。

（三）会计公共关系学的理论体系

会计公共关系学的理论体系，也称会计公共关系学的理论结构，是指会计公共关系学内容的构成部分及其相互之间的关系。会计公共关系学的理论体系与它的研究对象和研究范围有着密切的联系。后者决定前者，前者则具体体现和说明后者。由此可见，会计公共关系学理论体系的结构，客观上已经由其研究对象和研究范围所决定了。

根据上文关于会计公共关系学研究对象和研究范围的探讨与说明，对于会计公共关系学的理论体系，笔者大体上可以作出以下构想：

（1）会计公共关系学原理。它主要研究会计公共关系学的基本概念、基本知识和基本方法等。它在整个理论体系中处于基础地位，概括性、抽象性最强。

（2）会计公共关系实务。它主要研究会计公共关系学原理在实际工作中的具体应用及其规律。会计公共关系学作为一门实践性、应用性很强的学科，其实务部分来自于实践，又直接用于指导实践。它在整个理论体系中处于关键地位，如果会计公共关系学不能用于指导实践，它将失去存在的意义。

（3）会计公共关系发展史。它主要研究会计公共关系实践发展史、理论发展史及其历史发展规律。它为会计公共关系学的研究提供了时间维度的思考。研究历史、总结过去，是为了以史为鉴，可以更好地指导现在、规划未来，它对于会计公共关系学原理和实务研究的借鉴意义是不言而喻的。

前文简单勾画了会计公共关系学理论体系的基本框架。虽然这三个构成部分都可以相对独立存在，但同时它们之间也存在着密切的联系。会计公共关系学原理，对于会计公共关系实务来说，是一种指导关系；会计公共关系实务，对于会计公共关系学原理来说，则是一种应用关系。会计公共关系发展史，与会计公共关系学原理和实务之间，是一种总结与借鉴的关系。对于任何一门学科，研究其发展史，必将对其原理和实务的发展与完善具有积极的借鉴意义，会计公共关系学的研究也不例外。

（四）会计公共关系学的学科性质

会计公共关系学的学科性质，是指会计公共关系学作为一门科学，具有的区别于其他学科的基本特征。由于会计公共关系学是会计学与公共关系学相互融合而形成的一门新兴科学，同时它还吸纳了管理学、传播学、行为科学、社会学、经济学等许多人文社会科学乃至自然科学的知识，因此具有交叉性、综合性和应用性等特征。

尽管如此，但这并不是说，会计公共关系学就是上述相关学科的大杂烩，没有自己的特点和专门理论。而事实上，会计公共关系学是在综合相关学科研究成果和方法的基础上，重新构建的、具有相对独立的研究对象和研究范围的一门新兴的边缘学科。只不过从会计公共关系学与其他学科之间的联系紧密程度来看，它与会计学和公共关系学的关系最为紧密，相通的成分更多一些。因此，从其学科性质来看，它同时具有公共关系学应用学科和会计学分支学科的双重属性。它是应用于会计领域的公共关系学，同时又是从公共关系学角度来研究的会计学。

1. 会计公共关系学是应用于会计领域的公共关系学

公共关系学是研究社会组织公共关系活动及其规律的一门社会应用学科，为组织有效地开展公共关系活动提供了理论指导和基本方法，具有极强的实践性与应用性的特点。自它产生以来，就不断向社会各行各业与各个领域渗透与延伸，逐渐形成了各部门公共关系，如政府公共关系、企业公共关系、事业公共关系等，以及各专业公共关系，如会计公共关系、营销公共关系、生产公共关系、科研公共关系、体育公共关系等。会计公共关系学就是在这样的背景下，通过不断总结会计公共关系实践经验与理论升华而逐渐产生与发展起来的。由此可见，会计公共关系学是公共关系学应用在会计领域的一门新兴边缘学科。

2. 会计公共关系学是从公共关系学角度来研究的会计学

从理论角度讲，我们平常所说的会计学实际上是狭义的会计学，主要包括财务会计学、管理会计学、税务会计学等学科，这种观点限制或阻碍了会计学的学科建设及其实践活动。我们应该学习和研究广义的会计学，即"大会计学"。① 大会计学应当是一个学科体系。于玉林教授在其主编的《现代会计百科辞典》1994 年版中曾经从大会计的角度列示了 5 大类 144 门会计分支学科，比较全面地反映了当时国内外大会计学的发展状况。而正是在这部文献中，笔者专门列出了会计公共关系学，并对该学科的有关辞目进行了解释。再从实践角度讲，随着商品经济的高速发展和现代公司制企业的兴起，企业面临的与各方面的会计关系日益复杂化与公共化，仅靠血缘关系、亲情关系已难以维系，需要专门的从公共关系角度来看待和处理会计关系，会计公共关系就此应运而生了。此后，随着对会计公共关系研究的不断深化与理论总结，会计公共关系学便适时出现了。由此不难看出，会计公共关系学是会计学研究的一个新视角，是从公共关系学角度来研究的会计学。对它进行深入系统地研究，必将会大力推动大会计学的学科发展和正确指导会计公共关系实践活动的顺利进行。

　　综上所述，依据大会计学的观点，会计学的研究范围既包括资金运动，也包括与资金运动相关的各个方面，如会计人员的思维、心理、行为、教育等，因此，会计学科体系既包括研究会计行为客体的传统会计学科，也包括研究会计行为主体的人本会计学科。而会计公共关系学正是研究会计行为主体的一门学科，属于人本会计学的范畴。因此，本章对会计公共关系学的研究，主要还是把它作为大会计学体系中的一门分支学科来看待的。

第二节　组织内部会计公共关系

　　社会组织面临的会计公共关系可以分为两大系统：一是组织内部会计公共关系系统，二是组织外部会计公共关系系统。其中，组织内部会计公共关系是社会组织最先接触，也是最为直接、最为密切的公共关系。它的状态如何和工作好坏，将直接影响着社会组织会计管理活动的顺利开展和有效运行，从而影响着组织整体工作和战略目标的实现；同时，它还会对组织外部会计公共关系的建立和开展产生重要影响。因此，社会组织开展会计公共关系活动，始于内部会计公共关系。"内求团结，外求发展"，搞

---

　　① 于玉林教授对此作了大量的研究，详细内容可参考《大会计学概论》，立信会计出版社 2002 年版。

好内部会计公共关系是整个会计公共关系工作的基础和起点。

一、组织内部会计公共关系系统的结构与特征

组织内部会计公共关系是社会组织的会计公关部门、会计公关人员与本组织内部会计公众之间所开展的一种会计公共关系活动。社会组织的会计公关部门、会计公关人员在开展会计管理活动时，经常会与组织内部的许多部门或个人发生这样、那样或多或少的工作关系。稍有处理不当，就可能对会计工作乃至组织的整体工作造成不利的影响。因此，只有以会计公共关系的观点和方法来审视和处理这些关系，才可能取得良好的公关效果，为会计工作赢得和谐的公关氛围。由于组织内部会计公众分别处于不同的部门或岗位，职责范围不尽相同，角色定位也不尽一致，因此根据内部会计公众的不同，对组织内部会计公共关系系统进行简单地结构划分是十分必要的。同时，与组织外部会计公共关系系统相比，组织内部会计公共关系系统具有某些明显的特征，以下也将对此作一简单地剖析。

（一）组织内部会计公共关系系统的结构

在社会组织内部，会计公关部门开展会计管理活动，会接触到各类会计公众，从而形成各种具体的内部会计公共关系。从纵向上分析，内部会计公众可以分为以下几个层次：

1. 处于决策层的组织领导者

它们是一个组织的最高层次，是社会组织全面工作的决策者和指挥者，同时也是会计公共关系工作的领导者。以公司制企业为例，组织领导者主要是由董事长、总经理、董事等组成。而对于行政事业单位来说，它主要是由部长、厅长、局长及校长、所长等为首的领导班子组成。它们与会计公关部门之间在组织上是一种领导与被领导的关系。会计公关部门应以此为基点，针对它们开展会计公共关系活动。

2. 处于管理层的职能部门

它们是一个组织的中间层次，是社会组织中专门从事各项职能管理活动的专业部门，主要包括采购、生产、销售、劳资、研发、仓储等部门。它们在组织上与会计公关部门之间是一种平行关系，分工负责、各司其职，但同时它们之间也有密切的业务往来和合作关系，需要会计公共关系加以协调与沟通。

3. 处于基层或作业层的职工群众

它们是一个组织的最低层次，是社会组织中直接从事基本作业的普通员工。虽然层次最低，处于工作第一线，但却是直接创造财富和价值的劳动者，是社会组织中数量最庞大的群体，也是组织构成的基本细胞。任何社会组织的生存和发展，都离不开职工群众的广泛参与和团结协作。对于会计公关部门来说，它们同样会与广大职工群众发生各种工作上的关系。具体分析起来，这种关系又可以细分为会计公关部门与普通员工的关系，以及会计系统内部职工之间的关系。

根据前文分析，组织内部会计公共关系系统的结构主要包括与组织领导者的会计公共关系、与相关职能部门的会计公共关系、与职工群众的会计公共关系以及会计系统内部会计公共关系等，它们共同构成了组织内部会计公共关系系统。

（二）组织内部会计公共关系系统的特征

与组织外部会计公共关系系统相比，组织内部会计公共关系系统具有明显的不同特征，主要表现在以下几个方面：

1. 主客体角色的复杂性

在会计公共关系系统中，会计公关部门和会计公关人员是主体，各类会计公众是客体，这在理论上说是十分清晰的，但在实践中这种角色区分却是相当模糊的。因为我们知道，在社会组织内部，职工一般是作为会计公共关系客体的身份出现的，其中也包括会计公关人员。在这种情况下，会计公关人员同时扮演了双重角色，它既是会计公共关系的主体，又是会计公共关系的客体，两种角色浑然一身。这种主客体角色的复杂性，是社会组织内部会计公共关系系统区别于外部会计公共关系系统的重要特征。

对于这种复杂的角色重叠交叉的现象，我们又如何加以明确界定呢？笔者认为，虽然会计公关部门和会计公关人员角色复杂，但对于不同的会计公共关系客体，会计公关人员的角色倾向还是有所不同的。在与组织领导者、相关职能部门和职工群众开展会计公共关系活动时，会计公关部门和会计公关人员处于主体地位，代表社会组织维护组织的整体利益和会计形象；但当在会计系统内部开展会计公共关系活动时，职位较高的总会计师、会计机构负责人等承担着会计公共关系主体的责任，而职位较低的会计公关人员则属于会计公众，处于会计公共关系客体的地位。正确认识和明确界定组织内部会计公共关系主体和客体，是搞好组织内部会计公共关系活动的重要前提，有利于调动会计公共关系主体的主动性，发挥其主导作用，避免因角色定位失误而使会计公共关系活动陷于混乱。

2. 主客体利益的一致性

我们知道，社会组织本来就是内部公众共同的组织形式，而内部公众也是为了追求共同的利益而组成了社会组织。社会组织离不开内部公众的合作，内部公众也需要社会组织的维系。由此不难看出，两者在根本利益上应该是一致的。可以说，社会组织的利益是内部公众利益的集中体现，而内部公众利益也是社会组织利益的具体反映。社会组织的发展有利于内部公众利益的不断增进，而内部公众利益的不断增进也有赖于社会组织的不断发展。社会组织与内部公众是一个利益共同体，以此为基点在处理组织外部会计公共关系时，体现得尤为明显。

因此，社会组织在开展内部会计公共关系活动时，应在确保组织和内部会计公众根本利益最大化的前提下来进行。当然，虽说组织和内部会计公众根本利益是一致的，但也不排除两者利益在特定空间或时间上的矛盾或冲突，比如如何处理整体利益与局部利益、个体利益的矛盾，长远利益与现实利益、眼前利益的矛盾，物质利益与精神利益的矛盾，经济效益与社会效益的矛盾等。这些利益矛盾或冲突的存在，正好验证了社会组织大力开展内部会计公共关系活动的必要性。因为，"公共关系本质上就是一种利益关系"，① "利益是公共关系的基础、主轴和动力"。② 社会组织内部开展会计公共关系活动，其实就是协调两者利益关系，当然协调的基础是两者根本利益上的一致性。

3. 主客体关系的稳定性

前已述及，社会组织与内部公众是利益共同体，两者在根本利益上是一致的。由于两者之间这种天然的内在联系，决定了两者在情感密度上、态度倾向上、物质能量交换上、信息交流上以及行为互动上都体现出超乎寻常的密切，这也促成了社会组织与内部公众的主客体关系呈现出稳定性的特征。

社会组织与内部会计公众之间这种主客体关系稳定性的特征，为社会组织开展内部会计公共关系活动提供了便利条件。一方面，内部会计公众作为组织中的成员，对于组织的要求和指令还是比较乐于接受和服从的，

① 单振运. 新编公共关系学 [M]. 北京：中国审计出版社, 中国社会出版社, 2001：11.
② 单振运. 新编公共关系学 [M]. 北京：中国审计出版社, 中国社会出版社, 2001：13.

对于会计公关部门代表组织开展的会计公共关系活动也是能够自觉配合的；另一方面，社会组织的会计公关部门和会计公关人员在开展内部会计公共关系活动时，相对于外部会计公众来说，比较容易控制和引导内部会计公众的态度和行为向有利于社会组织整体利益的方向发展，因为它们之间毕竟有着共同的利益追求。

237

二、与组织领导者的会计公共关系

一个组织的会计公共关系工作能否顺利地开展，组织领导者的观点、态度和行为起着举足轻重的作用。因此，取得组织领导者的重视和支持，主动与它们进行信息沟通，是社会组织开展会计公共关系活动的首要环节和必要保证。

（一）与组织领导者会计公共关系的含义

领导者，不是一般意义上的管理者，它是指在管理机构中凭借一定的职务和权力，肩负一定的责任，按照事物发展的客观规律和一定的方针、政策，来组织、指挥、控制人们所从事的各种经济及社会活动，实现目标的人。凡参加管理工作的人员都是管理者，但不都是领导者，领导者只是管理者中的一部分。[①] 这里提到的组织领导者，主要是指社会组织中的最高领导者，代表着本组织的整体利益。对于现代企业来说，其领导者就是指总经理，而董事长不一定直接领导和管理企业。因此，与组织领导者的会计公共关系，这里主要是以现代企业为代表，探讨与企业总经理之间的会计公共关系。依据契约理论中的委托代理理论，企业被理解为是一种契约关系的结合。[②] 在这一组契约关系中，又形成了多层委托代理关系：股东大会与董事会和监事会的代理关系、董事会与总经理的代理关系、总经理与各部门或项目经理之间的代理关系、部门或项目经理与职员之间的代理关系。企业内部的这四层委托代理关系，形成了企业内部委托代理关系网络。[③] 在这个委托代理关系网络中，会计部门首先受托于企业总经理，这是一种直接的委托代理关系，对管理会计而言是最主要的关系；其次，

① 李兴山. 现代管理学：观念、过程、方法［M］. 北京：现代出版社，1998：23.
② Jensen M. C and Meckling W. H, "Theory of the Firm, Managerial Behavior Agency Costs and Ownership Structure", Journal of Financial Economics No. 3, No. 4, Oct. 1976.
③ 王开田. 会计行为论［M］. 上海：上海财经大学出版社，1999：61.

会计部门间接受托于企业外部委托者，如股东、债权人、政府机关等，这是一种间接的委托代理关系，对财务会计而言是最主要的关系；最后，会计系统内部的委托代理关系，如会计处、科、室又委托各个不同的会计小组，如出纳组、明细账核算组、总账核算组、总稽核组、分析组和报告组等，各个小组再委托各个会计工作人员。① 至于会计部门与企业内部各有关职能部门之间的关系，不属于委托代理关系，它们之间是一种平行的分工、合作关系。以上关系的存在，都可以通过会计公共关系职能的发挥加以正确处理与协调。

通过以上阐述，我们发现，会计部门与企业总经理之间是一种直接的委托代理关系，会计部门职能的发挥会直接受到总经理的领导和制约。对会计部门来说，企业总经理是其会计公共关系的直接公众，而且是权力型公众，因此，必须要慎重、妥善地加以协调和沟通。

搞好与组织领导者的会计公共关系，对于会计部门来说意义重大。只有协调好与组织领导者的会计公共关系，使它们充分理解和认识到会计管理在组织管理中的中心地位，才有可能赢得它们的信任和支持，从而有利于提高会计工作的地位和作用，有利于顺利地开展会计工作并取得成效。

（二）与组织领导者会计公共关系的方法

在第六章中，我们详细探讨了会计公共关系的三大基本方法：传播沟通会计信息、协调会计关系和塑造会计形象。会计部门在与组织领导者开展会计公共关系工作时，所采用的主要方法实际上就是上述三个基本方法的具体运用。

1. 加强会计部门与组织领导者的信息沟通

前已述及，组织领导者与会计部门之间是一种内部的委托代理关系，同时又由于信息不对称情况的存在，也就是会计部门掌握大量会计信息而组织领导者却知之甚少的情况，这时就需要会计部门积极主动地做好传播沟通工作，因为会计信息对于组织领导者的经营管理决策至关重要。据南京大学会计学系课题组2002年10月至2003年3月进行的关于中国企业会计管理行为的问卷调查结果显示，企业领导对会计的需求主要体现在以下几方面：由于对外报送的会计报表必须要经单位负责人签名和盖章，因此

---

① 王开田. 会计行为论［M］. 上海：上海财经大学出版社，1999：64－65、133. 内容有改动.

定期报送会计报表就成了领导对会计工作的最基本要求；定期的财务分析资料有助于领导及时发现企业存在的问题并作出相应的决策；会计人员熟悉企业资产负债、成本费用的各个微观环节，因此领导需要财务人员参与企业管理并能在会议上提出建设性意见；企业经营管理的微观因素（如预算管理方法等）在不断调整，宏观的环境（如会计制度、准则的修订等）也随时在变化，领导需要熟练应用会计知识去把握瞬息万变的经济现实。[①]会计部门为了满足企业领导者的上述需求，就必须及时地与他们进行信息沟通。从这份调查结果看，企业领导者对这四个方面会计工作的现状还是比较满意的。如果把满意度由低到高分为 1 到 5 这五个层级，这四个方面工作的满意度均值分别为 4.7、4.19、3.81、3.51,[②] 总体来说，结果还是比较理想的。再从财会人员工作时间和精力分布来看，这份调查问卷把会计工作分成了 10 个环节，分别为会计核算、财务分析、与外部协调关系、会计监督、预算管理、财务业绩考核、营运资金管理、筹资管理、投资管理、与企业领导沟通。其中，与外部协调关系和与企业领导沟通都属于会计公共关系的范畴，而且其普及度分别达到了 97.9% 和 51.1% ,[③] 所花费的时间、精力也都很多，尤其是对于会计部门负责人来说，其沟通协调的任务很重。

因此，会计部门作为一个综合性的职能管理部门，更应该经常主动地根据规定或工作的需要定期或不定期地与组织领导者进行信息沟通。正式的沟通方式主要有请示和汇报。请示工作一般是发生在出现了本身无法处理或无权处理的问题的时候，而汇报工作则主要发生在例行会议、例行日期或上级分派的任务完成的时候。例如，根据我国财政部 1996 年发布的《会计基础工作规范》第 75 条规定："对弄虚作假、严重违法的原始凭证，在不予受理的同时，应当予以扣留，并及时向单位领导人报告，请求查明原因，追究当事人的责任。"该规范第 77 条规定："发现账簿记录与实物、款项不符时，应当按照国家有关规定进行处理。超出会计机构、会计人员职权范围时，应当立即向本单位领导报告，请求查明原因，作出处理。"第 79 条规定："（四）对认为是违反国家统一的财政、财务、会计制度规定的财务收支，应当制止和纠正；制止和纠正无效的，应当向单位领导人提出书面意见请求处理。"第 80 条又规定："会计机构、会计人员

① 南京大学会计学系课题组. 中国企业会计管理行为探测 [J]. 会计研究，2003 (12)：34.
② 南京大学会计学系课题组. 中国企业会计管理行为探测 [J]. 会计研究，2003 (12)：35.
③ 南京大学会计学系课题组. 中国企业会计管理行为探测 [J]. 会计研究，2003 (12)：37.

对违反单位内部会计管理制度的经济活动，应当制止和纠正；制止和纠正无效的，向单位领导人报告，请求处理。"这列举了会计部门按照规定应当向组织领导者请示工作的几种常见情况，而汇报工作一般出现在期末或财务等相关会议上，汇报的内容主要集中在财务状况、经营成果、现金流量等会计信息以及各种财务会计指标、财务分析报告等，为组织领导者的经营管理决策提供重要依据。在与组织领导者沟通会计信息时，切记既报喜又报忧，客观公正，实事求是，以便及时地采取应对或补救措施。从沟通方式上看，口头的或书面的，正式的或非正式的等各种方式都可以结合使用，目的就是为了达到最佳的沟通效果。

2. 协调与组织领导者的公共关系

组织领导者是组织的最高行政负责人，全面负责组织的各项工作，会计工作也同样需要接受它们的领导和指挥，因此会计部门应充分尊重领导的权威，平时工作要服从领导的安排，欣然接受并努力完成分派的任务。但是，有时由于会计部门与组织领导者所站的立场或出发点不同，难免会反映在对某些会计事项的处理上，双方的意见产生分歧。如果这一问题处理不当，很容易影响双方的关系和会计工作的开展乃至组织的发展。这时，最需要做的就是协调双方的公共关系，会计部门应主动地与组织领导者交流意见、统一认识，制定和执行正确的决定。如果是由于组织领导者对财会法规理解有偏差或个人、小集体利益驱动而无视法规，作出了错误的决定且又固执己见时，会计部门应耐心地做说服解释工作，晓之以理、动之以情，陈述利害，采取迂回公关策略，尽量和平解决，避免产生正面冲突。当劝说无效、组织领导者强制要求会计部门必须执行不符合财会法律法规、规章制度的决定时，会计人员应当坚持原则，拒绝办理，并向上级主管部门报告。会计人员这样做，也是有法律依据并受到法律保护的。根据1999年修订的《中华人民共和国会计法》第二十八条的规定："单位负责人应当保证会计机构、会计人员依法履行职责，不得授意、指使、强令会计机构、会计人员违法办理会计事项。会计机构、会计人员对违反本法和国家统一的会计制度规定的会计事项，有权拒绝办理或者按照职权予以纠正。"同时，该法对于那些授意、指使、强令会计机构、会计人员进行会计造假和对依法履行职责的会计人员实行打击报复的单位负责人或组织领导者，在第四十五条、第四十六条中都规定了具体的处罚措施。可以说，《会计法》为会计人员依法办事、正确协调与组织领导者之间的公共关系，提供了重要的法律保障。

3. 在组织领导者面前塑造良好的会计形象

塑造良好的会计形象，可以考虑主要从以下几个方面着手：

（1）塑造良好的会计环境形象。在办公场所的设置上，应突出既便于职工、客户等会计公众办理报账、提现等事项，又保证会计部门的安全性，因此会计部门一般应设置在楼层较低且与安保部门较近的位置上。在空间设计上，出纳、会计由于与公众打交道较多，应安排在最靠近公众的位置上，但同时还应当注意与公众保持一定的距离。一些重要的涉及各方面会计公众的财会法律法规、规章制度应张榜公布，贴在最显眼的位置上。在设施条件上，应尽快普及会计电算化，并加快网络会计的基础建设，以提高会计工作效率，减少会计公众的等候时间。

（2）塑造良好的会计人员形象。王建成在其著作《财务公共关系导论》中认为，良好的会计人员形象具体包括：热爱本职、刻苦钻研，实事求是、如实反映，遵纪守法、廉洁奉公，顾全大局、严格监督，当家理财、讲求效益。[①] 良好的会计人员形象到底有哪些，不同人的观点可能见仁见智、不一而足，比如还有素质良好、整洁朴实等，这里不再作严格界定。

（3）塑造良好的会计工作形象。在第六章中，我们谈到的良好会计形象的内容主要就是指会计工作形象，比如包括文明服务、讲求信誉、秉公办事、廉洁自律等。而在组织领导者面前，最重要的是要把会计部门塑造成组织领导者的参谋和助手。由于会计部门本身是一个从事会计信息的输入、加工处理、输出的职能部门，掌握着关于本组织财务状况、经营成果、现金流量或资金筹集、使用、耗费、收回和分配的大量会计信息，具有参与经营管理与决策的先天优势，因此会计部门和会计人员应充分认识到这一点，积极主动地运用现代会计管理方法为组织领导者出谋划策，提供专业咨询服务，当好组织领导者得力的参谋和助手，充分发挥会计管理系统这一决策支持系统的重要作用。正如国际会计师联合会前任会长罗伯特·梅伊所说："会计师的职能就是应用会计这种经济语言，传递财务信息，从而提供制定经营决策所需的信息，因而会计师的角色就是传递经济信息。"[②]

---

① 王建成、伍中信、夏云峰. 财务公共关系导论 [M]. 北京：国防科技大学出版社，2002：137－140.

② 罗伯特·梅伊. 会计师在经济社会中的地位 [J]. 会计研究，1986 (2)：1.

三、与相关职能部门的会计公共关系

会计部门要想顺利地开展会计核算和会计管理工作，圆满地完成组织赋予它的工作任务，取得相关职能部门的支持和合作是十分重要的。从现代管理"三论（信息论、系统论和控制论）"的角度看，各种职能管理都是整个组织管理系统中的各个专业子系统，它们之间既相互独立，又需要相互配合，才能实现系统的整体目标。因此，会计部门必须要十分重视并努力开展与相关职能部门的会计公共关系活动，以形成良好的合作关系。

（一）与相关职能部门会计公共关系的含义

职能管理是随着生产经营的发展，管理专业化分工的结果。会计部门与其他职能部门如生产部门、销售部门和供应部门等都是十分重要的部门，分属于各个专业子系统。而根据系统论的观点，各个子系统都是开放式的信息系统，它们之间需要不断地进行信息、物质、能量的交换，以维持和保证整个组织系统的正常运转。因此，对会计部门来说，与相关职能部门的会计公共关系，也就是探讨如何沟通协调与它们之间的公共关系，以便更好地推动会计工作的开展。

从权力层级上看，会计部门与相关职能部门是一种平行的横向关系，没有纵向的隶属关系，而是分属于各个管理子系统。因此，它们在组织管理活动中，除了要完成本部门职能管理任务以外，还应注意相互协作、通力配合，共同实现组织整体目标。否则，如果相互扯皮、推诿、拆台或对抗，那么组织系统的运转将会陷入瘫痪。因此，对于一个组织来说，搞好会计部门与相关职能部门的会计公共关系至关重要。

（二）与相关职能部门会计公共关系的方法

与相关职能部门开展会计公共关系活动，主要应当从以下几个方面着手：

1. 加强信息沟通

前已述及，会计部门与其他职能部门都是开放式的信息系统，它们之间存在着信息交流沟通活动，以实现资源共享。它们之间的信息沟通，从方式上看主要有口头沟通（如电话、会议等）、书面沟通（如报表、公文等）、网络沟通等多种方式。比如说，会计部门编制和提供的内部管理报

表，就是很多职能部门迫切需要了解和掌握的，因为它包含着太多的与各职能部门决策相关的会计信息。按其反映的内容不同，内部管理报表可以分为资产管理类、成本费用和销售利润类以及其他内部管理报表。据前文提到的南京大学会计学系课题组 2002 年 10 月至 2003 年 3 月针对中国企业会计管理行为所做的一次问卷调查结果显示，有 27.9% 的生产部门、25.6% 的销售部门、14.0% 的供应部门明确表示需要会计部门向它们提供内部管理报表，领导的需求率更是高达 97.7%。① 由此可见，会计部门与相关职能部门信息沟通的迫切性和现实性。再者，从内容上看，沟通的信息主要有：①从统计机构获取生产经营、业务过程和成果资料，向其提供经过会计处理的财务指标；②从人事、劳动管理机构获取人力利用及工资指标，向其提供有关经济效益指标；③从供销机构获取各种实物的收发调存等动态信息，向其提供有关经营资金的收支占用信息；④从设备、动力管理机构获取设备的购置、更新、转产、修理、清理报废及动力平衡和分配等方面的资料，向其提供折旧费用的提取和在建安装工程的核算资料等。②

2. 协调利益关系

由于会计部门是一个社会组织经济利益分配的核算和管理中心，与各个职能部门的利益有着十分密切的关系。会计部门在利益分配的具体问题上，难免会与某些职能部门发生矛盾或冲突。此时，会计部门必须要正确协调和处理与这些职能部门的利益关系，以消除分歧，达成共识，共谋发展。会计部门可以采取以下方式进行协调：

（1）会计制度协调。社会组织内部会计制度的制定和实施是组织经济管理中非常重要的基础性工作，目的在于规范会计行为，理顺会计关系。因此，社会组织在制定内部会计制度时，要以财会法律法规和国家统一的会计制度为依据，结合本单位生产经营、业务管理的特点和要求，广泛征求和充分考虑各职能部门的意见和要求，积极协调各方利益，力求切实可行。根据我国财政部 1996 年发布的《会计基础工作规范》第五章的规定，内部会计管理制度的主要内容包括：内部会计管理体系、会计人员岗位责任制度、账务处理程序制度、内部牵制制度、稽核制度、原始记录管理制度、定额管理制度、计量验收制度、财产清查制度、财务收支审批制度、

① 南京大学会计学系课题组. 中国企业会计管理行为探测 [J]. 会计研究，2003（12）：37.
② 张汉兴、李增军、袁志. 会计公共关系指南 [M]. 石家庄：河北人民出版社，1993：352.

成本核算制度、财务会计分析制度等。这些制度建立、下发并付诸实施以后，必将成为协调各职能部门利益关系的重要依据。任何职能部门都必须在会计制度的框架内从事本部门职能管理活动，不得借口维护本部门利益而违反会计制度。

（2）资金协调。会计工作是一项涉及面极其广泛的职能管理工作，它所从事的资金管理活动更是直接涉及各职能部门的经济利益，这也成了各职能部门关注的焦点。因此，为了加强资金管理，协调各职能部门的利益关系，会计部门应责无旁贷地承担起领导内部核算、组织内部结算的重任。在领导内部核算时，会计部门处于主导地位，在成本费用核算、收入利润核算、利润分配核算等方面应当注意综合平衡各职能部门的资金需求，各职能部门也应积极配合和支持会计部门的工作。在内部核算方面，可以引入责任会计管理模式，它是已被西方和我国多年来会计实践充分证明了的管理活动中的成功经验。从内容体系上看，社会组织建立责任会计制度，包括划分责任中心，规定权责范围，确定责任目标，建立责任核算信息系统，制定内部结算价格，建立内部结算制度，选用内部转账通知单、内部托收承付结算、内部货币结算、内部银行支票等结算方式，编制责任报告，考评工作业绩等。虽然责任中心的划分与各职能部门的设置不尽相同，但责任会计管理的某些成功经验，对于协调会计部门与各职能部门之间的关系、考评各职能部门的工作业绩同样是适用的。

3. 塑造会计形象

在各职能部门面前，最重要的是要把会计部门和会计人员塑造成客观公正、廉洁奉公的会计形象。

（1）客观公正。客观是指会计人员应如实反映会计事项，提供与事实相符的会计信息，不弄虚作假。它是会计人员最根本的信条和理念。它要求会计人员在处理会计事项、传播会计信息时，要以实际发生的交易或事项为依据，以会计法律法规和规章制度为准绳，实事求是，不掺杂个人主观意愿，也不为组织领导者或各职能部门的意见所左右，保持会计人员从业的独立性。公正是指公平正直，没有偏私。它是正确处理各种利益关系的基础，使利益关系保持均衡，使会计公共关系活动正常进行。它要求会计人员在处理与各职能部门利益关系时，力求公平合理地对待每一方的正当利益要求，不以牺牲一方利益为条件而使另一方受益。

（2）廉洁奉公。古人云："不受曰廉，不污曰洁。"作为直接与钱财物打交道的会计人员，更应该廉洁自律、克己奉公。廉洁奉公要求会计人员应当洁身自好、不贪不占，在与各职能部门打交道、审批财务收支、分配经济利益时，不得以权谋私、中饱私囊，不得向各职能部门索贿受贿，不得接受和提出某些不正当的个人要求。

四、与职工群众的会计公共关系

公共关系始于职工关系。社会组织是由广大职工群众共同构成的。职工是社会组织赖以生存和发展的细胞，与社会组织的目标和利益最为密切。现代管理理论认为，人是组织中最重要的资源，强调"人的因素第一"。[①]弗雷德里克·泰罗在"科学管理"理论中曾把人视为只是具有高度智能结构的机械人。然而，这个时代一去不复返了。美国著名公共关系学研究权威斯科特·卡特李普认为："雇员是构成企业的最重要的公众，协调和处理与这些公众的相互利益关系，是公共关系的首要任务。"[②]同时，他还指出："作为公共关系职能的一个组成部分，雇员沟通的目标是确认、建立和保持组织和雇员间的相互利益关系。雇员决定着企业的成功或失败。"[③]因此，应将职工关系作为最重要的第一关系来看待，其重要性应当受到社会组织的高度重视。作为会计部门，也理应站在对组织高度负责的立场上认真对待和正确处理与职工群众之间的公共关系。

（一）与职工群众会计公共关系的含义

职工，也称员工，一般是指社会组织内全体工作人员的总称。在一个社会组织内部，依照其组织系统，从最高领导核心到各职能管理机构的工作干部、直致所有基层部门及岗位的普通脑力劳动者和体力劳动者等，都是这个组织的员工成员。[④]本书所指的职工群众，不包括组织领导者和各职能部门管理人员，仅指狭义上的普通职工，这也是职工中最基本的构成部分。因此，与职工群众的会计公共关系，也就是会计部门如何沟通协调与广大普通职工之间的公共关系的活动。

对会计部门来说，它与职工群众之间纯粹的工作关系并不多，主要体现在以下几个方面：发放工资、奖金和各种津贴、补贴，借款和还款，报

---

① 秦启文. 现代公共关系学［M］. 重庆：西南师范大学出版社，1995：163.
② 斯科特·卡特李普等. 有效公共关系［M］. 北京：中国财政经济出版社，1988：315.
③ 斯科特·卡特李普等. 有效公共关系［M］. 北京：中国财政经济出版社，1988：305.
④ 李道平等. 公共关系学［M］. 北京：经济科学出版社，2000：251.

销差旅费、采购费、探亲费、医疗费等费用，以及财产物资的管理等。这些方面直接涉及职工群众工作、生活中的切身利益，会计部门必须要高度重视和妥善处理。当然，会计部门开展与职工群众之间的会计公共关系活动，绝不仅仅是这些方面内容，会计部门应站在组织的高度，充分了解和尽量满足职工群众各方面的利益需要。只有建立了良好的职工群众关系，社会组织才能赢得职工群众的配合和支持，增强内部凝聚力和向心力，调动职工参与管理和民主理财的积极性，从而为构建良好的外部会计公共关系创造条件。

（二）与职工群众会计公共关系的方法

建立和维护良好的员工关系，对财务公共关系而言，既是一个发展的机会，也是一个严峻的挑战。[①] 对此，会计部门应有一个充分的思想准备，采取一切方法搞好与职工群众的公共关系。

1. 加强会计信息的传播沟通

会计部门与职工群众之间的会计信息沟通应当是一种双向的信息交流，也就是说它应包括以下两个方面：一方面，会计部门应当及时地向职工群众传达和解释组织的会计信息，尤其是那些与职工群众利益有关的信息，比如就业、工作条件、福利待遇、销售情况、财务状况、退休及劳保等信息，增进会计信息的透明度和开放度。与其让小道消息、猜测和谣传等非正常渠道流传的有可能失真或虚假的会计信息充塞职工群众的耳朵，造成不利的后果，倒不如将真实的会计信息及时准确地传递到职工群众的耳中。这样，传播利好的信息可以对职工群众增强信心，鼓舞士气，调动工作积极性和能动性；即使是不好的信息，也要如实传播，这样做本身就传递着对职工群众尊重和信任的信号，反而可能会赢得职工群众的理解和支持，从而激发他们的主人翁责任感和团结奋进、战胜困难的勇气与热情，自觉地把自身与组织结成紧密的利益共同体，共渡难关。对一个社会组织来说，生产经营管理出现暂时的困难并不可怕，可怕的是组织与职工群众之间消息闭塞、互不信任，乃至关系紧张，内耗严重。在职工与组织关系紧张的诸因素中，神秘性、封闭性与随意性是最主要的。[②] 而沟通是减少猜疑与内耗的最有效办法。因此，组织应积极主动地向职工群众传播

---

① 王棣华. 论企业财务公关管理 [J]. 广西会计，1999（12）：29.
② 徐美恒、李明华. 公共关系管理学 [M]. 北京：中国人民公安大学出版社，2002：119.

各种会计信息，与全体职工分享足够的信息，以取得职工群众的支持和合作。在组织内部，信息的共享是建立良好职工关系的关键。① 当然，传播不等于泄密，涉及国家机密、组织的商业秘密或技术秘密的信息不对外传播，也是必须要谨记的。另一方面，会计部门应当认真收集和听取职工群众在一系列利益问题上希望表达和满足的要求、愿望、意见或建议，并及时反馈给组织领导者加以研究和解决。因此，社会组织应建立和完善合理化建议制度，广泛征求职工群众关于组织财务管理的诸多建议，并尽快给予答复和采取行动。这样做，一方面，可以使职工群众的创造力和潜能得以开发利用，给组织带来巨大的经济效益；另一方面，又可以使职工群众的成就欲望得到满足，个人价值得以实现，从而产生自豪感和强烈的进取心，形成职工群众人人关心组织、共同维护组织利益的良好局面。

会计部门与职工群众之间开展信息传播沟通，可以采取多种多样的方式和媒介。一般来说，可以采用以下几种常见的方式方法，比如通过会议、内部刊物、职工手册、简报、公告牌、黑板报、职工信箱、内部有线广播、闭路电视、局域网、热线电话、财务报告等，向职工群众及时通报与他们切身利益密切相关的组织财务状况、经营成果、职工福利、劳动保障等信息。只有这样，社会组织才能与职工群众之间建立有效的双向沟通机制，增强沟通效果，融洽职工关系。

2. 协调职工利益，实行民主理财

利益是构成一切公共关系的基础。协调好组织与员工之间的关系，说到底，就是协调好彼此之间的利益关系。如何协调？简单地说，就是在满足员工利益的基础上予以协调。② 职工群众参加组织的工作，最根本的目的还是在于物质利益的满足。尤其在我国人民物质生活水平普遍较低、职工收入十分有限的情况下，职工群众的物质需求是第一要求。因此，会计部门和会计人员一方面应尊重职工群众的利益要求，敦请组织领导者重视职工群众物质待遇的改善，在可能的条件下尽量满足他们的物质需求，同时还应及时向领导反映职工群众对工资和其他物质报酬的分配意见和要求，协助领导公正合理地解决工资调级、奖金分配等物质利益问题。另一方面，限于社会组织现有的经济效益和社会生产力发展水平，不可能完全满足职工群众的物质利益要求，这就需要会计部门对职工群众做好说服解

---

① 秦启文．现代公共关系学［M］．重庆：西南师范大学出版社，1995：164.
② 单振运．新编公共关系学［M］．北京：中国审计出版社，中国社会出版社，2001：290.

释工作，协调组织与职工群众的利益冲突，以求得他们的谅解和支持，使职工群众对物质待遇的期望值保持在现实合理的水平上，对组织用于扩大再生产、更新设备、研究开发、开拓市场、职工培训的经费开支予以理解和支持。因为职工群众的物质要求既是一个常量，又是一个变量。他们对自己的工资福利满不满意，不仅仅取决于工资份额，也取决于他们的参照模式。参照模式通常有三种类型：一是他们原有的工资和福利待遇；二是企业内其他人现有的工资和福利待遇；三是社会上其他组织同类型人员现有的工资和福利待遇。通过各种参照模式的比较，就产生了他们对自己工资、福利待遇的期望值。职工对自己的工资、福利待遇不满意，常常是因为工资绝对值和期望值之间的差距造成的。[①] 因此，会计人员应主动分析职工群众的期望值和满足的可能性，能满足的要尽量满足，不能满足的也要说明原因，做好协调工作。

在尽量满足职工群众物质利益的基础上，会计部门还应注意满足职工群众的精神需求。美国著名人本主义心理学家马斯洛认为，人的基本的物质需求得到满足后，精神上的需求就会逐渐上升为主要需求。对于职工群众来说，精神需求主要包括归属、交往、尊重、自我实现等。而会计部门所能做的，就是要调动他们的工作积极性，引导他们参与组织管理与决策，使他们在精神上产生当家做主的满足感，把实现自身价值与组织整体价值统一起来。美国著名企业家玛丽·凯曾经指出，人们会支持他们参与创造的事物。当职工参与管理和一定程度的决策时，他们对自己参与决定的管理制度和生产措施，总是身体力行的。反之，如果职工希望表现自我能力的心理需要被忽视和受到压抑，就可能转变为组织的异己力量，就可能在"离心力"的影响下产生消极抵抗和对抗的行为。[②] 因此，会计部门应让越来越多的职工群众参与到组织的会计管理工作中来，实行民主理财、账目公开，增加会计工作的透明度，让他们了解组织的财务目标与计划，并参与到其制定和实施过程中。为了充分调动职工群众参与管理的积极性，增强职工群众参与管理的意识，一个很有效的办法就是吸引或扩大职工群众在组织（主要指股份制企业）中的持股份额，使职工群众成为组织的股东，从而激发或增强其主人翁责任感，自觉参与组织管理。此外，

① 王建成、伍中信、夏云峰．财务公共关系导论［M］．北京：国防科技大学出版社，2002：156.

② 王建成、伍中信、夏云峰．财务公共关系导论［M］．北京：国防科技大学出版社，2002：157.

会计部门还应制定和实施科学的激励机制。激励除了必要的物质激励以外，还要有十分重要的精神激励。精神激励对职工群众所起的激励作用有时比单纯的发钱、发物更为重要。

3. 在职工群众面前塑造良好的会计形象

在职工群众面前，会计部门代表着组织，会计公共关系活动代表着组织行为，会计形象也直接影响着组织形象的好坏。因此，会计部门应注意塑造良好的会计形象，主要包括以下几个方面：①爱岗敬业。会计人员要热爱本职工作，尽职尽责，忠于职守。②文明服务。会计部门对待职工群众一定要搞好文明服务，符合法律法规、规章制度，能办理的财务收支事项，要及时办理；不符合有关规定，不能办理或暂时不能办理的会计事项，要耐心、细致地做好说服解释工作。③秉公办事。对待职工群众要求办理的会计事项，不管其职位高低，还是关系远近，会计部门一定要秉公办理、不徇私情，切实做到依法理财。

五、会计系统内部会计公共关系

在社会组织内部，会计系统是会计公共关系活动的实施主体，代表组织与组织内外部会计公众开展会计公共关系活动。但同时，我们还应该认识到，在会计系统内部同样需要开展会计公共关系活动。具体来说，会计系统内部会计公共关系可以分为总会计师的会计公共关系、会计机构负责人（或会计主管人员）的会计公共关系，以及一般会计人员之间的会计公共关系等。

（一）总会计师的会计公共关系

总会计师，是社会组织中负责全面经济核算和财务会计工作的行政领导成员，处于组织的决策层，相当于组织中的行政副职，协助主要行政领导人工作，是组织领导者的主要成员。因此，前文所述的会计部门与组织领导者的会计公共关系的基本原理和方法，同样适用于会计部门与总会计师之间的公共关系。但同时我们又注意到，总会计师还是社会组织会计系统的总负责人，全面负责本组织的财务会计管理工作，从本质上说，它也是会计人，因此本文也把它作为会计系统的一部分来加以研究。只不过在总会计师作为会计公共关系主体身份出现的时候，会计机构负责人和一般会计人员则处在了客体的地位，而成了会计公众。

根据我国1999年修订的《会计法》第三十六条第二款的规定："国有的和国有资产占控股地位或者主导地位的大、中型企业必须设置总会计师。总会计师的任职资格、任免程序、职责权限，由国务院规定。"1990年12月我国国务院发布了《总会计师条例》。该条例第三条明确指出："总会计师是单位行政领导成员，协助单位主要行政领导人工作，直接对单位主要行政领导人负责。"该条例第五条又规定："总会计师组织领导本单位的财务管理、成本管理、预算管理、会计核算和会计监督等方面的工作，参与本单位重要经济问题的分析和决策。"由此可见，总会计师既是组织的高层行政领导成员，同时又是本组织会计工作的最高负责人，它既有权力、又有责任代表组织对内外部会计公众开展会计公共关系活动。也就是说，总会计师的会计公共关系既包括总会计师在会计系统外部的公共关系，也包括它在会计系统内部的公共关系。考虑到前文已经探讨了会计部门与组织领导者、各职能部门、职工群众之间的会计公共关系，其基本原理和方法也同样适用于总会计师与这些会计公众之间的公共关系，这里不再赘述。因此，本节仅探讨它在会计系统内部的会计公共关系。

1. 总会计师与会计部门之间的会计公共关系

根据我国《总会计师条例》的规定，总会计师的职责之一是负责本单位财务会计机构的设置和会计人员的配备，组织对会计人员进行业绩培训和考核，支持会计人员依法行使职权。由此不难看出，会计部门作为具体办理会计工作的职能部门，由总会计师归口管理，直属总会计师领导，但它并不是总会计师的办事机构。总会计师还有其他重要的职责，如：①组织编制和执行预算、财务收支计划、信贷计划，拟订资金筹措和使用方案，开辟财源，有效地使用资金；②建立、健全经济核算制度，强化成本管理，进行经济活动分析，精打细算，提高经济效益；③协助组织主要行政领导人对本组织的生产经营和业务管理等问题作出决策；④参与新产品开发、技术改造、科学研究、商品（劳务）价格和工资、奖金方案的制订；⑤参与重大经济合同和经济协议的研究、审查等。因此，总会计师在开展全面经济核算工作、领导和协调各职能部门工作时，切忌眼睛只盯着财务部（处、科、股）和会计工作，把自己的职责仅仅定位于大财务部长，正确的做法应该是合理划分与会计部门的职责权限，把更多的日常事务交由会计部门办理，总会计师应该是把更多的时间和精力用在组织的全面经济核算、管理、效益和分配等重大问题上。

因此，总会计师对会计部门主要还是起着领导、指导和监督的作用，并不过多地干预日常事务，因此它与一般会计人员接触并不多，更多地还是与会计机构负责人直接联系。对于总会计师与会计机构负责人之间，不管谁是主体谁是客体，会计公共关系工作主要有以下几个方面内容：

（1）沟通信息。两者沟通信息的主要方式就是汇报和请示。会计部门是组织中整个会计系统的信息中心。为了使会计信息能及时传播和反馈到决策层，也为了能从决策层得到涉及会计系统的控制指令，会计机构负责人必须及时、充分地与总会计师进行沟通，向其汇报资金、成本、利润等情况，并请示对问题的处理意见。作为总会计师，要认真听取汇报，并作出正确的指示或下达必要的指令。在这个沟通信息过程中，应注意分清职责权限，这是理顺两者关系的基础。一般来说，总会计师负责总体指挥，出现比较重大的问题才亲自过问和处理；会计机构负责人实施具体管理，领导和处理一般性会计事务。只有权责明确，分清哪些事可由会计机构负责人全权处理，哪些事必须向总会计师请示或汇报，才能避免出现会计机构负责人一切问题上交、总会计师为日常事务所累，或会计机构负责人大包大揽、总会计师无所事事的情况出现。同时，会计机构负责人在请示和汇报时，切忌越级上报，即越过总会计师直接向组织主要负责人汇报或请示，这样做既不利于会计工作，也不利于与总会计师搞好关系。

（2）协调关系。会计工作是一项涉及面极广的职能管理工作。它既要求供应、生产、销售、统计、审计、劳资、设备动力等职能部门的支持和配合，同时又要配合和支持这些职能部门的工作。由于会计机构负责人与这些部门的负责人在职位上是平行关系，互不归属，因此当遇到涉及多部门利益且互不相让的会计事项时，会计机构负责人往往感到无能为力，这时就需要有一个层次更高、权责更大的权威来协调关系。而可以承担这个职责、接受会计部门协调请求和向会计部门发出协调指令的权威当属总会计师最合适不过了。再者，由于总会计师是组织会计工作的总负责人，会计机构负责人是组织会计工作的具体负责人，两者的职责权限在实际工作中很难做到界限分明，容易导致职责不清、角色错位的问题出现，这同样需要两者之间相互协调。由于总会计师是会计机构负责人的顶头上司，因此协调的主动权主要还是掌握在总会计师的手中，会计机构负责人应当服从总会计师的指示和安排。

2. 总会计师与一般会计人员之间的会计公共关系

一般来说，总会计师主管组织会计管理工作的面上工作，不直接经办日常事务，因此它与一般会计人员接触机会不多，但不能就此得出结论：

总会计师就不需要与一般会计人员搞好关系。虽说总会计师主要是做好领导和指导工作，但这并不是说它就可以高高在上，每天只是听汇报、批请示，而是应该主动地深入工作实际，深入到群众中去，搞好调查研究，与一般会计人员和其他职工群众交流沟通，听取意见和建议，关心他们的工作和生活，帮助他们协调和解决工作中的困难和问题，并把一些关系重大的问题或建议及时反馈给组织决策层，以便研究解决。这样，既可以促进组织的会计工作，又融洽了群众关系，塑造了良好的会计形象。

（二）会计机构负责人（或会计主管人员）的会计公共关系

会计机构负责人，是一个组织中具体负责会计工作的中层管理人员，掌管着会计机构的全面工作，一般称之为财务部（处、科、股）长，会计部（处、科、股）长，计财部（处、科、股）长，财会部（处、科、股）长等，也有人称之为部经理的。这里的会计机构负责人，也包括会计主管人员，这是1999年修订的我国《会计法》中的一个特指概念，它不同于一般意义上的"会计主管"、"主管会计"或"主办会计"等，它是指在那些没有设置专门会计机构的组织中，在有关机构配备的专职会计人员中指定的，负责组织管理会计事务、行使会计机构负责人职权的负责人。其目的在于强化责任制度，防止出现会计工作无人负责的局面。

会计机构负责人（或会计主管人员）是组织中比较重要的中层管理人员之一，在总会计师或其他组织领导者的领导下，承担着整个组织会计管理具体工作的重任，具体来说，它主要具有以下职责：①具体领导本组织的财务、会计工作；②组织制定本组织的各项财务会计制度，并督促贯彻执行；③组织编制本组织的财务成本计划、银行借款计划，并组织实施；④会同有关职能部门组织资金定额的核定工作；⑤负责完成各项上交任务；⑥开展财务成本计划情况分析，提高经济效益；⑦参加生产经营管理会议，参与经营决策；⑧审查或参与签订经济合同、协议；⑨负责向组织领导和职工代表大会报告财务状况和经营成果，审查对外提供的会计资料；⑩组织会计人员学习政治理论和业务技术，负责会计人员的考核，参与研究会计人员的任用和调配。会计机构负责人（或会计主管人员）承担的上述职责能否切实履行，会计工作任务能否顺利完成，必然离不开总会计师的领导和一般会计人员的支持和配合。由于总会计师与会计机构负责人之间的会计公共关系前文已述，这里主要探讨会计机构负责人（或会计主管人员）与一般会计人员之间的会计公共关系。

会计机构负责人（或会计主管人员）是组织中会计工作的具体负责人，是一般会计人员的顶头上司，平时接触较多，可以考虑主要从以下几个方面开展会计公共关系活动：

（1）传播沟通会计信息。它们之间的信息沟通，除了请示、汇报等正式的沟通方式以外，也可以通过平时的谈话、业务交流、理论学习等非正式沟通方式，以达到交流信息、沟通感情的目的。如果发现问题与困难，也可以迅速解决或提交上级领导研究解决。

（2）协调会计关系。在会计机构内部一般设置多个工作岗位，分工负责各方面具体会计工作。由于它们在地位上是平行关系，在处理某些会计事项时难免会出现推诿或扯皮的情况，这时就需要会计机构负责人（或会计主管人员）来协调它们之间的关系，划分岗位职责，并且有计划地实行岗位轮换制；对一般会计人员的工作交接，也要负责监交，从而可以有效地避免各岗位会计人员之间、移交人员与接管人员之间出现不必要的矛盾或冲突。

（3）塑造会计形象。会计机构负责人（或会计主管人员）应带头维护组织的会计形象，率先垂范，真正起到一个示范表率的作用。只有这样，才能引导和带动一般会计人员以会计机构负责人（或会计主管人员）为榜样，从自我做起，为会计公众着想，搞好优质服务，为组织经营管理献计献策，自觉维护良好的会计形象。

（三）一般会计人员之间的会计公共关系

一般会计人员是各方面具体会计工作的实际执行者和操笔者，是组织中的基层工作人员，其基本职责就是经办各项具体会计业务。由于会计业务综合性强，涉及面广，头绪繁杂，一般它又可以细分为各项具体业务。适应上述业务需要，会计核算工作一般也据此设置多个工作岗位，如会计机构负责人（或会计主管人员），出纳，财产物资核算（包括材料、产成品、固定资产核算等），工资核算，成本费用核算，财务成果核算，资金核算，往来核算，总账报表，稽核，档案管理等。除此以外，会计管理（或财务管理）工作也可以设置相应的工作岗位，如综合分析、预算管理、资金管理等。开展会计电算化和管理会计的组织，还可以根据需要设置相应工作岗位，也可以与其他工作岗位相结合。组织根据以上工作岗位的设置，再配备合适的会计人员。当然岗位与工作人员不一定要一一对应，可以一人一岗，一人多岗或一岗多人。各个组织可以根据所在行业特点，规模大小，业务繁简和人员多少等情况具体确定。但需要注意的是，出纳人员不得兼管稽核、会计档案保管和收入、费用、债权债务账目的登记工作，这是内部会计控制的要求。由上可知，会计工作进行了岗位设置和人员配备，它为我们在会计工作中实行会计人员岗位责任制提供了现实条件。实行岗位责任制，就是在会计机构内部，对一般会计人员进行合理的岗位分工，并明确其岗位职责，形成会计人员分工负责、各司其职的局面。它的实行，必将极大地增强每一位会计人员的责任感和纪律性，有助于提高会计工作的效率和质量。但同时我们还应该认识到，由于会计工作内在的联系性，决定了各个会计工作岗位上的会计人员不仅要权责明确、各司其职，而且还要注意相互之间的支持和配合，避免出现"各扫门前雪"的情况，而这正需要会计公共关系的沟通和协调机制从中发挥作用。

1. 各会计工作岗位和人员之间的信息沟通

张汉兴同志认为，在工业企业里，会计机构内部会计工作岗位和人员之间的信息沟通，主要包括如下几个方面：[①]

第一，总分类核算（管理）与各明细分类核算（管理）之间的信息沟通。如总分类核算（管理）向各明细分类核算（管理）提供总体核算（管理）体制和总账科目设置，控制明细分类核算（管理）的方向和流程。各明细分类核算（管理）向总分类核算（管理）提供具体核算（管理）的过程和经过汇总的结果，接受总分类核算（管理）的控制和指导。

第二，各明细分类核算（管理）岗位之间的信息沟通。比如：①出纳岗位要向成本费用核算岗位提供现款开支的费用，向资金管理岗位提供货币资金调度、使用的过程和结果；②工资核算岗位要向成本费用核算岗位提供工资及福利费、奖金、津贴的分配方案和规模；③固定资产核算（管理）岗位要向成本费用核算岗位提供折旧费用和修理费用的计提情况；④材料核算岗位要向成本费用核算岗位提供材料的耗用方向和金额，向流动资金管理岗位提供材料采购、资金的支付情况和储备资金的占用水平；⑤成本费用核算岗位要向产成品核算岗位提供本期产品的单位成本水平和总成本规模，向流动资金管理岗位提供生产资金的周转和占用情况；⑥产成品核算岗位向财务成果核算岗位提供已销产品的生产成本水平和规模，向流动资金核算岗位提供成品资金的周转和占用情况；⑦财务成果核算岗

---

① 张汉兴、李增军、袁志. 会计公共关系指南［M］. 石家庄：河北人民出版社，1993：388.

位向产成品核算岗位提供产品销售的数量和结构，向资金管理岗位提供收入和利润的分配方向和规模；⑧各资金管理岗位向有关核算（管理）岗位提供各种资金的调度、使用、周转、占用的过程和结果，等等。

第三，各会计核算（管理）岗位内部会计人员之间的信息沟通。以成本费用核算（管理）岗位为例：①基本生产成本核算人员要向辅助生产、自制半成品成本核算人员和管理费用核算人员提供成本计算的总体安排和汇总分配的标准；②辅助生产成本核算人员要向基本生产成本核算人员和管理费用核算人员提供辅助生产成本的转移方向和规模；③管理费用核算人员要向基本生产成本核算人员提供管理费用的汇总和分配情况，等等。

2. 各会计工作岗位和人员之间的关系协调

会计系统是一个专业性、逻辑性都很强的信息系统。该系统的内部特征是：结构复杂，组织严密，联系广泛，环环相扣。[①] 也就是说，在会计系统内部，各个工作岗位分工协作，层层递进，共同完成会计工作任务。一旦某一环节出现故障，将有可能导致整个会计系统无法正常运转乃至陷入瘫痪。因此，在会计系统内部的各个会计工作岗位和人员必须要紧密配合、团结协作，除了要相互沟通信息以外，还应注意在以下几个方面工作中协调相互间的关系，避免出现互相扯皮、推诿等不负责任问题的出现。

（1）会计凭证传递。会计凭证传递一般会涉及组织内部许多相关职能部门和人员，这里仅指会计机构内部的会计凭证传递。为了确保会计凭证及时、安全、快速、高效地传递到各个必要环节，会计部门应事先规定好合理的传递路线、传递时间以及在传递过程中的衔接手续等。在这个传递过程中，各个工作岗位和会计人员都应当严格执行上述规定，协调好与前、后各个岗位之间的关系，既要保证有关岗位和人员都能及时了解情况和处理业务，又要避免前后岗位之间因协调不好而相互扯皮致使会计凭证传递出现停滞，以至于影响组织整体会计工作的顺利开展。

（2）对账。对账是为了保证账簿记录的真实性和正确性，对账簿中各账户的记录进行的检查和核对。对账一般包括账证核对、账账核对、账实核对等，它是会计工作的必经程序。在对账过程中，各会计工作岗位和人员一定要积极主动，相互配合，避免出现矛盾或纠纷。即使核对不符或发现错账，也不要相互指责或猜疑，而应该相互支持，共同努力，尽快查明

① 张汉兴、李增军、袁志. 会计公共关系指南［M］. 石家庄：河北人民出版社，1993：388.

原因，并做出相应处理。

（3）会计工作交接。会计人员因工作调动或者离职，必须办理工作交接。会计工作交接，是会计工作中的一项重要内容。它可以使会计工作前后衔接，保证会计工作连续进行；它可以防止因会计人员的更换而出现账目不清、财务混乱的局面；它还是分清移交人员和接管人员责任的有效措施，避免以后发现问题由于责任不清而相互推脱责任情况的出现。可以说，会计工作交接为移交人员和接管人员分清责任、协调关系提供了重要的协调机制。

第三节　组织外部会计公共关系

与组织内部会计公共关系不同，组织外部会计公共关系是社会组织与组织外部会计公众之间所发生的会计公共关系。它既是社会组织开展工作必须依靠的伙伴关系，同时也是制约组织发展的重要力量。它的状态如何，将直接对会计工作的正常进行乃至组织的生存和发展产生决定性影响。因此，社会组织必须要高度重视组织外部会计公共关系，它是整个会计公共关系工作的关键和重点。

一、组织外部会计公共关系系统及其特征

组织外部会计公共关系，是社会组织的会计公关部门与外部会计公众之间所开展的会计公共关系活动。社会组织的会计部门和会计人员在开展会计工作时，除了要与组织内部的组织领导者、各职能部门、职工群众等内部会计公众发生公共关系以外，还要经常与外部的许多组织、群体和个人打交道。与这些外部会计公众发生的公共关系，构成了组织外部会计公共关系系统。与组织内部会计公共关系系统相比，组织外部会计公共关系系统无论从公众构成上，还是从其利益、需求和目标上，抑或是关系稳定性上，社会组织都将面临更加复杂和困难的考验。

（一）组织外部会计公共关系系统的重要性

组织外部会计公共关系系统是社会组织与组织外部各方面会计公众所形成的公共关系系统。我们知道，作为会计主体的任何一个社会组织，都

是一个开放的系统，它属于环境系统的一个子系统。在整个环境系统中，社会组织要与其他子系统不断地进行物质、能量和信息的交换，以维持自身的生存和发展。这些子系统从公共关系的角度看，就是由不同组织、群体和个人所构成的各类公众子系统。对于一个作为会计主体的社会组织来说，它与这些组织外部公众子系统的公共关系就构成了组织外部会计公共关系系统。它们之间是一种相互依赖、相互制约的关系。社会组织自身会计工作的开展离不开外部会计公众的支持和合作，同时它也要受到外部会计公众的制约和影响。

应当说，在现代社会，外部会计公共关系系统对于组织的重要性已变得越来越突出。据来自南京大学会计学系课题组在 2002 年 10 月至 2003 年 3 月进行的关于中国企业会计管理行为的一份调查问卷，它把会计工作分成了 10 个环节，分别为会计核算、财务分析、与外部协调关系、会计监督、预算管理、财务业绩考核、营运资金管理、筹资管理、投资管理、与企业领导沟通。其中，与外部协调关系和与企业领导沟通都属于会计公共关系的范畴，而且分别是组织外部会计公共关系和组织内部会计公共关系的两个重要内容。从调查结果看，与外部协调关系的普及度相当的高，达到了 97.9%，与传统的会计核算和财务分析工作持平，说明会计人员越来越注重处理与企业利益相关的外部关系，如外部的投资者和债权债务人等。[①] 而且，会计人员在这方面工作所花费的时间、精力也很多，尤其是对于会计机构负责人来说，其进行外部沟通协调的任务相当繁重。美国著名管理学家德鲁克曾指出，组织存在的唯一原因，就是为外界环境服务。组织的内部本身不会有成果，所有的成果都来自外界。例如，企业的成果只产生于客户，客户购买本企业的产品或服务，才能使企业的成本和付出的努力转变为企业的收入和利润。[②] 客户关系好，客户多，企业就长足发展；客户关系欠佳，客户少，企业就难以生存；失去客户，企业就面临倒闭。

组织外部会计公共关系系统是社会组织所面临的各类公众关系环境系统，它是由各方面会计公众关系所构成的。具体说来，以企业为例，它所面临的外部会计公众主要有投资者、政府机关、客户、新闻媒介等，由此而形成了组织与各方面会计公众的会计公共关系，从而构成了组织外部会

---

① 南京大学会计学系课题组.中国企业会计管理行为探测［J］.会计研究，2003（12）：37.
② 李道平、单振运.公共关系协调原理与实务［M］.北京：中国商业出版社，复旦大学出版社，1996：191.

计公共关系系统。社会组织只有与它们建立和发展良好的会计关系，会计工作才能顺利开展，社会组织才能获得更多的资金支持、政策扶持、财务成果以及社会的广泛赞誉和合作，从而赢得更大的发展空间和更多的发展机遇。相反，如果组织外部会计公共关系紧张或恶化，得不到外部会计公众的支持和合作，社会组织必将走向生命的终结。

（二）组织外部会计公共关系系统的特征

与组织内部会计公共关系系统相比，组织外部会计公共关系系统具有某些不同的显著特征。充分认识和准确把握这些特征，必将有助于组织外部会计公共关系活动的顺利开展。

1. 公众构成的复杂性

依据系统论的观点，社会组织是个小系统，内部的公众构成相对较简单，而社会组织外部的公众是个大系统，构成了社会组织所面临的环境系统，其公众构成相对较复杂。再者，从社会组织与公众的关系上看，社会组织与内部会计公众是实质上的利益共同体，是系统与要素的关系，而社会组织与外部会计公众是一种系统与环境的关系，外部会计公众包含了社会组织外部的与社会组织具有经济联系的所有组织、群体或个人。这些外部会计公众构成的复杂性和多样性，无论从其组织形态上，还是从其关系性质或关系程度上，都是组织内部会计公众所无法比拟的。因此，这一特征要求社会组织事先应进行公众细分，在开展会计公共关系活动时一定要全面细致、统筹兼顾、区别对待。

2. 公众利益的多元性

如上所述，社会组织与内部会计公众是利益共同体，两者在根本利益上是一致的。而相对于内部会计公众，外部会计公众与组织的利益之间一般不具有同一性，它们都具有各自的利益追求，感兴趣的利益问题也是不同的，股东关心的是股息；消费者关心的是优质商品和服务；社区关心的是税金；批发商和商人关心的是利润；供应商关心的是订货；教育者和政府关心的是财政支持。[①] 社会组织与外部会计公众之间的关系，更多的就是建立在这些不同利益追求基础上的一种利益互补关系。由于这些外部会计公众有着不同的利益追求，因而它们对社会组织提出的需求目标也有较

---

① H. 弗雷齐尔·穆尔、弗兰克·B·卡鲁帕. 公共关系学［M］. 北京：中国人民大学出版社，1990：159.

大差异，呈现出多样性特征。比如，顾客要求组织提供优质的服务；社区要求组织支持社区的事业；政府要求组织模范遵守有关政策法规；新闻媒介要求组织为其报道提供便利等。① 因此，这一特征要求社会组织必须重视研究各类外部会计公众不同的利益需求，以便有针对性地开展会计公共关系活动。

3. 公共关系的变动性

由于组织外部会计公众处于组织以外，它们与组织之间并没有共同的根本利益，因此它们之间的公共关系一般也不具有稳定性，而是呈现出时常变动性的特征。随着社会组织工作的开展，原来影响组织发展较为重要的会计公众，可能会因为情况的改变而转化为组织次要的会计公众；而原来次要的会计公众也可能会由于某种原因而上升为首要的会计公众。此外，由于社会组织工作上的原因或其他原因，原来与本组织关系密切的现实会计公众也可能会转向其他组织，而成为本组织的非会计公众。这些变化，可能是长期的，也可能是暂时的。但是，从长远的观点看，社会组织与外部会计公众开展会计公共关系的努力必须是长期的和一贯的。例如，企业在筹建期间，企业与投资者、债权人的关系是主要的，他们是企业的首要会计公众；但当企业转入正常生产经营以后，客户又成了企业着重争取的会计公众，其他会计公众则相应变成了次要会计公众。即使这样，从长远利益出发，企业也不能因此而放松与投资者的会计公共关系。同理，即使某些客户、投资者已转投其他组织，但只要社会组织仍然坚持不懈地加以努力，这些公众还可能会失而复得，重新成为本组织的会计公众。因此，组织外部会计公共关系变动性这一特征提醒社会组织要以发展的眼光看待这种变化，对社会组织应长期地、持续地开展会计公共关系活动也提出了更高的要求。

二、与投资者的会计公共关系

有人曾经把资金形象地比喻为组织肌体中的"血液"，那么，作为资金提供者的投资者则是制造血液的"骨髓"。没有它们，社会组织就将失去赖以生存和发展的物质基础，组织的生命也将逐渐枯竭。因此，维持和发展与投资者良好的会计关系，对于增强组织的"造血功能"，保证组织

---

① 李道平等. 公共关系学 [M]. 北京：经济科学出版社，2000：260.

发展所必需的足够的资金来源，具有极其重要的意义。

（一）与投资者会计公共关系的意义

投资者，有广义和狭义之分。广义的投资者相当于资金提供者，包括提供资本金的所有者和提供债权资金的债权人；狭义的投资者仅指所有者，在股份制企业里一般称为股东。在现代市场经济条件下，股份制已经成为最重要的组织形式。不仅仅是企业，就是在某些事业单位（如学校、医院、博物馆）或社会团体也已实行了股份制。对于这些组织来说，股东是它们最主要、最稳固的资金提供者，本节以下所谈的投资者关系主要就是以股东关系为例来展开论述，其基本原理和方法同样适用于其他投资者和债权人。

股东，首先从组织形式上看，一般是由两类投资者所构成。一类是个体投资者，它们又分为股票持有者和股票交易者。前者持有股票而不是为了卖出股票，它们是组织的真正股东。在这些人中，有的是外部投资者，有的是组织的员工。后者是专门从事股票交易的人，它们更多地表现为社会上广大的股民。广泛地吸引这些个体投资者，对于避免股票高度集中于少数外部机构具有一定的作用。另一类是团体投资者（或机构投资者），它们包括银行、投资公司、保险公司、各种基金会以及其他社会组织等。它们手中一般握有较大份额的股票，对组织的影响举足轻重。其次，从权力等级上看，股东一般包括股东大会和董事会、广大股东以及财务分析专家。其中，股东大会和董事会是代表股东行使职权的最高权力机构和执行机构，广大股东是组织中数量最庞大的投资者公众，而财务分析专家在资本市场比较发达的国家中也是一个十分重要的投资者群体。它们主要包括股票经纪人、投资银行家、证券分析家、金融媒介、基金会会长等，构成了公司财务方面的主要公众。以这群人为代表的投资者，在美国所成交的金额占整个股票市场的50%以上。[①] 最后，从股东与组织之间的归属关系来看，股东既有处于组织内部的董事和职工股东，也有广泛分布于社会上的广大股民和财务分析家等。由于在现代市场经济条件下，更多的公司开始走向社会化和公开化，股东更多地还是处在组织外部，不再参与组织的经营管理，与组织之间仅仅保持了一种投资与被投资的经济关系，不再具有组织上的归属关系，因此本书把股东关系作为外部会计公共关系来对待

---

① 斯科特·卡特李普等. 有效公共关系［M］. 北京：中国财政经济出版社，1988：455.

和研究。这种观点与美国著名学者罗伯特·罗雷的观点是一致的。①

与投资者会计公共关系，简称投资者关系、股东关系等，它是社会组织针对投资者公众所开展的会计公共关系活动，是组织最重要的会计公共关系之一，也是会计公共关系最初的和最基本的含义和内容。在西方某些专家学者的著作中，一般直接就把财务公共关系解释为股东关系。由此可见，股东关系对于会计公共关系的基础作用和重要意义。

协调好与股东的会计公共关系，充分发挥其潜在功能，对于组织来说意义重大。①协调与股东的会计公共关系，广泛吸纳来自各方面的投资，稳定已有股东队伍使之成为长期投资者，巩固其投资信心，确保组织发展所需的资金供应，充分发挥股东的"造血功能"。②协调与股东的会计公共关系，争取广泛的支持和合作，发挥他们的决策功能。股东是组织的所有者和最高权力的代表者，他们有权参与并影响组织的重大生产经营决策，自觉维护股东权益最大化。③协调与股东的会计公共关系，把股东发展成组织的义务宣传员，充分发挥他们的宣传功能。股东尤其是社会上大量的呈分散状态的个体股东，他们的言行直接影响着拥有社会游资的众多潜在投资者。如果股东切实从组织利益着想，带头宣传本组织，主动维护良好的组织形象和会计形象，必将激发潜在投资者对本组织的投资兴趣，推动他们转变为组织现实的投资者，给组织带来更多的新鲜"血液"。④协调与股东的会计公共关系，吸引他们参与组织的日常经营活动，充分发挥其推销功能。社会组织要让股东认识到只有组织获利，他们才可能赢得更多股东利益的道理，引导他们带头消费本组织的产品和服务，并且鼓励他们利用各自广泛的社会关系广为宣传，扩大销售网络，为组织带来更多的收入和利润，同时也为股东自己带来更大的股东利益。美国通用食品公司每逢圣诞节便准备一套本公司的罐头样品，分送给每一位股东。股东们为此特别感到骄傲，对产品产生强烈的认同感，不仅向外界极力夸耀和推荐本公司的产品，而且在每年圣诞节前准备好一份详细名单寄给公司，由公司按名单把罐头作为圣诞礼物寄给他们的亲友。为此，食品公司每年圣诞节前都要额外收到一大批订单。②

261

---

①　罗伯特·罗雷. 管理公共关系学——理论与实践［M］. 天津：南开大学出版社，1990：314.

②　秦启文. 现代公共关系学［M］. 成都：西南师范大学出版社，1995：166.

（二）与投资者会计公共关系的措施

与股东的会计公共关系如此重要，必然要引起各个社会组织会计公关部门的高度关注。然而，现实却是令人失望的，现在在西方有很多公司对股东，尤其是对个体股东持一种漠然的态度，与股东之间的沟通协调不够，导致个体投资者人数下降，这在美国1969～1979年曾经有过类似的教训。究其原因，美国著名公共关系学专家 H. 弗雷齐尔·穆尔指出，许多公司管理部门不愿意和股东沟通可能是以下列几种假定为根据的：只要定期得到股息，股东对公司事务不感兴趣；许多股东在公司财务方面知识有限；公司事务不宜让股东知道，以免泄露给竞争者；某些股东只对批评管理部门感兴趣；没有股东参加年度或地区股东会议；股东对公司业务不关心。① 虽说上述假定有一定道理，但与现实的股东已有了很大的差距。现在，以投资为业的人数已有显著的增长，他们在投资中影响也越来越大。他们的背景、复杂的兴趣和需要远远不同于原来的个体投资者。这种公众是经济生活中的重要力量，他们以各种方式对所有的家庭产生实际影响，他们必然会越来越关心公司的管理工作。② 从信息需求来看，个体投资者中以增加收入为目的的投资者很关心股息或利息政策、资产质量和盈利；以增加资本为目的的个体投资者关心的是未来利润的历史增长，这种增长变化的影响，预测未来利润的增长率。③ 而以证券分析人员为代表的投资团体，关心的信息范围较大，主要包括公司销售、利润、成本、收益、研究和开发成本、现金流量、存货、企业兼并、投资变化、国外业务、劳工关系、税金、新的产品和市场、分配方法、营销政策的变化、专利、股息政策和未来计划等。④ 适应股东的现实变化和不断增长的信息需求，各个组织的会计公关部门必须要高度重视，并采取切实可行的会计公共关系措施来沟通和协调与股东的会计公共关系。

为了保持和发展与股东之间良好的会计公共关系，社会组织应采取各种具体的会计公关措施。在西方，最常用的措施是制订和推进股东关系计划。它要求社会组织首先应制订详细的股东关系计划，其次是具体实施股

---

① ② H. 弗雷齐尔·穆尔、弗兰克·B·卡鲁帕. 公共关系学［M］. 北京：中国人民大学出版社，1990：174.

③ H. 弗雷齐尔·穆尔、弗兰克·B·卡鲁帕. 公共关系学［M］. 北京：中国人民大学出版社，1990：172.

④ H. 弗雷齐尔·穆尔、弗兰克·B·卡鲁帕. 公共关系学［M］. 北京：中国人民大学出版社，1990：173.

东关系计划。以下将对股东关系计划的主要内容作一简单地介绍。

（1）确定股东关系目标。股东关系计划，首先要确定好股东关系目标。确立什么目标，这要依照股东关系现状及需要而定。股东关系目标表现各异，但一般说来主要有以下三项：一是稳定现有股东队伍，坚定他们对本组织的投资信心，使其长期持有本组织股票，并尽可能争取到他们增加投资；二是创造有利的投资氛围，激发潜在投资者对本组织的投资欲望，吸引更多的投资者；三是提高股东对本组织的关心程度和参与程度。美国股东协会的一份调查报告表明，约有半数的股东不清楚他们所在公司的产品和服务，约有57%的股东忽视他们所在企业的产品。因为股东毕竟不是直接经营者，而且普遍存在一种坐享其成的心理。① 这种现状要求会计公关人员必须付出更大努力，使股东们认识到组织的兴旺发达才是股东的利益所在，也是股东的义务所在，发动股东积极关心和支持组织经营管理和生产销售的活动，充当组织的义务宣传员和推销员。

（2）制定股东关系政策。"股东关系政策具体表现出股东关系计划的目标，它是管理部门和所有负责股东关系的公共关系人员的工作指南。一般来说，股东关系的基本点是让公司的投资者和股东相信他们长期投资是有利可图的，公司的经营管理井井有条，公司致力于发展生产和销售，并通过研究和开发活动不断取得新的进展。"②

（3）调查股东的意见。为协调好股东关系，使计划更有针对性，就需要全面调查了解股东的意见。包括股东对组织的政策和发展有何看法，对经营管理活动有何想法，以及希望组织如何与自己进行有效沟通等。

（4）确定股东的特点。有效的股东关系要求会计公关人员了解股东的特点，比如确定握有不同股份的股东数目；个体投资者人数；妇女人数；共有股票的股东人数；入股的集团、信托公司、保险公司、基金组织、雇员福利基金会、高等院校等机构和团体的数目；雇员中的股东人数；股东地区分布；入股期限及其他信息。组织在了解了股东的特点以后，对其进行必要的分类，以便采取最适当的传播媒介和沟通方式，达到最佳的沟通效果。

（5）确定股东需要了解的信息。这些信息以会计信息为主，主要包

① 王建成、伍中信、夏云峰. 财务公共关系导论 [M]. 北京：国防科技大学出版社，2002：180.
② H. 弗雷齐尔·穆尔、弗兰克·B·卡鲁帕. 公共关系学 [M]. 北京：中国人民大学出版社，1990：178.

263

括：组织发展计划、新产品开发、新的财务计划、现金流量、股息政策的根据、重要的经营损失、利润预测、企业兼并、销售预测、国外业务的利润、分公司的销售、推销策略、分公司的利润以及政府对组织影响的信息，如税制、通货膨胀、税率、政府对工资和价格的限制、政府影响企业的政策和劳工关系方面的法规。①

（6）制订股东关系沟通计划。该计划的制订，应针对不同股东的各自特点而有所区别。但总的来说，在该计划里，关键是选择适当的传播媒介和沟通形式，注意相互之间会计信息的双向流动。

一方面，社会组织应加强对股东的信息传播和沟通活动，向股东传播有关组织的财务状况、未来前景、经营成果、现金流量等最新的会计信息，其内容包括销售价格和利润、新产品、新市场、劳工关系、研究和开发、管理能力和资本等。② 在开展会计信息传播沟通活动时，关键是要注意选择合适的传播沟通媒介。一般来说，传播沟通媒介主要有书面媒介、视听媒介、口头媒介等。其中，书面媒介主要包括年度报告、中期报告、季度报告、股东杂志、股东通讯、年度会议和地区会议通知、股东会议报告、股息和年度报告广告、经济宣传材料等。视听媒介主要包括股东电影、闭路电视等。口头媒介主要包括股东年度会议、地区股东会议、组织股东参观、走访股东、个别拜访等。另一方面，社会组织应注意收集来自股东方面的信息，倾听他们的意见或建议，以便及时地向组织领导者反馈并研究解决。这类信息主要包括对改进组织经营管理的建议，对年度报告或中期报告的意见，对财务预算方案和决算方案的意见，对组织利润分配方案和弥补亏损方案，尤其是股息、红利分配方案的建议等。例如，上海二纺机股份有限公司为此曾专门成立了金融投资科，搜集来自股东的意见、建议和其他各种信息，负责接待股东们的来信、来电和来访。当年度报告书和中期财务报表披露后，该科就要解答很多国内外股东打来的咨询电话。当一些股东上门访问时，公司就派出副总或由金融投资科接待，通过交谈和安排参观，让股东们了解二纺机的情况。由于沟通到位，满足了股东们的愿望，使公司与股东保持着密切的关系。③ 下面将介绍西方在股

---

① H. 弗雷齐尔·穆尔、弗兰克·B·卡鲁帕. 公共关系学［M］. 北京：中国人民大学出版社，1990：180.

② H. 弗雷齐尔·穆尔、弗兰克·B·卡鲁帕. 公共关系学［M］. 北京：中国人民大学出版社，1990：172.

③ 李道平、单振运. 公共关系协调原理与实务［M］. 北京：中国商业出版社，复旦大学出版社，1996：82.

东关系沟通方面比较常用的几种传播沟通媒介。

年度报告。这是联系股东最常用，也是最主要的工具。① 它可以反映出组织的形象和管理部门的能力，可以吸引新的投资者，影响股票价格。现在，年度报告比以前的内容更广泛，引人注目的照片、丰富多彩的版面设计、优美的文字、清晰的图表、简明易懂的经济说明，使它看起来更有吸引力。一份内容全面的年度报告包括财务、生产、市场、人事、政府关系、社会经济条件、股东会议等各方面的信息。根据美国纽约证券交易所的规定，年度报告需要在年度会议召开前 15 天发给股东。与此同时，公司还将年度报告分发至广播电台、电视台、报纸、杂志等新闻媒介、教育机构、图书馆、投资公司、商业协会等各种社会团体和舆论领袖、证券分析人员、各级政府官员、议员、供应商、批发商等各种各样的公众。②

股东年度会议。这是一种仅次于年度报告的联系股东的重要方式。③美国每一个州的公司法都要求公司召开年度会议，在这种会议上，股东有机会行使选举董事的权利，听取管理部门的报告，处理公司事务。对公司来说，股东是有希望向公司提供新资本的人，公司可以利用年度会议的机会使股东产生增加投资的兴趣。同时，公司也可以利用年度会议扩大股东数目，稳定股票价格，消费品制造公司发现年度会议也是向股东推销公司产品的机会。年度会议可以使管理部门和股东面对面地交流信息和思想，他们双方了解的越深，股东投资的兴趣就越大。某些公司为了鼓励更多的股东参加年度会议，专门选择股东数量较大的城市召开会议。④ 而且，公司对待出席年度会议的每一位股东要一视同仁。美国著名学者罗伯特·罗雷说得好："应该给每一位股东参加会议的机会。一些股东可能很有影响力，而有些股东出席会议可能无所奉献。尽管如此，总监（指公共关系总监，笔者注）要给两种类型的股东同等待遇。"⑤

个别拜访。这是一种比较特殊的针对某些重要的股东所开展的会计公关媒介形式。对于一些大股东，如持股 5% 以上发行在外普通股的股东，以及有重要影响的股东，如财务分析专家等，当有重大决策或每逢重要节

①③　秦启文. 现代公共关系学［M］. 重庆：西南师范大学出版社，1995：166.
②　H. 弗雷齐尔·穆尔、弗兰克·B·卡鲁帕. 公共关系学［M］. 北京：中国人民大学出版社，1990：181.
④　H. 弗雷齐尔·穆尔、弗兰克·B·卡鲁帕. 公共关系学［M］. 北京：中国人民大学出版社，1990：184.
⑤　罗伯特·罗雷. 管理公共关系学——理论与实践［M］. 天津：南开大学出版社，1990：314.

日，组织应由有关负责人主动登门拜访，及时沟通信息，征询意见。在西方资本市场比较发达的国家，财务分析专家的意见和舆论导向对组织的影响相当大。据调查，美国约有一半的股东缺乏股票及商业的基本知识，仅有45%的股东平时有时间阅读金融刊物或报纸的金融版，他们的投资意向一般受金融舆论专家或财务分析专家的影响。[①] 因此，对财务分析专家进行个别拜访，向诸如财务分析家协会这样的组织赠送礼物，或者组织旅游，已成了许多大企业会计公共关系活动的固定项目。对94家企业的调查结果表明，一般企业每年与财务分析家的个别会晤不下20次，有的多达100次。同时，许多公司还积极地向财团成员、股东作调查，征询他们对企业决策、行动的看法和意见，保持与他们的信息沟通。[②]

（三）与投资者会计公共关系的案例分析[③]

美国苏格兰公司（The Scotts Company）是一家拥有130多年历史的公司，是世界上顶尖级的生产手动草地修护工具和园艺工具的公司，总部设在俄亥俄州的麦尔斯维尔。自1995年至1996年2月，销售状况一直不尽如人意，公司持续亏损，首席执行官因此引咎辞职，股东纷纷抛售股票，公司的股票从21.25美元骤降至16.125美元。在这种情况下，苏格兰公司必须立即行动来重新提高信用度，发展新的股东和找回失去的股东成为当务之急。因此，苏格兰公司的新领导人开始建立和实施新的长期的《股东关系计划》，并把它定位成苏格兰公司的复兴计划和再投资计划。这一计划主要包括：

（1）1996年4月给股东们发信和利用媒体发布新闻，表明公司要进行改革，建立收支平衡的目标。后来，公司还承诺从1996年12月28日开始，每季度都将与股东们交流。例如，在1997年2月3日，公司新总裁查尔斯·M·博格专门发表了给股东们的一封信。在这封信里，他谈到了公司目前的财务状况、经营成果以及发展前景，指出公司的亏损和支出在减少，并继续朝盈利的方向前进，同时列举了大量的具有说服力的会计数据，并且对二、三季度进行了乐观地估计，给股东们以极大的投资信心。

① 秦启文. 现代公共关系学［M］. 重庆：西南师范大学出版社，1995：165.
② 斯科特·卡特李普等. 有效公共关系［M］. 北京：中国财政经济出版社，1988：455.
③ 杰里·A·亨德里克斯. 公共关系案例［M］. 北京：机械工业出版社，2003：149－156. 笔者已整理.

（2）按季度发布改革计划的实施情况。

（3）经常召开面向大股东的会议。

（4）与销售分析家搞好关系；大量发表报道，为公司的股票上升造声势。

（5）对出售方分析师的需求，包括擅长转折点分析，能够帮助找到股票价格底部的分析师。

267

（6）媒体关系上的努力，包括在《华尔街日报》的头版上发表有关公司改革的新闻。

（7）在1996年8月召开一系列会议，宣告招募新的总裁兼首席执行官。

（8）新的投资者继续向苏格兰学习，从短线的抄底型投资转向价值投资，最终回到增长型投资。

（9）定期发布"指导性"文件以稳定人心。

（10）在公司经济复苏后，为股东建立明确的目标，包括承诺每股价格上升15%。

计划中的"恢复"阶段在1997年4月结束。正如该公司总裁博格所估计的，公司在1997年第二季度实现盈利，股票价格更是在此之前就全面上升，当公司宣布实现扭亏为盈时，股价更是一路攀升，而且这种趋势一直持续到1998年。在1998年股东会议上，公司总裁博格告诉股东们，1997年后的一年里，公司的生产和销售量都有大幅度增长。标准普尔500指数上升了27%，标准普尔消费品指数上升了32%。更令人惊喜的是，公司的股价涨势更强，已涨了51%，这意味着，公司将增加4.2亿美元的投资基金。

从前文案例我们不难发现，苏格兰公司之所以能够转危为安，扭亏为盈，是与它采取了积极的会计公关措施密不可分的。该公司通过定期给股东发信，经常召开股东会议，按时公布年度报告等措施，坦诚相见，让股东们及时、准确地了解公司目前所面临的暂时困难以及公司准备采取的积极有效的应对措施，从而赢得了股东们的理解、信任和支持，重新恢复了他们的投资信心，也使公司顺利地渡过了难关。

三、与政府机关的会计公共关系

在市场经济条件下，政府机关是社会组织重要的外部公众之一。虽然说，政府机关与社会组织之间一般不具有直接的财务隶属关系，但政府机关对于任何一个社会组织的影响依然存在，任何一个社会组织都不可能完全脱离政府机关而存在，政府机关是社会组织无法回避的而且是必须努力争取的公众之一。H. 弗雷齐尔·穆尔指出，"企业和政府的关系是一种伙伴关系"，[①] "企业的几乎所有活动都受到政府的影响"，[②] 会计活动也不例外。社会组织必须要重视与政府机关的会计公共关系，积极有效地开展会计公共关系活动，这对于组织的生存和发展是至关重要的。

（一） 与政府机关会计公共关系的重要性

政府机关是国家权力的执行机关，是对社会进行统一管理的权力机构。这里所谓的"政府"是一个广义的概念，既包括不同行政层次的各级政府，如上至中央政府，下至各级地方政府，也包括政府下设的各个职能部门，比如财政、税务、审计、工商、物价、金融、海关、公安、环保、商检、卫检等部门。

政府对于社会组织至关重要。政府不仅是社会的管理者，也是实力强大的消费者，更是社会新闻媒介的控制者，可见，政府既可以监督每一个社会组织的行为，也可以直接采购某种产品或促成对某种产品的采购行为；更重要的是，政府可以通过影响新闻媒介，帮助某个社会组织推广形象，这种扶植力量是强大的，可以迅速将某一组织的形象地位确立起来。[③] 因此，社会组织必须要高度重视与政府机关的会计公共关系，并采取切实可行的措施以发展和维持与政府机关良好的合作关系。

与政府机关会计公共关系，就是社会组织与政府机关之间所开展的会计公共关系。社会组织开展与政府机关的会计公共关系，从一方面来说，这是社会组织自身工作的需要。只有自觉接受和主动服从政府机关的指导、监督和管理，积极为政府排忧解难，及时与政府沟通信息，热心于社会公益活动，才可能赢得政府的赞赏、信任、支持和合作，从而使组织可以获得更多的经济扶持、政策优惠、政府采购和良好的舆论氛围，这对于组织的发展是至关重要的。另一方面，自觉接受政府机关的监督和管理，

---

① H. 弗雷齐尔·穆尔、弗兰克·B·卡鲁帕. 公共关系学 ［M］. 北京：中国人民大学出版社，1990：232.

② H. 弗雷齐尔·穆尔、弗兰克·B·卡鲁帕. 公共关系学 ［M］. 北京：中国人民大学出版社，1990：233.

③ 徐美恒、李明华. 公共关系管理学 ［M］. 北京：中国人民公安大学出版社，2002：132.

协调两者之间的会计公共关系，这也是适应政府工作的要求。我们知道，会计是一项重要的经济管理工作，各国政府都对它十分重视。办经济离不开会计，经济越发展，会计越重要。为了规范会计工作，保证会计工作在经济管理中发挥作用，政府部门应在宏观上对会计工作进行必要的指导、监督和管理。政府部门如何指导、监督和管理会计工作，世界各国有不同的做法。我国作为社会主义市场经济国家，公有制占主导地位，会计工作在维护社会主义市场经济秩序中有其特殊的作用，要求基层单位的会计工作在为本单位的经营管理和业务活动服务的同时，要为国家宏观调控服务。要做到这一点，政府部门必须加强对会计工作的指导和管理。① 因此，我国政府机关便通过法律法规对会计工作的政府管理作出了明确的规定。我国1999年修订的《会计法》第七条是这样规定的："国务院财政部门主管全国的会计工作。县级以上各级人民政府财政部门管理本行政区域内的会计工作。"第三十三条又规定："财政、审计、税务、人民银行（现在应为银行监管，笔者注）、证券监管、保险监管等部门应当依照有关法律、行政法规规定的职责，对有关单位的会计资料实施监督检查。"第三十五条还规定："各单位必须依照有关法律、行政法规的规定，接受有关监督检查部门依法实施的监督检查，如实提供会计凭证、会计账簿、财务会计报告和其他会计资料以及有关情况，不得拒绝、隐匿、谎报。"由上述法律规定可以看出，在我国对会计工作负有指导和监督责任的政府机关主要有财政部门、税务部门、审计部门、银行监管部门、证券监管部门、保险监管部门等，其中财政部门被赋予了对各个社会组织会计工作的主要管理权和普遍监督权。它们是与社会组织会计工作关系最为密切的政府部门，而且是权力型公众，是社会组织必须要努力争取的会计公众。因此，适应上述自身工作的需要、政府的要求和法律的规定，社会组织应服从和接受政府机关的管理和监督，主动开展会计公共关系活动，便成了社会组织会计工作中一项重要的工作内容。

（二）与政府机关会计公共关系的基本要求

由于政府机关是一种权力型会计公众，对社会组织享有管理权和监督权，社会组织与它们开展会计公共关系活动时，不同于一般的会计公共关系，首先应当做到以下几点：

---

① 编写组.中华人民共和国会计法讲话［M］.北京：经济科学出版社，1999：55.

（1）遵纪守法。政府机关是社会公众整体利益的代表，一般是通过法律、法规、方针、政策等来管理社会。对于会计工作，政府机关也同样制定和出台了许多法律、法规、规章制度。为了处理好与政府机关的关系，社会组织的会计部门必须首先要遵纪守法，坚持"诚信为本、操守为重、遵循准则、不做假账"的原则，在会计工作中廉洁奉公、依法办事，不做假账、假凭证，不编制和提供虚假财务会计报告，自觉维护社会公众利益。

（2）依法纳税。社会组织要正确处理国家利益与组织利益之间的关系，以国家利益为重，争做政府的"模范公民"。政府一般代表着国家整体利益，而社会组织往往着眼于自身利益。当二者利益面临选择时，社会组织应把国家利益放在首位，这是协调与政府机关关系最根本的也是最有效的原则和要求。因此，对于社会组织的会计工作来说，也要自觉为国家利益作贡献，按时申报和主动纳税，不偷税、不漏税、不欠税、不抗税。及时足额地缴纳税款，既为国家作了贡献，同时也赢得了政府的好感和赞赏，为组织的长远发展创造了良好的舆论氛围。

（3）服从管理。会计工作是一项重要的经济管理工作，它的成效如何将直接影响到各方面会计公众乃至国家的整体利益。因此，各国政府一般都高度重视会计工作并指定有关政府部门管理会计工作。在我国，会计工作的主管部门是各级政府财政部门。对此，社会组织应高度重视，充分尊重政府权威，自觉服从财政部门的管理，包括对会计规则的制定和实施，会计核算和会计监督工作，会计机构设置，会计人员从业资格、专业技术资格及其教育培训等工作的管理，不得无故违背政府部门的要求和指示，争创会计工作先进集体。

（4）接受监督。根据有关法律法规的规定，会计工作一般应接受有关政府部门的监督和检查。前已述及，在我国，社会组织的会计工作必须要接受财政、税务、审计、银行监管、证券监管、保险监管等部门的监督检查。监督是政府的一项重要职能，社会组织对此应有正确认识并主动配合检查，协助政府做好监督工作。如果发现问题，社会组织的会计部门应积极协助查明原因，并及时妥善地加以解决。

（5）贡献公益。政府开展社会管理和公共服务过程中，难免会遇到一些困难或问题。特别是当政府遇到经济困难时，社会组织的会计部门应主动慷慨解囊，帮助政府排忧解难，并以实际行动想政府之所想、急政府之所急、帮政府之所需。比如，资助"希望工程"，援助"抗洪救灾"，赞助社会福利、文化教育事业，帮助政府解决下岗职工再就业问题等。社会组织的这些活动必将对于组织塑造良好的会计形象、赢得社会公众的广泛赞誉、博得政府的信任和好感具有重要的积极意义。

（三）与政府机关会计公共关系的措施

社会组织为了搞好与政府机关的会计公共关系，除了要遵循以上几点基本要求以外，还应该在沟通协调和塑造会计形象方面做好以下几个方面的工作：

1. 多渠道收集来自政府机关的关于会计工作的政策法规等信息

前文已述及，会计工作是一项重要的经济管理工作，一般要接受政府机关的管理和监督，而这项政府职能的发挥主要是通过制定和施行会计政策、法律法规等规定，作为社会组织的会计工作必须要遵照执行。而要做到这一点，社会组织首先应获取并熟练掌握这些政策法规。我们知道，政府下达有关会计工作的政策法令的主要渠道是通过单位主管部门、财政部门和税务部门等政府机关，因此社会组织要注意与它们保持经常的信息沟通，以便及时了解最新的政策法规等相关信息，尤其是涉及政策优惠、财政扶持、减免税款等方面的具体规定，更是各个社会组织倍加关注的信息。只有及时地获取、掌握和研究这些信息，社会组织才能适时地调整本单位的会计工作和经营管理工作，使之符合政策规定，从而获得更多的政策上或经济上的扶持。当然，我们也知道，现在很多政策法规的出台已经不再是在各级政府部门之间层层下达，而是在报刊、广播、电视或网站上公开发布，社会组织也好像没有必要亲自"跑"政府了，这其实是个错误的认识。虽然有关会计的法律法规、规章制度等信息现在向社会公开发布，每一个社会组织都可以及时地、公平地获知，不再需要天天"盯"着政府，但同时我们还应该认识到，政府机关毕竟是法规制度的制定者、发布者和监督者，它们拥有最终的解释权和执行权。社会组织要想真正理解、吃透政策法规的主旨和精神，以争取到更大的、更多的政策扶持，主动保持与政府机关之间的信息沟通是一个十分重要的前提条件。

2. 主动向政府机关传播本组织的会计信息

一方面，社会组织应认识到政府机关是会计公共关系活动中的被追求会计公众，它们掌握着对会计工作的监督管理权和财经法规的解释执行权。社会组织的会计部门只有主动地向它们传播有关信息，服从政府的领导和管理，才可能赢得政府的肯定、赞赏和信任，从而获得政府在财政上

271

或道义上对组织的支持和援助，比如拨款、贷款、减免税款、经济援助或舆论支持，这对于组织的发展是至关重要的。如果社会组织不积极主动地向政府机关传播信息，结果也就等于它主动放弃了来自政府的援助和支持，这样的做法显然是不明智的。另一方面，从政府机关的角度看，作为社会管理者，它们掌管着经济资源的分配和社会舆论的导向，但由于政府所掌管的资源和所授之物的有限性，因而不可能对所有社会组织均等分配，而只能优先分授给那些值得支持的社会组织，更重要的是政府必须了解和理解社会组织才能给予特别的待遇。① 这必然要求社会组织应及时、准确、真实地向它们传播本组织的有关信息。只有在充分了解了各个社会组织的主要情况以后，政府机关才能对社会组织的问题、利益和需要作通盘考虑，确定政府需要重点扶持和援助的对象。社会组织向政府机关传播信息，一方面，把自身的生产经营、资金周转、利润实现及其分配等主要信息及时反映给政府机关。反映情况要注意既报喜又报忧。仅仅报喜是片面的，可能是为了邀功请赏，仅仅报忧则可能是向政府伸手要援助。这两种倾向对于政府关系都是不利的。另一方面，也把本组织对财经政策法规的贯彻落实情况、对政府管理的意见或建议等信息，主动地与政府进行沟通和反馈，以便帮助政府及时地改进管理工作，建立良好的政府关系。

3. 协调双方的利益关系，实施全面的协调策略

政府机关与社会组织都有各自的社会经济目标和利益要求，两者都需要相互支持，当出现利益矛盾或冲突时，也需要相互协调。相比而言，社会组织应该以更加主动的姿态，实施全面的协调策略，开展积极的协调活动。全面的协调策略，一方面是指协调政府关系要针对所有对象展开，包括同中央政府关系的协调，同地方政府关系的协调，同上级主管部门的协调以及同政府各有关职能部门的协调等。针对不同的对象，协调的策略也应是有所差异的，比如针对财政机关和审计机关，会计部门所采取的协调策略就应该有所不同。另一方面，全面的协调策略还指创新手法的全面运用，它包括传播媒介的利用和沟通手段的选择。在协调与政府机关的会计公共关系中，大众传播媒介一般较少利用，更多的是通过人际传播，如言语传播中的汇报、请示，文字传播中的财务会计报告等形式。在沟通手段的选择上，既可以通过正式的组织沟通——公文、函件、会议等，也可以通过个性化的非正式沟通方式，比如组织参观指导、举办联谊活动、登门

---

① 单振运. 新编公共关系学［M］. 北京：中国审计出版社，中国社会出版社，2001：326.

拜访等方式。这里需要说明的是，在会计公共关系活动中，也离不开人际交往这种重要的沟通手段。张汉兴指出："不管你承认不承认，社会现实总是这样，工作关系必然涉及日常人情关系，反过来，日常人情关系又必然反作用于（促进或有碍）工作关系。这是公共关系学的重要原理之一。这一原理在公共关系对象范围相对较窄，固定和稳定的会计公共关系领域尤为显著。如何通过密切日常人情关系加强与相关组织和个人的工作关系，是会计公共关系的重要任务之一。"① 当然，这里所谈的在会计公共关系中利用人际交往手段与通常我们所说的"拉关系、走后门、请客送礼"在本质上是有区别的。笔者认为，只要在合法性和不违背公共利益的前提下，为了组织整体利益的需要，采取了正当的人际交往手段，都属于公共关系活动，而不应把它作为单纯的人际关系，因为人际关系的目的主要是为了追求个人物质利益或精神利益的满足，两者在本质上是有区别的。这一点在工作中一定要界定清楚。

四、与客户的会计公共关系

客户是现代社会组织尤其是企业的重要外部公众之一。搞好客户关系是组织发展中的核心问题，客户关系好坏直接关系着组织经济效益和社会效益的高低。在现代市场经济条件下，客户意味着市场，客户关系好，组织就将赢得市场，实现组织的经济效益和社会效益；客户关系不好，组织就将失去市场，组织也将因此而破产倒闭。所以，现代社会组织都非常重视开展与客户的会计公共关系。

（一）与客户的会计公共关系的含义和特点

客户有广义和狭义之分。广义的客户，相当于业务关系公众，是指因购销商品、提供劳务和其他业务活动而发生关系的组织、群体和个人的总称；包括顾客、服务对象、供应商、经销商、协作商等。狭义的客户，仅指各种物质产品、精神产品的购买者和消费者，统称为消费者。因此可以说，凡是提供某种形式的物质产品和精神产品供公众消费的社会组织，都离不开客户。"客户就是它们的上帝和衣食父母。"由于社会组织千差万

① 张汉兴、李增军、袁志.会计公共关系指南［M］.石家庄：河北人民出版社，1993：149.

别，它们所提供的产品或服务也不尽相同，客户的说法也多种多样。除了工商企业的顾客以外，还有饮服企业的客人、交通运输组织的旅客、金融组织的储户或贷款人、邮电通讯组织的用户、音乐厅或影剧院的听众或观众、新闻出版组织的受众和读者、医院的病人、政府部门的服务对象等，它们都属于客户的范畴。本书以下的论述，主要取狭义的客户概念，也就是探讨社会组织与其消费者之间的会计公共关系。

社会组织与客户的会计公共关系，也就是社会组织的会计部门与客户之间所开展的会计公共关系。会计部门在开展与客户之间的会计公共关系时，主要在以下几个方面可以发挥专业优势，如定价决策、客户信用调查、赊销决策、商务谈判、合同签订、退货处理、损失索赔、账款催收、款项结算等。其中有些专业活动，在社会组织的会计部门与客户之间几乎是每天都要发生的，如商场、饮服企业、公共服务组织与客户之间的款项结算或服务收费，银行与客户的存贷款结算等。这要求社会组织的会计部门在这些专业活动中真正为客户着想，提供优质的服务，塑造良好的会计形象，从而提高客户的满意度和忠诚度。

与客户的会计公共关系，同其他方面的会计公共关系相比，具有以下几个明显的特点：

（1）强烈的利益导向。对于社会组织来说，它需要良好的客户关系，因为只有客户才能给组织带来直接的利益，客户是与组织利益关系最直接的外部公众；对于客户来说，它也离不开社会组织，因为它需要社会组织为其提供最佳的产品或服务以满足各种需求。两者之间虽然利益导向不同，但经过会计公关的努力，两者有可能结成利益互补的关系，这对于双方都是有利的。王棣华认为，"企业财务管理人员对外是企业财务利益的代表，他们有义务使消费者了解企业，喜欢企业，关心支持企业的发展；对内是社会利益的代表，要帮助企业制定保护消费者权益的方针政策，出现损害消费者利益的事应坚决加以纠正，真正维护消费者的合法权益及合情合理权益。特别是涉及经济问题时，财务管理部门应多为消费者着想。"①

（2）客户关系决定着组织的生死存亡。对于社会组织尤其是经济组织来说，客户关系好，客户多，组织就蒸蒸日上；客户关系一般，客户少，组织就得过且过；客户关系差，失去客户，组织就破产倒闭。这个道理在

---

① 王棣华. 论企业财务公关管理 [J]. 广西会计，1999（12）：30.

市场经济条件下再浅显不过了。在以买方市场为中心的现代社会中，社会组织必须高度重视客户关系，会计部门可以为此作出重要的贡献。

（3）客户关系富于变化性，极不稳定。客户属于典型的"无组织无秩序"的群体，尤其是在买方市场的消费特性和市场竞争激烈的条件下，客户可以选择的机会很多，他们变化莫测，属于最典型的见异思迁的人。今天对你"好"，明天对他"好"，后天又不知对谁"好"上了。这一特点提醒社会组织与客户搞好会计公共关系，必须要坚持不懈、持之以恒，使良好的会计关系状态保持相对的稳定。

（二）与客户会计公共关系的基本要求

客户关系决定着组织的兴衰成败。只有形成良好的客户关系，组织才拥有更多的客户和市场，组织的劳动成果才能为社会所承认和接受，并进而转化为组织的经济效益和社会效益。客户关系如此之重要，使得各个社会组织必须在观念和行动上都要给予高度的重视，充分满足客户的各方面需要。会计部门作为一个向客户提供结算服务等各项专业服务的窗口，也理应做好客户服务工作。为了搞好客户关系，社会组织及其会计部门首先应当做到以下几点：

（1）树立"客户至上"的公关信念，推行"客户满意"的公关策略。社会组织的会计人员在与客户开展业务交往时，应奉行"客户至上"或"客户就是上帝"的公关理念，一切以客户利益为重，为客户提供最满意的会计服务，推行"客户满意"即"CS"的公关战略。只有客户满意了，会计关系协调了，社会组织才可能赢得客户，赢得市场，赢得未来。

（2）提供物美价廉的商品。对于工商企业来说，提供优质商品是建立良好客户关系的基础，因为它才是客户与企业建立关系的真正纽带。H. 弗雷齐尔·穆尔认为，"良好的公共关系主要取决于公司在向消费者提供的产品或服务的质量和价值以及公司表现出来的社会责任心和诚实程度。如果公司的产品粗制滥造、漫天要价、服务低劣，由于问题成堆或不负责任而触怒了公众，无论多好的公共关系活动也改变不了消费者对它的态度。"[①] 因此，社会组织要严把质量关，保证产品的质量。而当社会上各个企业产品和服务的质量都达到较高水平时，价格、信用政策便成了左

---

① H. 弗雷齐尔·穆尔、弗兰克·B·卡鲁帕. 公共关系学［M］. 北京：中国人民大学出版社，1990：254.

右客户选择的重要因素，而定价和信用政策的制定正是企业会计部门参与的主要职责范围。这需要会计部门从会计公关的角度来制定出合理的价格和信用政策，以吸引更多的客户。这种做法从本质上说，正是会计公关在发展客户关系上的具体表现。

（3）提供优质服务。如果说提供优质商品是建立良好客户关系的基础，那么，热情周到的售后服务则是维持客户关系的必要条件。现在，人们已普遍意识到，建立良好的客户关系始于销售环节，但决定于售后服务。对于那些以提供服务为主要劳动成果的服务性组织，对客户的服务更是贯穿于工作的全过程，其质量如何将直接决定着客户关系的好坏。因此，服务对于任何一个有客户关系的社会组织来说，都是十分重要的。而会计部门作为一个从事会计服务活动的职能部门，也一定要争创文明服务的窗口，杜绝"门难进、脸难看、事难办"的状况出现。它要求会计部门必须要高度重视服务质量，提供优质服务，建立服务承诺制度，开展"微笑服务""绿色通道"服务活动，不断改进服务工作，提高服务水平，赢得客户的信任和喜爱，从而与客户之间建立起良好的长期业务合作关系，实现互惠互利，共同发展。

（三）与客户会计公共关系的措施

社会组织的会计部门与客户搞好关系，主要措施就是加强与客户之间的沟通和协调。

（1）在与客户之间的信息沟通上，一方面，社会组织通过各种媒介和手段，如大众传播媒介（广播、电视等），书面媒介（宣传材料、出版物、信函等），口头媒介（邀请客户座谈、参观访问、举办联谊活动、走访客户等），向客户传播本组织的生产经营、产品服务、信用政策、发展前景等信息，以增进彼此了解和信任。另一方面，社会组织应积极地通过问卷调查、座谈访谈、接受投诉、跟踪服务等各种方式，主动收集客户对产品或服务的意见和建议，积极了解客户的各种需求和愿望，以期改进工作，密切联系，更好地满足客户需求，增强对客户的吸引力。

（2）在与客户之间的关系协调上，实质上就是一种利益协调。在"客户至上"公关信念的指引下，社会组织的会计部门要以客户利益为重，充分尊重客户的意见和选择，有时为了维持和发展良好的客户关系，在经济利益上做出必要的牺牲或付出一定的代价也是值得的。比如，当遇到客户的退货、要求退款、索赔等利益矛盾或冲突时，会计部门要以大局为重，及时地做出明确答复和正式处理，尽量满足客户的正当要求，以稳定客户，缩小负面影响，避免客户流失。如果确实是因为本组织产品或服务质量的原因给客户造成了损失，应主动承担责任，负责经济赔偿，并诚恳地表示歉意，请求客户的谅解和支持。如果证实是一场误会，应耐心地解释原因，说明情况，取得客户的理解和信任。

（四）催收会计公关

前文已述，社会组织的会计部门在与客户开展会计公共关系活动时，主要在定价决策、客户信用调查、赊销决策、商务谈判、合同签订、退货处理、损失索赔、账款催收、款项结算等几个方面活动中展开。而其中在账款催收过程中与客户之间开展的会计公关活动，简称催收会计公关，它是一个专业性、技巧性很强的工作，一般应由专门的会计公关人员来负责，下面对它作一简单介绍。

在20世纪80年代末90年代初，我国企业曾普遍为"三角债"问题所困，账款相互拖欠，致使很多企业资金周转不灵，生产经营陷于困境，给整个国民经济的健康运行也造成了十分不利的影响。究其根源，这与我国当时市场经济尚未确立、企业信用意识缺失有关。但即使在现代正常的市场经济条件下，只要有赊销活动的存在，应收款项也会产生，账款拖欠问题同样会存在。这里关键的是如何看待和处理账款拖欠问题。其实，账款拖欠并不可怕，企业也大可不必因噎废食，拒绝赊销，否则企业遭受的赊销额损失可就大了。正确的态度和做法应该是加强客户信用管理，开展赊销会计公关活动。赊销会计公关活动，包括赊销前的赊销公关调查、赊销公关决策和赊销后的催收会计公关。其中，催收会计公关的主要目的在于既能及时回收款项，保证组织自身利益不受损害，同时又维护了良好的客户关系，取得客户的谅解和支持。要实现这一目的，需要会计人员注意讲究工作方法与技巧，避免与客户产生正面冲突，以免影响客户关系，甚至对企业的会计形象在社会上也造成负面影响。因此，催收会计公关一般应由专职的会计公关专业人员来担任，指派临时的非专业人员搞一些突击性的清欠、催收工作是很难解决实质性问题，取得圆满成效的，甚至会出现"前清后欠"的情况，这已经为过去许多企业的催收实例所证实。

催收会计公关主要是通过沟通和协调来展开工作。对于已经形成拖欠的应收款项，会计公关人员应主动与客户沟通信息，一方面说明本企业目前所面临的困难和回收款项的用途，恳请对方及时还款；另一方面也全面了解客户目前的经营状况，特别是掌握对方偿债能力和现金流转的信息，尽量做到互谅互让，达成妥协，兼顾双方的利益。会计公关人员应主动与客户沟通信息，初期可以采取信函方式；信函沟通无效，则采取电话沟通；电话沟通仍然不起作用，就应该直接与客户面谈，进行个别交流，或举行正式的清欠谈判。这时一定要注意协调双方的利益关系，对于确实困难、无力偿债的客户，企业应体谅对方，可以采取延长偿债期限、减免债务金额等债务重组方式，帮助它们渡过暂时的难关，重新恢复生机。企业一般不要轻易采取法律行动，因为一旦诉诸法律，宣告客户破产偿债，这样做企业虽然可以收回拖欠款项，但回收的金额可能极为有限，而且在很大程度上也损害了客户关系，由此造成购销关系中断，甚至很有可能会损及企业的整体形象和会计形象。因此，企业对于是否要动用法律向客户催款，一定要慎重从事。当然，对于那些有钱不还、故意拖欠、蛮不讲理、信誉极差的客户（我们习惯上把它们称之为不受欢迎的公众），企业在采取了上述各项催收措施依然无效后，也只能诉诸法律，通过法律收回款项，把企业的损失降低到最低限度，同时也维护了企业的信誉和形象。当然，对于企业的会计公关人员来说，把与客户之间的催收会计公关活动还是应尽量做到诉诸法律之前，这样既可以保证企业的经济利益免受损失，又可以充分考虑客户的困难和需求，维护和发展双方互惠互利的长期合作关系。如果诉诸法律，也就意味着催收会计公关活动的失败。因此，会计公关人员在与客户之间开展催收会计公关活动时，一定要以发展的眼光，立足于长远，权衡催收的成本效益问题，并采取适当的催收会计公关方法和措施。

第八章　会计文化

第一节　会计文化传统

会计文化的研究对象是会计领域的文化现象及其发展变化的规律。它要研究会计与文化的内在联系，揭示会计文化的本质并探讨先进会计文化在构建会计人员价值取向、人文精神等方面的作用机制。

会计文化传统是在会计文化长期缓慢演进过程中形成的，是会计文化与外部环境相互作用的产物。它决定会计文化的性质与特征及其构成内容。

一、相关概念辨析

概念是反映事物本质属性的思维形式。凡是事物总是具有一定的属性，并借助这些属性来展示一事物与他事物的区别。那些在决定一事物与他事物不同中起关键作用的属性，就是事物的本质属性。概念作为人们理性认识阶段的认识成果，既反映事物的本质属性，又反映具有这一本质属性的事物。概念的内涵指的就是概念所反映事物的本质属性，而概念的外延则是指概念所反映具有这一本质属性的事物，故此人们常常将概念的外延视同为概念的适用范围。内涵和外延作为概念的基本逻辑特征，是互为存在前提条件的，也就是说，内涵与外延既相互依存又相互制约。相关概念的辨析，则是在对"概念"的上述认识基础上，深入探讨与会计文化有高度关联的不同概念，并对其做出合理的界定。

（一）文化与制度

1. 文化

《现代汉语词典》对文化这一概念的解释是：人类在社会历史发展过程中所创造的物质财富和精神财富的总和，特指精神财富，如文学、艺术、教育、科学等。《辞海》给文化所下的定义是，从广义来说，指人类社会历史实践过程中所创造的物质财富和精神财富的总和。从狭义来说，指社会的意识形态，以及与之相适应的制度和组织机构。

牛津大学出版社出版的1970年版的《现代高级英汉双解辞典》将文化（Culture）界定为：人类能力的高度发展，通过训练和经验实现的身体、头脑和精神的发展，人类社会智力发展的证据，一个民族的智力发展状况。文化还指培养、种植、栽培和饲养。

《美国传统词典》将文化定义为：人类群体或民族世代相传的行为模式、艺术、宗教信仰、群体组织和其他一切人类生产活动、思维活动的本质特征的总和。

美国哈佛大学教授约翰·科特在《企业文化与经营业绩》一书中指出：在较深层次的不易察觉的层面，文化代表着基本价值观念。这些价值观念是一个人类群体所共有的；即便这一群体中成员不断更新，文化也会得到延续和保持。

英国学者帕特·乔恩特在《跨文化管理》一书中提出：文化是某一群体思想、群体灵魂或某种社会属性，是维系某一群体的纽带，是人们在处理日常事务时属于某一群体的约定俗成的思想、行为以及感想的模式。

日本学者原本池上在《文化经济学》一书中给文化下了简明的定义：文化是提高互相学习的状态或气氛。

中国学者对文化这一概念，至今尚无一致的看法，其中具有代表性的观点有：①文化是一系列习俗、规范和准则的总和，起着规范、导向和推动社会发展的作用（刘光明，2002）。②文化是一个复杂的总体，包括知识、信仰、艺术、法律、道德、风俗以及人类所获得的才能和习惯等（金相郁，2004）。③文化是人类所创造的一切物质财富和精神财富的总和，是指除政治、经济、军事外的一种观念形态、精神活动的产物（严文华，2000）。④文化本质上就是主体通过对象化所造成的物质和精神的劳动成果。这些活动成果凝结着人类社会成员的集体智慧的力量，并且许多成果都不因直接消费活动而消失，它们通过世代的遗传积累，成为人类物质精神文化。文化一旦形成，又反过来陶冶人，使人们获得新的素质、特征和能力（胡正荣，1995）。

前文是笔者从所及研究文献中归纳出的有关文化这一概念的各种看法，毫无疑问，这些看法为我们认识文化的本质，并在此基础上探讨何谓会计文化提供了巨大的帮助。《现代汉语词典》和《辞海》将文化诠释为"物质财富和精神财富的总和"是一种十分宽泛的定义，特别是后者还明确将"制度"纳入文化的范畴之内。《现代高级英汉双解辞典》从发展的视角解析文化，将其界定为"能力、身体、头脑、精神和智力的发展"。《美国传统词典》的定义虽然在措辞上与《现代汉语词典》和《辞海》有所不同，但从实质上看是基本相同或相近的，都是内涵十分丰富的定义。约翰·科特把文化等同于"价值观念"，显然，在其眼中，文化是不等于制度和物质财富的。帕特·乔恩特、原本池上的观点基本上与约翰·科特的观点相近，强调文化的无形性。刘光明、金相郁、严文华的观点相近，既强调文化的无形性，又认为文化还包涵"准则、法律、物质财富"等有形事物。而胡正荣则认为文化是无形的，是"人类社会成员的集体智慧的力量"。

综合分析以上国内外权威工具书和著名学者有关文化的定义，可以看出，就文化是人类在社会历史发展过程中所创造的精神财富的总和这一点而言，所有的工具书和学者的认识都是相同的或者说是相近的。但在是否包括制度、法律、组织结构等有形事物上，却存在较大的分歧。而这恰恰又是深入探讨会计文化必须直面的一个重大课题，不回答这一问题就无法准确理解、恰当界定和有效运用"文化、制度、企业文化、会计文化"这些重要概念，也就无法解释和处理会计文化实践过程中的许多重大问题。

从经济全球化和科学技术迅猛发展的大背景去审视和借鉴上述观点，再加上笔者对文化这一概念的悟彻，便形成以下看法。文化是人类创造和传承的精神财富的集合，由核心层的共同价值观和显现层的习俗、审美、道德、艺术、语言、宗教6个要素共同构成，为人类社会进步提供强大的精神动力。见图8-1。

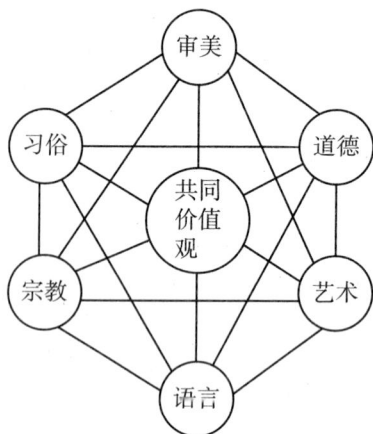

图 8-1 文化的两层次结构

应指出的是，文化具有很多显著特征：

首先，文化核心层的隐现性。价值观作为文化的内核，是人们在长期社会实践和物质财富创造过程中，经过相互作用和日积月累才形成的一整套关于人们自身、人们应该做什么、如何去做、人们的信念是什么的行为指南。正是因为价值观形成的漫长性，人们在日常生活中并非时时感受到自己的文化的存在，只有在某一人类群体（特别是种族）接触到另一群体时，才会感到文化的冲击。如在某些中国姑娘眼里，小伙子深夜开汽车不闯红灯是没胆量、没出息的铁证；而在外国女友的眼中小伙子深夜开车闯红灯是什么都敢干，没有安全感的依据（骆汉城，2004）。

其次，文化显现层的统一性。文化显现层包含习俗、审美、道德、艺术、语言、宗教6个要素，它们共同构成某一人类群体的不言自明的博弈规则，从而使这一群体的行为具有稳定性和可预期性。

再次，文化的强大控制力。某一人类群体的文化一旦形成，对该群体行为就产生了很强的约束力。然而，这却不是那种由法律法规形成的"硬性控制"。美国人追求个人奋斗、主张个人至上，日本人注重团队合作、团队利益高于个人利益，这均与各自所接受的不同文化熏陶有着密切关系。文化通过向某一群体灌输相同意识形态和道德规范，推崇一致的风俗习惯，崇尚共同信仰，普及相同知识和欣赏同类艺术，为这一群体中每个人的行为提供了规范和导向，强化了群体的向心力和凝聚力。

最后，文化的传承性及其变迁的迟缓性。文化是人们后天习得的，文化的传播方式是语言和模仿，并且代代相传。文化与人类之间是互动的，由某一人类群体继承、发展和创造的文化，对这一群体具有反作用，其相互较量的结果是形成了一种新的合力。这一合力又在大环境的引导下，缓慢推动文化的变革和新文化的衍生。文化变化的迟缓性，导致文化的变迁往往滞后于人类的实践活动。

从前述笔者对文化概念的认识可以看出，文化这一概念并不涵盖制度。然而，许多学者把很多有形事物均称为文化，如物质文化、制度文化等，给人以文化这一概念的内涵和外延无限的印象。这既不利于准确界定文化的内涵，又无法以文化为工具分析客观世界的其他现象。接下来，我们将探讨何谓制度及其与文化的关系。

2. 制度

美国学者诺斯在《制度、制度变迁和经济绩效》一书中指出，制度是社会的博弈规则，是人类设计的制约人们相互行为的约束条件。用经济学术语表示，制度定义和限制了个人的决策集合。并在尔后的一篇名曰"交易成本、制度与经济史"的论文中进一步阐明，制度是一系列被制定出来的规则、守法程度和行为的道德伦理规范。

日本学者青木昌彦在《比较制度分析》一书中将制度界定为，是对均衡博弈路径显著和固有特征的一种浓缩表征，该表征被相关域几乎所有参与人所感知，认为是与他们策略决策相关的。

我国《辞海》中关于制度概念的解释为，要求成员共同遵守的、按一定程序办事的规则；在一定历史条件下形成的政治、经济、文化等各方面的体系；古时所指的政治上的规模法度。

我国学者关于制度的看法主要有：①制度可以定义为社会中个人所遵循的行为规则。制度可以被设计成人类对付不确定性和增加个人效用的手段（林毅夫，2000）。②汉语的"制"和"度"两字有不同的含义，"制"是指外在的规约、束缚和局限，"度"是指内守中庸之节，因此，汉语的制度包含了从"内"与"外"两方面对行为的规约。也就是说，汉语的"制度"，既包括外在的正式制度，也包括内在的道德约束（汪丁丁，2002）。③制度是一个社会的游戏规则，或者说是构建人类相互的人为设定的约束（曹鉴燎，2001）。④制度是人类社会中由于稀缺的存在而人为设定的关于权利安排的各种规则（栾甫贵，2004）。⑤制度从广义上讲是文化的组成部分，文化通过制度来规范和约束人的行为，但在制度形成之后，文化更多的是指非制度因素，是指制度以外的东西，是指与制度

283

相补充的东西（何志毅，2004）。

综观上述观点，可以看出，对于"制度是人类设计的、用来约束社会中个人行为的各种规则"这一点，大多数学者的看法是相同或相近的。然而，对于制度与文化在外延上究竟有何差异，却存在较大的分歧。概括起来有 3 种观点：一是大文化观，即制度是文化的一部分；二是大制度观，即制度由两部分组成，正式制度和非正式制度，而后者的构成要素基本上又与文化的构成要素相同；三是由笔者提出的相互独立又相互依存观，即文化与制度是相互独立的两个概念，并不存在谁包含谁的问题。见图 8 - 2。

（a）大文化观　　（b）大制度观　　（c）相互独立又相互依存观

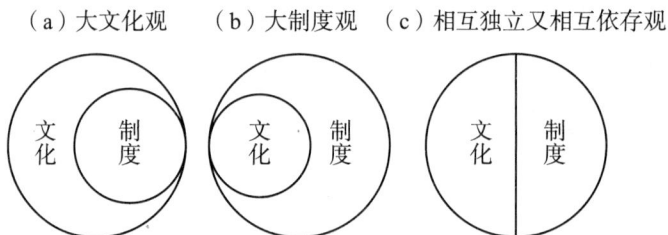

图 8 - 2　对文化与制度的关系的 3 种不同观点

关于"制度是人类设计的，用来约束社会中个人行为的各种规则"，笔者是赞同的，但却不赞同大文化观或大制度观，而是持文化与制度两概念相互独立又相互依存的观点。在大文化观下，无论是精神上还是物质上的东西，均被冠以"文化"二字，给人以一切都在文化之下的印象。同样，在大制度观下，尤其是在某些新制度经济学大师眼里，"制度"似乎大到包容文化的地步。我们认为，文化与制度两个概念之间存在一种形式逻辑上的全异关系，即指该两个概念的外延没有任何部分重合的这样一种关系。实际上，客观现实中文化和制度两个概念并存且都有很高的使用频率的事实，就表明这两个概念是不同的。我们持相互独立又相互依存观的原由有：

第一，从学科的科学化建设角度讲，一门学科内含的诸多概念（Concept）、理论（Theory）和分析模型（Analytical Model）都是分析该学科特定对象的工具，而一个概念若是大到包容一切，也就失去了其作为分析工具的作用，即无法用其去衡量客观外界的事物了。对于一个已经丧失了使用价值的概念，其存在的意义将会变小或丧失。

第二,从重要性视角分析文化和制度两个概念,不难看出,它们对会计学、管理学、经济学、社会学等一系列重要学科而言,都是核心概念之一。因此,对这两个概念的较为准确合理的界定,对发展这些学科有着重大现实意义。

第三,从中国经济市场化改革实践角度分析,给文化和制度以合理的界定,有利于解释实践中面临的许多重大课题,提高实践的理论性,减少盲目性。例如,18 世纪的那场人类工业革命首先发生在英国,而早在 14 世纪就已经具备了相同的技术、人才、资金条件的中国,为什么没有爆发工业革命?一个主要的原因是当时的中国没有一套有效保护和激励民众技术创新的制度。

第四,从本质上讲,文化和制度都是人类社会实践过程中的博弈规则,但是各自的形成过程、作用机制和外在形式是迥异的。例如,文化主要依靠一种自然约定俗成的力量来约束人类社会实践中的行为,而制度则凭借成文的书面法规制约人类的行为。两者之间有着一种相互独立又相互依存的关系,因此,没有文化的制度和没有制度的文化都不存在。

第五,制度是市场经济诞生与发展的必要条件,对其作用的忽视不利于转轨经济的健康发展。转轨经济国家(如俄国)照搬西方经济学理论的做法并不成功,恐怕就是因为传统西方经济学理论忽视了制度作为经济发展关键变量的作用。这是因为,在亚当·斯密发表不朽巨著《国富论》从而创建经济学之前,市场经济制度在西方发达国家已经存在了 200 多年了,所以,斯密也就没有将制度作为一个研究对象,对其在经济发展中扮演的角色加以研究。

(二)企业文化与会计文化

基于上述对文化和制度两个重要的属概念所反映对象的本质属性的理性认识和揭示,我们可以推演到与之密切相关的两个种概念,即企业文化和会计文化,以揭示这两个种概念的特有属性。

1. 企业文化

企业文化又称公司文化(Corporate Culture),是 20 世纪 70 年代末产生于美国的一种新企业管理理论,不久传入我国并产生了长久和深远的影响。那么,到底何谓"企业文化"?国内外管理理论界和企业界对其的界定不下百种,其中有较大影响力和代表性的有:

威廉·大内在《Z 理论——美国企业界怎样迎接日本的挑战》一书中

提出，企业文化由传统和风气构成。此外，企业文化还包含一个公司的价值观，如进取性、守势和灵活性，即确定活动、意见和行为模式的价值观。

埃德加·沙因在《企业文化与领导》一书中指出，企业文化存在于两个层次上，在表层上是可见物象和可观察行为，即组织成员之间共享的有关人们穿着和行动的方式、象征、故事和仪式。这些可见因素反映了组织成员思想中的深层次价值观，而这些深层次价值观、假定、信念和思维过程才是真正的文化。

我国学者的主要观点有：①企业文化是指导和约束企业整体行为以及员工行为的价值理念，属于思想道德范畴的内容，基本上和社会道德是相对应的（魏杰，2001）。②企业文化是一个企业在长期经营实践中所凝结、积淀起来的一种文化氛围、价值观念、精神力量、经营境界和广大员工所认同的道德规范和行为方式（贾春峰，2001）。③企业文化是企业在各种活动及其结果中，所努力贯彻并实际体现出来的以文明取胜的群体竞争意识（罗长海，1999）。

我国企业家对企业文化的看法主要有：①海尔公司的张瑞敏认为，企业文化是企业灵魂，它把员工自身价值的体现和企业目标的实现结合起来。它分三个层次，最外层是物质文化，中间是制度行为文化，最核心是精神文化，即价值观。海尔价值观的核心是创新。②北京同仁堂股份公司给企业文化下的定义是，由企业家倡导并得到全体员工认同的一种经营理念、行为规范，是推动企业健康发展的助推器。③深圳万科公司的王石认为，企业文化的内涵是企业的核心理念、经营哲学、管理方式、用人机制、行为准则、企业氛围的总和。④全聚德股份公司视企业文化为一种重视人、以人为中心的企业管理方式，是一种人人都有社会使命感的命运共同体，是企业在长期经营活动中形成的特定文化观念、价值体系、道德规范、传统、风格、习惯和与此相联系的企业经营观念。

以上是笔者从所及参考文献中归纳出的有关企业文化的不同观点，显然，这些观点为我们认识企业经营跨国化、经济全球化和科学技术进步加速条件下的企业文化的内涵，提供了借鉴和指导。中外学者和企业家高度共识的是，企业文化的核心或重要组成部分是价值观。威廉·大内在此基础上又增加了"传统和风气"。沙因不仅承认价值观的核心作用，又进一步指出反映价值观的可观察行为是"行动方式、象征、故事和仪式"。我国学者魏杰、贾春峰和罗长海在赞同价值观是企业文化核心内容的同时，又将"价值观"用国人十分熟悉的"思想道德、精神力量、群体竞争意识"加以诠释。但他们均未提到价值观的物化形式。我国的4家著名企业也都认为企业文化的核心是价值观,此外,海尔和万科还把价值观的物化形式分别解释为"物质文化"和"用人机制"。

从笔者对文化这一属概念的理性认识去审视和借鉴上述有关企业文化这个种概念的各种观点,便形成以下看法。企业文化是在企业家倡导下形成的并为全体员工共同认可、信奉、实践和传承的精神财富的集合,由核心层的共同经营价值观和显现层的英雄人物、故事、仪式、习惯、象征和氛围6个要素共同构成,为企业长久生存和永续发展提供强大的精神力量。见图8-3。

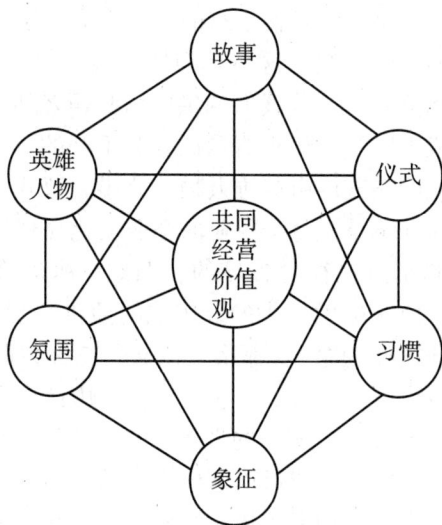

图8-3 企业文化的两层次结构

企业文化关键特征包括:

第一,虽然优秀企业都拥有共同经营价值观,但其具体的价值取向却不尽相同,海尔价值观的取向是"创新";摩托罗拉价值观的取向是"精诚、公正和以人为本";联想集团价值观的取向是"服务客户、精准求实、诚信共享和创业创新"。

第二,共同经营价值观作为企业文化的核心层所固有的抽象性,再加上个别企业的价值取向又各有特色,这就决定了人们对企业文化本质的认识是一个漫长且曲折复杂的过程。那么，个别企业的价值观取向的差异是如何产生的？我们认为，这与企业所有者和经营者自身的价值观，企业成长所处的特殊外部环境，包括行业特征、政府行为、技术发展趋势、竞争状况、顾客要求都密切相关。也正是因为任何一个企业的外部环境都有独特性，（即没有两个拥有完全相同外部环境的企业），才使得个别企业之间的价值取向不可能完全相同。从这个意义上讲，企业文化的核心价值观具有不可模仿性，因此是企业的最宝贵的财富。

第三，企业文化具有不可购买性。企业从事生产经营活动所需要的各类资源，包括厂房、设备、原材料、能源、人员等，都可以按市价购买或雇佣，甚至可以用高价购买关键技术或吸引高级人才，但企业却无法买到适合本企业内外部环境要求的价值观及其价值取向。因此，优秀企业文化是企业最宝贵的财富，是企业长盛不衰的不竭动力。没有核心技术的戴尔公司仍取得了骄人的经营业绩，这与其创始人迈克尔·戴尔一贯倡导的、并被广大员工认可和信奉的"为我们的供应商和顾客利益而大幅度降低我们销售科技产品的成本"这一价值观取向是分不开的。

第四，企业文化的显现层由英雄人物、故事、仪式、习惯、象征和氛围6个要素组成，这并不是说每个企业的企业文化显现层中都含有这6个要素，不同企业的侧重点往往是各异的。例如，海尔价值观的核心是创新，这个价值取向是由张瑞敏提出的，用他的话讲"提出理念不算困难，困难的是让员工认同这些理念"。那么，他又是怎么说服员工信奉这一理念的？就是借助讲故事方式实现的。有一次张瑞敏提出了一个"创新要尊重每一个人的价值，人人是人才"的理念，一开始员工反应平淡，后来就把一项由一位工人发明的技术成果以这位工人的姓名冠名了，并由企业文化部门将此事作为一个故事加以宣传，结果技术革新之风深入员工之心。

又如，美国希尔顿饭店的价值观取向是"宾至如归"，创始人唐纳·希尔顿将此价值观具体体现为一种人情味浓厚的氛围，包括员工的微笑服务、环境布置人性化、独特的企业礼仪。

再如，日本松下的创始人松下幸之助倡导以人为本的价值观取向，而使这一价值取向深入人心、为全体员工所接受和信奉的具体做法，就是依靠各种仪式。在松下，每天上班后全体员工做的第一件事是齐唱公司歌曲、大声朗诵公司纲领和信条。

综上所述，不难看出文化与企业文化这两个概念之间存在属种关系，即所谓逻辑学上的真包含关系。正是因为两个概念之间存在的这种内在的逻辑联系，我们才在界定企业文化这一概念之前，先探讨文化这一概念的内涵和外延。而我们下面探讨的会计文化又是企业文化这一概念的种概念，也就是说企业文化与会计文化在逻辑上也存在属种关系。

2. 会计文化

从前述笔者有关文化概念的定义可以得知，自从有了人类的物质财富的生产活动，就有了文化。考虑到文化与会计文化两个概念之间的间接属种关系，我们可以推演出，自从有了会计活动，就有了会计文化。然而，那个时期的会计文化只是一种蕴藏于实践中的、自发的、没有上升到理性认识阶段的会计文化。

实际上，把会计文化作为一种分析会计现象的工具或理论加以研究是近十几年才出现的新兴事物。美国会计学会是在其1986年度学会年会上，才首次把会计文化列为会计研讨的主题。我国会计界近几年对会计文化研究的关注不断升温，对这一会计新领域的探讨逐步深入，我国会计界著名学者于玉林教授率先提出建立有中国特色的会计文化学的设想。国际和国内会计界对会计文化的定义主要有：

英国学者杰克·莫瑞斯在《会计伦理》一书中把会计文化定义为，采用类似方法来解决主要问题，如对审计事务所提供其他服务的处理。并举例讲，在国际会计师联合会理事会、委员会及其他机构中的会计文化是盎格鲁·撒克逊会计文化。

我国学者于玉林教授认为，会计文化是在一定历史条件下形成的有关会计的物质和精神的背景文化及其自身的文化内涵。会计文化既是一种理论，又是一种实践。

我国学者田昆儒教授在《中日会计模式比较研究》一书中将会计文化界定为，在一定历史条件下形成的有关会计的物质和精神的背景文化和其自身的文化内涵，由会计人员的价值取向、信念追求、文化修养、职业道德等内容构成。

从笔者对文化和企业文化这两个属概念的认识出发，学习和借鉴国内外会计界专家关于会计文化的论述，得出下述有关会计文化的理性认识。会计文化是在会计主管倡导下形成的并为全体会计员工共同认可、信奉、实践和传承的精神财富的集合，由核心层的共同会计价值观和显现层的诚信、独立、客观、公正、谨慎、保密6个要素共同构成，为会计在人类社会实践中的职能和作用的充分发挥提供强大的精神力量。见图8-4。

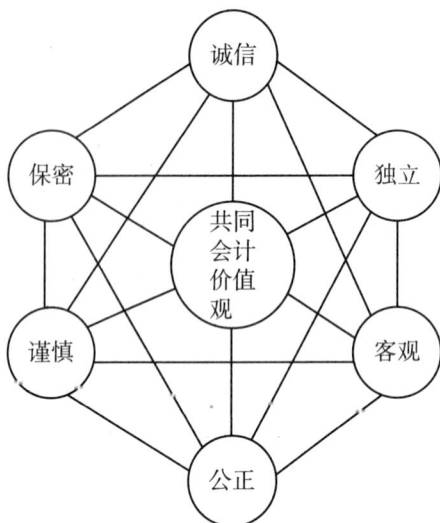

图 8 - 4　会计文化的两层次结构

应特别强调的是：

（1）会计价值观指的是对会计的本质、目的、地位、职能、作用等的总的认识、理解和观点。它是会计人员从会计核算和管理视角判断会计事物、工作、活动、现象等的是非曲直的标准。而共同会计价值观则是指在某一会计组织或群体内，全体会计人员在处理与会计有关的重大问题上所达成的共识，又称为会计人员的价值取向。例如，在潘序伦先生倡导的"立信，乃会计之本。没有信用，也就没有会计"的思想指导下，"立信"成为立信人的价值取向和群体精神。

（2）共同构成显现层的诚信、独立、客观、公正、谨慎、保密6个要素是会计价值取向的反映和具体化，它引导着一个特定会计组织或群体的行为。如在坚持诚信价值取向的指导下，上海立信学校校规中专设一条，对在考试或工作中作弊的学生一律开除，概不例外。

（3）会计文化的形成深受企业文化和一国文化大背景的影响。例如，在我国，资产负债表的格式主要采用账户式（Account Form），即左方列入资产类的全部项目，右方列入负债类和业主权益类的各个项目。而在国外，资产负债表的格式主要采用财务状况式（Financial Position Form）或称竖式，即先列示全部资产类项目，后扣减全部负债类项目，在最底部再列示出业主权益项目及其余额。这种差异与中国传统文化核心价值观的中庸之道价值取向有着密切关系，是这一价值取向在会计报表处理上的反映。又如，日本松下创始人松下幸之助所创立的以人为本的企业价值观导向，决定了松下公司会计文化以"严谨"和"公正"作为会计价值观导向。

（4）会计文化有显著的动态性特征。会计文化一旦形成后，并非一成不变，它在科学技术进步、经济发展、政治和法律环境改变的作用下，随着公司文化演进而朝着同一方向变化。会计文化变迁还对企业文化发展进步具有促进作用，有利于企业在不断变化的外部环境下实现既定目标。例如，日本本田公司面对汽车市场技术进步加快、竞争日趋全球化和各国对汽车业管制的放松，由针对一国的营销逐步转换为针对一个地区（若干国家）和全球的一体化营销，因而从全球视角分配公司的各种资源。会计部门也由以一国为中心走向以全球中心，会计文化价值则转为更加突出"客观"和"严谨"的取向，更加重视会计数据的安全性。

二、会计文化与国（地区）别文化

一国（地区）文化对该国（地区）会计文化有着十分显著的影响力，决定其基本特征。因此，深入了解一国（地区）文化才能准确理解该国（地区）的会计文化。目前，国际上广泛使用的国别文化分类体系是由荷兰学者季尔特·郝夫斯代德（Geert Hofstede）于1994年在《管理科学》杂志发表的名曰"管理学家是有人情味的"一文中提出的。基于对国际商用机器公司（IBM）在世界各地的60多个分支机构员工的大规模的调研活动，郝夫斯代德提出划分不同文化的5个标尺：

（1）权力距离，即一国（地区）公众对不公平的忍受度。权力距离大的社会对不公平的忍受度高。在这类社会中，每个成员在社会上都拥有自己的位置，身份象征起着决定性的作用，理想的上司是一位仁慈的独断者，或者是一位德高望重的元老，大多数成员默认和接受收入和权力分配方面存在的巨大不公。而权力距离小的社会更崇尚平等，富人和有权势的人不敢那么盛气凌人，身份象征得不到重视，理想的上司是一位睿智的民主人士。依此标准划分文化，权力距离大的国家和地区有马来西亚、菲律宾、墨西哥、阿拉伯国家、印度和西部非洲国家；权力距离小的国家和地区有美国、德国、英国、挪威、瑞典、丹麦和以色列。

（2）对不确定性的回避度，是指某一文化背景下的人们承受不确定因素压力的程度，以及依靠机制缓解这一压力的程度。对不确定性回避度高的社会（即对不确定因素承受能力低的社会），主要是依据严格的法规和礼仪来规范日常生活，并将任何不同行为视为一种威胁，人们崇尚自然和新鲜。而对不确定性回避度低的社会（即对不确定因素承受能力高的社会），人们则更倾向于随遇而安、创新和企业家精神，对各种不同行为非但不视为一种威胁，反而产生很浓厚的兴趣。属于前者的有日本，后者有英国、中国香港和新加坡。

（3）个人主义度，即人们愿意独自而不是集体行动的程度。在个人主义度高的文化背景下，人们强调个人及其家庭的利益，并不太重视对某一群体的忠诚度；孩子从小就受到自力更生的教育，知道长大后一切都要依靠自己。而在个人主义度低的社会（又称为集体主义社会），群体利益是第一位的，人们对待本群体成员与外部其他群体人员的态度是不同的，他们期望该群体的保护并且终生忠诚于这一群体。个人主义度高的国家有美国、澳大利亚和英国，个人主义度低的国家和地区有韩国、中国台湾地区和印度尼西亚。

（4）大男子主义度，即重视"果断、身份、成功、勇于竞争和成就"这些"男性"价值，而不是"以家庭为中心、保持一致和强调生活质量"这些"女性"价值。在大男子主义度高的社会，与男子角色相关的价值占上风；而在大男子主义度低的社会（又称为女子主义社会），保持一致、保护环境、注重生活质量这些价值观念占主导地位。日本、奥地利、意大利和墨西哥属于大男子主义度高的社会，泰国、智利、荷兰、瑞典属于大男子主义度低的社会。

（5）长久性，指一个社会是以务实和长久为导向，还是以短期为导向。在长久导向的社会里，人们崇尚百折不挠、坚韧不拔、勤俭的价值观，为明天的幸福而奋斗；而在短期导向的社会里，人们推崇那些仅考虑当前或过去的价值观念，如遵循习惯、只顾眼前利益。前者有中国、中国香港、日本和韩国，后者有美国、英国、加拿大和菲律宾。见图 8-5。

图 8-5 运用了不确定性回避度与权力距离、大男子主义度与个人主义度两对标尺，分别构建了两个国（地区）别文化的对比图。从图中可见，英国文化特征是不确定性回避度低且权力距离小（图 8-5A），个人主义度高且大男子主义度也高（图 8-5B）。美国文化特征基本上与英国的相同。但日本文化特征却与英美有很大差异，其不确定性回避度高且权力距离中等偏高（图 8-5A），个人主义度中等偏低且大男子主义度极高

（图 8 - 5B）。

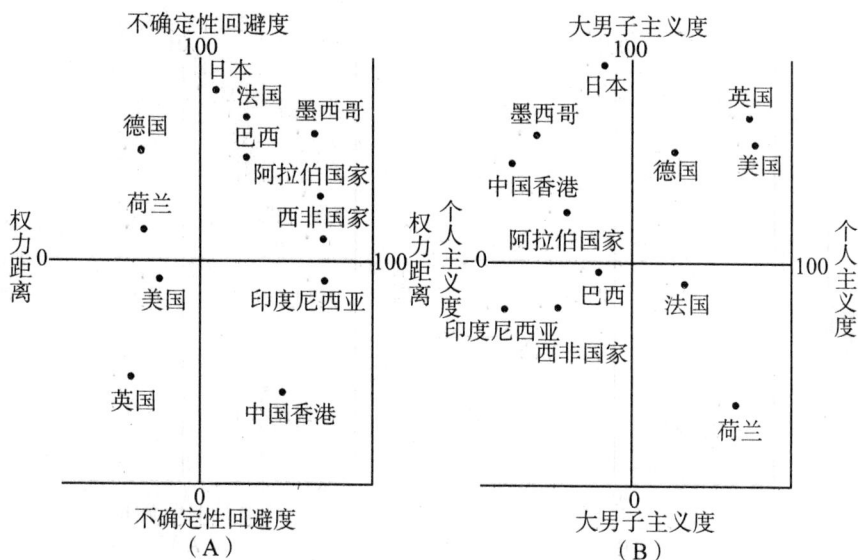

图 8 - 5　国（地区）别文化的对比

　　英国、美国的国别文化的上述特征对英美两国会计文化有直接和显著的影响，从而形成了英美会计文化独有的、那些国内外会计界业内人士所熟悉的和公认的现象。运用我们在图 8 - 4 中所提出的会计文化显现层的 6 个要素，透视和分析这些现象，便可以归纳出英美会计文化的以下特征：

　　（1）强调独立性。在不确定性回避度低和个人主义度高的国别文化大环境影响下，英美会计文化推崇个人的职业判断，如英国会计界一贯提倡和坚守"真实和公允"原则，但英国法律和相关的会计方面准则，均未对这一重要概念进行界定。究其原因，就是让会计人员通过职业判断来贯彻这一会计原则，这既给会计人员提供了发挥个人聪明才智的机会，又带来了很大的职业风险。

　　（2）注重公正和保密。在个人主义度高的文化大背景下，企业作为法人其利益，特别是商业机密被视为是神圣的，因此，会计人员应在真实和公允原则下，借助个人的职业判断能力，在确保其他利益相关方利益完好的条件下，最大限度地为客户保守各种商业机密。这种在公正和保密之间合理权衡的职业判断能力，要求会计人员能够直面各种不确定因素，具有一定的创新意识；而不确定性回避度低的国别大文化背景，为培育这种推崇创新的会计文化提供良好的外部环境。

（3）崇尚诚信。充分发挥会计人员个人的职业判断能力，要求会计人员拥有较高的诚信意识。实际上，英美两国的会计准则给会计人员留下了较大的、对会计实务的职业判断余地，如何才能做到"真实和公允"，在很大程度上依靠会计诚信这种不成文的会计准则来支持。见图8-6。

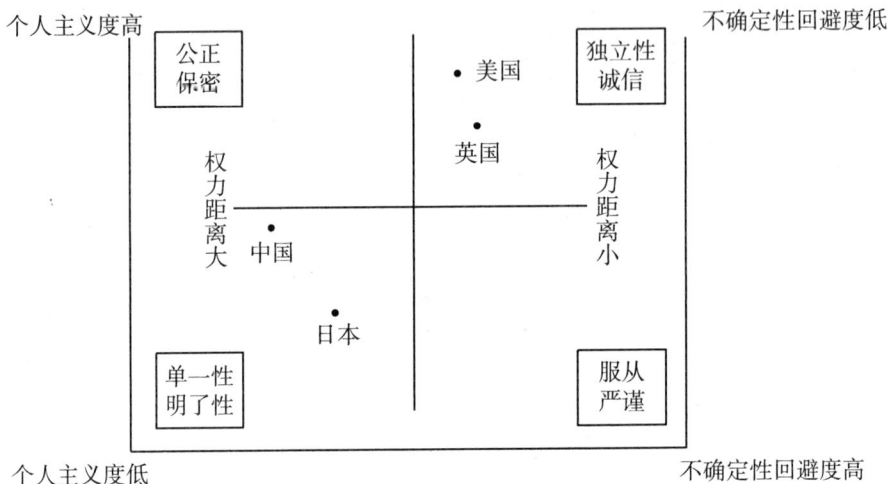

图8-6　国别文化特征与该国会计文化特征的关系

接下来，我们分析在日本国别文化独特大环境下的日本会计文化现象，仍用图8-4中所提出的有关会计文化显现层的6个要素去透视和分析日本会计文化现象，得出以下有关日本会计文化的特征：

（1）重视形式。在不确定性回避度高的国别文化大背景影响下，日本的会计人员在会计方法的选择上，主要是遵循正规簿记原则、明了性原则和单一性原则。这种侧重稳健的思想，实际上是不确定性回避度高的大文化环境在会计文化上的反映。例如，正规簿记原则要求，企业会计在处理业务时，遵循正规簿记原则，制成正确的会计账簿。又如，明了性原则要求，企业会计必须按照财务报表，对利害关系者明示相关会计事实，使其不至于对企业财务状况做出错误判断。再如，单一性原则要求，不同目的的财务报表，均应以可以信赖的记录为基础，事实的真实性永远是第一位的。

（2）提倡服务和效忠。日本国别文化权力距离大、推崇集体主义、强调团体利益高于个体利益。这些价值观念在会计文化上的反映，就是教导会计人员对组织或企业的忠诚和竭尽全力的服务。可参考图8-6。

最后，我们分析中国传统文化下的中国会计文化现象。运用图8-4中所提出的有关会计文化显现层的6个要素，剖析中国会计文化现象，可以总括出以下特征：

（1）诚信意识淡薄。我国会计人员诚信意识不强，已是会计理论界和实务部门的共识。究其原因，这与国别文化大背景有关。中国传统文化强调群体利益重于个人利益，作为其核心的儒家思想主张通过道德教化来治民。中国有两千多年的皇权统治历史，因而专制主义与皇权主义思想根深蒂固，正如邓小平所说，中国传统文化中缺乏民主与法治的传统（陆卫明、张菲，2003）。在此文化环境下，会计领域具有较强操作性的激励和约束机制很难真正建立起来，致使会计诚信的成本甚至高于会计造假的成本。这种收益倒置现象纵容了会计造假。

（2）谨慎意识不足。我国会计人员在方法选择上往往对风险估计偏于乐观，很难达到我国新修订的《会计法》对会计提供的信息必须"真实，完整"的要求。谨慎不足导致会计信息失真的现象比较普遍，且较严重地损害了委托代理关系中委托方的利益。那么，委托方为什么不制止此类行为呢？是由于缺少一个真正的委托人，中国可能是没有委托人契约关系条件下会计诚信缺失的典型（杨雄胜，2002）。从此意义上讲，我国会计人员处理会计实务和选择会计方法上的谨慎作风的培养，与我国企业建立真正的现代企业制度是分不开的。没有真正建立起现代企业制度的企业，是不可能树立起会计人员谨慎意识的。

（3）个人的职业判断能力较低。我国会计文化本质上所体现的，就是关于现实会计"应如何"的价值观念，反映在会计业务处理上则是重视会计制度的规定，较少强调会计人员职业判断能力的有效发挥。这与中国国别文化个人主义度低和不确定性回避度高不无关系，也受我国经济转轨和会计职业发展不完善的影响。因此，提高会计人员职业判断能力是一个综合工程，需要各方的长期努力。可参考图8-6。

第二节 先进会计文化

先进会计文化是会计历史发展的内在驱动力。会计越发展，会计文化的地位和作用就越重要。在当今国际会计领域，会计文化越来越成为一国会计发展进步的重要战略资源，各国会计文化的矛盾与冲突也越来越成为国际会计冲突的重要因素。实际上，国际会计的构建就是先进会计文化所蕴含的会计价值观念的会计制度化、会计准则化和会计规范化的过程。

本节探讨先进会计文化在会计信息不对称后果的控制、会计人员诚信的建设和会计人员利益冲突的协调中的作用机制。

一、先进会计文化控制会计信息不对称后果的作用机制

所谓先进会计文化，指的是符合国际会计发展方向，体现会计作为生产力一部分的发展要求，代表会计各利益相关方的最根本利益，反映会计发展潮流的文化。中国先进会计文化最显著特征是作为其来源之一的——社会主义文化。社会主义文化以马克思主义理论为指导，代表着人类社会发展的总趋势，以实现个人的自由全面发展为价值目标，是代表人类社会先进文化前进方向的文化（夏兴有，2001）。

所谓作用机制，是指一个工作系统的组织或部分之间相互作用的过程、方式和规律。如竞争机制描绘通过竞争对手、供应商、替代品、潜在入市者和消费者5种力量构成的既相互依赖又相互排斥的作用过程，解释如何调节供求关系、引导生产要素的合理流动和最佳配置。会计文化的作用机制也就是指蕴藏于会计系统之中、能够自动运行以促使会计文化发挥作用的一个有机整体。简言之，就是会计文化形成以后的有机运行系统。会计文化作用机制是对会计文化作用的内在逻辑和发展规律的深层研究。

先进会计文化是如何控制和化解会计信息不对称后果？其作用机制是如何有效运行的？我们将从会计信息不对称产生原因入手，进而探讨先进会计文化降解会计信息不对称的机理。

（一）会计信息不对称的产生及其后果

威廉姆·斯考特（William R. Scott）在其《财务会计理论》一书中提出"会计是契约的集合"的论点，并认为"实证会计理论是建立在此基础之上的"。依据斯蒂格利茨在《契约经济学》中关于契约制定和执行过程的描述，我们知道，一是完全契约（或完全合同）在现实中是不存在的。即使是房屋装修这类在内容和委托代理关系上较为简单的合同，委托方由于"有限理性"，不可能预期到未来可能出现的所有情况，也就很难

事前对房屋装修提出一个完全的技术要求；更不用说像产品或服务的生产和销售过程中所产生的更为复杂的雇佣合同和债务契约了。二是合同的委托代理两方之间存在着信息不对称，即委托方不可能观察到代理方的全部行为，即使是那些观察到的行为有时也很难向第三方（仲裁方或法院）证明，纠正或惩戒违约行为就更困难了。

信息经济学认为，在市场经济条件下的信息不对称现象是普遍存在的，交易中的一方可能会做出两类损人利己的事情。①逆向选择。即借助拥有的信息优势来损害另一方的利益并从中获利，而不是走共赢之路。如企业管理人员利用选择会计政策和控制会计信息披露的权力，以牺牲外部投资者利益来谋取私利。②道德风险。是指在一方无法观察到另一方行为或行为的全过程条件下，另一方采用偷懒的方法以达到不劳而获的目的。企业代理方偷懒的成本是企业利润的减少额。面对盈利下降，代理方宁愿操纵可控性应计项目，如加大折旧和摊销费用，虚增产品质量保证、意外事故及回扣所形成的负债，大量计提坏账准备金，而不愿意承认真正的原因在于其不作为。

从威廉姆·斯考特有关会计是契约的集合的论点出发，并借助斯蒂格利茨的契约理论，我们便可知晓会计信息不对称是如何产生的，即源于委托方不可能观察到代理方的全部行为。会计信息不对称又会导致什么后果？从信息经济学有关信息不对称的理论，我们可得知会计信息不对称，很可能产生代理方的逆向选择和道德风险。

（二）先进会计文化降解会计信息不对称后果的作用机制

从本章第一节有关文化和会计文化的定义不难看出，文化是不成文的制度（即非正式制度），它与制度共同构成约束人类行为的游戏规则。会计文化则是不成文的会计规范、会计准则和会计制度，它从价值观层次上约束会计人员在会计实践活动中的行为。从此意义上讲，没有会计文化的会计规范、准则和制度与没有会计规范、准则和制度的会计文化都是不存在的。

从本质上看，这两种外在形式迥异的会计人员的行为博弈规则，内含着一种相互依存和互动的关系。从会计组织角度看，会计文化是内生变量，它是随着会计组织的成长而逐渐形成和发展变迁的；而会计规范、会计准则和会计制度则是外生变量，它的采用和改变是强制性的和非渐近性的。正是由于这种客观上的差异，会计文化与会计规范、准则和制度之间存在正匹配和负匹配两种关系。先进会计文化促进外生的会计规范、准则和制度的建立和有效的贯彻执行；而落后会计文化则是一种牵制力量，是对有效实施会计规范、准则和制度的掣肘。图8-7描绘了先进会计文化降解会计信息不对称后果的作用机制。

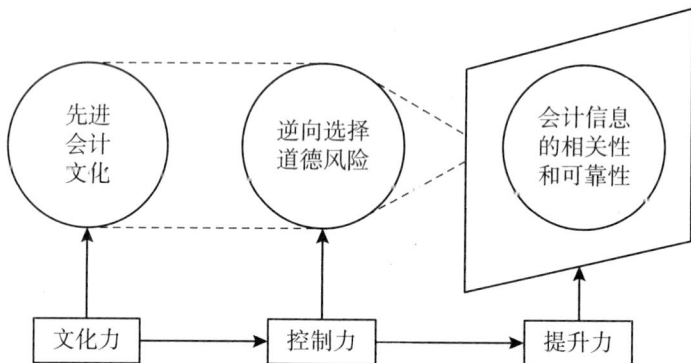

图8-7　会计信息相关性和可靠性提升是先进会计文化的成像

图8-7从内在逻辑结构上展示了先进会计文化如何控制会计人员的逆向选择和道德风险，并最终显现为会计信息相关性和可靠性的提升的全过程。应强调的是：

1. 先进会计文化的核心价值取向

先进会计文化的核心价值取向，在不同企业的表象是各异的。先进会计文化的价值取向，是作为其载体的会计人员的所处环境的函数。所谓环境，既包括一国经济发展水平、技术创新能力、政治、法律、社会文化等宏观大环境，又涉及行业结构、竞争状况、消费需求变化趋势等中微观环境。其中政府导向和传统文化导向对先进会计文化价值取向的定位具有重大影响力，见图8-8。

从图8-8可见，美国传统文化崇尚个人主义，如个人奋斗、个人冒险、个人创新、个人价值等，而美国政府导向也是强调分权制度和突出个人价值。这样，在传统文化导向和政府导向的共同作用下，使得美国会计文化价值取向的区间，只能落在突出个人价值的象限里。如在全球信息产业排名第三的惠普公司的会计文化价值取向，就是"提高个人和企业的效能"。这与其创始人惠利特（Hewlett）和帕卡德（Packard）曾经受到过的教育（美国斯坦福大学毕业）和他们受美国政府所提倡的发展个人价值就可增进社会价值的观念的熏陶，有直接关系。

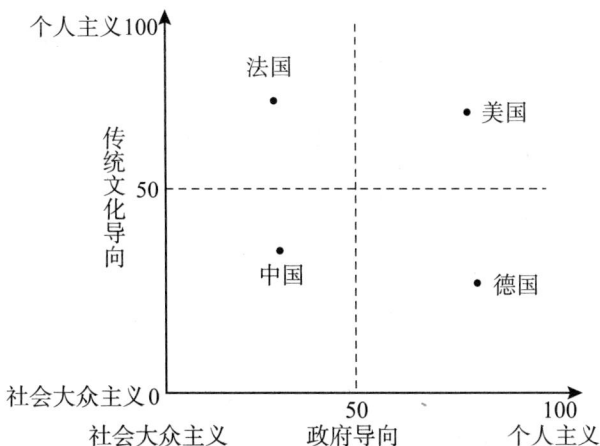

图 8-8 政府导向、传统文化导向与先进会计文化价值取向区间

法国传统文化宣传人本主义、浪漫主义思想观念，认为个人价值自然构成社会价值，每个人都实现了个人价值就是社会价值最大化。然而，法国政府长期以来一直坚持采取集中性和计划性很强的宏观经济政策，立法机构也重视和维护社会大众利益。法国会计文化就是产生于这两种逆向取向的文化大背景下，正是因为如此，法国最大的化妆品企业奥瑞尔公司（其著名的大众品牌"美宝莲"化妆品在我国 2000 多家商品中出售）的会计文化，才强调以个人利益和社会大众利益的均衡点为导向。

德国传统文化的取向表现为社会大众利益为先，强调服从和铁的纪律，但德国政府的政策自第二次世界大战结束以来，一直侧重于发展自由贸易经济。德国会计文化则体现了这两种不同导向的融合，在会计价值观上表现为相互支持、团队精神、避免冲突和注重形式。

中国传统文化导向的显著特征是，重视人情和关系、和为贵的中庸之道、借助伦理道德和亲疏关系来维系社会等级次序。儒家思想作为中国传统文化的核心，提倡自强不息、勤勉刻苦、百折不挠、勤俭敬业、审时度势、锐意进取；然而，儒家思想的这些精华内容，并没有被转化为一种具有可操作性的制度和规则。中国政府导向是侧重于社会大众利益，实行社会主义市场经济下的政府对宏观经济快速健康发展的强有力的调控。

中国会计文化，是在中国传统文化导向和政府导向综合作用下产生的。在这两种力量的作用下，中国会计文化的价值取向区间（如图 8－8 所示），落在靠近"社会大众主义"的象限里的概率很大，但这并非意味着每个中国企业会计文化的具体价值取向都是雷同的。也就是说，基于同一基础的企业会计文化，可以依据自身内外部环境的差异，而采取各异的具体价值取向。如海尔会计文化价值取向是"创新精神"，而全聚德会计文化价值取向则是"仁德至上"。

2. 先进会计文化的作用

（1）先进会计文化控制会计人员逆向选择和道德风险的作用是隐性的，但的确是客观存在的。伴随企业的成长，其所有权与经营权必然由统一走向分离，由此产生的一个突出问题是，经营方与所有方相比更具有信息优势，即信息经济学上所称的所谓信息不对称。所有方在信息方面的劣势，再加上人的理性的有限性，决定其所签订契约的不完全性。这时，先进会计文化可以从会计人员价值观层次上，引导会计人员在处理会计实务中坚持现有的会计规范、会计原则和会计制度，自觉抵制损人利己和偷懒的思想及行为的诱惑。

应当承认，先进会计文化抵制会计败德行为的机理是隐性的，因为会计文化约束多以自愿的方式来履行，但确实是客观存在的。例如，新中国成立以后，在提倡勤俭节约的社会风气下，培养出了集中体现为做人民的"红管家"、"铁算盘"的先进会计文化。许多单位的会计人员在处理会计实务中，为了节约一张白纸，在使用过的纸张背面做草稿；为了节省办公用品，常常多人合用一个算盘。会计人员热爱国家和人民的财产、兢兢业业干好本职工作蔚然成风，赢得了领导和各界人士的广泛好评。

这里还应指出的是，落后会计文化也是客观存在的，也是以隐性形式发挥作用的，但它是一种负面作用。如美国安然公司（Enron）会计人员在所谓"创新精神"、实为不遵守基本会计职业道德规范的落后会计文化氛围下，协助公司高级行政管理人员做假账达到登峰造极的地步。仅在两个特殊目的实体（Special Purpose Entity）的会计账务处理上，就违规将其资产负债纳入合并会计报表，但却将其利润归入公司利润之中，导致高估近 6 亿美元的利润，低估约 26 亿美元的负债。

（2）先进会计文化提升会计信息相关性和可靠性的作用是间接的和缓慢的，但却是有效的。所谓会计信息，就是指能够影响个人投资决策的各种有说服力的证据。从投资方角度讲，会计信息相关性，是指投资者所得到的会计信息与其计划评估的公司经营状况和发展前景之间的关系。两者之间的关系越密切，会计信息的相关程度越高。如按市场价值计算的资产和负债与按历史成本计算的资产和负债相比，在评估企业经营状况和前景时就有更高的相关程度。而会计信息的可靠性，是指会计信息提供方（即委托代理契约中的代理方）扭曲或操纵会计信息的程度。这一程度越高，会计信息的可靠程度越低，反之亦然。会计信息相关性与可靠性之间存在着一种负相关关系。见图 8 - 9。

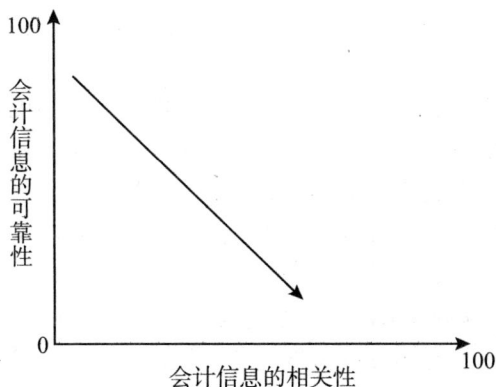

图 8 - 9　会计信息相关性与可靠性的关系

从图 8 - 9 可清楚看出，伴随会计信息相关性的逐渐提升，会计信息的可靠性却呈递减的趋势。如随着采用市场价值评估资产或负债的科目的增加，会计信息的相关性上升；但与此同时，会计信息提供方操纵信息做假账的余地或空间也增大了，使得会计信息可靠性下降。因此，会计信息相关性与可靠性之间的合理权衡，一直是财务会计理论研究的一个核心课题。

从国内外会计发展史视角分析，对如何权衡会计信息相关性与可靠性这一重大财务会计问题，一直存在着两种不同观点。20 世纪 40 年代之前，"自由会计理论"一直占主导地位。这一理论认为，会计信息市场的供求力量有能力调节对会计信息相关程度与可靠程度的需求。然而，在 1929 年那场波及整个资本主义世界的经济危机中，自由会计扮演了一个推波助澜的角色。1929 年的经济危机过后，各主要西方发达国家政府，纷纷通过立法来加强对会计实务处理的控制，"会计管理理论"从此占了上风。当然，各国在会计管制程度上不尽相同，这与各国政府在制定和运用会计准则这个会计管制的主要手段过程中的侧重点不同有关。

一般来讲，世界各国会计准则从模式看，可分五类。一是企业主导型，从维护企业利益出发；二是私人投资主导型，以维护投资者利益为出发点；三是国家财政主导型，以强调为国家纳税服务为出发点；四是宏观管理主导型，以强调会计信息为宏观管理服务为出发点；五是混合型，它的出发点是多元的（于玉林、田昆儒，2002）。美国会计准则属于私人投资主导型，日本会计准则属于国家财政主导型，我国会计准则属于混合型，即前四种类型的综合运用。

各国政府运用会计管制这一政策工具，调节会计信息固有的相关性与可靠性之间的矛盾的力度虽然不同，但均未能达到理想的均衡点，即成本与效益比的最佳之点。这是因为会计管制这一政策工具本身有缺陷，具有不完全性特征，与前述提到的契约具有不完全性同理。

那么，用什么办法来弥补会计管制工具的缺陷呢？从实践角度看，先进会计文化的确具有这一功能。这是因为，无论多么好的会计准则，还是要由会计人员来贯彻执行的，而先进会计文化所具有的那种无形的约束力，能够从思想上引导会计人员抵制各种不正当利益的诱惑，努力去将会计准则执行好、贯彻好。

二、先进会计文化在会计人员诚信建设中的作用机制

诚信是指诚实，守信用。会计人员诚信，本质上讲是会计人员的一种不可或缺的品质。从会计文化的两层次结构图（图8-4）可见，诚信是构成会计文化显现层的6个要素之一，是会计人员会计价值观的一种外在表现形式。诚信与会计文化显现层的其他要素（独立、客观、公正、谨慎、保密）共同构成一种非正式约束。与强制执行的会计规范、会计准则、会计制度一类的正式约束不同的是，非正式约束多以自愿的方式来履行。

与正式约束相比，非正式约束的独特优势在于：①实施成本低。会计人员一旦形成了先进会计价值观，其处理会计实务的选择空间就被限定在可预期的范围之内，而具体到某一会计实务的处理，这种限制几乎是没有实施成本的。相比之下，会计规范、准则、制度的实施成本要昂贵的多，

要花费大量人力和物力。②监督成本低。会计人员工作的独特性决定，对其监督的复杂性和高成本。如在独立审计制度下的会计师工作，既具有准司法性质又具有委托代理性质。这就要求会计师，一方面要像法院的法官那样拥有独立、客观和公正的品质；另一方面又要接受客户的委托，全心全意地为客户利益服务。会计师角色的多重性，导致对其正式监督的成本的高贵。这时，借助先进会计文化来约束会计人员的行为，可节省大量的监督成本。

303

先进会计文化在会计人员诚信建立中的作用机制是如何运转的？我们先探讨诚信建设的前提条件，然后剖析先进文化促进会计人员诚信建设的机理。

（一）会计人员诚信建设的前提条件

从经济学角度讲，会计人员与投资者和企业管理者同为理性的经济人，都是在风险中立的前提条件下追求自身效用的最大化。如注册会计师审计制度可以看成，是主要涉及审计委托人（投资人）、审计师和被审计人（管理层）三方的一个契约。在这个契约中，投资人委托审计师对管理层为解除受托责任而提供的财务报告进行鉴证，以便于委托人能根据经过鉴证的财务报告，正确评价管理层的经营绩效并做出相应决策（王广明、张奇峰，2003）。

我们应强调的是：

（1）审计委托人（投资人）与审计师之间并没有直接的联系，审计委托人仅是名义上的委托人。从具体操作层次上看，注册会计师审计制度确切地讲，是企业管理层与注册会计师之间的合约。

（2）企业管理层是根据自身效用最大化原则来决定是否提供真实或虚假财务报告的。这里，我们只讨论在管理层出具虚假报告条件下，注册会计师可能的行为。

（3）注册会计师审计制度，其实质就是对注册会计师的一种激励机制。通过对权力和责任的事先安排，使会计师因正确履行职责而得到收益，因负有过失责任而得到惩罚。但如果收益与惩罚失衡，作为"经济人"的会计师，在利益驱动下极易产生道德失范行为。

显然，注册会计师审计制度设计的合理和有效，是会计人员诚信建设的前提条件，也是先进会计文化是否能够有效运行，起到和发挥非正式约束功能必要条件。那么，我国现行的会计师审计制度到底存在哪些有待完善的不足之处？

从收益与惩罚应该对称角度研判我国现行的注册会计师审计制度，其内在缺陷表现为：

（1）与企业共谋造假受到查处的概率很小，得到收益是确定的，而坚持独立性带来的收益则有很大的不确定性（易虹，2002）。我国有关监管部门虽然对近期频频曝光的红光实业、大庆联谊、银广夏、蓝田股份一类审计失败案进行了处罚，但注册会计师即便负有重大过失责任，得到的最重处罚也不过是吊销执业资格，几乎不涉及民事赔偿责任。据中注协统计，在2001年内有100多家事务所和6000多名注册会计师受到行政处罚，而其中承担民事责任者不到1%。反观美国注册会计师则必须承担对委托方、受益第三方、其他第三方的民事责任，甚至为此入狱坐牢。

（2）中介机构组织制度存在弊端。在我国近5000家注册会计师事务所中，实行有限责任公司制的约占90%，注册资本一般为30万元人民币，这意味着其违规的最高成本仅为30万元。而西方发达国家会计中介机构大多采取合伙制，如果会计师事务所无力承担全部赔偿责任，那么注册会计师本人作为合伙人还要以个人财产承担过错赔偿。对比两种不同的组织制度安排，在我国中介机构现行的有限责任公司制下，财务造假成本显然很低，容易诱使注册会计师进行职业冒险。

（3）审计缺乏独立性。独立性是社会审计的灵魂，离开了独立性，审计质量只能是一种奢谈（葛家澍、黄世忠，2002）。而我国现行的独立审计准则，就其规范领域而言仅限于会计报表的审计业务，远不能适应我国计划经济向市场经济转轨过程中对社会审计更广泛和更高层次的要求。例如，我国会计师事务所普遍身兼二任，同时从事审计业务和管理及财务咨询业务，很难设想会计师事务所，一方面收取客户大量管理咨询费，另一方面又在对客户审计中保持客观性和独立性。又如，社会审计专业人员，可以不受任何限制地进入公司任职。注册会计师在为昔日伙伴提供审计服务过程中难免感情用事，主观上保持独立的能力降低，失去警觉和判断力也就不足为怪了。

从上述分析可得出先进会计文化在注册会计师诚信建设中发挥作用的三个必要条件：①对注册会计师审计失败的处罚力度应大于其失察所获得的收益，直至承担民事赔偿责任；②注册会计师事务所应采取合伙制的组织制度安排，以加大注册会计师失范行为的成本；③审计业务与咨询业务应相互分离，以提高社会审计的独立性。见图8-10。

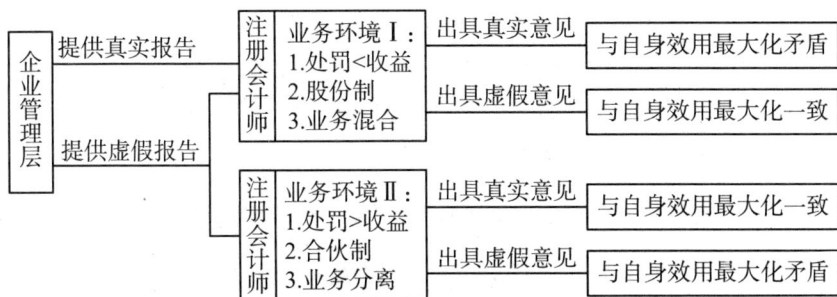

图 8 - 10　注册会计师与业务环境的关系

从图 8 - 10 可见，在企业管理层提供虚假报告条件下，处于业务环境Ⅰ下的注册会计师出具虚假意见（即合谋做假）的概率较大，因为这与其自身效用最大化目标是一致的；而出具真实意见（即驳回管理当局的报告）的概率较小，因为这样做注册会计师个人利益受损。这时，注册会计师面临合谋做假获利的诱惑与坚持先进会计价值观的思想斗争，若坚持先进会计价值观的思想占上风，他就会出具真实意见。如 2002 年 4 月中旬，某有关媒体报道了黑龙江商学院会计系的一个祖籍山东阳谷的本科毕业生，人们称之为"反假斗士"的刘士泉。他毕业 4 年换了 4 家单位，都是因为对做假账，坚决说"不"（孟凡利，2003）。

应该承认，当前国内上市公司会计造假现象还很严重，这与会计人员基本上是在业务环境Ⅰ条件下，处理会计实务有直接关系。在此情况下，先进会计文化促进会计诚信的机制的有效运行，受到了很大的制约。因为，作为正式约束的各类规章制度的完善与作为非正式约束的会计文化的建设，是一种互动和相互蕴涵关系。

接下来，我们探讨处于业务环境Ⅱ下的注册会计师的可能的行为。这时，注册会计师出具真实意见（即驳回管理当局的虚假报告）的概率较大，因为这样做符合其自身效用最大化原则；而出具虚假意见（即合谋做假）的概率则变低，但是，不可能杜绝。这是因为：①虽然注册会计师处于业务环境Ⅱ的大环境下，其处理某一具体会计实务的小环境并非完全相同，在有些情况下，可能产生出具虚假意见的动机。②我们假设注册会计师是风险中立的，但在现实中，他们中间的极少数人可能是风险回避度很低的人，一有条件就甘愿冒险。

业务环境Ⅱ与业务环境Ⅰ相比，为注册会计师抵制管理当局的虚假报告提供一个良好的制度环境（即相对完善的正式约束），也为先进会计文化在会计人员诚信建设中的作用机制的有效运转创造了良好条件。业务环境Ⅱ是会计人员诚信建设的前提条件，而在业务环境Ⅰ条件下，我们根本无法进行会计人员的诚信建设。

（二）先进会计文化促进会计人员诚信建设的作用机制

先进会计文化作为符合国际会计发展方向和反映会计发展潮流的文化，它借助在会计人员中建立起共同会计价值观，来影响和约束会计人员在处理会计实务中的行为。因此，在会计人员中培育出先进会计价值观，与加强会计人员诚信建设和充分发挥先进会计文化的作用机制，是一致的和同向的。然而，先进会计价值观的培育，是长期和细致的工作，并非一蹴而就。实际上，先进会计价值观形成之时，也就是先进会计文化的作用机制开始有效运行之日。

如何有效培育出先进会计价值观？从图8－4可知，会计价值观是隐现的，是会计人员对会计的本质、目的、地位、职能、作用等的总的认识、理解和观点。凭借这些认识、理解和观点，会计人员判断会计现象的是非曲直和处理日常的会计工作。但是，会计价值观本身是隐现的，并不是说它的培育过程就是抽象的和不可操作的。

恰恰相反，我们完全可以通过具体和细致地策划，树立起先进会计价值观。如中南财经政法大学会计学院和武汉工业学院经贸管理学院，曾于2002年组织2002届毕业生宣誓不做假帐和发出"诚信待人，辐射社会，慎思笃行，恪守诺言"的倡议书（长江日报，2002.7.1）。应该承认，一次活动还不足以形成正确的会计价值观，但若持之以恒，是可以改变人的态度、看法和观念的。

纵观各主要发达国家会计价值观培育的历史，主要是通过制订书面的会计职业道德规范的形式，来引导和约束会计人员的行为。国际会计师联合会（The International Federation of Accountants，IFAC）为了引导各国树立符合各自国情的会计价值观，专门成立了道德委员会，并于1996年7月发布了《职业会计师道德守则》（Code of Ethics for Professional Accountants）（以下简称《守则》），后又于1998年1月和2001年11月进行了两次修改。

《守则》由针对所有职业会计师、针对执行公共业务的职业会计师和针对受雇佣的职业会计师三部分构成。第一部分由公正性和客观性、道德冲突的解决、专业能力、保密、税务实务、跨国界行为、广告七个子部分组成。第二部分由担保内容的独立性、专业能力及使用非会计师责任、费用和佣金、与公共会计师职业不一致的活动、客户资金、与公共执业领域其他职业会计师的关系、广告与招商七个子部分构成。第三部分由效忠的矛盾、对同业伙伴的支持、专业能力、提供信息四个子部分组成。

从《守则》的导言中可清楚看出，国际会计师联合会认为，仅凭借普遍使用的技术准则，还不足以促使全球各地的职业会计师都提供竭诚服务，还必须制定道德守则。若用我们国人习惯的语言表达，就是要加强对职业会计师的思想教育。

从契约经济学视角分析，不难看出，国际会计师联合会实际上是承认作为正式约束的技术准则是不完全的，职业会计师审计制度并不能彻底地和全面地约束信息提供方的行为。因此，还必须借助思想教育这种非正式约束的力量，才能实现始终提供高质量的职业会计师审计服务这一目标。这也佐证了我们探讨和提倡的正确会计价值观的树立和先进会计文化的建设，是具有必要性和客观性的。

值得注意的是，《守则》在具有普遍指导性方面下了很大功夫。首先，对职业会计师审计行业内使用频率最高且含义最容易混淆的 31 个专业术语，进行了权威性界定。譬如，直接财务利益（Direct Financial Interest）指的是，由个人或实体直接持有并且掌控的财务利益（包括由他人管理且由他人自由掌控的财务利益），或者是个人或实体从由其掌控的共同投资工具、不动产、信托或其他间接投资工具所获取的财务利益。

其次，《守则》将"公众利益"（The Public Interest）作为其全部内容的逻辑起点，并在导言之后专门设一节，详细解释何谓公众利益及其与职业会计师的关系。如会计行业的"公众"指"客户、信用提供方、政府、雇主、雇员、投资方、企业和金融机构及其他借助职业会计师的客观性和公正性来维持商业正常运行的人群"。而公众利益就是指职业会计师为之服务的上述人群的整体利益。

再次，《守则》持大会计观，在"公众利益"一节的第 10 款有关"公众利益决定会计职业标准"下的第 2 条，就将"财务主管"（Financial Executives）划归职业会计行业。我国会计界著名专家于玉林教授在《大会计学概论》一书中在国内率先提出"大会计学"的概念并对其进行了全面深入的论述。

最后，《守则》的内在逻辑性很强，全部内容均以公众利益作为逻辑起点，并与之保持了高度一致。

显然，国内外的先进会计文化建设的发展趋势，是具体化和可操作化。但我们知道，无论会计人员行为规范制定的多么详细，都不可能穷尽其在会计实践中可能面临的难题。那么，如何解决会计人员行为规范与千变万化的会计实践之间的矛盾？国外的通行做法是建立分析工具（Analytical Tool）。在行为规范仍不能解答会计实践中的具体问题情况下，借助分析工具来解决现实问题，以下介绍两种较为流行的分析工具。

（1）五问法。五问法是由加拿大道德与公司政策中心的学者，格雷厄姆·塔克先生于1990年提出的，旨在引导会计人员在处理会计实务的过程中，既重视股东的利益，又兼顾其他利益相关者的利益。五问法实际上是要求会计人员处理会计实务时，要从五个不同角度来衡量决策的正确与否。见图8-11。

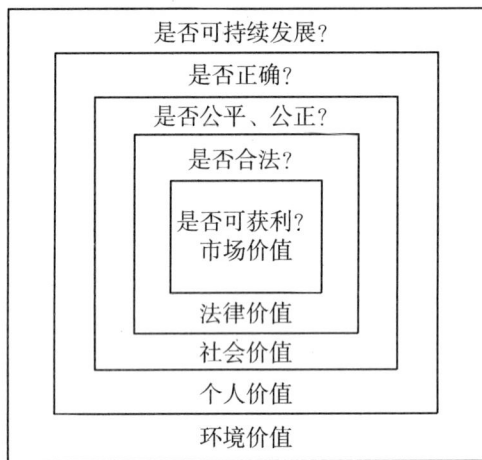

图 8-11　五问法分析框架

从图8-11可见，首先，仅考虑到股东的利益是不全面的，还必须考虑到外边4个框里其他利益相关者的利益。其次，价值观念十分重要，这是因为在法律约束失效条件下只能依靠道德约束，而道德约束又常常无法像法律约束那样具体和一目了然，它必须依靠会计人员用价值观来判断。因此，正确价值观的树立起着决定性的作用。最后，塔克先生还具体提出了辨别价值观明确与否的6条标准，具体如表8-1所示。

表 8 – 1 塔克提出的辨别价值观的 6 条标准

价值观不明确的表象	价值观明确的表象
无动于衷	知道他们是谁
言语和举止随便	知道他们需要什么
前后矛盾、反复无常	积极进取
随机处理问题	目的明确
角色不定	热情
优柔寡断	态度明确

309

塔克先生认为，形成一套明确的价值观体系，对会计人员而言是十分重要的，因为会计人员在对会计实务进行判断和做出选择的过程中，需要有一个标准，而明确的价值观就具有这一功能。

（2）帕斯汀分析工具法。马克·帕斯汀（Mark Pastin）于 1986 年在其出版的《管理的窘境：道德优势的获得》一书中，构建了一种职业道德分析工具，以便在行为规范无法回答会计实践中面临的某一具体问题时，依靠分析工具去分析和解决问题。帕斯汀所构建的分析工具由 4 部分组成，旨在解答 4 个方面的具体问题。见图 8 – 12。

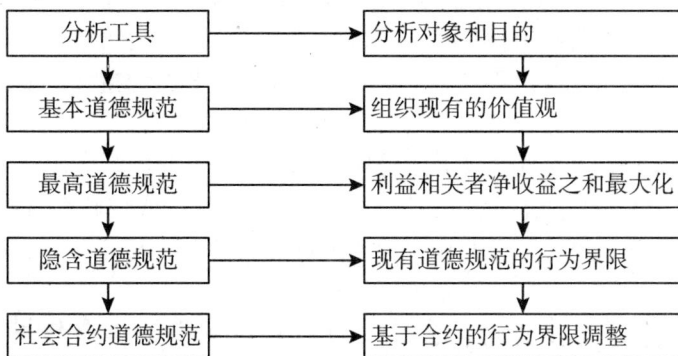

图 8 – 12　帕斯汀分析工具法

从图 8 – 12 可见，帕斯汀分析工具法提供了 4 个分析工具，可用于分析和解决会计人员在处理会计实务中可能面临的 4 个主要方面的难题。首先，基本道德规范作为帕斯汀的第一个分析工具，是指一个组织在管理其以往行为中所遵循的会计规范和会计价值观。借助基本道德分析，可以了解一个组织以往是如何进行决策以及为什么如此决策的，从而认识了一个组织所拥有的价值观。实际上，有些会计人员未能融入某一会计组织，就是因为他们没有真正理解该组织的基本道德规范。了解了一个组织的基本道德观后，可探讨和推测出该组织对一项会计实务处理将会持有的态度。

其次，最高道德规范，是指利益相关者的净收益最大化。员工、客户、供应商、消费者、债权人、当地居民、政府都与企业之间存在利益关系，都会受到企业会计决策的影响。帕斯汀认为，利益相关者的基本利益包括：①特定会计决策所导致的收益应该超过成本；②权力与义务应合理的匹配；③特定决策不应损害利益相关者的权利。应指出的是，运用最高道德规范这一工具去分析和解决会计实践中出现的、超出职业道德守则范围的难题时，应从利益相关者的长期利益出发，而不是仅考虑短期利润。

再次，隐含道德规范，是指对利益相关者个人权利的尊重和保护。以此为辨别工具，如果一项会计决策影响了某些利益相关者的利益，并且被影响者又未被告之，或者限制了这些利益相关者的选择权利，这一会计决策就是违反隐含道德规范的，是不可取的。至于事前告之，是否就意味着尊重了利益相关者的权利这一点，在学术界尚未形成一致的看法。

最后，社会合约道德规范，是将市场经济内含的契约精神，作为判断会计实践中超出职业道德守则的难题的标尺。所谓契约精神，是指契约各签约方处于一个平等的地位，均有充分的权利决定是否签约。如果发现一项会计决策是在某一相关方并不情愿的情况下做出的，则应调整或改变这一决策，以保证各方在签约权利上的公平。而改变或调整会计决策的内容，从契约学角度讲，就是调整合约的行为边界或界限。

三、先进会计文化在会计人员利益冲突中的协调作用机制

会计人员，尤其是职业会计师，是在十分复杂的外部环境下处理会计实务，这就决定其无法回避各类利益冲突，而先进会计文化在引导会计人员协调利益冲突方面具有重要作用机制。

（一）会计人员利益冲突的产生与种类

会计人员在向社会公众提供专业服务时，应遵循公认会计准则、审计

原则和会计人员行为标准，社会公众期望会计人员具备专业胜任能力，提供具有完整性和客观性的信息。然而，在会计实践中，会计人员经常受到一些不正当利益的诱惑，驱使其做出有损社会公众利益的事情，使其客观性大为降低。这就是会计人员所面临的利益冲突。会计人员面临的利益冲突可细分为4类：

（1）会计人员个人利益与其他利益相关者之间的利益冲突。职业会计师向客户提供审计服务的过程，实际上就是其个人利益与其他相关者的利益的冲突过程。例如，职业会计师同时向客户提供审计服务和管理咨询服务，若管理咨询服务的内容是设计企业内部控制制度，审计服务是寻找该制度的缺陷，审计人员出于自身利益或会计师事务所的利益，往往是不愿意明示或者是故意掩盖内部控制制度的缺陷。然而，制度缺陷不能及时纠正，势必会损害某些利益相关者的利益。

又如，职业会计师迫于竞争的压力，以低于成本的价格收取费用或为了留住老客户而降低收费标准，这样做虽然保住了其市场份额，却会导致审计查错能力的下降。这种低于职业标准规定的服务，最终还是会损害部分利益相关者的利益。

（2）会计人员与部分利益相关者串通一气，侵蚀其他利益相关者的利益。著名的"平滑陷阱现象"讲的是，企业管理层以小恩小惠来满足会计人员的私利，在会计人员不太注意或警惕性不太高的情况下，诱使其陷入不可自拔的陷阱。然后，迫使其成为管理层损害其他利益相关者利益的同伙。

（3）会计人员向相互竞争的客户提供服务以致丧失公正性，牺牲一方客户的利益。如果职业会计师所提供审计服务的客户正处于被出售过程中，而买方又是该职业会计师的好友，这时，这位职业会计师无论如何努力也很难使双方均信服他的服务质量。实际上，在此种情况下，不只是存在着真实和潜在的利益冲突，即该职业会计师受不正当利益的驱使而采取了行动，或者有采取行动的机会而尚未行动；还可能出现想象的利益冲突，即买卖双方仅凭该职业会计师所处的微妙地位，便可能对其行为产生怀疑，而并不需要具体的证据。

（4）会计人员不当使用信息引发的利益冲突。无论是职业会计师，还是企业的会计人员从本质上讲都是内部人士，他们对其掌握的信息的不恰当使用，便构成了所谓的内部人交易问题。内部人交易会严重损害资本市场上投资者的利益，诱发股票市场的巨幅波动。引发西方世界1929年经济大危机的金融危机与内部人交易就有密切关系，这场经济大危机最终导致西方发达国家纷纷立法严惩此类内部人交易行为。

会计人员所面临的前文 4 类利益冲突是客观存在的，也是不可避免的。如何应对和化解这些利益冲突？国际上通行的做法，是制定更为详尽的职业会计师行为准则和进行职业道德教育。从本质上讲，这些做法就是在构建先进会计文化，依靠先进会计文化这种非正式约束的力量，引导会计人员在出现利益冲突而公认会计准则作为正式约束又无法发挥作用条件下，坚持公众利益净收益最大化的原则，有效管理其所面对的各种利益冲突。

（二）先进会计文化协调会计人员利益冲突的作用机制

先进会计文化，是由核心部分的共同会计价值观和显现层的诚信、独立、客观、公正、谨慎、保密 6 个要素构成。然而，会计价值观的导向和显现层 6 个要素的有机结合，是依据一国传统文化和该国会计行业及企业特征而定的。也就是说，没有一种各国普遍适用的、统一的、能够满足任何会计组织的先进会计文化。

因此，充分考虑和理解一国会计赖以生存的外部环境的基本特征，才能使会计人员有可能借助先进会计文化的力量，有效抵制不正当利益的诱惑。应指出的是，先进会计文化协调会计人员利益冲突的作用机制是较为抽象的，这一机制是在会计人员的思想认知层次上运行的。然而，确保这一机制有效运转的措施，却可以是具体的和具有较强操作性的。西方发达国家会计界通常采取以下几种做法，以发挥先进会计文化在化解会计人员利益冲突中的作用机制。

1. 在会计人员思想上建立起一座防火墙

计算机添加防火墙后，可以阻挡计算机病毒的入侵，但计算机上的防火墙是无形的，并非是三维意义上的、由固体物质构成的一座墙。会计人员思想上的防火墙也是同理，是无形的但却是有效的。会计人员思想防火墙建设包括：

（1）职业会计师及相关人员签署承诺书。内容涉及：列示其所服务的客户的清单，承诺不持有或交易其中任何客户的股票，不向任何人传播客户的信息，并预先设定违反承诺的惩罚条款。

（2）回避制度。是指不允许会计人员与其服务对象之间存在亲戚关系或朋友关系，也不应是过去同事。应由专人负责回避制度的检查和监督执行。

（3）接受新的委托业务应遵循的原则。包括利益冲突客户的合理界定，接受新客户的条件，终止原有客户关系的时间和细则。

2. 建立内部揭发检举制度

一般来讲，对揭发者进行有效保护是内部检举制度设计的核心内容，可挑选正直的、深受多数员工信赖的人员负责此项工作。揭发者可以署名，也可以匿名，揭发信箱设置与管理、揭发信的传递程序应合理和运转有效。应树立起揭发检举不正当行为光荣的氛围，消除人们心中的顾虑及传统文化对揭发检举的偏见。对揭发检举内容属实者，应根据预先设定的条款及时进行奖励。会计组织的领导应及时掌握相关信息，做好补救和调整工作。

3. 对会计人员行为进行量化管理

对会计人员行为管理的量化是西方发达国家的通行做法，具体的量化指标却因各国会计环境不同而各异。一般来讲，包括以下指标：

（1）是否对审计对象有不当依赖。所有职业会计师，尤其是执行公共业务的职业会计师及其所在的事务所，若长期向某一客户或客户群收取费用，且这部分收入占其总收入的比例过高，就存在对审计客户有不当依赖的可能性。英国的会计道德指南对此规定的最大比例是10%。

（2）是否不当使用客户贷款。职业会计师及其所在事务所，可以在正常经营过程中，按正常商业条款接受客户贷款。但该贷款不能用于增加合伙人资本，该会计师及其事务所不能是该客户的业务合伙人。

（3）是否接受审计对象的好处。各国会计职业道德守则中都强调不能接受客户的各种好处，但具体的标准不一。英国职业道德指南禁止接受客户各种好处，"除非所获利益的价值是适度的"，但没有对"适度"进行界定。国际会计师联合会发布的《职业会计师道德守则》中专门设立了一项条款，指出："从鉴定客户接受礼品或招待可能产生自身利益和亲近威胁。事务所或鉴证小组成员若接受礼品或招待（除非其价值明显不重要），会对独立性产生威胁，而且这种威胁是不可能借助防范措施来使其降至可接受水平。因此，事务所或鉴证小组成员不应接受礼品或招待。"

（4）是否与审计对象存在相互商业利益关系。职业会计师不应与审计客户及其管理层雇员之间存在任何相互商业利益，也就是说双方在经济上不能有往来关系。因为，任何相互商业利益都会降低职业会计师的独立性和客观性。

（5）是否进行过自我复核。职业会计人员自我复核内容涉及他在上一年会计工作中做出的判断，在审计规划阶段做出的判断，以及曾经给出的管理建议。会计人员还应从思想认识上进行反省，能够直面错误并勇于改正错误。

第九章 会计人才培养

第一节 现代化建设需要会计人才

随着市场经济的发展，人才竞争日趋激烈，人才竞争中会计人才的竞争又有着其特殊的意义。那么社会需要何种类型的会计人才，如何培养这一类型的会计人才就成为当前需要研究解决的新问题。研究这一问题需要运用人才学的相关理论。

一、人才的概念、要素、作用、规律①

（一）人才的概念和基本特征

1. 人才的概念

所谓人才，按照《辞海》的解释是"有才识学问的人，德才兼备的人"，按照《现代汉语词典》的解释是指"德才兼备的人、有某种特长的人"。两种解释基本相同，即有才学的人是人才，那么其应具备哪些基本条件呢？其内涵又是什么呢？研究这一问题需要从人才学意义上的人才内涵所具备的四个基本特征入手。

2. 人才的基本特征

（1）人才具有社会性和时代性。人的本质属性是社会性，而社会属于历史范畴，历史的车轮不断向前，从一个阶段走向另一个阶段，永远不会

---

① 部分人才学理论，主要引用：史仲文. 人才学（上下册）［M］. 北京：中国财政经济出版社，1987.

停留在某一个固定的时点上。人的社会性决定了人才的社会性，因为人总要生活在特定的社会历史条件下，即使是杰出的人才，其行为方式、思想方式、创造和贡献必定要为一定的社会关系所制约，必然依照社会关系的变化而变化，随着社会形态的不断弃旧更新而不断改变与深化自己的内涵。

时代性和社会性是人类发展历史的时、空属性，时、空是不可分的，人才发展同样具有自己的时、空属性。不同的社会将产生不同的人才，这是不以人们的主观意志为转移的客观规律。奴隶时代可以产生苏格拉底、柏拉图、亚里士多德，而不能产生马克思、恩格斯和列宁，人才属于时代，而时代的前进如滚滚长江东逝水，无一口而停息，那些完全脱离时代前进步伐的人，无论如何聪颖也不能在社会上有所作为。

人才具有社会性和时代性的特征，同时时代的前进和社会的进步又为人们的实践活动所推动和改变。环境可以改变人，而人同样也可以改变环境，正如教育可以造就、培养人才，而人才也能够改革教育的道理相同。因而在研究人才的社会性和时代性特征时，就不仅仅要考虑社会与时代对人影响的机制，而且要考虑人才对于社会的推动力和创造性。也就是说，尽管人均生活在人类社会中，但只有那些在某个方面、某种专业、某一领域中有所贡献和创造的人，对于社会、历史的前进起到推动作用的人，才能称为人才。

（2）人才具有阶级性和进步性。在阶级社会中人才具有阶级性，而且其阶级性因阶级斗争的激烈进行而表现得特别突出和鲜明。但是人才的阶级性绝不等于对人才阶级性的简单化或脸谱式说明，认为凡是剥削阶级及其所属对象都是反动的、愚昧的，认为凡是剥削阶级及其所属人物越有才干就越反动，这些无疑是形而上学的思想。人类历史有其固有的发展阶段性，在不同的历史阶段中，各个阶级和各阶层人士都起到过一定的进步作用。研究、分析任何问题都应把其放在特定的历史条件和社会条件之下。因而人才的阶级性，不但表现在其阶级特征上，还表现在其历史进步作用上，即人才个体不仅具有阶级性特征，而且具有进步性特征。从这个意义上讲，凡是推动社会历史前进，推动社会生产力进步，推动科学技术发展，为人类的精神文明和物质文明发展史上做过贡献的人物，无论属于哪个阶级，都具有进步性特征，都可以成为人才。进步性特征是人才的本质特征。

（3）人才具有继承性和创造性。继承与创造是一个问题的两个方面。

没有继承就没有创造，没有创造就不是真正的继承，创造是继承的第二次生命。没有创造，任何先进的事物都会随着时间的推移而逐渐老化、过时直至衰亡。

人才的继承性具有三种表现形式。一是有选择性继承，即继承那些对现实依然有作用的好东西，而非良莠不分。任何继承都是有选择性的，人才的特征就在于其有自身的选择目光与能力。二是综合性继承，即对过去的事物融会贯通、取长补短，以他山之石攻己之玉。三是发展性继承，即在原来基础上争取有所发展、有所突破。这是继承性中的最高形式。

创造性是人才最突出的特征、最本质的属性，是决定人才能级的关键，因为创造性在政治、思想、品格上体现了人才的革命性；在能力、事业、效用上体现了人才的特殊贡献；在气质、心理、风格上体现了人才的不同流俗的特点。人才的创造性集中体现在，在人类文明发展史的进程中，其是否为人类增添了不曾有过的、新的内容和新的认识。

（4）人才具有相对性和可变性。人才均是相对且都不是一成不变的。人才的相对性有三层含义：一是人才之间相比具有相对性。客观事物的发展变化是无穷尽的，永远也不会出现固定不变的模式。人类对客观事物的认识过程是由相对性的认识发展到真理的。人们的认识由浅到深，由一个层次进入另一个层次，循序渐进、周而复始。在这个认识—实践—再认识—再实践的过程中，人才在不断完成各种课题，然而在客观条件允许的范围内，却不能人为地认为哪一个人已经达到顶峰，无法逾越。二是人才与一般人之间的相对性。人才与一般人之间也没有鸿沟般的界限。三是人才本身都有不足。

人才的可变性是不言而喻的，影响人才变化的因素包括内、外两个方面。外界因素主要有科学技术水平的高低、生产手段的更新、社会环境的变化、政治制度的变革等，这些都会对人才的成长和发展产生极大影响。内部因素或表现为某些人思想守旧、认识僵化，固守原有经验不思进取的形式；或表现为某些人居功自傲、盲目自满、目空一切的形式等。这些内部因素直接影响着人才的可变性。

在研究人才基本特征后，从人才学角度对人才作出了新的定义，即人才是指那些在各种社会实践活动中具有一定的专门知识、较高的技能和能力，能够以自己的创造性劳动对认识、改造自然和社会，对人类进步做出了某种贡献的人。人才是人群中比较精华、先进的部分，是推动历史前进的代表。

（二）人才的基本要素和类型

1. 人才的基本要素

人才的基本要素应包括德、智、体、心、质五个方面。德，是思想、作风、理想和道德品质；智，指人才个体的才、学、识和基本技能；体，指人才个体的身体条件和年龄阶段的开发和利用；心，指人才个体应具备的优良心理品质；质，指人才个体的天赋条件和气质类型。

人才的成长过程即是德、智、体、心、质五要素矛盾运动的过程，因而五要素是不可分割的有机整体，它们之间是相互促进、相互制约、相辅相成的关系。德是人才的政治方向，是人才的灵魂，是人才智、体、心、质发展的内部动力，为人才的根本；智是人才发展和成功的基本条件；体是德、智的物质基础；心和质，是德、智、体充分发展的动力。

2. 人才的类型

人才的类型因划分方法不同而异，大体上可以划分为五个方面，即：

（1）根据人才的才能特点分为：有探索性研究能力的人才、有条理性研究能力的人才、有特别才能的人才。

（2）根据人才的才能表现分为：早熟型、多才型、多产型、晚器型。早熟型，是指人才的才能显露得比较早；多才型，是指才能涉及的领域比较广泛；多产型，是指有大量发明创造的人才；晚器型，是指大器晚成的人才。

（3）根据人才的才能高低和贡献大小分为：一般人才，指对社会作出较大贡献的人才；杰出人才，指对社会作出杰出贡献的人才；伟大人才，指对社会作出划时代贡献的人才。

（4）根据人才的职业分为：政治、军事、文化、教育、科学、工业、农业、商业、服务业、艺术 10 个部类的人才。

（5）根据人才的学科分为：社会科学、自然科学、数学科学、系统科学、思维科学、人体科学、军事科学、文艺理论、行为科学 9 个学科的人才。

（三）人才的社会作用

马克思主义的唯物史观认为，人才应当能够起到推动社会历史前进的作用，也就是在推动社会历史前进方面有比较突出的贡献和建树。当然，人才在社会历史中的作用，总是受社会历史发展进程的一般趋势所制约的，他们只能在一定社会历史条件下所提出的历史任务范围内，发挥自己推动社会发展的作用，即在社会的某一领域、某一方面、某一事件或某一发明创造上作出贡献，而不可以说一个人的力量可以改变整个历史进程、改变社会历史发展的一般趋势。因为这种一般趋势归根结底是"由生产力的发展以及依此种发展为转移的社会经济生产过程中的人们的相互关系来决定。"（普列汉诺夫：《论个人在历史上的作用》）。

人才在推动社会历史前进中所起的作用主要是媒介作用、车头作用和先锋作用。

媒介作用是指人才是社会前进的媒介。既是科学与实践相结合的媒介，又是科学与群众相结合的媒介，还是历史向现实转化的媒介。承担着将前人的经验传给后人的责任。车头作用是指人才以一身为天下先，起到带动人类进步的动力作用。先锋作用是指人才不但要带动整个社会的进步，而且要披荆斩棘，开拓前人没有走过的道路。开辟和创造是人才的本色，而历史的创造不仅仅需要几个杰出的人才，而是更需要一个强大的人才群和人才流。

（四）人才的成才规律

人才成长和发展是多因素的综合效应。成才是内因和外因的有效结合。研究成才规律应从主观和客观两个方面考虑。

1. 客观规律

如果按照人才智力发展的一般客观过程来考察和区分人才个体的发展，可以大致分为五个阶段，即萌发期、继承期、创造期、成熟期、衰老期。

萌发期的计算从广义上讲，应从十月怀胎算起，到学龄前结束。即从十月怀胎起至六周岁前后止。在这个时期对儿童进行适时教育，予以丰富恰当的信息刺激，其才能可以得到比较充分的发展，如果错过这个时期，随时间的后移程度，其才能发展的可能性会呈现递减规律。

继承期是指人才个体以学习为重要任务，继承前人知识的发展时期，大约包括小学、中学、大学和研究生这样几个阶段。这个时期是最佳学习期。

创造期是人才发展的关键阶段，创造期是继承期的延伸和质变性发展。因为创造性是人才的最本质属性，人才个体能否由"潜"入"显"，应视其创造性的活动成果是否得到实践的验证和被社会公认，为社会发展和人类进步作出贡献，这是成败与否关键的阶段。

成熟期是创造期的延续，在这个时期，对于人才个体来说，可能会产生三种情况：①学问继续深化，创造继续增多；②学问退化，创造波峰明显下降；③学问创造平平，虽维持原状或有所进步，而较之客观发展形势已经略显不足，创造性人才过度为传导性人才。

衰老期按照生理年龄论，在不同时期、不同地点有着很大的差异。然而对于人才来讲，衰老期的关键在于是否能有所作为。因而在这个阶段仍可以作出于社会、于后代有所裨益的工作。

2. 主观规律

站在人才主体的立场上，人才发展的规律有主、客观的区别。对于人才发展的主观规律，主要有以下几种观点。

（1）顺势成才律。这是各个社会形态成才的一般规律。这一规律的含义是：外部形势是一种动态性客观存在，唯有正确认识其今天的现状和明天的发展，把握住现实中的有利时机，才能将历史前进产生的震荡作用化作自己成才的驱动力。一般来说，影响人才成长和发展的外部形势有两种形态：一是常态，即外部条件的相对稳定期；二是变态，即外部条件的变化期。但不论是常态还是动态时期，把握时机对于人才个体来说尤为关键，即人才的成长和发展需要顺应社会发展的趋势，满足社会需要，在实践中顺势成才。

（2）曲折成才律。也可以称之为逆境成才律，这一规律的含义是：曲折是一种客观劣势，改变劣势地位的关键在于对劣势的正确认识和战胜劣势的有效办法、勇气和信心。成才道路是曲折的，要不断地经历挫折与失败才能成功，这是成才的客观逻辑，失败常常是成才的阶梯，而成才则是失败和成功的辩证统一。

由于人的认识受到历史条件的限制，其中包括生产发展状况和阶级地位的限制，思维者的人体和精神的局限性等，所以人的认识，尤其是对复杂事物的本质和规律认识，是不能一次完成的，而是需要实践与认识的多次反复。这一复杂的认识运动反映在人的成才过程中，必定形成曲折成才的规律。

（3）协调成才律。这一规律的含义是：人才个体的成长有赖于人才群体的协作与各方力量的协作与互助，人在实践中只有不断地分析客观环境的利弊和主观条件的长短，不断地加以反馈调节，取人之长，补己之短，以达到客观与主观协调一致，才能创造成功。人是社会的人，人的成长和发展总是受一定的社会关系制约。人要成才，必须与集体、社会环境协调一致。

协调应贯穿于成才的全过程。首先，选择目标时要充分考虑个人的内在长处与外部有利条件相结合，应把社会设计、他人设计与个人兴趣爱好相结合；然后，将完成目标所需要的智能条件与自身的智能条件协调一致；其次，完成目标过程中，要与周围环境相协调，充分利用有利条件，发掘潜在的有利因素，改变不利条件，正确处理个人与集体的关系，形成和谐的人才组合结构和工作气氛；最后，活动成功或失败时，需要分析主观、客观原因，进一步对内、外条件加以协调。

（4）蓄积成才律。这一规律的含义是：人才才能的发展度与其付出的有效劳动量以及人才个体才学识技的基础宽实程度在一定范围内成正比。基础的宽实程度一般受两个方面限制，一是各个年龄阶段的智力开发与受教育程度是否科学、及时与充足；二是人才个体是否具有锲而不舍金石可镂的奋斗精神。人才个体的才能与知识的积累，又与有效劳动密切相关。有效劳动量的多少和人才才能发展程度成正比。

（5）纵横成才律。这一规律的含义是：人才个体驰骋于几个学科和专业之间，心有所感、意有所会、随遇而安、随感而发，在几个不同的领域纵横往复，从而成为科学上的千里眼、技术上的多面手。纵横成才对于人才个体的要求比较高，全才往往成为各类专业人才群体的中心，成为各个领域科学进军的主帅。现代科学对人才类型的分布，将特别强调通才的作用。

（6）扬长成才律。这一规律的含义是：人的才能幼芽，具有质的多样性和量的差异性，这种区别是由天赋素质、后天实践与兴趣爱好的不同而形成。一般而论，成才者是在最佳或次佳才能得到充分发展的条件下，扬长避短或比短为长的情况下取得成功的。扬长和避短是成才过程中对立统一的两个方面。其关键在于正确认识自己的长处和短处，并且能够正确分析这些长处和短处，了解其相互关系。而要做到这一点，一方面人才个体要在实践中通过各种方式和途径输出信息，再通过反馈调节逐步认识自己。另一方面，单位、组织要细心考察每个人才，了解每个人才的长处和短处，尽量把人才安排在最能发挥其才能长处的岗位上，做到才尽其用。个人与组织相结合，就可以达到充分发展人才的才能优势，加速人才培养的目的。

（7）聚焦成才律。这一规律的含义是：在依据自己的最佳才能、选准成才目标的前提下，过滤信息，集中精力，目标始终如一，犹如凸透镜可以使阳光集中于一个焦点上，从而引起燃烧一样，精神世界的智慧光芒也只有在聚焦效应下才能形成突破性的成才力量。

（8）拼搏成才律。这一规律的含义是：在内、外条件大体相同的情况下，拼搏精神强者成功。

（9）竞赛成才律。这一规律的含义是：成才者是内在的积极的心理品格和聪明才智充分施展与竞赛之中走向成功的。竞赛是成才的基本动力和成功之路。造就人才需要竞赛、发现和选拔人才也需要竞赛。

笔者认为上述关于人才发展主观规律的观点，在现实社会中均有所体现，人才发展的规律是各种观点的综合，只是在不同时间、空间范围内，某种规律会表现得明显一些而已。

二、社会需要的会计人才

社会需要的会计人才应该具备以下素质：

1. 会计人员应该具有广博的基础知识

会计人员需掌握的基础知识包括：

（1）计算机基础知识，这是适应会计信息化的必然要求。在全面建设小康社会的时代中，新技术不断涌现，整个社会将发生重大的改变，它将要求会计人员对新的技术具有一种职业性的敏感，要求他们能够较熟练地使用计算机来完成他们的日常工作，熟练地使用计算机来解决他们经常遇到的各种财务方面的难题，能在互联网上及时找到他们需要的资料和消息，能有效地利用互联网上遍布全球的各种各样的数据库来帮助自己较好地完成各项工作。

（2）外语知识，随着改革开发的深入发展及中国加入 WTO 的影响，国际间的交流与合作将日益增强，外语将成为会计人员交流的工具，包括口语和阅读。要求会计人员可以熟练地运用外语知识以了解、掌握国际上通行、前沿的财务领域的信息、知识等，要求会计人员可以熟练地运用外语知识对外交流沟通。

（3）社会科学的基本知识，伴随信息化程度的提高，企业要在不同文化、法律环境和经济系统里有效运动，就要求处于企业管理核心地位的会计人员，不仅要熟悉本国的法律、法规、历史，还应了解其他国家的法律、法规、政策、风土人情、新闻等知识。

（4）现代管理方法的有关知识，如应用系统分析、矩阵分析等。这些基础知识的获得将提高会计人员的观察、分析、判断和归纳能力。

2. 会计人员应具备扎实深厚的业务知识

会计人员除了必须了解和掌握我国以及国际上通行的有关财务会计、管理会计、财务管理和审计知识外，同时还应掌握相关专业的知识，如一般商业知识、税务、财政、金融、国际贸易、货币银行学和人力资源管理学等等，熟悉企业业务流程、产品生产工艺等。

3. 会计人员应具备较强的工作能力，尤其是创新能力

会计人员应具备的工作能力包括创新能力、文字表达能力、分析问题能力、业务拓展能力等等，随着我国经济更加广泛而深入地融入世界经济，企业财务管理的开放性、动态性将更加明显。这就促使会计人员必须根据我国国情和企业实际以新的思路考虑实践中出现的新情况、新问题。对会计实务应不断采取新的方法，并且促进会计理论对其加以研究，取得理论成果后又反过来指导会计实务，从而更合理地反映企业的财务状况和经营成果。会计理论与实务的紧密结合，将使会计创新成为21世纪的热点，会计人员应具有创新能力。

4. 会计人员应具备较强的学习能力和适应能力

随着经济全球化、网络技术和科技进步的影响，会计工作从内容到形式也在发生着深刻变化，企业会计电算化和ERP、MIS等系统的推广应用，对会计人员的学习能力和适应变化的能力提出了更高要求。适应能力是指能够用所学的理论知识适应实际工作情况的主动性，学习能力是指了解企业所属行业的最新发展动态，了解相关领域的前沿知识，并能够运用于实际工作中。

5. 会计人员应具备良好的沟通能力

会计部门一般是企业的一个综合性管理部门，要和企业内外的方方面面的人进行接触，因此必须学会如何与别人沟通协调。良好的语言表达、周密的逻辑思维和热情周到的态度也是会计人员的基本素质要求。

6. 具有良好的职业道德素质

会计工作天天与金钱打交道，而当企业财务内控制度不健全时，便会给一些心术不正之徒或经不起金钱诱惑之人带来可乘之机。曾经发生的一系列的公司倒闭案和会计丑闻反映出会计行业的诚信已面临危机。已发生的一连串会计丑闻已经引起投资者、有关机构以及各国政府对公司账目编制和审计方法的普遍担忧。而且，这些备受关注的舞弊案件使会计行业的

诚信问题成为媒体关注的焦点，因此，要求财务会计人员必须具备良好的职业道德素质，具备良好的品行，诚实做人、朴实本分、不慕虚荣。会计工作往往处理一些很烦琐的细节性问题，要求从业者必须踏踏实实、勤勤恳恳，有一个良好的心态，能够并愿意把一点一滴的小事做好。

第二节　大力培养会计人才

一、会计人才培养的目标

（一）培养会计人才应遵循的原则

目标的确定应从系统论的观点出发，这对于会计人才的培养具有方向性和指导性的作用。根据会计教育所面临的经济、文化的客观环境及我国的实际，确定会计人才的培养目标应遵循以下原则。

1. 一般原则

第一，要有适应性。会计人才的培养目标归根到底取决于社会发展对会计人才的需要。第二，要有预见性。虽然会计人才培养目标也是一个伴随经济发展而不断变化的动态目标，但人才培养的时效性，要求目标的确定能够适应未来经济社会发展对会计人才质量和规格的需要。第三，要有科学性。教育具有其内在发展规律，会计学科发展也有自身的内在规律，培养目标的确定要符合会计学科发展和高等教育发展的要求。第四，要有层次性。由于社会经济的发展是一个复杂多变的体系，不同地区、不同的经济环境下经济发展的水平是不一样的，这就要求会计人才的培养要满足不同经济和社会层次对会计人才的需要，会计目标的确定也要考虑这种差别。第五，要有可操作性。目标的确定要与会计所处的社会、经济、科技及会计本身的技术手段和方法相一致，任何人为的拔高或降低会计目标的行为都会损害会计教育的功能，影响会计职能的发挥，造成会计人才的浪费。

2. 专业原则

国际会计师联合会（IFAC）曾对会计教育目标的构建提出了三个与掌握专业知识相关的原则：一是与专业有关的知识掌握程度；二是将所学

知识运用于实际工作的能力；三是从事专业工作的态度与方法。同时还要求在会计教育目标中，充分体现注重实际能力培养、实行开放性教育、注重人际的交流训练、终身教育及职业道德等五个观念。

从 IFAC 对会计教育目标的构建中可以看出，会计人才培养的目标归根到底也应该是注重学生培养的内在本质，注重专业知识的运用和学生的全面发展，也就是学生的素质教育问题。

（二）会计人才培养的目标

需要指出的是，虽然会计是一门注重实务的科学，但对实践经验的要求并非会计培养的唯一出发点，这一点美国的经验值得借鉴。以前美国会计教育界一直将未来的职业会计师所具备的知识作为学生的培养目标。由于经济进程和发展的复杂性，会计教师一直忙于将新增加的内容不断传授给学生，但学生学到的知识仍然有限，无法面对就业后日新月异的经济环境。针对这种情况，美国会计学会（AAA）下设的"会计教育改进委员会（AECC）"在 1990 年 9 月提出了关于改进会计教育质量的第一份研究公报：状况公告第一号——《会计教育目标》（Objectives of Education for Accountants）。在这份报告中，AECC 将会计教育目标定位于如何面向未来的会计职业要求和如何具备在会计职业中取得成功的能力培养两个坐标上。这份著名的报告指出，会计教育应该是培养学生能够成为职业会计师而不是进入职业界时就成为会计师，毕业生要成为具有相关知识和丰富经验技能的会计师还必须继续学习。因此，AECC 的会计教育目标核心是将会计教育从传统的知识获取（Knowledge Acquisition）转向掌握学习的技能（Learning to Learn）。会计教育应培养学生掌握终身继续学习（Lifelong Learning）的能力，即如何学习（Learning to Learn）这是会计教育目标的核心。而要实现这一目标，就必须培养学生具备三方面的知识或能力：主要包括技能（Skills）、知识（Knowledge）和职业倾向（Professional Orientation）。其中，技能主要包括：通信能力（Communication 有效的听、说、读、写）、智力能力（Intellectual 寻找、获得、组织信息以及一般情况下分析问题和解决问题的能力）、交际能力（Interpersonal 和他人进行有效合作和具备领导才能）；知识包括一般知识（General Knowledge）、所服务的组织和企业知识（Organizational and Business Knowledge）以及会计知识（Accounting Knowledge）；职业倾向指会计学生应该认识会计职业并关注其知识、技能和成员的价值发展；他们应该知悉会计职业道德并能据此

325

做出价值判断；他们应该具备完整、客观地表述问题的能力并关心公众利益。

1997年，教育部在《关于普通高等学校修订本科专业教学计划的原则意见》中指出："为适应21世纪社会经济发展的需要，培养德、智、体全面发展，基础扎实、知识面宽、能力强、素质高，富有创新精神的专门人才。"这实际上为我们确定21世纪高等学校本科专业学生的培养目标指明了方向。

从上述实例中可以得出结论，即根据21世纪世界经济环境、中国经济的发展环境和高等教育的特点，21世纪会计人才培养的目标应描述为：以满足社会需求为导向，培养市场经济中的企业和非营利组织需求的具有开拓精神和创新意识、良好的职业道德、相关的专业知识并掌握学习技能的会计专门人才。这种会计人才应具有扎实的专业基础和相关的知识，具备与本专业相关的实践能力和良好的职业道德，具有善于发现问题和解决问题的能力，具有创新能力、学习能力、适应能力、沟通能力。其核心是掌握本专业继续学习的能力。将会计人才培养目标的核心确定于培养学生终身的学习能力，主要原因是会计人才培养已经不能囿于灌输书本知识，知识和信息爆炸使应该学习的知识呈几何增长，传统的培养方式不能适应知识变革和发展的需要，会计人才的培养不仅要为他们打开已有的知识大门，更重要的是要教给他们寻找打开未来新知识大门钥匙的方法和教会他们开门的技艺，这是21世纪的人才培养的核心。

二、会计人才培养的途径

人才的培养有多种途径，就我国目前情况看主要有三种途径。一是教育成才。通过教育培养出来的人才数量最大、影响最大，是现代社会培养人才的最基本和最重要的途径。二是师传（或家传）成才。这是古代一条非常重要的途径。即使现在，仍然有部分行业采用师传成才的方法。一些社会上需求量不大或性质特殊的行业采用这一途径。三是自学成才。自学成才，其起点由于科学技术的要求不同而不同。但是自学成才从古至今源源不断，只有在教育事业完全能够对教育对象进行无遗漏地吸收，按其个性给予指导，对于教育内容可以自如地进行调解的时候才可能消失。因此，尽管自学成才的个体其自学起点逐渐上升，数量占整个人才比重也日趋下降，但是其仍不失为一条必要的成才之路。

虽然人才培养有多种途径，但是不同途径不是截然分开的，教育成才也需要人才个体的自身自学努力，师传（或家传）成才本身就是一种特殊教育，而且在现代社会中往往与正规教育交叉进行。而自学也绝不等于不需要任何帮助，仅凭借个人努力就可以取得成功。教育、师传、自学相互结合、各有分野，是各种成才途径的共同特点。

尽管师传、自学均能成才，但是就满足社会需要的基本手段和方法来说，教育却处于崇高的地位。三者虽然都是成才之途，其重要作用却不相同。教育作为人类文明事业的第一重要组成部分，有着极其强大的生命力，在现代科学技术发展史上，占据着一席最突出的地位。会计人才培养的基本途径及基地就是会计教育。

第三节　培养会计人才的基地：学校会计教育①

教育是人类所特有的有意识的传递社会经验和培养人的社会实践活动。教育活动因为以培养人为直接目标而与其他社会活动区别开来，这是教育的本质规定性及其基本特点。在人类的其他社会活动中，也有传递社会经验的现象，如医生在给病人治病的过程中，病人也可以从医生那里获得医疗知识经验，甚至还可以学到治疗疾病的一些基本技能，但其不是以传授社会经验为主要内容，因而这并不能说是教育，教育主要是通过经验的传授促进人的发展和完善。

在我国现代教育学思想中，教育这一概念被作了广义和狭义的区分。按照《中国大百科全书》的解释："教育是培养人的一种社会活动，它同社会的发展、人的发展有着密切的联系。从广义上说，凡是增进人的知识和技能、影响人们思想品德的活动，都是教育。狭义的教育，主要指学校教育，其含义是教育者根据一定社会（或阶级）的要求，有目的、有计划、有组织地对受教育者的身心施加影响，把他们培养成为一定社会（或阶级）所需要的人的活动。"

学校教育是教育活动的主体部分，属于狭义教育的范畴。学校教育和其他教育相比，有三方面特性：第一，学校是培养人的专门机构，有专职

① 部分教育科学原理，主要引用：杨建华、陈鹏著．现代教育学［M］．北京：中国社会科学出版社，2003.

人员主持和管理，即通过教师和教育管理人员实施专门的教育活动。第二，学校教育的基本任务是培养和造就人才，发展人的素质。第三，学校教育是目的性、组织性、计划性最强的系统性教育活动。依据这些特性，可以对学校教育进行界定，即学校教育是由专职结构的专职人员承担实施的有目的、有计划、有组织的，以影响人的身心发展为直接目标的系统性社会活动。

我们这里所指的会计教育主要是学校的会计教育。

一、会计教育的目的

（一）教育目的概述

教育目的实质上是在教育活动之前预测和确定的对教育活动过程具有导向作用，对教育活动结果具有评价作用的标准，集中或最终体现在对学生素质的要求上。教育目的是一切教育活动的出发点，也是教育活动的归宿。教育目的支配和指导着整个教育过程。人们总是按照一定的教育目的去选择教育内容、教育方法和教育手段，组织一定的教育活动。教育目的不同，就会有不同的教育效果的依据。教育目的不同，就会有不同的教育制度。具体可以从三个层次理解：①教育目的是在教育活动之前的预测结果。教育活动是人类社会活动的一个方面，而这种活动的一个显著特征就是具有明确的目的性。这种目的性是在实践活动之前，实际的结果以观念的形式在人头脑中的反映。教育目的就是在教育活动之前预测和确定的活动结果，表现在国家政策、法规和教育、教学工作计划中。②教育目的是对教育过程具有导向作用的预测结果。教育目的是控制教育活动的内容、方向、方式和程序的依据。例如，若教育目的是培养军人武士，教育活动就应该强调基础教育并应具有注重培养民族感情的倾向；若教育目的是强调个性的自由发展，教育活动就应该具有灵活多样和自由活泼的倾向。③教育目的是对教育活动的实际结果具有评价作用的预测结果。教育目的是一种预期结果，为教育活动结果指明了方向和标准，但是教育活动能否达到这个标准还要受到教育者、受教育者的主观素质、教育条件以及其他因素的影响。这些影响使教育活动的实际结果与教育目的的预期结果之间往往存在着一定距离，这就要求应该以预期结果为依据分析评价实际结果，总结经验教训、得出改进措施。

教育目的是由人制定的，体现着人的主观意志，然而它的制定也必须遵从客观依据，包括两个方面的内容：

（1）教育目的的社会制约性。人们制定的教育目的，实际均是社会对其成员规格的客观需求在其意识中的反映，是其所处时代的产物。教育是培养人的活动，而不论是教育者还是受教育者都是一定社会的现实的人。教育者只能在现实的社会生活条件下促进受教育者的发展。受教育者也只能在现实的社会生活条件下获得发展，而且发展的具体内容、方向和满足程度均受到社会政治、经济、文化条件的制约。教育作为社会大系统中的一个子系统不能够独立存在，会受到诸多因素的影响，教育目的不仅会因社会历史时期、国家不同而不同，而且还会受到政治、经济、文化等因素的影响。而对教育目的的产生和变化有着最大制约影响力的是生产力和生产关系。①教育目的受生产力发展的制约。生产力是人类征服和改造自然获取物质资料的能力。生产力发展的水平体现着人类现有的发展程度，又对人类的进一步发展提出可能与要求，因而它制约着教育目的的制定。②教育目的受一定生产关系及以此种生产关系为基础的政治制度的制约。教育目的的社会性质直接决定于生产关系和政治制度的性质。教育是培养人的活动，统治阶级会把教育紧紧抓住，从其统治阶级的政治利益和经济利益出发确定教育目的，因此在阶级社会中，教育目的具有鲜明的阶级性。

（2）人的发展的客观要求性。教育是培养人的活动，它的直接指向对象是受教育者。人们提出教育目的是希望引起受教育者的身心发生预期变化，使受教育者成长为具有个性的社会个体。教育作为一种社会人的再生产的活动，其目的不仅要反映社会对人的发展的需要，而且要反映作为社会生活主体的人对自身发展的追求。人既是社会环境的产物，也是其所处的那个时代现存的社会关系总和的产物，又是那个社会环境、社会关系的创造者、改造者。现实的人在社会生活中会不断地产生新的需要，并有意识地改造自然、改造社会、创造新的社会条件，满足自己的需要。人作为社会生活的主体，总是在不断追求自身个性的发展，同时又总是"通过完全改造了的活动来改变旧的关系"，从而推动历史的更新和发展。因此，人自身的个性的发展对社会进步具有重要意义，人的全面和谐发展是社会发展的必然要求。人的发展的客观要求是教育目的制定的必然依据。

我国的教育目的在《中华人民共和国教育法》中以法律形式固定下来，即"教育必须为社会主义现代化建设服务，必须同生产劳动相结合，培养德、智、体等全面发展的社会主义建设者和接班人。"由此可见，培养有社会主义觉悟的有文化的劳动者和社会主义建设事业的接班人，是我国社会主义教育的根本宗旨。

（二）会计教育的目的

会计教育的目的本质是教育目的在会计人才培养中的应用。会计教育目的是理论层面教育目的和行动层面教育目的的统一体。理论目的主要解决目的的构建和关系问题。从构建来看，理论目的全面、深刻、长远地揭示了社会政治、经济、文化发展和受教育者成长规律对教育的要求，并用高度概括的科学术语给予界定和表述。行动目的主要解决的是实践中各环节的操作标准问题。其中，实施标准、评价标准、奖惩标准三者构成了行动目的的主体内容。其中，实施标准规定了实施目标的程序和原则性要求，是实践者控制指向目标活动的具体依据。评价标准反映了衡量目标达成度的具体指标，是判断实际结果和预期结果之间差距的依据。奖惩标准反映了社会系统对目标达成情况所采取的一系列奖惩制度和措施，对教育实践者的行为具有强有力的制约作用。这三个标准随着教育实践活动的持续内化为教育者和受教育者的主体价值观，表现为一定时期教育主体（教师和学生）对各种教育工作目标的注重程度，是教育主体调整资源和分配精力的依据。教育实践工笔者的行动方向、方式主要受其控制。

理论目的是各级各类学校必须遵循的总体要求，也就是我国教育理论研究、政策、法规中确立的德智体全面发展的培养目标，以及以此确定的德、智、体、美、劳五育并举的教育内容。德、智、体、美、劳五育以各自的功能和价值有机构成了我国社会主义教育目的的科学理论层面的内涵。

会计教育目的支配和指导着整个教育过程。人们总是按照一定的教育目的去选择教育内容、教育方法和教育手段，组织一定的教育活动。会计教育目的不同，就会有不同的教育效果的依据。会计教育目的不同，就会有不同的教育制度。因此正确、恰当的会计教育目的对整个会计职业的发展具有十分重要的作用。

理论层面的教育目的是整个社会培养人才最根本和最理想的要求，不仅在初等教育的过程中培养学生的德智体全面发展，而且在高等教育的过程中也应该以此为宗旨。会计教育的目的不只是教育目的在会计教育中的简单移植，由于会计职业的特殊性——会计是随着社会经济活动的发展而产生和发展的，反过来会计的发展又对社会经济活动有促进作用，促使社会向前发展，会计教育的目的更具有自己的特点：①会计教育的目的受环境的影响；②会计信息是具有经济后果的，因此会计教育的目的受社会舆论的影响；③会计实务是在会计法、会计准则、会计制度等法规体系的约束下进行的，会计教育的目的也受会计法规的影响。

（三）会计教育目的的影响因素

1. 加入 WTO 对会计高等教育的挑战

在我国加入 WTO 后，既会遇到新的发展机遇，更要面对巨大的挑战，会计信息的全球流通，会计准则的国际趋同，使得会计教育受到的冲击将会更大。

（1）政治经济的变化对会计教育的挑战。加入 WTO 以后，政府行为将进一步得到规范，政府在市场经济中的作用将更加符合国际惯例，同时，加入 WTO 也会给我们民族经济的发展带来巨大的挑战和机遇，将使我们面对更加残酷的国际竞争环境。政府工作的重心和国家的一些重大经济方针将有所转移，会计教育的内容、形式和方法，也会有所转变，因此，如何尽快制定适应环境变化的会计教育目的就成为对会计教育的挑战。

（2）社会文化环境的变化对会计教育的挑战。加入 WTO 以后，西方的社会文化观念将进一步渗入我们的社会经济生活中来，会计行业和职业环境将有很大的变化。跨国公司的中方雇员将与不同的文化、宗教、背景即不同意识形态的人员打交道，在实际工作中，可能会遇到许多复杂的问题，处理这些问题需要具有专业技能、团队精神、处理好人际关系的能力和领导能力。

为了适应环境国际化的要求，还有必要强调外语、计算机掌握能力。这个问题已经得到普遍认可，目前我国大部分高校学生在毕业时都有对其外语和计算机能力的硬性要求，使得对毕业生的外语和计算机能力要求在宏观上有了保证；但是如果过分宣扬对英语和计算机能力的重视，则专业教育将会被这两门学科"反客为主"。目前对于专业知识则几乎没有明确的量化要求。虽然部分原因是无从量化或不好量化，但这无疑会在一定程度上造成对专业知识的懈怠心理。如何在专业知识和英语、计算机专才进行衡量也是对确定会计教育目的的挑战。

加入 WTO 意味着真正融入世界经济体系，因而对人才素质会提出更高的要求。然而由于种种因素，我国的会计教育在理论与实践的衔接上、教学内容与教学方法的创新上、教育管理体制的改革等方面都滞后于经济改革的步伐，使得培养出来的会计人才不能满足社会发展的需要。加入WTO后，我国教育市场将逐步开放，外国教育将蜂拥而至，我国的会计教育将会受到前所未有的冲击。一般来讲，培养满足加入WTO经济环境需要的会计人才，要具有"四化"：一是复合化，即熟练掌握多种知识技能并拥有多种能力；二是职业化，即遵守同业职业道德标准，对事业、群体、忠诚；三是规范化，即能按国际规范的会计惯例办事，执行会计行业界的标准和其他规范；四是国际化，即熟知国际商务和会计惯例，能用诸如英语等在世界范围内广泛运用的语言来处理经济事务。

2. 知识经济时代，会计人才市场需求的变化对会计教育的挑战

在知识经济环境下，计算机和网络技术的发展打破了信息的时间和空间上的限定，信息的加工和传递不像过去那样费时费力，编制和传递财务会计报表已经成为会计工作的次要部分，各管理部门利用互联网提高了工作效率，从而腾出更多的时间进行业务分析，将财会工作之重心由数字加工转向协助高层管理者制定战略决策，在一体化的世界经济环境中，会计事务的国际合作将日益频繁，为了在激烈的竞争中立于不败之地，世界各国对于优秀人才的竞争将愈演愈烈。如何适应市场的人才需求变化，转变会计教育的目的，培养出新型会计人才是会计教育面临的又一重大问题。

3. 会计行业自身的特点，政府、社会舆论等对会计教育的要求

会计行业是一个对职业道德要求严格的行业，这是由会计人员在经济工作中的特殊地位所决定的。英国特许公认会计师公会（ACCA）一向致力于提倡"道德教育是会计课程的基石，是会计师职业教育的灵魂。"

2001年以来，"安然"等事件在美国证券市场和会计市场引发了全球性的诚信危机，这说明，注册会计师行业作为诚信鉴证者和实践者的责任越来越重大，同时随着公众诚信意识的觉醒，对会计师行业的诚信监督也越来越广泛，而随着法律的健全，社会对注册会计师行业的监督和监管越来越规范。由会计人员职业道德素质不高而引起的违纪违法等社会问题，已成为社会的一大公害。

如果我们在注重智育教育和创新能力培养的同时，轻视了德育培养，其后果是不堪设想的。而纵观会计教学的全过程，我们很难找到比较系统的职业道德教育，往往只是在教学中一带而过，这是与会计教育的本质和目的不相适应的。

（四）高等会计教育的目的

1. 会计教育界应树立的高等会计教育目的

从学历教育方面来看，我国的高等会计教育分为大专、本科、研究生三个基本层次。关于我国高等会计教育的目的究竟是培养应用型、管理型人才还是学术型人才，目前还没有达成共识。正如美国的"会计教育改革委员会"（AECC）的第一号公报《会计教育的目标》中对会计教育目标的论述："学校会计教学的目标不在于训练学生在毕业时即成为一个专业人员，而在于培养他们未来成为一个专业人员应有的素质。"由此可知，对高等会计教育而言，最为关键的不在于让学生掌握多少知识，而在于培养他们终生学习的能力。

能力，应该包括知识、智力和技能等三个部分的内容。一个人的能力应该是其知识、智力、技能的综合表现。面对新形势，我国的高等会计教育应该培养学生的哪些素质和能力呢？笔者认为，至少应培养学生以下几个方面的能力。

（1）实际操作能力。实际操作能力是指会计专业的学生通过高等会计教育阶段的学习后，能独立从事某些或某方面的具体会计业务，这是我国会计专业专科教育的培养目标，其所培养的初级会计专业人员应具有"合格的文化素养、合格的专业基础理论、一项或数项突出的专业技能"，这是一种应用型的培养模式。

（2）独立学习能力。随着科学技术的进步，知识更新速度不断加快。18世纪时，知识更新周期为80年，19世纪到20世纪初，缩短为30年，20世纪初至20世纪90年代又缩短为5~10年，21世纪初预计为3~5年。学校的课程通常是根据比较成熟的学科来设置的，不成熟的学科通常不能设置课程。这意味着学生在校读书时有些课程还没有成熟，是未引起人们重视的新知识，但当他们走上工作岗位后，就有新的知识出现了。据国外有人统计，一个学生在校学习获得的5%~10%的知识是将来必需的，而90%~95%的知识是在工作以后的不断学习中获得的，因此一次教育终身受益的年代一去不复返，终身学习成为必要，这就要求教育的目标不仅具备独立学习的能力，掌握一种学习的方法，使其能终身从事学习，只有这样，才能保证毕业生在今后的工作中，能有效地解决他们可能遇到的一切熟悉或陌生的问题。这也就是说，不仅要授之以"鱼"，更重要的是要授之以"渔"。

由于会计本科教育是介于专科和研究生层次之间的一种学历教育，是奠定基础、培养能力、提高素质的阶段，因此，本科教育的培养目标可定位为"培养厚基础、复合型的高级会计人才"。高级会计人才是指具有会计专业基础知识和实际操作能力的、能够运用所学原理和理论解决各种实际问题的专才。由于会计本科专业毕业生主要流向企事业单位，从事会计组织与管理工作，所以在教学过程中应注重培养学生对政策的理解、把握以及创新能力。"复合型"人才不仅要求掌握专业技能，还应具备多方面的素质和能力，如沟通与领导技巧（即具备采用合适的传递方式、人际交往技巧来传递与交换资讯，并能影响和激发他人共同达成目标），策略性与关键性思考技巧（即具备资讯、知识与独特洞察眼光等综合能力，为策略决策者提供可资借鉴的建议），文字和语言表达能力等。

（3）科学研究能力。对于高等教育会计专业的学生来说，具有丰富的知识并不是目的，能综合运用自己所拥有的知识和技能，善于并敢于发现实际中的一些问题，并对之进行分析和思考，解决问题，才是追求的目标。科学研究能力是指，会计专业学生在学习和工作中能够将繁杂的知识加以系统地整理，将零散的见解加以综合开发和合理运用，促进问题的科学解决，或形成新的见解、观点和方法。这是一种较高级的独立工作和进行科学研究的能力，是会计专业硕士研究生培养的主要能力，它要求会计专业的研究生必须具有科学的思维方式、正确的会计研究方法论、坚实的会计专业基础理论知识与专业知识。

（4）创造能力。创造能力是指，会计专业的学生能够及时根据政治、经济环境的变化、不断地研究新情况和新问题，敢于想象，大胆实践，能创造性地运用知识，以新的手段和方法，解决前人未能解决的会计问题，建立新的会计理论或方法体系，或发现某种会计现象和规律，或填补会计学科上的空白等，它以创造性思维为基本出发点，以取得前所未有的创造性成果为标志。创造能力是思维的最高表现形式，理应成为会计专业博士研究生、博士后培养的主要能力。

（5）道德决策能力。目前，人们也越来越意识到道德教育应成为会计教育的重要问题。美国会计学会（AAA）认为，会计教育不仅要传播必需的技巧和知识，而且要灌输道德标准和敬业精神，因为道德在很多情况下往往比技巧和知识更为重要，特别是在会计人员遇到相关当事人之间的利益矛盾时，技巧与知识都不能有效地解决矛盾，唯有会计人员的职业道德水准和道德决策能力发挥作用。为此，美国的会计教育把会计职业道德作为一项重要内容,强调道德是最基本的会计原理,许多学校在会计专业的第一门会计课程中,就专门讨论职业道德问题,使学生一开始学习会计就认识到职业道德的重要性,树立起会计职业的尊严感。因而不论位于会计教育的哪个层次,不论培养的是应用型、管理型还是学术型人才,都应该具有道德决策能力。

2. 会计教育目的的确定应该与会计职业有机联系起来

会计教育目的的确定应该与会计职业有机联系起来,使会计教育有更加明确的目标和方向,以便更好地开展会计教育工作。中国的经济发展日益加快,经济日益全球化,会计作为一项经济管理活动发生了巨大的变化,当我国的会计制度因为经济的发展,进行着根本性变革的时候,我们的会计教育若还依然循着老旧的路子,那如何能够保证跟上时代的发展与进步,如何能够培养出高素质的会计人才?

澳大利亚大学的会计教育,对培养学生在社会政治、经济环境和组织系统中的职业角色方面,有着非常明确的目标,能够使学生了解其未来职业生涯中所应承担的责任与具有的权利。这在澳大利亚各大学的教学宗旨中,都有明确的说明。例如,强调培养学生具有如下的态度,以使他们:"渴望不断地进行知识的发展与创造;愿意开始并参与变革;重视个人生活与职业生活中的事实、正确、诚实与道德的标准;承担责任、义务并主张权利;欣赏自己及其他的文化与风俗。"并且,强调培养学生以下的能力:"具备继续学习、增长知识、严谨地分析能力和创造力;拥有完整的、广阔的学科知识;清晰地交流与流畅地写作;拥有团队合作的能力;拥有解决问题与做出决策的能力;自信并能够清楚地陈述自己的意见;逻辑地推论和从观点中辨别事实。"

对会计专业的学生来说,上述宗旨与理念均与澳大利亚会计师公会(CPA Australia)和澳大利亚特许会计师协会(ACAA)的职业要求相一致。上述宗旨和目标,在其会计教育活动的各个方面均始终一贯的得以遵循。

1999 年美国注册会计师协会(AICPA)针对进入会计业界的新人提出了三项核心素质能力要求:一是专业职业素质(Functional Competencies),包括建立决策模型、评价风险、选择相关可靠的度量标准、报告、研究等方面的能力;二是人格素质(Personal Competencies),包括适合会计行业的个人特质,解决问题和做出决策、与人合作、沟通、领导、项目管理等方面的能力;三是宽广的商业视角素质(Broad Business Perspective Competencies），包括全球视角、战略思维、行业观念、市场/顾客导向、资源管理、法律观念等方面的能力。

因此，从上述会计职业素质的要求看，会计职业界已对会计教育提出了尖锐挑战，要求会计教育界从自身内部进行战略性改革。所以，我们所要进行的会计教育改革，绝不是简单地添加一些东西或去除一些东西，而是一个从观念上和方法上，也就是从教育理念的改变、课程设置的重整、教学方法与手段的创新上进行的根本性的变革，其最终目标是培养能够进行创新思想、具有会计素质和能力的会计人才。唯有这样，我们的会计教育才能向国际水平迈进，才能满足我国不断发展的经济对会计人才所提出的更高要求，这也是从事会计教育工作的人们所衷心期望的结果。

综上所述，我们进行会计教育改革时，首先应确定明确恰当的教育目的，结合各高校不同的培养目标，培养适合不同岗位的会计人才，基于会计行业的实务性特点——理论可能超越事务，但由于经济业务不断的复杂化，在学校学的知识是不可能一劳永逸的，会计教育不仅仅是教授专业知识，更重要的是教育学生学习和自学的能力；会计教育的目的应该与会计准则等制度规范的会计的职业要求一致，防止不必要的误解和跟不上步伐；权衡会计知识和英语、计算机等技能知识的比重。

二、会计教育的功能

（一）教育功能的概述

1. 教育的本体功能

教育的本体功能是指教育自身直接具有的功能或教育自身的职责和能力。现代教育的本体功能包括三方面内容：

（1）加速人的身心发展与社会化进程。通过培养促进人的身心发展和社会化进程是教育最基本的本体功能，这一功能规定了教育的本质特性。教育之所以区别于生产劳动、科学艺术活动和其他社会活动形式，其根本原因就在于教育自始至终保持着培养人、促进人身心发展和社会化进程的职责，保持着通过学校班级和其他教育组织形式进行知识传授、技能培养、体质增强、品德提高的职能，这是其他任何社会活动形式都不具备的优势特征。当然，教育并非促进人发展和社会化的唯一途径。除了教育之外，人类在自身发展中还创造了多种多样的人才培养方式，但唯有教育，特别是学校教育显示了人才培养上的突出优越性，成为社会公认的人才培养的最佳方式。这是因为学校教育能以高度的组织性和计划性、明确的目的性和方向性，利用最短时间和最高效率完成培养人的任务。如果教育失去了这一优势，教育也就与其他社会活动无异，而最终失去存在价值。

（2）传递和继承人类的精神文明。人类个体之所以能够在最短的时间完成若干万年的社会文明发展历程，归功于社会教育机制能够把文明发展历程中的优秀遗产传递给后代。当然，实现这种社会遗传的形式有很多，例如印刷技术、复印技术、音像技术、广播电视、计算机网络技术等传媒手段，都可以传递社会文明，但是实践证明，最基本、最有效的形式仍是教育。因为无论是在只有简单传媒的古代，还是在具有电子传媒的现代，人们从中获取知识必须在有了一定的知识基础和理解能力之后才能进行，而最初的知识基础和理解能力的获得要靠教育提供。尽管个体可以通过自己的摸索和尝试获得部分知识基础和理解能力，却是以付出巨大的精力和漫长的时间为代价的，在讲求效益的现代社会，任何组织和个人都不会舍易求难选择这种方式。正因为教育能够选择文化、整理文化、创新文化，它传递给个体的文化不是原始的零散状态，而是按一定的逻辑关系构成的系统结构，不是有用和无用的、正确和错误的大杂烩，而是相互补充、相互放大的功效系统，所以教育是社会遗传的最佳途径。

（3）选择经验和人才。学校教育为培养人才而进行的社会文明的传递不是自发盲目进行的，而是通过严格的科学的筛选完成的。随着人类社会加速发展，知识增长的速度日益加快，但是不同的人对知识的需求不同，各级各类职业、专业需要不同的知识体系，而且人类始终不能克服知识增长的无限性与人类个体生命的有限性之间的矛盾，这就要求教育必须对知识经验进行选择，应该把那些最基本、最一般、最典型的基础知识和基本技能传递给学生。人类教育智慧表现在：以少而精的知识教育学生，以知识有限的基础应对知识无限的发展，以不变的内在规律性应对多变的外在性形式。

教育不仅选择知识，也要选择人才。学校教育所进行的人才选拔是一种竞争性的人才选择，具有国家政府通过法律赋予的权威性和层层淘汰的严格性，在强调教育公平和教育效益并重的现代社会，学校教育选拔人才的功能显得尤为重要。

2. 教育的社会发展功能

教育是社会的一部分，是构成社会的诸因素中的一种，是社会大系统中的子系统。随着科学技术日新月异的发展，其对人类社会生活的各个方面影响越来越大，教育对社会发展所起的作用也越来越重要，表现出了强烈的社会发展功能，主要体现在以下几个方面：

（1）教育的经济功能。教育的经济功能是指教育对现代社会的经济发展所起的作用。主要表现在：①教育是实现劳动力再生产和提高劳动者生产能力的重要手段。教育既可以使潜在的生产力转化为现实的生产力，又可以提高劳动力的质量和素质，从而极大地提高劳动生产率，对社会经济的发展起到巨大的促进作用，给社会带来明显的经济效益。②教育是科学技术的再生产及生产新的科学技术的手段。科学技术的再生产和创新需要人们对科学知识的继承、积累、掌握和传播，而科学知识的继承、积累、掌握和传播都离不开教育。只有教育，特别是学校教育才能使人类的知识得以继承、传播并不断地积累、发展和创新。

（2）教育的政治功能。教育的政治功能主要体现在：①传播一定的政治观点、意识形态和法律规范，促使政治社会化，以维系社会政治的稳定。②根据社会的政治需要，培养符合一定阶级需要的政治管理人才，保证一定社会政治的巩固。③教育可以通过制造和传播政治舆论和思潮，影响社会政治的稳定和发展。

（3）教育的文化功能。教育的文化功能是指教育对文化的保存和发展所起的促进作用。教育的文化功能主要表现在：①教育可以传递和保存文化。②教育可以传播、交流方法。③教育对文化具有创造和更新的作用。

（二）会计教育的功能

正如前面所述，通过培养促进人的身心发展和社会化进程是教育最基本的本体功能，这一功能规定了教育的本质特性，即教育自始至终保持着培养人才、促进人身心发展和社会化进程的功能。而人才的功用各不相同。总体上讲，可以分为两大类：一类是发现和研究客观规律的人才；另一类是应用客观规律为社会谋取利益的人才。前者称学术性人才，后者称应用管理型人才。有人认为，会计学是一门应用经济科学，因此会计人才主要应当是应用性或实用型人才。然而更多的观点是持不同的看法，即会计学与会计人才是两个截然不同的概念。会计学在性质上虽属于应用经济学之列，但会计活动有其内在的客观规律性，客观上需要有专门的人员研究和提示会计活动的规律性，以此推动会计科学的进一步发展。因此，会计教育的"产品"——会计人才，在功能上仍可以有学术性和应用性之分。

在我国现有会计教育结构中，两类人才教育的分工差异应当是中专、大专和大学本科三个层次培养应用管理型人才，博士研究生教育和博士后教育培养学术性人才，硕士研究生介于两者之间，兼具有学术性和应用性的双重功能。

三、会计教育的基本途径——会计教学

（一）会计教学的地位、作用

所谓教学就是在特定的条件下，以课程内容为中介，由教师的教与学生的学所组成的双边活动，具体来说，这种活动是在教师启发引导下的，学生有计划、有目的、有组织、积极主动地系统学习文化科学知识和基本技能、发展智力和体力、陶冶品德与情感，形成良好的心理素质的活动。

认真搞好会计教学工作，对于全面落实党的会计教育方针，保证人才培养的质量，保证社会经济秩序的稳定，促进学生德、智、体等方面的全面发展和健全人格的形成有着重要的意义。

1. 会计教学是学校一切会计教育活动的中心

除教学活动外，学校还有其他形式的教育活动，如课外文化科技活动、班会、团支部和党支部的活动，以及参加的社会实践等。这些教育活动对学生的全面发展同样是不可缺的。但是，这些活动和教学活动相比，处于从属地位，而且它们的开展是以教学活动为基础的，是教学活动的辅助手段。因而，会计教学是学校进行会计教育的最重要、最基本的形式。

2. 学校的性质决定了会计教学在学校整个会计教育工作中的主体地位

社会之所以需要学校，主要目的就在于通过教学使在校学生学习与掌握人类的文化科学知识，培养他们成为社会所需要的人，使社会发展和延续。离开了教学，学校就失去存在的意义，也无法履行学校的社会职能。随着知识经济与信息社会的到来，教学活动在学校的地位也越来越重要。学校之所以设立会计专业，主要是由于社会对会计人才的需要，而使会计专业的学生成为社会所需的人才，会计教学是最主要的途径。

3. 会计教学是实施课程的基本途径

会计教育的目的主要是通过具体的教学活动来实现的。会计教学的性质和特点决定了它是向学生传授会计专业知识和技能，培养学生成为德才

兼备会计人才的有效途径。如果没有具体的教学活动，课程目标和会计教育目的的实现将不能得到保证，会计人才的培养也将是一句空话。

（二）会计教学过程的本质与特点

1. 会计教学过程的本质

教学过程是教师的教与学生的学相结合或相统一的活动过程，即教师指导学生进行学习的活动过程。在这个过程中，学生掌握一定的知识和技能，同时身心获得一定的发展，形成一定的思想品德。教学过程是实施课程的核心活动，只有优化教学活动的过程，才能充分地实现课程计划的目标。研究教学过程目的就在于探究教学过程的本质，阐明教学过程的规律，从而为科学地制定教学原则、确定教学方法、科学合理地组织教学活动，真正实现课程目标提供理论依据。

教学过程包含着丰富的内容：既要向学生传授知识，又要在传授知识过程中发展学生的能力；既要促进学生心理和生理的健康发展，又要对其进行思想品德教育；既要处理人与物的关系，又要处理人与人的关系。但是教学之所以区别其他事物，就在于教学是根据一定的教育目的和教学任务，在教师有计划、有目的的指导下，通过教和学的双边活动，组织和引导学生积极主动地学习系统的文化科学知识和基本技能，并在此基础上，发展能力，增强体质，完善个性心理，培养思想品德，使学生德、智、体诸方面得到全面发展的过程。而贯穿这一过程的中心是师生的互动和交往，离开了师生的互动和交往，学生的认识发展和能力发展就失去了基础。

据此，现代教学论认为教学过程的中心与基础应该是师生的互动和交往。师生的互动和交往基本上揭示了教学过程的本质所在。从本质上，教学过程是师生互动与交往的特殊实践活动，这一活动的终极目的是最大限度地促进学生的学习与发展，为形成学生终身学习的能力奠定良好的基础。会计教学过程的本质也是如此，即通过教师与学生的互动，利用现代化的教学模式——教学手段和方法，使学生在学校期间不仅可以获得专业方面的知识与技能，更可以在教师的引导下获得终生学习的能力、适应能力等，并受到良好的职业道德教育。

2. 会计教学过程的特点

事物的本质寓于事物的内部机构之中，要深刻认识教学过程的本质，就应该研究教学过程的基本结构，即分析构成教学过程的基本因素及其相互间的联系。教学过程的构成包括哪些要素的问题，至今仍众说纷纭，但总结起来主要包括如下因素，即教师、学生、教材、教学方法、教学环境等。教学过程就是这些基本因素之间相互对立、相互联系而又相互制约的矛盾运动。在这种运动过程中，教学过程体现出如下特点：①双边性。教学过程是教师和学生教与学的双边活动过程，是两者的有机结合和辩证统一。②认识性。教学过程是学生在教师指导下进行学习的一种特殊认识活动。它既遵循人类认识的一般规律，又在认识对象、认识条件、认识任务、认识主体方面具有特殊性。③实践性。教学过程是教师指导学生进行学习实践活动的过程，其在实践目的、实践环境、实践方式等方面与人们的一般实践活动相比也存在着差异，具有教学自身的特点。④发展性。教学过程是传授知识并促进学生多方面发展的活动。⑤教育性。教学过程中不仅教育方针、教材内容具有一定的思想倾向性，贯穿着不同世界观和方法论的要求，教学方法和教学组织形式也反映着一定的思想、观点和道德精神。

会计教学过程就是由教师与学生在互动的情况下，利用教材，采用教学手段，培养会计人才的活动。会计教学过程就是这些基本要素之间的相互对立、相互联系而又相互制约的矛盾运动，同样体现着教学过程的共同特点，即双边性、认识性、实践性、发展性和教育性。其具体表现如下：

（1）会计教学过程的互动性。会计教学过程同样是由教师教和学生学所组成的双边活动过程。在这个双边过程中，教和学都是能动的因素，教师和学生都在发挥着自己的主观能动性。师生之间、学生之间互相影响、互相促进，彼此进行着信息的交流和往来反馈，促进师生双方积极性的发挥。可以说，师生的认知互动、交往和沟通既是会计教学过程的本质所在，也是现代教学的突出特点。

（2）会计教学过程的教育性与认识性。教学是整个教育过程的重要组成部分，教学具有教育性，是一个不容否认的客观规律，会计教学过程也是如此。因为任何社会、任何国家办学首先都考虑用本国家的意识形态影响学生，把学生培养成为自己国家需要的人才。会计教学更是如此，这是由于会计职业的特殊性决定的，会计工作受到国家法律法规的约束，不同的国家中体现不同阶级的根本利益。在会计教学过程中，学生认识的主要对象是以教材为主的间接知识。正是这一特点决定了学生认识的对象是以教材为主的间接知识。这一特点也决定了学生有可能跨越时空的限制，加速认识的进程，使他们能在短短的十多年时间内接受人类几千年积累起来的大量基础知识，以满足参加社会生产和生活的需要。

（3）会计教学过程的实践性与发展性。学生认识的间接性，并不意味着可以忽视或排斥教学中要引导学生从实践中获得感性经验。恰恰相反，正是由于学生主要学习的是书本知识，对这些知识还缺乏自身体验和在实践中获得验证，会计又是一个操作性极强的职业，更需要理论联系实际，因而在会计教学中还要锻炼学生实际操作能力，为学生提供实践的基地与平台，增加学生的实践经验，使学生既具有扎实的专业基础知识，又有较强的实际操作能力，达到多方面发展。

（三）会计教学过程的规律

教学过程是一个有规律的过程，探索规律、按照规律办事，才能提高教学工作的效率，保证培养人才的质量。教学过程的基本规律主要有以下四个：①教学双边交互影响辩证统一的规律。在教与学的矛盾关系中，教师的教是矛盾的主要方面，支配着学生的学，教师在教学活动中应当起到主导作用。然而学生是学习活动的主人，教学过程中只有以学生的主动学习为基础，才能取得预期的效果，因此学生的主体地位也不可忽视。教与学是辩证统一的，不可偏废。②学生发展依存于知识传授的规律。教学过程的基本功能是向学生有组织、高效率地传递系统的科学文化知识，学生德、智、体等方面的发展均依存于对科学文化知识的学习。③间接经验与直接经验相互作用的规律。间接经验是指他人认识的成果，他人通过实践获得的理性认识，大多表现为书本知识；直接经验是指学生通过亲身实践，接触外界事物获得的感性认识。在教学过程中，学生以掌握间接经验为主，但是间接经验是以直接经验为基础，两者相互作用。④教学效果取决于教学系统和谐优化的规律。教学过程的各种要素、各个环节能否组成优化结构，并作为一个和谐的系统发挥其整体最佳功能，从根本上制约着教学的最终效果。

会计教学过程的基本规律是从会计教育的目的、会计教学过程的构成因素和基本任务以及会计教学实践的分析中概括出来的。认识和理解这些基本规律，对科学组织教学活动有着重要的理论和实践意义。会计教学过程同样遵循着上述四个基本规律，具体表现如下。

1. 会计教学过程学生认识的间接性与直接性统一

会计教学过程学生的认识规律与任何教学过程学生的认识规律是相同的。由于任何认识过程都要受人类认识一般规律的制约。任何认识的完成都要通过实践，从感性认识到理性认识，再从理性认识回到实践，在指导实践中获得验证这样两个飞跃过程。只有这样才能达到对客观事物的真正认识。但是，正如前面所述，教学过程中学生的认识主要是一种间接性的认识，这决定了学生认识过程不同于人类的一般认识过程，表现出不同的规律性。会计教学过程中，学生一般是通过学习会计教材中的文字符号、概念、公理等，并在教师的指导下，将抽象化的会计专业知识转化为自己内在的知识和技能，由此教学过程构成要素教材的抽象性决定了学生的认识过程，一般表现为感知教材、理解教材、巩固知识和运用知识这样一个序列过程。只有经过这四个阶段的转化，学生才能完成学习认识任务，达到真正掌握教材内容。当然，会计教学过程中学生的认识也包含着直接性的认识，即学生通过亲身会计实践，接触外界会计实务获得感性认识。

这一规律既制约着学生学的活动，又制约着教师教的活动。教师应遵循这一认识规律，科学组织教学活动，使教学过程和学生的认识过程同步发展，有效地提高教学质量。

2. 教师主导作用和学生主体地位辩证统一

会计教学过程既是教师教的过程，又是学生学的过程，是教和学的双边互动过程。在这一过程中，教师起着主导作用，学生处于主体地位，双方密切联系，互相促进，而又彼此制约，实现着共同的教学目标。

传统的教学理论也强调教师的主导作用，但是把教师的主导作用强调到抹杀学生学习主动性的不适当地位。受这种理论的影响，在教学实践中长期以来处理不好教和学的关系，过分强调教师的绝对权威，以致压抑了学生学习的主动性。其实，教学中教师的主导作用和学生的主动性是紧密相连、辩证统一的。教师为学而教，学是在教师指导下的学，两者互为前提和条件。教师的主导作用集中体现在指导学生学习，帮助学生将知识转化为自己掌握的知识和技能。学生是认识的主体，教师组织的一切教学活动，都要通过学生来进行和落实。教学效果、教学质量也要体现在学生认识的转化和行为变化的结果上。

大量的教学实践证明，无论教是怎样好的发挥主导作用，都必须由学生的积极参与和主动学习，才能取得良好的教学效果。总之，绝不能把学生看成灌注知识的容器，而忽视学生学习的主观能动性。只有把教师的主导作用和学生的主体地位有机结合起来，既充分发挥教师的主导作用，又切实调动学生学习的积极性，教学才能取得成功。

3. 掌握知识和思想教育相统一

这一规律是指教师的施教的过程中，不论其主观意识如何，是否自觉，学生在接受知识的同时都客观地受到一定政治立场、世界观、方法论的影响，受到一定意识形态、伦理道德观念的熏陶，接受一定的思想教育。会计信息质量的低下，使得社会对会计从业人员的职业道德提出了更高的要求，在会计教学过程中更应注意会计职业道德教育，更应提高教师本身的政治素质、职业道德素质中，以免灌输给学生不正确的世界观、人生观和价值观。

（四）会计教学原则

教学原则是依据教学规律，为完成教学任务，在教学实践中总结出来的教学必须做到的基本要求。教学原则指导着教师的教和学生的学，贯穿于教学过程的各个方面。教学原则不是一成不变的，会随着人们对教育教学这一事物认识的不断加深而越来越多，并愈加切合教学实际。对于教学原则体系的构成存在着多种观点，《中国大百科全书·教育》（1985 年）中阐述的教学原则体系包括：①科学性与思想性统一原则；②理论联系实际原则；③教师主导作用与学生主动性结合的原则；④传授知识与发展智力统一原则；⑤系统性原则；⑥直观原则；⑦巩固性原则；⑧量力性原则；⑨统一要求与因材施教结合原则。

会计教学遵循上述基本原则，同时有着其自身特有的具体原则，表现在以下几个方面。

1. 科学性、思想性与艺术性相统一

要求以马克思主义的唯物论思想为指导，以现代科学文化知识和专业理论知识来教育学生，全面培养学生的专业素质和思想素质。科学性一方面要求教学内容应当正确无误，能够反映现代社会会计的发展水平；另一方面，也指会计教学的组织要符合科学原理。思想性既要求教学内容本身应当富有哲理，还包括教学过程要符合学生德、智、体全面发展的方向。教学要取得好的效果，就要讲求方法，这是因为，教学关系到教师和学生。人有复杂的心理活动，教学过程就应当充分考虑这些因素来组织教学活动，讲究艺术性。科学性、思想性和艺术性是辩证统一的关系。科学性使教学思想性的基础，没有教学的科学性，就谈不上教学的思想性；思想性寓于科学性之中，它取决于科学性，又是提高科学性的重要保证。艺术性是实现科学性和思想性的最优途径和方法。

2. 理论联系实际

教师在传授会计专业知识时，应当尽量地做到理论与实际相结合，使学生通过学习，既能掌握会计的基本理论，又能运用会计理论掌握会计方法，培养其分析问题和解决问题的能力。会计内容的特殊性要求会计教师在授课时除应当加强基础知识和基本技能的教学之外，还应当注重在理论与实际的结合中培养学生运用知识分析问题和解决问题的能力。

3. 循序渐进

会计教学过程中，在教学内容的安排上，应当按照学科的逻辑顺序，系统、连贯地进行教学，以使学生的知识与技能、思想品德及个性形成一个完整的体系。在贯彻这一原则时，应当做到：一是要按照教学大纲和教科书的系统进行教学；二是要从学生的原有水平出发，由浅入深、由易到难地进行，引导学生循序渐进地进行学习；三是要注意知识的系统化工作，要善于引导学生养成有计划、有步骤学习的良好习惯。

4. 启发性

在会计教学过程中，教师应当采取一切措施，调动学生的学习积极性、主动性和独立性，激发学生积极思维去掌握专业知识和发展智力。在贯彻这一原则时，应当做到：一是要抓住教材的主要内容，集中精力解决重点和难点问题；二是要善于启发学生独立思考，发展学生的思维能力；三是要循循善诱，调动学生学习的主动性；四是要建立良好的师生之间的关系。

5. 因材施教和因势利导

教师应当根据教学对象的特点，有的放矢地组织教学过程，在教学内容的深度、广度和进度的设计上，充分考虑学生的个性特点与专业知识基础水平的差异程度，以使教学内容能够适合学生的知识结构与接受能力。在贯彻这一原则时，应当做到：一是要了解和研究学生，从实际出发进行教学；二是既面向全体学生，又注意照顾个别差异；三是应当针对学生的个性特点，提出不同的要求。

（五）会计教学的内容

教学的内容是向学生传授的知识和技能，灌输的思想和观点，培养的习惯和行为等的总和。教学内容是实现教学目的，培养合格人才的重要保证。学校全部的教学工作，师生教与学活动的开展，以及国家对学校工作的检查与监督都是以教学内容为基本依据的。教学内容的确定受到多方因素的制约，主要包括：①教学内容受一定社会教育目的的制约。人类社会的历史发展表明，不同的历史阶段、不同的社会制度，教育目的就不同，而对应不同的教育目的，就有不同的教学内容。②教学内容受科学的认识水平和知识的分类制约。随着社会生产力的发展、科学技术和社会文化知识的丰富，对知识的分类研究日益深入，形成了多学科和跨门类的科技文化知识，为了使其能够得以延续和发展，客观上就要求将这些认识成果充实到教学内容中，使教学内容不断地更新、丰富。③教学内容受学生年龄特征的制约。教学内容实际上是学生学习、认识的对象，因此在教学内容的选择、确定和具体安排上，都必须考虑学生的年龄特征和身心发展水平所提供的可接受性，否则将不利于学生的发展。④教学内容受教师群体水平的制约。教学内容是教师施教的主要内容，教师要想完成教学任务，必须要掌握教学内容，因此教学内容的确定受教师群体水平的制约。

1. 会计教学内容现存的问题

（1）教学内容固化。我国目前的会计教学内容一般均是把会计作为一种已成定论的东西灌输给学生，提供的是固定模式的会计知识，很少教授学生认识各个会计问题底层可能蕴含的经济本质、蕴含的会计理论的争议及可供选择的一系列方法等。在会计环境剧烈变迁及日益复杂的社会中，会计人员面临的经济数据越来越多、越来越零散，很多信息均需会计人员自行发掘、获取和组织，不能依靠一套现成的固有模式取得、分析，要求会计人员必须具备灵活运用知识分析问题解决问题的能力。

（2）知识领域狭窄、忽视操作能力的培养。知识经济时代对会计人员的知识结构提出了挑战，要求会计人员除了具备会计专业知识外，还要拓宽知识口径，具备管理、金融、税收、法律等相关学科的知识，同时也要具备信息技术应用和外语知识。

然而，我国现行的会计类专业还普遍存在专业划分过细、培养的人才知识结构单一、理论功底欠扎实及后劲不足等缺陷。学生一旦被分配于某个专业方向，就只能按部就班地学习规定好的课程，学生很难有自由选择学习其他学科的余地，很难将会计学与其他学科结合起来，将其他学科的理论运用到本学科中，解决本学科所面临的实际问题。现行的会计教学内容存在着偏重于讲授会计专业知识，忽视其他相关学科知识的介绍；偏重于讲授国内会计制度，忽视国际会计准则的介绍等缺陷，这将最终导致难以培养出发展后劲足、具有综合能力的开拓创新型会计人才。会计人才市场对会计人才要求的变化使改革会计教学内容成为必要。

　　而且长期以来，会计教学内容除了基础课以外，主要是一些专业课，教学内容强调会计专业应培养通用型、复合型人才，却忽视了对学生操作能力的培养，学生动手能力差，导致现在不少会计专业毕业生工作后，不会填制会计凭证，不会记账制表等。

　　（3）缺少职业道德教育和法制教育内容。会计专业的学生是未来会计事业的建设者，是会计法规的未来贯彻执行者，因此必须德才兼备。与人的其他道德品质一样，会计职业道德规范一般不可能自发形成，必须加以具体的引导和启发，进行不断的宣传和教育，而目前会计教学中，职业道德教育没有得到应有的重视，也少有相关课程的设置，甚至有的会计专业的学生不知道会计职业道德是什么。

　　目前，在我国高校会计专业课程体系中，一般只有《经济法》课程涉及《会计法》，但内容很少，因此学生对有关的会计法规知之甚少。

　　2. 会计教学内容的改革

　　（1）增强会计教学的操作性教育，提高学生的操作能力。首先，加强会计基础工作规范的课程，编写专门教材，使学生通过学习，能比较全面地了解会计基础工作规范化的要求。其次，专业老师在讲授专业课程时，在讲授有关专业的理论知识的同时，还应把会计工作实际操作过程中的关键事项和工作技巧传授给学生，使毕业后的学生能尽快适应会计工作。最后，加强会计实验课的教学。如在实验课上，尽量使用实际工作中的凭证、账簿、报表等，在空白票据上注明"模拟实验用"字样。使用真实的材料或票据样张进行实验，有利于对学生进行会计工作基础规范教育，也有利于缩短学生走上工作岗位后"上手"的时间。

　　（2）完善会计教学内容。在会计教学内容方面，需要在如下几个方面加以完善：①完善专业课内容，不仅包含表层知识部分，即教授学生应该如何做，还应该包括有关其深层经济实质、经济理论等知识，即教授学生为什么这么做。②关注对学生的会计职业道德教育；③拓宽知识口径，夯实知识基础。增加管理、金融、税收、法律等相关学科的知识，以及信息技术应用和外语知识。④还应增设会计法制教育的课程，对学生加强包括《会计法》在内的相关法规的教育，如《企业会计准则》《会计档案管理办法》等，增强学生在未来工作岗位上执法的自觉性，以规范会计行为，保证会计资料真实、完整，加强经济管理和财务管理，提高经济效益，树立良好的会计形象，为维护社会主义市场经济秩序服务。

　　（3）完善会计教学课程改革。会计教学课程改革应适应社会市场化需求，从近年来社会对会计专业毕业生素质要求来看，会计专业课程主要增加了以下两方面的课程设置。①注册会计师审计。随着我国市场经济的发展及现代企业制度的建立，现代公司建立全新的企业法人治理结构，实现资本的终极所有权与公司法人财务权和生产经营权三者相互分离，这种分离所产生的受托经济责任关系，正是注册会计师审计存在的客观基础和发展的有利条件。这样，注册会计师审计除了原有的验证资本、外资企业和上市公司会计报表审计等法定项目的服务对象规模不断增加外，现代公司制要求加强审计监督，需要聘请注册会计师进行审计，又为注册会计师审计提供了一个潜力巨大的服务市场。随着我国的不日入世，与国际接轨，注册会计师审计将具有更加广阔的市场前景。2000 年 7 月 1 日起施行的新《中华人民共和国会计法》即增加了注册会计师审计的内容（第二十条、第三十一条）。因此，21 世纪将为我国注册会计师事业的发展带来新的机遇。注册会计师专业人才也将有较大需求。所以，我们应加强注册会计师审计方面的课程设置，围绕注册会计师资格全国统一考试要求，设置有关教学课程，改革有关教学内容，为学生成为符合社会急需的高质量、高素质的注册会计师专业人才打下坚实的基础。②会计信息化。近些来，我国会计信息化工作在各级财政部门的引导、推动和众多会计软件公司配合下，得到了蓬勃发展，绝大多数大中型企业和行政事业单位都配置了会计信息化需要专用的电脑，商品化会计软件不断推出新版本，不少单位已甩掉手工记账，实行了会计信息系统。但是，许多单位的电脑在会计工作中的现代化功能还远远没有得到发挥，信息化水平还很低。究其原因固然多种多样，但归根结底，还是缺乏会计信息化专业人才，随着经济的发展、技术的进步、会计信息化的全面实施，对会计信息化人才的需求会越来越大。因此，我们要加强会计信息化方面的课程设置，开设会计信息系统、计算机审计、会计信息系统开发技术等课程，加强计算机和外语课程，同时要配备充裕设备，为教师科研和学生实习创造条件；还要理论与实践结合，通过建立会计信息系统实验室搞好课堂实践性教学以及产学联合建立会计信息化实习工厂，提高学生实践应用能力。通过深化教学改革，培养出符合社会需要的有较高综合素质的会计信息化专门人才。

（六）会计教学的组织形式与模式

教学组织形式是有效地利用教学时间、空间，充分发挥人尽其才、物尽其用的教学活动方式。教学组织形式是实现教学目的、完成教学任务的工具和手段。它直接影响着教学的规模和速度，教学条件的利用和教学质量的提高。教学组织形式的产生和发展也有一个历史过程，曾先后出现过个别教学、课堂教学、设计教学、道尔顿制和现场教学等不同的组织形式。但是其中最基本的组织形式仍然是课堂教学，即将学生按照大致相同的年龄和知识程度编成班级，教师按各门学科教学大纲规定的内容和固定的教学时间表进行教学的一种组织形式。另外辅助的教学组织形式还包括个别教学，即教师分别对个别学生进行传授与指导的组织形式；小组教学，即根据学生学习程度、兴趣、爱好和能力分成小组，由教师对小组分别进行指导的一种教学组织形式；现场教学，即教师组织学生到与教学内容有关的场所进行教学的一种组织形式。

现行会计教学的组织形式同样以课堂教学为基础，辅之以个别教学、小组教学、现场教学等形式。

教学模式则是在一定的教学思想或教学理论指导下，为实现预定的教学目标而设计或发展起来的相对稳定的、系统化和理论化的教学范型。教学模式是教学理论的具体化，它蕴涵着某种教学思想或理论。另外，教学模式也是教学经验的一种系统概括，是某一类型教学活动的结构与框架。

当代国内外可供会计教学选择的模式主要有以下几种：①传授式，是由教师通过语言传授配以演示实验等方法，使学生掌握系统的会计知识和技能、技巧的一种传统教学模式；②发现式，是为学生提供具体条件，引导学生自己进行观察、实验、分析、推理，从而得出正确结论的教学模式；③程序教学模式，是一种将会计教材进行设计和编制，按步循序进行的教学方式；④"八字"教学模式，是在教师指导下进行"读读（阅读）、议议（探讨）、练练（应用）、讲讲（教师讲解）"比较系统的一套教学模式；⑤六课型单元教学模式，是在教师指导下进行的课堂教学的形式，这种模式的基本结构是由前后紧密联系的六个课型所组成，包括自学课、启发课、复习课、作业课、改错课、小结课。

（七）会计教学的方法与手段

教学方法与教学手段是联系教师与学生及其课程内容的中介和桥梁。教学方法与教学手段的有效性直接影响着教学活动的效果。在教学活动中，教师随时都面临着对教学方法与教学手段进行优选的任务。

现代教学论认为，对教学方法的解释应该从教与学辩证统一的角度来界定，即从教学活动是师生相互作用的双边活动来定义教学方法。根据这

349

一观点，教学方法应该是指师生在教学活动中为了完成教学任务、实现教学目的所采用的一系列具体方式和手段的总和。现代教学方法既包括教师教的方式和手段，也包括学生在教师指导下学习的方式和手段。现代教学理论及其实践更重视教学活动中教法与学法的统一，强调教师在教学过程中不仅要考虑自己如何教，更重要的是要考虑学生怎样才能学好。

任何一种教学模式都离不开具体教学方法的参与。教学方法是教学系统中的重要因素之一，是联系教师与学生及其课程内容的中介和桥梁。采用有效的教学方法，对于学生积极地参与教与学的活动、实现课程目标、完成教学任务、提高教学效率和质量、减轻学生的学习负担，都具有十分重要的意义。

现行常用的教学方法主要包括：①讲授法，是教师运用口头语言，系统地向学生传授知识的方法；②谈话法，是教师引导学生运用已有的知识、经验，回答提出的问题，以理解和掌握新知识的方法；③读书指导法，是教师指导学生通过阅读教科书和参考书以获取知识、培养能力的方法；④演示法，是教师通过展示实物、直观教具（标本、模型、图表、幻灯、电影等）或者通过示范性的实验来说明或印证所教授知识的方法；⑤练习法，是学生在教师指导下，将所学知识用于实际，巩固知识，形成技能、技巧的一种方法；⑥实验法，是在教师指导下，学生运用一定的仪器设备进行独立作业，观察事物和过程发生的变化，探求事物的规律，以获得知识和技能的方法；⑦实习作业法，是根据教学大纲的要求，在校内外组织学生进行的实际活动，将书本知识用于实践，培养学生实际操作能力的一种教学方法；⑧讨论法，是学生在教师指导下为解决某个问题而进行探讨，辩明是非，以获取知识的方法。

教学手段就是指教师和学生进行教学活动以及相互传递信息的工具、媒体或设备。教学手段是教学过程的基本构成要素，其功能主要在于把课程内容有效地传递给学生并促进学生对这些内容的理解和掌握。教学手段的发展经历了一个漫长的历史过程，大致可以分为以下几个阶段：①非语言表达阶段，主要借助自己的身体器官作为教学手段，以手势、面部表情、喊叫、动作等类语言或体态语为主，辅助以简单的图像符号进行的；②口头语言阶段，语言的产生极大地促进了知识、经验的教与学，语言作为教学手段的新发展，完善了口耳相传的教学形式；③文字书籍阶段，记录语言的文字符号成为传播社会意识和经验的重要工具，专为教学目的编印的教科书成为重要的教学手段；④直观教具阶段，是随着教学的发展，为弥补语言、文字的实感性差的不足而出现的以提供感性经验为特点的教学手段，比如利用实物、模型、标本、图片、图表等。⑤电教工具阶段，是指在教学中广泛利用幻灯、电影、录音、录像等现代化声像传播媒体；⑥电子计算机与多媒体阶段，是指以计算机为中心的多种现代教学技术的综合使用构成的多媒体教学系统；⑦网络教学，是利用国际互联网进行教育与学习的形式。

21 世纪是知识经济时代，经济体制改革的深入和信息技术的广泛运用，对会计工作、会计市场和会计人才的需求都产生了很大影响。但是现行的会计教学方法与手段都存在着弊端，已经不适应信息时代的要求。

1. 传统会计教学方法与手段的弊端

（1）教学方法落后。教师灌输一直是过去会计教学的主要方式，注重讲授和习题演算，学习效果由极度规范化的考试来决定。在注重学生创造性能力的今天，这种教学方法已失去了竞争力，受到了越来越多的批评，特别是其教学效果已受到了人们的质疑。

（2）教学手段落后。我国目前部分高校采用的会计教学手段仍是工业化初期的办法。即教学主要仍是以黑板、粉笔以及简单的计算工具和投影设备开展，教学效率较为低下，教学效果事倍功半，已远远落后于社会的发展。知识经济时代的会计工作将逐渐由计算机操作取代手工操作，由核算型会计转化为管理型会计，而且会计工作逐渐进入网络化时代；同时，信息技术的发展冲击传统的财务会计理论，改变了现有的财务会计报告模式。会计工作的上述变化要求会计教学方法与手段向新的方向转化。

2. 会计教学方法与手段的改革——现代化

现代化会计教学形式的界定包括两个方面的内容，一是"教学手段"现代化，二是"教学方法"现代化。会计教学方法与手段的现代化是一个过程，在这个过程中现代化手段和教学方法体现出以下显著的特征：第一，时间性——节约教学时间；第二，通俗性——容易为教育者和被教育者掌握；第三，历史性——任何现代化都是在一定历史阶段的相对现代化，没有绝对的现代化；第四，高效性——现代化的教学手段和教学方法最终表现为高效率和高效益。教学手段与教学方法的现代化是现代会计教育的客观需要，也是现代信息化社会和知识经济的客观需要。

（1）现代化科学与信息技术的发展推动了会计教学手段的改革。会计教学手段的改革是建立在现代化科学技术基础之上的，信息技术的发展给会计教学手段的更新带来了机遇。为适应现代教学的需要，应建立与完善多媒体电教演示教学系统、多媒体网络教学系统和多媒体校园电视教学系统，实现教学手段现代化。我们所处的时代可以说是一个视觉时代，人们对干巴巴的口头说教越来越显得没有耐心，总喜欢用感官快捷地去认识世界。年轻的学生对视觉更是倍加青睐和敏感。

现代化会计教学手段是计算机网络教室、会计教学软件加上传统的教学手段相结合的模式。计算机网络教室的建设是实现现代化教学手段革新的第一步。将会计实验室的一台台单个计算机连成局域网，可实现小范围内信息共享和传递；将会计实验室局域网与校园网络连接，可实现全校范围内信息共享和传递；将校园网连接到中国教育网，把一所所高校联结起来，可实现全国信息共享和传递。此外，计算机网络教室还可增加一些诸如摄像机、录像机、图像扫描与处理设备等多媒体硬件设备，以使其功能不断扩大与完善。会计教学软件包括多媒体课件、会计核算教学软件、会计管理教学软件以及考试软件，其设计和研制工作一般由会计教师、专业设计人员来完成。

采用现代化教学手段，一是课堂教学的知识输出量增加，教学效率大大提高；二是学生不易疲劳，以新颖的视觉刺激学生大脑的兴奋点，可以提高教学效率。

（2）会计教学方法的改革——锐意创新，多种形式并举。现代化的会计教学方法应当由灌输式向启发式转化，由课堂讲授的单一方式向多元方式转化，由单向交流向双向交流甚至多向交流转化，应更侧重于启发性、应用性和灵活性方式。为此我们可采用如下一些方法：①案例教学法。案例分析教学法的理念与实施要点就是依据课程内容，选用或自行设计相关案例，由教师组织，学生参与，在分析案例的过程中开展课堂教学活动。案例教学法是一种具有启发性、实践性、提高学生决策能力和综合素质的新型教学方法。会计案例教学法就是在学生学习和掌握了一定的会计理论知识的基础上，通过分析会计案例，让学生将所学知识运用于"会计实践活动"中，以提高学生发现问题、分析问题、解决问题的能力，变"死学"为"活学"的一种教学方法。②小组讨论、课堂交流教学法。在知识经济社会中，知识的专业化分工将越来越细，同时对协作的要求也越来越高，一个知识工笔者经常是在一定的组织中以团队或集体的形式开展工作的。要培养学生集体合作精神，开发敏锐的辩证思维能力和口头交流能力，在课堂教学中采用一系列讨论、交流的方式是非常有效的，能使学生从他人那里学到知识，并在与其他人的协作中树立团结合作的精神，共同完成集体的目标。③演示教学法。演示教学法是指教师将传统教学方式下难以表达清楚的会计理论、会计方法和会计实务，利用计算机网络教室、会计教学软件和多媒体课件进行辅助讲解。例如，发出存货的计价方法中先进先出、后进先出等方法比较难理解，就可以采用动画、图片、声音等形式制作出多媒体课件。多媒体课件和教师的讲授相配合，能使学生对这些方法容易理解和掌握。④虚拟现实教学法。虚拟现实教学法是指将某一现实问题借助计算机技术处理后在课堂上模拟的一种教学方式。在传统教学方式下，很多会计问题因其数据量大、处理过程繁杂以及教学时间的限制等，常常只是讲原理，而放弃讲解完整的实例。在计算机网络教室中，可以通过局域网、广域网迅速、正确地获取具有现实意义的企业数据，利用会计核算软件在计算机中模拟现实环境完成学习任务。⑤与学生考核制度改革相配合创新会计教学方法。传统的学生考核制度多数采用闭卷形式，形式单一，造成学生死记硬背，缺乏理论联系实际能力，解决问题的能力差，不符合国家素质教育的要求。因此，对学生考核制度必须改革，其内容包括：一是变单一测试为复合测试，即提高平时成绩的比例，降低期末考试的比例，平时成绩又以案例分析或科研成果中的成绩为主；二是变静态测试为静态和动态测试相结合，在期末考试中，静态只占50%，主要测试对基本理论、基本知识和基本技能的掌握情况，对静态部分的试题可制作成试卷，采取笔试的形式，也可采用口头回答的方式，以锻炼学生的语言表达能力。对单选、多选、判断等题型可制作成软件，在计算机中设置试题库。教师按考试范围、难易要求建一个试题库，由计算机随机生成若干试题，每个考生的试卷可能不相同，学生在计算机上操作，计算机自动给出一道道试题，学生答题，在规定时间内，学生答完试卷，计算机自动阅卷，并给出考试分数。在规定的时间内若完不成试卷，软件将强迫考生交卷。这样做的好处，一是由于考试范围较大，可以加大学生知识面的广度；二是由于每个考生的试卷可能不相同，大大避免了考试中考生作弊的顽疾，增加了测试结果的公平性；动态题占50%，主要测试学生对书本知识的灵活运用，如增加案例分析、综合题，甚至可以撰写简短论文。考试形式采用开卷与闭卷相结合，笔试与口试相结合。改革对学生的考核制度，促进学生变"死学"为"活学"，这也是检验会计教学方法和创新效果好坏的标准。

（3）现代教学手段的另一新举措——建立教学案例库和会计实验室。①建立教学案例库。实施案例分析教学要运用大量教学案例。教师要十分重视收集和整理教学案例，按课程建立内容丰富的教学案例库。一是教师通过参加社会实践活动，深入企业收集实际工作中的案例，也可动员学生参加社会实践活动收集教学案例；二是教师依据教学内容，参考有关资料，结合社会经济的实际状况，设计教学案例；三是从有关资料中收集教学案例；四是建立校际之间的合作，互相交流教学案例；五是学校与企业合作，由企业提供教学案例。②完善会计实验室。近些年来，一些学校对会计实验室的建设已开始得到重视，但还存在不少问题：一是停留在手工记账程序上，电算化会计、电算化审计项目有待开发；二是行业会计的实验项目单一，大多是产品制造型工业企业会计的实验项目，其他行业会计的实验项目有待开发；三是实验项目的内容比较简单，表现的经济业务不全面，样本性不强，特别是多层次、多方位的综合性实验项目（如集团公司会计）有待开发；四是实验项目基本上局限在会计核算上，财务管理、管理会计、审计、税收、金融等实验项目有待开发；五是实验室硬件简陋，如场地面积小，实验设施落后，有待提高实验室硬件的档次；六是没有配备专职的实验员，实验室管理较乱。针对会计实验室存在的问题，采取具体措施，尽快使会计实验室的空间范围规模化，实验设施现代化，实验项目全面化，实验内容规范化，使用管理制度化，以适应会计教学手段创新的需要。

（4）完善会计教学方法——改进实习方法。会计教学的内容之一是会计实习课程，因而实习的方法也是会计教学方法的一部分。改进实习方法可以进一步完善会计教学方法，主要做法如下：①建立固定的实习基地。在教育产业化的前提下，学校应积极与企业单位合作，特别是与管理水平较高的企业，建立固定的实习基地。在实验室模拟实习的基础上，每年派学生到各个实习基地，编入财务室，作为实习单位会计人员，参与其业务操作的全部流程，使学生初步具备实际工作的能力。②完善实习课程内容。对于会计实习课程的开设，笔者认为应分三个层次进行：第一个层次是在学习完《基础会计学》课程以后，要进行必要的实践操作，以增加学生的感性认识。实践内容包括：原始凭证的填制与审核、记账凭证的填制、审核和传递、账簿的登记、报表的简单编制等会计基本业务流程。第二个层次是在学习完《财务会计》等专业课程以后，要进行综合业务的重点实习，包括：固定资产业务、投资业务、融资业务、利润业务等等。要求学生熟练掌握会计账簿的登记与报表的编制工作。这项工作分实验室和实习单位两步进行。第三个层次是在学习完其他专业课程以后，学生利用实验室和实习的机会，应同时进行财务分析、计算机处理会计业务等能力的训练，真正将理论知识与工作实践结合起来。

（八）会计教学的艺术与评价

1. 会计教学的艺术

教学既是一门科学，又是一门艺术。进行教学活动不仅应该遵循教学规律，坚持教学原则，选择恰当的教学方法，还应该讲究教学艺术。所谓教学艺术，就是教师遵循教学规律，针对教学对象，灵活运用教学方法，善于启发诱导，激励学生热情，创造性地组织教学过程，实现教学任务，从而取得最佳教学效果的一整套教学技巧的总和。教学艺术存在着"同频共振"规律，即当教师的教学艺术与学生的思想认识达到同一"频率"的时候，师生之间就会产生认识、思维、情感等方面的"共振"或"共鸣"，也就是在师生进行教学艺术交流过程中，双方的思维处处呼应、时时合拍、步调一致、达成共识；双方的情感高度一致，共同处于兴奋激动的状态；双方的活动达到同步互动、默契协调，在共同合作下进行教学艺术的创造。

教学艺术具有实践性、创造性、表演性、审美性等特点，并可以发挥具体的一些功能。①陶冶功能，由于教学艺术情理交织的特点和感染力很强的审美形式，使之形成鲜明的情境性和非理性因素，具有不可忽视的全方位的潜在教育功能。例如融洽民主的师生关系、生动活跃的教学气氛等，都在向学生潜移默化地渗透着理性的教育，给他们留下持久性的深刻印象。②转化功能，教学的实质就是引导学生把人类已知的科学真理转化为学生的真知，把知识转化为能力。教学艺术的关键在于引导并促成这两个转化。教学艺术高效率的转化功能，标志着教师本质力量的对象化。因为精湛的教学艺术可以迅速高效地完成知识的传授、技能的培养和智力的开发、品德的形成等教学任务，它以适应学生全面发展的特点为前提，迅速转化为促进学生全面发展的因素。③谐悦功能，教学艺术能够以轻松愉悦的方式激发学生的学习兴趣，促进学生乐学并进而丰富学生的情感与精神生活。④整体功能，教学艺术是一个相对完整的系统，它是依靠其整体发挥巨大的教育作用的。

在会计教学过程中，同样应该进行会计教学艺术的创造。这种会计教学艺术功能的发挥，在部分学生认为会计教学内容索然无味时，便愈发显得重要了。实践证明，教师教学艺术水平的高低，直接影响着教学的质量和效果。达到高超的教学艺术水平绝非一日之功。教师应该不断提高自己的教学艺术修养，为此，作为会计教师，应该热爱会计学科，主动了解、研究学生情况，刻苦锻炼教学基本功。这是创造教学艺术的基本前提和条件，同时教师还要对自己的教学思想和教学实践活动不断进行总结和反思，以提高自身的教学艺术水平，促进会计教学职业的不断发展。

2. 会计教学的评价

概括地说，教学评价是指以教学目标为依据，制定科学的评价标准，运用科学的评价技术和手段，对教学活动过程及其结果进行测定、衡量、分析、比较，并给以价值判断的一种活动。现代教学评价的核心是对教学的效果进行价值判断。现代教学评价的目的主要有三方面：一是为了人员决策的目的；二是为了改进教师的教和学生的学；三是为了查明学生的学习准备状况和影响学习的因素。但是其终极目的应该是着眼于教与学的改进和发展。服务于第一种目的的教学评价一般被称为是总结性评价，而服务于第二种目的的教学评价一般被称为是形成性评价，服务于第三种目的的教学评价一般被称为是诊断性评价。

教学是一种有目的、有组织、有计划的实践活动，因而必须经常地对教学实际情况及其变化进行评价，以验证教学目标的达到程度。现代教学论认为，没有评价就没有教学的改进与发展。因此，教学评价是教学活动不可缺少的一个基本环节，它在教学过程中发挥着多方面的作用，从整体上调节、控制着教学活动的进行，保证着教学活动向预定目标前进并最终达到该目标。具体来说，教学评价的功能主要表现在：诊断指导功能、反馈调节功能、鉴定总结功能、科学管理功能和激励导向功能。在实施教学评价活动的过程中，应该遵循客观性、发展性、指导性、计划性、定量分析与定性分析相结合、一致性与差异性相结合等原则。教学评价包括学生学业成绩评价、教师教学质量评价等内容。

由于教学工作的错综复杂性，教学评价的方法也呈现出多样化、实效化的特点，会计教学评价工作可以借鉴的方法主要有：①观察评价法，是直接认知被评价者行为的最好方法。②考试评价法，是根据考核的目的，让考核对象在规定的时间、按照指定的方式解答事先编制的会计题目，对解答的结果评等记分，以提供考核对象会计方面的知识技能和能力状况的过程。可以分为主观性考试和客观性考试两种评价方法。③过程评价法，是指在会计教学评价过程中，以评价活动本身的进展情况调节会计教学活动过程，保证目标实现而进行评价的方法。其主要目的在于及时反馈信息，明确存在的问题与改进方向，以缩小会计教学过程与目标之间的差距。④评语评价法，是指评价者在充分调查研究的基础上，根据教育的方针、政策及教育目标的要求对评价对象的会计教学工作予以判断，最终以评语的方式描述评价结果的方法。⑤调查评价法，包括问卷调查法和交谈调查法，以了解被调查对象的情况。

（九）会计教学的主体

1. 教师——教的主体

教师是以培养人为其专门职业的教育工笔者。这种职业性质决定教师在教育过程中必然处于教育者、领导者、组织者的地位。教师在教育过程中的这种地位，又决定了教师具有两方面作用：一是体现在人类社会发展中，教师把人类社会所积累的生产劳动经验、科学文化知识以及一定的思想观点和行为规范传授给年轻的一代，使人类历史文化遗产得以延续。教师成为人类文化的传播者，在人类文化的继续和发展中起到了桥梁和纽带作用。二是体现在教学过程中，教师对受教育者的成长与发展起主导作用，向年轻的一代"传道、授业、解惑"，发展他们的智力和体力。

培养人是教师劳动的性质和根本特点，这一性质和根本特点决定了教师的劳动与其他行业的劳动相比具有不同的特征，主要表现在：①教师劳动性质的复杂性和创造性。首先体现在劳动对象——学生具有主动性和多样性；其次体现在教师劳动任务具有多样性，即既要传授知识又要关注学生的思想品德、心理健康等等；最后体现在教师对教学内容的处理和加工方面，既不能照本宣科，又不可脱离教学大纲。②教师劳动手段的主体性和示范性。教师的劳动手段是其自身，是凝结于自身的知识、智慧、才能、思想品德等，教育过程就是将教师自身具备的这些素质转移到学生身上去，凭借自身具备的这些素质直接影响学生，体现了教师劳动的主体性和示范性。③教师劳动方式的个体性和协作性。教师在教育教学工作的每一个环节上，基本上是以个体方式独立进行的，体现了其个体性的特点；然而就学生的身心全面与和谐发展而言，则是教师集体协作劳动的结果。④教师劳动时间的连续性和空间的广延性。由于学生的学习活动不受时间和空间的限制，这就决定了教师劳动时间具有连续性和劳动空间具有广延性。⑤教师劳动过程的长期性和周期性。教师的劳动是培养人，而人的成长过程是长期的，这说明教师劳动过程的长期性，同时教师的劳动周而复始，具有周期性的特点。⑥教师劳动效果的滞后性。教师劳动效果难以在短时间内显现出来，其作为一种潜在的价值因素隐含在学生身上，需要等到学生参加社会生活、走向工作岗位之后，在社会生产劳动中通过对社会所作的贡献方可体现出来。

教师劳动的特点和任务，要求教师必须在政治思想、教育思想、职业道德、知识结构、职业能力、心理品质等方面具有较高的素养。会计教师同样也应该具备上述素质。

第一，会计教师的政治思想素养。教师的政治思想素养在教师总的素养体系中居于主导地位，它决定着教师工作的方向和态度，直接影响着学生思想品德的形成，是搞好教书育人的基本条件之一。基本内容包括：①拥护中国共产党的领导，坚决走社会主义道路，这是教师政治思想素养的首要内容。②热爱社会主义祖国，积极参加现代化建设。③具有实事求是的思想作风和勇于坚持真理、不断开拓创新的科学精神。④具有现代价值取向和现代人的思想素养。会计教师应该按照以上内容，不断提高自身的政治思想素养。

第二，会计教师的教育思想素养。教育思想是人们对一定社会和时代的教育现象、教育规律、教育问题的认识或看法，表现在培养人的一系列问题上的观念、理论及其体系。教育思想正确与否决定着教育工作的成败。主要表现为：①具有正确的社会主义现代教育的价值观。②具有科学的育人观，即能够按照教育规律和马克思主义关于人的全面发展的理论去育人。③具有正确的学生观，树立学生既是教育的客体又是学习主体的观念，尊重、信任、关心、爱护学生，对学生的全面发展负责。④具有现代的教学观，将教学视为教与学的双边活动，实施全面发展教育。⑤具有科学的教育质量观，树立"全面育人，培养合格人才"的教育质量观。会计教师同样应该树立上述教育概念，不断武装自己的教育思想。

第三，会计教师的职业道德素养。教师的职业道德是教师在教育活动中必须履行的行为规范和道德准则，其基本内容包括：①热爱教育事业，具有献身精神。这是对待教育事业最基本的职业道德要求。②热爱学生，平等待人。这是对待学生的职业道德要求，是忠诚于人民教育事业的具体表现。③严于律己，以身作则，为人师表。这是教师道德修养的行为准则，教师不仅是文化知识的传递者，也是学生的道德表率和榜样。④团结协作，共勉互进。教师劳动是群体性和个体性的统一，教师应该具有良好的集体道德，相互取长补短，共同进步。⑤积极进取，勇于创新。教师必须适应职业和社会的要求，积极进取，勇于创新，不断探索培养人才的新途径、新办法，为未来培养具有创造性素质的人才。会计教师也应该履行以上行为规范和道德准则。同时，加强高校会计教师队伍的建设，还应建立健全行业自律制度。对于教师这一行业，也应成立类似"中国注册会计师协会"的行业自律组织，负责制定教师从业人员的资格标准、职业道德准则及对违规人员的处罚条款等。高校要保证高质量的教学效果，必须重视教师的后续教育。如参加相关专业知识培训，参与学术团体研讨活动等等。当今时代要求知识更新速度不断加快，教师也必须不断地学习新的专业知识，探索新的教学方法，才能适应当前教学改革的需要，培养出适应社会需要的高质量人才。

第四，教师的职业知识结构素养。会计教师教学所需要的职业知识结构主要包括三方面内容：①拥有精深的会计学科的专业知识。教师的会计专业知识应具有理论性、基础性、系统性和实用性等特点，以更好地适应教学的需要，并且教师还应该注意会计专业知识的不断更新，以保持所教学科促进学生发展的教育价值。②拥有广博的文化科学基础知识。教师合理的知识结构应当以会计学科的专业知识为中心，对相关学科的知识尽可能多地了解和熟悉，具备广博的文化科学知识修养。③拥有丰富的教育科学理论知识。教育科学理论知识可以帮助教师掌握教育规律与技巧，提高教学的质量与效率。

提高会计教师素质教学质量的高低与教师的素质密切相关。为了取得更好的教学效果，一定要提高教师自身的业务素质，特别是有关会计实务的知识，要紧跟时代的发展，不断补充提高。过去人们常把教师的知识储备与教学中派上用场的知识量，比作一桶水与一碗水的关系。现在看来，随着市场经济不断发展，与国际惯例的接轨，会计制度不断更新，对于会计学教师的要求也越来越高。因此，会计学教师不仅要更新一桶水，而且还要注意随时补充、创新，引入新的水源。只有在理论与实践上高标准要求自己，提高自身的素质，才能在教学工作中得心应手，把整个教学活动搞得生动活泼，确有成效，培养出高素质的会计人才。目前大多数会计学专业教师大都只进行过专业理论的系统学习，毕业后直接任教，在从学生到教师这一角色的转换过程中未经任何实践环节，出现仅有理论知识无实际会计工作经验的现象。教学中易导致理论与实践脱节。这对会计教学，尤其是实践教学的正常开展极为不利。为扭转这种不正常的局面，学校可以对刚毕业的教师在从事教学前先安排在财会部门工作一段时间并可以担任助教工作，然后再上讲台。对已经工作但缺乏实践经验的教师用半年至一年的时间从事财会工作，或到社会上兼职，以提高教师自身的实际操作能力。使讲台上的教师既有较强的理论知识又有较丰富的实践经验。

目前，我国高校会计教师队伍，人员构成比较"复杂"。要想充实和规范高校会计教师队伍，有必要实行教师任职资格考试制度。为保障教师具有比较全面的、应有的素质，考试科目中除会计学相关专业课程必考之外，还应包括管理学、教育学、心理学、计算机、英语等科目。当然，考试应由权威机构主持、把关，如教育部、财政部等。只有通过考试者（可一次通过，也可累计通过，累计通过者应在有效年限内通过全部课程考试），才能取得高校会计教师任职资格。同时，为了保证教学质量，防止教师的知识和能力老化，应废除教师资格终身制，督促教师不断进步，不断创新，以适应科学突飞猛进的时代。应定期组织对在职教师的考试，奖优罚劣，凡考核不合格者，应暂停其任职资格，同时规定考核不合格者不能参加教师职称评定，这在一定程度上也可弥补职称评定过程中人为因素太多的缺陷。

第五，会计教师的职业能力结构素养。田慧生、李如密在《教学论》（1996年，河北教育出版社）中认为教师教学所需要的职业能力结构主要体现在以下几个方面：①加工和驾驭教学内容的能力，表现为精心而巧妙地处理好教学中的矛盾关系，包括对教学内容进行取舍、确定教学内容的主次、详略、简繁、深浅等。②多讯道教学表达能力。教师良好的教学表达能力是提高教学质量和效率的重要保证，而教师的教学表达具有多讯道特点，主要有：音声讯道，即指口头语言的表达；形符讯道，即指配合教学语言表达的板书、版画、模型、标本、挂图、表格等；动姿讯道，即指由人体本身的动作和姿态来传播教学信息，如眼神、表情、手势等人体语言；综合讯道，即指现代化教学手段的使用，如幻灯、电影、录音、录像等现代化声像传播媒体；以计算机为中心的多种现代教学技术的综合使用构成的多媒体教学系统等。③组织管理能力。教师的组织管理能力主要表现为制定目标和计划的能力、组织管理课堂的能力、对各种教育影响的协调能力、组织与管理班集体的能力等。④自我调控能力。一是指根据客观需要调控自身主体结构的能力；二是指调控自身的心境、情绪和情感的能力。⑤教学实验、研究能力。实践证明，通过进行一定的教学实验和研究，可以有效地提高教师的素质和教学的水平。⑥教学直觉、想象能力。所谓教学直觉是指教师直接观照教学时机的一种特殊思维方式，是教师有效地把握教学时机能力的重要组成部分；而教学的想象能力是指教师能够预计到自己工作的效果，能够想象到将要采取什么办法才能从学生身上收到效果，能够估计到学生品质的发展和个性的形成。会计教师在进行会计教学活动中同样应该具备上述能力。

第六，会计教师的心理素养。教师的心理素养主要表现在：①具有敏锐细致的观察能力；②具有正确清晰的记忆能力；③具有全方位、立体的思维能力；④具有稳定而较强的注意力；⑤具有较为广泛的兴趣和爱好；⑥拥有愉悦的心境；⑦具有坚强的意志；⑧拥有良好的性格。这些素质也是会计教师不可或缺的。

2. 学生——学的主体

学生是学习活动的主体，是教学过程的能动参与者。教师的教学是以学生为对象，是以适应、促进学生的身心发展为前提的，因而教师应该树立科学的学生观，概括起来有以下几点：①学生是具有主体性的人，学生作为教育的对象，不是处于承受加工的被动地位，而是积极参与教育活动的能动主体。这种主体性与教育方式一致时，可以成倍增强教师的工作效果。②学生是具有发展潜能的人。越来越多的科学发现证明：人体内潜存着大量未被开发利用的能力，而如何将学生的这些潜能有效地化为可供其运用自如的能力，应该是教育教学的责任。③学生是发展中的人。学生是处于发展中的人，具有其自身的身心发展特点，在教学中，教师应该应用发展的眼光来看待学生，从学生身心发展的实际出发，适应其身心发展的规律。④学生是整体性的人。教学工作作为一种培养人的专门活动，它所面对的人——学生，是一个完整的人，教学所要实现的是人的德、智、体、美、劳等全面发展，而不是某个方面的片面发展。

美国教育学家布鲁纳强指出：教学不是讲解式的，不应当使学生处于被动地接受知识的状态，应当让"学生亲自把事物整理就绪。"教师不是让学生学习现存的结构，而是要让学生亲自动手、洞口、动脑，从而在参与中构建自己的认识结构。会计教师在教学活动中也应该树立科学的学生观，具体做法主要可以包括：

（1）运用情感教学，激发学生的主体作用。心理学告诉我们：学生的记忆、想象、观察、思维等一系列心理活动，无不受到情感的制约，学习会计同样离不开情感的激发。教师必须具备一定的情感知识和深厚的情感修养，充分利用情感的调节功能，既能深化学生对会计知识的了解和认识，又能在情感的激励下进行意志行为。饱满的教学热情可以激发学生的学习兴趣，优化学生的心理结构；丰富的教态表情，是注重情感教育，优化学生心理的主要部分，教师的教态主要通过目光、面部表情、手势及语调变化等感染学生，以创造宽松活跃的课堂气氛，调动学生的积极性，起到"寓教于情"的效果；诚挚的感情不只体现在课堂教学上，更主要体现在课外，体现在日常与学生的交往过程中。因此，教师在课堂上要成为学生的严师，课外则成为学生的益友。坚持用辩证的观点看待学生的错误和缺点，根据学生的心理特点，多多"动之以情"，提高学生的心理素质。

（2）扩大会计专业学生的知识面。在现阶段市场经济条件下，要求会计专业学生应具有较高的基本素质和专业素质，有较强的经济意识及社会适应能力，具有较为深厚的财会、经济理论基础和较宽的知识面，较好地具备从事会计工作所需的专业技能，同时还要有能适应未来复杂多变的会计环境的能力、应变能力，对所学基本知识予以创新运用，应具备相关的法律知识和人际交往能力。具备相关的信息技术知识，如计算机操作技能，计算机网络系统的设计使用和维护技能、利用计算机软件建立各种分析模型进行预算、决策、控制、分析等会计管理的技能以及利用计算机进行审计的技能等。这就要求教师应该在教学活动中不断扩充学生的知识面，做到"宽口径、厚基础"，不断激发学生的自身潜能，实现学生全面发展。

（3）重视对学生的德育教育。在学生的人生观、价值观尚未完全形成的阶段，他们的思想很容易受到社会上不良思潮和现象的影响，所以，绝不能放松对他们的思想意识和道德观念的教育。近年来国内外曝光的会计造假案件中"诚信危机"等例证，可以说明会计道德的重要性。

（4）充分调动学生课堂学习的积极性。在教学中，教师在课堂主要起组织和引导的作用。每个教学案例所涉及的问题都应该由学生自己进行分析和讨论。如果观点不一致，可展开辩论。教师向学生不断地提出问题，要求学生回答，甚至故意给学生出"难题"，迫使学生动脑筋去思考。采用这种让学生积极参与的"苏格拉底式"的教育方法，能最有效地开发学生的思维潜能，学到的知识最扎实。在案例分析的过程中，教师要善于引导学生对案例进行分析。教学案例可以是正面的，也可以是反面的，可以是完整的，也可以是有缺陷的，即教师有时故意把教学案例中的一些已知条件去掉，让学生观察思考，充实案例的内容。学生在这种是与非、正与反、点与面、此与彼、表与里的状态中学习，才能真正学会思考，变"死学"为"活学"。

（十）会计教学的管理

1. 设置教学管理工作岗位

会计教学工作需要设置相应的教学管理工作岗位，由专人对此进行管理。例如，可以由会计学系主任（或会计学院院长）对会计学科的教学工作负主要责任，该岗位的主要职责包括组织制定学科建设、专业建设、课程建设等工作的规划和管理制度，设置相应的教学岗位并聘用具备任职资格的教学人员，组织开展教学质量检查工作和教书育人活动等；由会计学系副主任（或会计学院副院长）对会计学科的教学工作负相关责任，该岗位的主要职责包括组织制定（修订）教学计划、教学大纲等相关教学资料，组织开展教研活动，布置落实教学任务等；由专职的教务秘书负责日常的教学管理工作。

2. 教学计划的制（修）定

教学计划是保证教育教学质量和人才培养规格与特色的重要文件，是组织教学过程、安排教学任务、确定教学资源及有关工作的基本依据。会计专业在每届新生进校后，应该根据学科发展的要求、市场环境的要求，组织制订（修订）专业教学计划，交教务处审查。

教学计划的制（修）定应该本着如下原则：①促进学生全面发展；②理论与实际相结合；③注重知识、能力、素质协调发展和共同提高；④遵循教育规律，整体优化；⑤以学生为本、因材施教；⑥统一性与多样性相结合。会计专业教学计划的修订，对完善学生的知识结构、培养符合教育目标的人才起到了重要的作用，教学计划对学生的选课起到了很好的指导作用，可以避免学生的盲目性和随意性，更有利于教师组织教学，有利于管理部门的教学检查和管理，使会计教学管理更加有序，更加规范化。因而教学计划的制（修）定应该作为教学管理的一项重要工作。

3. 会计教学大纲的制定与管理

（1）教学大纲制定的依据。会计教学大纲的制定是一项十分复杂而又非常细致的工作，由于它对会计教学具有权威的指导功能，因此，制定是必须具有科学根据的，包括：其一，根据党的教育方针和国家的财经政策。党的教育的方针是教育工作的总依据，会计教学大纲的制定当然也必须以这个总依据为指导方针。同时，由于会计学科的政策性和法规性较强，制定大纲时也应该以党和国家的财经法规政策为依据，具体体现在：符合《会计法》《企业会计准则》《企业会计制度》等的精神和要求。其二，根据会计学的内在规律。制定会计教学大纲要反映会计教育的规律性，使大纲具有科学性。会计各门课程的教学大纲作为教学纲领，其结构的安排和知识的构成，应反映出教学内容由浅入深的递进关系和会计知识本身的科学序列。各章节的教学内容、教学目标的广度和深度，必须符合学生的能力水平。其三，根据会计教学实践。会计教学大纲是会计教学理论的重要组成部分，它源于会计教学实践，又反过来指导会计教学实践，并将随着会计教学实践的发展而发展。教学实践是制定大纲的源头，也是检验大纲的唯一标准。凡是符合会计教学客观实际的，大纲就应保留；反之，就应删除、修订。

（2）会计教学大纲的执行。会计专业课教师，都要在教学实践中贯彻执行会计教学大纲。具体应该做到以下几点：①认真学习大纲，领会大纲精神。会计教学大纲一经制定，就成为会计教学指导性文件。会计教师应认真学习，领会它的精神实质，充分了解会计学科的性质、地位、目的和任务，切实把握会计教学的要求、内容、原则和方法，从而增强教学工作的自觉性和主动性，克服教学工作中的盲目性和被动性。②切实遵循大纲，落实大纲要求。大纲不只是纸上的文字，而是要求教师落实在行动之上的。因此，它的每一条款，都要求人们切实遵循，付诸实践。具体来说，教学目的和要求应该在教学实践中得到体现，教学内统和编排要在编写运用教材的过程中得到把握。会计教学大纲为教学活动提供了便利条件，但条件的利用和作用的发挥，在很大程度上取决于教师遵循大纲的实际行动和实践水平。③从教学实际出发，在实践中完善大纲。变化是绝对的，不变只是相对的。会计教学大纲肯定具有相对稳定的一段时间，而由会计实务、理论的发展导致的会计教学实践的发展往往由于大纲的稳定性产生矛盾。因此，大纲仅是给教学指明了方向，大纲的执行者在教学的过程中必须采用一种变通的态度，以实践为核心取舍教学内容。

（3）修订和完善会计教学大纲。会计教学大纲是会计教育的核心内容，是灵魂之所在。必须既要结合会计学科、专业的实际情况，发挥各高等院校自己的优势和特长；又要考虑到社会的需要。大纲制定（修订）中，应特别注重实验课、研讨课的安排、有利于增强学生分析和解决问题的能力以及追踪世界科技前沿的能力。

4. 确定会计课程体系的层次结构

会计课程体系的设置是一个系统工程，目标是培养高素质的会计专门人才，要达到这个目标，需要通过系统的教育，需要设置合理的课程体系。普通高等及其高等职业教育会计专业的课程体系一般仍延续"四板块"构成理论,即一般有公共基础课、学科基础课、专业课和全校选修课四大类课程构成。其中,公共基础课是指财经类各专业都要学习的课程,是系统教育,着重培养学生的逻辑思考与判断分析能力,培养学生正确的世界观与方法论,提高写作水平,增强表达能力,积累历史、文学、法律等方面的知识,使学生的综合素质得到全面的提高。学科基础课是指管理学科各专业都要开设的课程,包括经济学、管理学、市场营销学、统计学、经济法、财政学、货币银行学等,通过这些必需的经济管理知识的系统学习,使学生更好地适应今后工作所面临的环境。专业课包括专业必修课和专业选修课。专业必修课是构成会计课程体系的主干,是会计方法理论体系在高等会计教育中的集中体现,是决定高等教育质量及侧重方向(即是区分职业教育和普通高等教育的分水岭)的核心课程。专业选修课是为了丰富、充实会计学内容,满足各行各业及现代化管理的需要,开阔学生的知识视野,提高学生的应变能力和多职业能力而开设的课程。它对会计专业必修课课程体系具有完善和发展的作用。全校选修课,是为了提高学生对科学、艺术的欣赏品位,使学生具有全面广泛的教育背景而开设的课程,包括人文素质类,艺术教育类,跨学科的自然科学类等方面的课程。

上述四类课程除公共基础课是国家教育部指定的课程外,其他三类课程的设置在不同的院校有不同的设置方法。这四大类课程相互联系、相互制约、相互补充,共同构成了完整的会计教育的知识体系。而未来的趋势和当前正在进行的操作重点则应是针对第二类和第三类课程而言。

5. 严格课程考试和管理

在课程考试管理中,一是对大学本科以及以下学位的公共基础课程和专业必修课程的考试管理。如对英语学位课程考试,以及会计学原理、中级财务会计的课程考试,最好建立考试题库,考试试题由计算机处理,考试时按上课班次编号就座,阅卷一律采用流水判卷。二是抓硕士研究生和博士研究等的专业课的考试改革,除了在规定时间内交课程论文外,还必须参加课程基础理论的堂上的闭卷,各部分考试成绩的比例则可以由任课老师自由确定。为了进一步加强研究生的课程考试和管理,对一些专业共同学位课还应积极建立考试题库,对研究生专业课考试试题应健全专业负责人及教研室会审试题和系所审查制度,研究生课程考试应由系、所统一组织和安排,并报研究生部。

6. 坚持教学检查

每个新学期的开始，都要安排人员对教师的教案、教学日历、教学课件等进行检查，可以评出等级，制定奖惩制度，使激励机制与约束机制并存，保证各个学期教师授课准备工作的充分、科学、先进性。同时要安排人员对上课的全部班次进行检查，主要检查学生是否按时返校上课，教学安排是否落实，教学秩序是否良好，发现问题，现场解决，使新学期一开始就有一个良好的教学秩序。学期中，深入教室听课，了解情况、发现问题。每次教学检查的结果，通报全校，对教学工作做得好的系、所给予表扬和肯定，对发现的问题给予批评。教学检查可以有力地促进良好教学秩序的形成，有利于提高教学质量。

7. 加强本科毕业论文（设计）的管理

本科毕业论文（设计）工作对保证实现培养具有综合素质和能力人才的目标具有重要意义，该项工作不但可以训练学生运用所学知识解决实际问题的能力，使学生了解前沿理论和学科的动态发展，还可以培养学生的开发、创新意识，增强其事业心和责任感。本科毕业论文（设计）管理工作应该涉及选题的确定、指导教师的要求、进展时间的安排、格式的要求、答辩与成绩评定的要求等各个方面，实施的应该是过程管理。

在学生确定毕业论文（设计）题目之前，应该对学生进行关于写作方法、写作要求、写作格式等应该关注问题的讲座。在学生完成毕业论文（设计）过程中，应该为其提供充足的资料和良好的实验条件。对毕业论文（设计）工作应该进行中期检查，检查撰写进展情况、存在的问题、遇到的困难、解决的措施等内容。对毕业论文（设计）工作还应该实施终期总结，即在工作结束后，总结毕业论文（设计）工作是否达到了要求，是否需要改进，从毕业论文（设计）过程中反映出来的教学质量如何，存在的薄弱环节是什么以及应该如何完善等。

8. 加强研究生中期考核制度和论文阶段的管理

中期考核制度和论文阶段的管理主要是针对会计研究生的教育，因为研究生教育的层次是学术性人才，对其的教育应更加的严格和重视。具体实施方法表现为：

接受中期考核的研究生都须写出自己一年来政治表现和专业学习的自我总结，并经过政治鉴定和课程、研究能力的综合考核，最后评出优秀、合格、不合格三类。评为优秀的研究生可以被推荐提前攻读博士学位，并将中期考核材料存入本人档案，作为评选优秀学生和评定奖学金的重要依据；评为合格的研究生按专业培养计划正常进入学位论文阶段；评为不合格的研究生，学校发给研究生肄业证明，视不同情况分配工作或退回原单位。

学位论文是使研究生在科学研究方面受到全面训练，获得独立工作能力的重要环节，是衡量研究生培养质量的重要标志，也是毕业和授予学位的重要根据。因此，抓好论文阶段的管理是十分重要的。首先，对研究生的论文题目，研究课题的来源及意义，国内外研究现状和发展趋势，课题的主要内容及方案设计，所需条件、完成时间等，均要求研究生在开题报告中做出明确阐述，在规定时间通过答辩组老师指导，并按规定时间报研究生部审查。对开题报告中提出的问题，研究生必须充分论证，修改后方能进入论文撰写阶段。其次，研究生必须定期向导师汇报论文工作进展情况，以便导师能够及时了解研究生论文工作情况和需要解决的问题，在后期论文工作中采取改进和补救措施，必要时也可作适当调整。通过对研究生论文开题报告和中期检查的规范管理，加强了研究生论文工作过程的管理，保证了研究生学位论文的质量。

第十章　人本会计的历史轨迹

会计是应经济发展的需要产生和发展起来的，而会计的发展，又对经济的发展起着重要的推动作用。在人类历史发展进程中，随着经济的发展，会计的地位逐步提高，越来越需要高水平的会计人才出色地完成会计任务，从而推动会计人员从事会计事业中的思维与活动的不断进步。因此，人本会计并非是一个新概念，在会计发展的历史中，无处不体现着"以人为本"的特征。本章以我国的会计发展史为背景，探寻会计人本特征的历史轨迹。

第一节　古代会计的人本特征

一、奴隶社会会计的人本特征

原始社会末期，随着剩余产品的不断增加，一些氏族部落首领开始凭借自己的地位和权力逐渐将公有剩余产品据为己有，由此形成了财产私有制。财产私有制出现后，为了维护私人经济利益，以及处理剩余财产的交换、分配、再生产等问题，客观上需要对剩余产品进行计量、记录与管理，由此产生了对会计的需求。但是，由于生产力水平落后，经济活动非常简单，原始社会的会计行为和会计思想只处于萌芽阶段，没有产生专职的会计人员，会计行为只限于实物记事、绘画记事、结绳记事、刻契记事等极为原始的计量、记录行为。

进入奴隶社会，奴隶制王朝为及时、准确地掌握全国范围内的税捐征收情况，逐步意识到由国家公职人员对上述经济活动进行计量、记录和报告的重要性，促使其开始了对会计工作的重视。但是，在奴隶社会初期，奴隶制王朝的财政经济活动仍不太复杂，会计仍没有形成一项专职工作，而是由某类官员附带完成计量和记录等工作，如我国商代宫廷中的"作册"。

随着生产力的进一步发展和经济活动的逐渐繁荣，奴隶制王朝的财政收支关系日益复杂化，使统治者意识到财计工作再由某些官员兼任完成，已无法满足反映和管理国家财政经济活动的需要，委任专职会计工作人员成为必需，由此产生了人类历史上第一批独立处理财政收支事项的会计官员。

西周是我国奴隶制经济发展的鼎盛时期，建立了完善的中央统治机构，在此机构内设立了职司国家财计工作的独立系统——司会及其下属的司书、职内、职岁、职币四个职能部门。据《周礼》记载："司会掌邦之六典、八法、八则……而听其会计"，说明司会是依据会计典章、法则，专门掌管官厅会计核算的官职；司会下属的司书具体负责会计核算；职内、职岁和职币分别负责收入、支出和结存三个方面的出纳工作。在财计工作组织内部实行纵向与横向两种考核制度：纵向考核是指司会要对下属司书、职内、职岁、职币等部门进行全面考核，"以参互考日成，以月要考月成，以岁会靠岁成"；横向考核是指司书对职内、职岁、职币等部门进行的平行考核，以及分管出纳工作不同方面的职内、职岁、职币等部门之间的交叉核对。司书、职内、职岁和职币不同职务之间的分工，以及横纵两套控制制度的形成，表明在西周不仅出现了独立的会计官职，还初步形成了相互牵制的会计控制思想。此外，西周还设立了"宰夫"官职，职司监察事务，包括对财计工作的监察。值得称道的是，"宰夫"官职虽低于司会，但却独立于司会系统，而且有权越级向天官直至周王报告监察结果，请求对违法官吏加以诛罚，具有较高的独立性和权威性，已经具备了一定的审计职能特征。这些都显示出当时的奴隶制政府对会计人员的管理已达到了较高的水平。美国著名会计史学家迈克尔·查特菲尔德曾对西周时代的会计工作作出高度评价："在内部管理、预算和审计程序方面，中国西周时代在古代世界可以说是无与伦比的。"[①]

西周时期还设置专门职官，对奴隶主君王和贵族后代进行包括书写、计算等实用技术在内的书记教育，培养和储备了从事财计管理工作的后备人员。据《周礼·地官·保氏》记载："保氏掌谏王恶，而养国子以道，

---

① 迈克尔·查特菲尔德，文硕等译. 会计思想史 [M]. 北京：中国商业出版社，1989：8.

乃教六艺：一曰五礼，二曰六乐，三曰五射，四曰五驭，五曰六书，六曰九数。"其中的"九数"是指涉及九个方面对象的不同计算方法。《礼记·内则》也曾记载，教导儿童，在"十年，出就外傅，居宿于外，学书记"，其中的书记包括书写与计算技术。西周时期的书记教育，可以说是我国古代会计教育的萌芽，在学校教育仍仅仅是贵族阶级特权的年代，这足以显示出奴隶制王朝对会计人员培养的重视。

二、封建社会会计的人本特征

（一）春秋战国时期会计的人本特征

春秋战国时期是我国历史上从奴隶社会向封建社会转型的重要时期，也是我国封建社会会计发展的起点。这一时期，各级政权机构的职能部门中一般都已设有专职的会计人员，会计报告也已经逐步形成制度。当时所颁布的法律已有许多涉及会计工作和会计人员行为的条款。对于会计职业道德，当时也有了初步的认识。

春秋战国时期，各诸侯国之间争领霸权。为成为强国，称霸天下，就必须发展经济、重视理财，而理财的基础是制定完善的财计制度，设置专职财计部门和委任专职财计官员。与西周时代相比，统治者进一步加强了会计组织部门的建设，并扩大了会计人员的职责权限范围。在当时的政权机构职能部门中，一般均设置负责核算事宜的会计职官，统称为"官计"；未设置专门会计职官的部门，则由主管官员的属吏兼事核算，这些兼管会计的职官亦属于"官计"范围。

为了掌握全国各地的税赋征收情况和财政支出情况，春秋战国时期各诸侯国普遍实行上计制度，即逐级定期的会计报告制度。上计制度始于西周的大计制度，至春秋战国时期趋于成熟。春秋时期齐国实行复计著制度，战国时期各诸侯国沿袭此法，并逐步确定为上计制度，具体做法是由地方官吏于每年末将本年度的财政收支情况、民生情况以及下年度赋税收入预算上报国君，经审批后，下年度按计划执行预算，至年终再上报国君，国君将本年度实际税赋收入与预算相核对，考稽官吏，并视政绩优劣予以升降或任免。定期报告制度的形成，标志着我国古代官厅会计报告行为逐步规范化和制度化，是我国古代会计信息汇总、报告思想的萌芽。自春秋战国时代之后，上计制度几经改革，一直沿袭至明代。

为制约各级会计职官的行为，明确其责任，各诸侯国的统治者还制定了一系列与会计活动相关的法律规范，作为会计职官的工作标准。其中，以战国时期秦国制定的《秦律》最为全面。在《秦律》中，与会计行为相关的律条大多集中在《效律》中。《效律》是战国时期秦国制定的关于核验度量衡器、清查官府物资财产、核对账目的法律规范，其中包含直接规范会计行为的律条，是我国现存古代法律中明确规定违法会计行为名称及其处罚标准的最早法律规范。《效律》中对会计核算工作失误、账实不符、违反报销制度、隐匿财产等会计罪错作出了处罚规定。这些涉及会计罪错的法律规范，对加强当时的会计人员管理、约束会计行为、保证会计信息质量，起到了重要的作用。

这一时期还产生了会计职业道德思想的萌芽。如据《孟子·万章下》记载，大思想家孔子年轻时曾职司委吏，提出"会计当而已矣"的看法。许多学者认为，所谓"当"，就是指会计核算与记录应当正确无误。《管子》也提出"明法审数"，即要求按规章制度、法律条文办事，会计数字应准确、可靠，这也是会计道德最基本的要求。

（二）秦汉时期会计的人本特征

秦朝会计职官的设置相对于战国时期有了进一步发展。秦朝的会计职官分中央和地方两级。中央掌管财计的职官，一为治粟内史，掌管国家财政，其最基层的会计人员称为"计"；二为少府，掌管皇室财政。国家财政与皇室财政分开管理，是秦朝的创举，为以后各个封建王朝所沿袭，它使得中央财计的职能分工更加合理，是封建社会财计思想的重大进步。在秦朝郡、县两级行政机构中，也相应设有主管财计的官员。每年郡、县两级须通过提交"上计"报告，将财政收入上缴情况及地方财政支出情况向中央汇报，接受中央财计与监察部门的审查。

秦朝的会计法令较之于战国时期也更加严格，其财计制度已基本上由法律规定。有关约束会计行为的法令主要包括：会计人员必须按照皇朝要求认真审查、正确处理经济收支事项，必须做到账实相符；会计人员必须廉洁奉公，不做违法乱纪之事；会计官员对于会计籍书的记载必须准确无误，计算必须正确无误。

汉承秦制，将中央财计组织划分为国家财政与皇室财政两大系统。两大系统各自独立，收入取用不同，支出界域分明，会计处理各依其据，分别报告各负其责，两者既有联系，又相互制约，通常皇室收入积蓄多用于国家财政支出不足之调剂。这种中央财政划分制度较之秦朝又进一步。国家财政最高执行官称"大司农"，其下属太仓掌国家粮库，负责粮谷及其他财物的收发，以及储存与会计核算。汉朝最基层的会计人员也称为"计"并已成为军政部门中的基本编制。汉朝地方也采取郡县制，并以这两级作为"上计"的基本单位。

汉朝的上计制度较之秦朝更为完善。为规范上计制度，统治者制定了专门法律——《上计律》，对地方政权向中央上计作了明确规定，如各地方官府必须自下而上按隶属关系逐级呈交上计报告，直至中央；各官府必须按年度（或月度）及时向上级呈交上计报告；上计报告的内容必须真实可靠，数字必须准确无误，等等。《上计律》的制定及实施，标志着汉代的定期会计报告制度已被提升至法律的高度，表明该时期会计行为规范性的进一步加强。

（三）隋唐及宋代会计的人本特征

隋朝在中央推行"五省六部制"，其中尚书省为中央政府最高行政机关，其下属六部之中的度支部为国家财计主管机关，掌理国家财政与会计。度支部下设的度支（称为本司）掌管天下会计，为会计主管机关；仓部掌管粮食之类实物入出控制并主掌库藏财务的核算，为出纳的一个方面；金部掌管钱帛之类财务的库藏出纳及其核算，为出纳的另一个方面；库部掌管全国军用物资，为军队的最高出纳部门。从隋朝的财计制度可以看出，隋朝的官厅会计活动较之前朝更加规范，会计人员的地位也有了进一步提高，体现在：①集会计、出纳之权于度支部，确定了会计组织部门在中央政府机构中的地位；②会计与出纳分工、实物与现金分管、国家财计与军队财计分管，使不同会计职能部门之间的分工更加合理，会计行为得到了优化。

唐朝基本沿袭隋制，实行"三省六部制"，三省之中仍是由尚书省主管包括财政、会计等在内的一切政务。尚书省下设吏、户、礼、兵、刑、工六部，其中户部下辖的度支部掌管国家预算与会计，在全国范围内，上至中央各部门，下至地方各机关，以及军队所拨及所用，均须向其申报年度会计结果，并接受其检查；金部与仓部分管全国钱帛和粮谷的出纳。

上计制度在唐朝有了进一步发展。除定期上报会计报告以外，皇帝还可能根据日常需要，要求临时上报会计报告。这一方面体现出唐代中央政府对会计信息需求的加强，另一方面也体现出唐代的会计报告行为进一步趋于完善。

宋代的财计组织曾几经变革，对如何合理设置会计职官、如何确定会计人员地位作了许多尝试。其中，宋神宗熙宁七年曾设"三司会计司"，总管天下财富。三司会计司是我国历史上最早的独立主管会计事务的政府部门，尽管该机构未进入正常工作阶段便告流产，但它的出现在组织上确定了会计部门在中央财计组织中的重要地位，对提高会计人员地位，明确其职责权限，是一次有益的尝试。

宋代的会计法制也有了进一步的规范。北宋时期对会计账簿、报告的记录与编写都以法律形式规定了其格式及书法，进一步规范了会计记录与报告行为，这些法规一直沿用到南宋。宋神宗时期还曾颁布加强库藏财物管理的专门法制——《诸仓丐取法》。

（四）元明清时期会计的人本特征

元明清时期会计职官的设置基本沿袭了唐宋的做法，会计的人本特征没有得到进一步的发展。

值得一提的是，清朝统治末期出现了我国专业会计教育的萌芽。这从一个侧面反映出随着资本主义经济的初步发展，会计人员的培养开始在中国受到重视。长期以来，受封建儒学和"重农"思想的影响，经商、理财被视为末流，会计教育一直未受到重视。直至1902年，清政府以日本制度为模式，制定高等学堂章程，始设"商务"科，其课程中设有"理财学"科目。同年拟定的《钦定京师大学堂章程》在商科主课中首列"簿记学"课程，开创我国高等教育会计课程的先河，但当时只有会计课程，尚未设置会计或簿记专业。

第二节　近代会计的人本特征

一、北洋政府时期会计的人本特征

1911年辛亥革命爆发，清朝统治被推翻，中华民国宣告成立。中华民国成立初期，国民政府由北洋军阀统治。北洋政府的财计组织在借鉴日本等资本主义国家经验的基础上，逐步摆脱了封建财计制度的束缚，开始改变计政与财政不分的局面，并且有了会计立法、执行与司法的区别。

北洋政府将全国的会计权集中于财政部下设的会计司负责管理。会计司主要负责总预算及决算事项、国家特别会计的预算和决算、各种会计账簿的记录、各种计算书的检查、岁入岁出报告的编制、支出预算事项和预备金支出事项、现金和物品的出纳及会计、中央公共团体有关岁计的一切事项、有关会计方面的其他事项等。由此可见，会计司对国家财政的管理是全面的，已经覆盖了事前、事中、事后三个阶段。

北洋政府的会计法制建设较之清朝有了较大的进步。1914 年 5 月颁布的《中华民国约法》单独设置了"会计"一章，这是我国历史上首次在宪法性质的国家基本法律中规定会计的内容。同年 10 月，北洋政府参议院将原财政部公布的"会计条例"改称"会计法"，内容包括总则、预算、收入、支出、决算、期满免除、契约、出纳官吏以及附则等，共 9 章 36 款。尽管这部"会计法"基本上是在日本会计法的基础上制定的，绝大多数条款几乎与日本一致，考虑中国国情较少，但这是我国历史上第一部专门的会计法，标志着我国会计工作进入了更为规范的法制化轨道。

北洋政府时期还出现了我国历史上的第一批注册会计师。20 世纪初期，中国尚未实行注册会计师制度，在华执业的均为外国会计师。当中国企业涉及经济纠纷案件时，租界当局即指定外国会计师仲裁，使中国企业的权益得不到保证。有鉴于此，谢霖于 1918 年 6 月上书农商部暨财政部，呈请执行会计师业务。农商部接纳了谢氏的建议，于同年 9 月 7 日颁布《会计师暂行章程》共 11 条，并向谢氏颁发第一号会计师证书，谢氏成为我国历史上第一位会计师。注册会计师制度的诞生，标志着我国会计人员开始步入职业化的进程。

二、国民政府时期会计的人本特征

国民政府由财政部总揽全国财计工作。财政部下设会计司主管全国会计。1931 年，为使会计、统计取得独立地位，国民政府推行"超然主计"制度，成立直属国民政府的主计处，为全国最高会计机构。由此，会计的执行权力与监督权力相互分离。会计工作具体由主计处下设的会计局负责，其主要职责包括：主管国家总会计的日常会计工作及对会计人员任免、迁调、培训、管理方面的工作，以及各机关所用会计制度的制定、颁发，对各机关日常会计事务的指导与监督，对各机关会计报告的查核及汇总编制全国的会计报告等事宜。

1935 年 8 月，国民政府颁布《会计法》，共 10 章 127 条，于次年 7 月 1 日起施行。这部《会计法》较之北洋政府时期的《会计法》更为充实、完备，内容也更加详尽、具体，其中第 6 章专门对会计人员做了规定，反映出当时的政府已非常重视对会计人员及其行为的约束和管理。

国民政府时期，注册会计师事业有了进一步的发展。1945 年 6 月，国民政府颁布《会计师法》，对会计师资格的取得、业务范围、执业要求、会计师公会的组织与管理以及罚则等均作出了规定。这部《会计师法》是我国历史上第一部有关注册会计师的法律，它的颁布施行，标志着国民政府时期注册会计师事业进一步走上了规范化的道路，对推动当时注册会计师事业的发展，起到了重要的作用。

国民政府时期，会计教育也在较大程度上得到普及，形成了以大学会计教育、专科会计教育和其他会计教育为主体的会计教育体系，对培养专门会计人才，提高会计人员的业务素质和工作水平，起到了重要的作用。其中：大学会计教育一般是在大学设立独立会计系科，系统开设会计课程；或是在法学院、法商学院、文学院、文理学院等设立经济系、商学系或工商管理系，在这些系中系统开设会计课程等。专科会计教育一般不分系而直接设置会计科，课程设置相比大学更偏重于实务。其他会计教育一般是由学校以外的单位举办的各种以在职会计人员为对象的非学历会计教育。

第三节　现代会计的人本特征

新中国的成立，标志着我国现代会计发展的开端。各项会计事业都有了长足的进步，会计人员的业务素质和工作能力都有了较大幅度的提高，会计"以人为本"的特征也更加突出。

一、新中国成立初期人本会计发展的萌芽时期

新中国成立初期，为配合当时恢复国民经济，统一全国财政经济工作的需要，政府统一了当时的会计核算和报告制度，并逐步建立起适应计划经济发展需要的会计人员管理体制和教育体系，由此揭开了我国人本会计

发展史上崭新的一页。

（一）会计管理机构的设立

为适应新中国成立初期统一财经工作的要求，建立全国统一的会计核算和会计报告制度，1949 年 12 月，财政部设立了会计制度处，随后于 1950 年 9 月调升为会计制度司，具体负责统一会计制度的建设工作。会计制度处（司）的成立，标志着我国会计管理工作开始起步。除财政部设立会计制度司之外，各级财政部门一般设立业务司（处、股）具体负责财务会计工作的日常管理。各级企业和行政事业单位一般在内部设置财务会计机构或专职会计人员负责日常的会计工作。

（二）会计人员职权管理规范的产生

早在 1951 年 11 月，财政部就曾在第一次全国企业财务管理和会计会议上讨论《会计主管人员职务、权利、责任暂行条例（草案）》。20 世纪 60 年代初期，为配合当时调整国民经济对加强会计管理的需要，国务院于 1963 年 1 月发布《会计人员职权试行条例》，这是我国第一部专门规定会计人员职责、权限的行政法规。《试行条例》明确规定：一切国营企业、事业、机关、团体、银行、部队、学校都必须根据工作需要，设置财务会计机构或专职会计人员进行会计工作。会计人员的任务是严格执行会计制度，保证数字真实可靠，如实反映经济活动情况，并通过此项工作，加强经济核算，保护国家财产，严守国家计划，执行国家制度，维护国家财政和信贷纪律，同一切违法乱纪的行为作斗争。国家赋予会计人员必要的权限。在会计人员按照国家的规定，行使权限的时候，任何人不得借故留难。各部门、各单位的领导人，必须加强对会计工作的领导，保障会计人员履行职责。该条例的发布实施，对整顿当时的会计工作秩序，加强对会计人员和会计工作的管理，发挥了积极的作用。

（三）总会计师制度的确立

新中国成立初期，在学习苏联企业内部治理结构经验的基础上，东北老解放区的一些大中型企业试行了总会计师制度。"一五"期间，总会计师制度曾在若干国营工交企业中执行。1961 年 9 月，中央颁布《国营工业企业工作条例（草案）》，规定有条件的企业应设置总会计师，在厂长领导下负责计算、审查企业的经济效果，设计、审查企业的财务、会计事项，监督企业执行财务制度和财经纪律的情况。根据该条例的精神，同年11 月国务院颁布的《国营企业会计核算规程（草案）》中，规定企业应在厂长（经理）领导下设置总会计师，全面领导组织和监督企业的财务会计工作。1963 年 10 月，国务院批转了国家经委、财政部《关于国营企业、交通企业设置总会计师的几项规定（草案）》，明确规定所有的国营企业和交通企业都应设置总会计师，没有条件设置总会计师的可先设置副总会计师或指定专人行使总会计师职权，并对总会计师的地位、任职条件、任免办法、职责和权限等作了具体规定。此项规定较为全面地规范了总会计师制度，对提高会计人员地位和作用，健全企业的经济责任制，加强企业内部经济核算，起到了重要的推动作用。

（四）新中国会计教育的起步

新中国成立初期，为满足发展经济建设、恢复国民经济对会计人才的需要，我国的会计专业教育也得以恢复和发展。部分院校的会计教育规模逐步扩大，我国的会计教育事业迎来了第一个发展阶段。如中国人民大学于 1950 年 6 月在财政系设立会计教学组，开设十多门会计专业课程，对学习和传播苏联会计学、设置财会专业、建立会计学科体系、培养财会人才起到了积极的推动作用。自 1952 年起，中国人民大学还开设会计专业的研究生班，标志着我国会计专业研究生教育的起步。1952 年 6 月，教育部为充分利用有限的教育资源，使全国教育布局和专业设置合理化，对全国高校进行了一次大规模的调整与合并，将一些综合性大学中的经济系科并入有关财经院校。我国现在一些知名财经院校的会计系科，就是在这次调整中形成的。此次会计系科的调整，标志着我国会计人员的培养开始趋于专业化。

二、改革开放后人本会计蓬勃发展的时期

改革开放后，社会经济的繁荣发展对会计人员提出了更高的要求，我国的人本会计也迎来了蓬勃发展的时期。

（一）会计管理机构的恢复与发展

为加强对会计工作的领导，经国务院批准，财政部于 1979 年 1 月恢复了管理会计制度的职能机构——会计制度司，随后在 1982 年的国家机

关机构改革中更名为会计事务管理司。与先前会计制度司的职责相比，会计事务管理司的职责有了很大的扩展。会计事务管理司的成立，说明国家日益重视会计管理在经济生活中的重要地位，标志着我国新时期会计管理体制的恢复和逐步发展。

为适应经济发展对会计工作的需要，各部门、各地区也纷纷加强对会计工作的管理。国务院各业务主管部门恢复或组建了管理本部门财务会计工作的专门机构，负责组织本部门、本系统的财务会计工作和会计人员的培训工作，在遵循国家统一会计制度的前提下制定适用于本部门的有关会计制度的具体办法或补充规定。20 世纪 80 年代中期以后，各省、自治区、直辖市财政厅（局）也先后设立会计管理专门机构　　会计事务管理处（或称会计处），负责本地区的会计管理工作，如贯彻实施国家统一的会计法规、制度，制定本地区的会计法规、制度、办法，负责本地区会计人员的管理及培训工作，等等。各部门各地区会计管理机构的设置，进一步完善了我国"统一领导、分级管理"的政府主导型会计管理体制，为贯彻国家的会计法规、制度，加强对会计工作的管理，发挥了重要的作用。

（二）会计人员职权管理规范的进一步完善

1978 年 9 月，在原《会计人员职权试行条例》的基础上，国务院审议通过了新的《会计人员职权条例》。新《职权条例》除对原《暂行条例》的内容作了必要修订之外，还增加了"总会计师"和"技术职称"两章。《会计人员职权条例》的发布实施，恢复了被"文革"严重破坏的会计人员职权制度，对调动会计人员的工作积极性，整顿和恢复会计管理体制，具有重要的作用。

1985 年 1 月，国家颁布《中华人民共和国会计法》（以下简称《会计法》），并于 1993 年 12 月和 1999 年 10 月先后两次进行修订。《会计法》专设"会计机构和会计人员"一章，对会计人员的设置、从业资格、职业操守等作出了原则规定。《会计法》第一次以国家法律的形式对会计人员作出规定，它的颁布实施，标志着我国会计人员管理制度的成熟。

（三）总会计师制度的发展

1978 年 9 月颁布的《会计人员职权条例》把设置总会计师的范围扩大到了所有企业，并且单设"总会计师"一章，对总会计师的地位、职责、权限等作了明确规定。随着经济体制改革的深入发展，总会计师制度在加强经济管理，提高经济效益方面的作用日益受到各方面的重视。1985年颁布的《会计法》首次将总会计师制度以国家立法的形式确立下来。1990年12月，国务院发布《总会计师条例》，对总会计师的地位、职责、权限、任免等作了系统的规定。该条例的颁布，对提高会计人员地位，发挥总会计师在加强经济管理、提高经济效益中的作用，具有非常重要的意义。

（四）会计人员从业资格认定的起步

为加强对会计人员的管理，提高会计人员的知识水平和业务素质，1984年初，河北省率先在本省全民所有制单位和县级以上集体所有制单位对会计人员从业资格实行会计证管理。此后几年中，其他省市也先后试行了《会计证》管理制度。

1990年3月，财政部发布《会计证管理办法（试行）》，开始在全国范围内推行《会计证》管理制度。该制度规定：《会计证》的颁发范围和对象是全民所有制企业、事业单位、国家机关、社会团体中从事财务、会计工作的人员；《会计证》的管理实行财政部门、业务主管部门与会计人员所在单位共同管理相结合的原则；持有《会计证》的人员依法享有独立行使会计人员职权、参加会计专业职务评聘和优秀会计人员评选、取得会计人员荣誉证书等权利；《会计证》应记载持证会计人员的奖励、处分、专业职务、行政职务、论着、工作业绩、培训等情况，并将这些情况作为晋升职称和考核干部的依据，等等。《会计证》管理办法密切了财政部门、业务主管部门与会计人员的关系，增强了会计人员自我约束、自我提高素质的意识，对保证会计人员质量，维护会计人员合法权益，起到了重要的作用。

（五）会计人员任职资格管理的起步

1978年9月颁布的《会计人员职权条例》首次规定，一般会计人员的调动须商得本单位会计主管人员和上级财务会计部门的同意，会计主管人员一律由上级机关直接任免。1985年颁布的《会计法》进一步明确规定，会计人员按照干部管理权限的规定任免，企业事业单位的会计机构负责人、会计主管人员的任免应经过上级主管单位同意。这项规定意味着基层单位会计人员的管理是按照人事制度规范的干部管理体制进行的，保障了会计人员依法行使职权，也体现了计划经济体制下国家对会计工作进行直接管理的要求。

(六) 会计人员职称制度的起步和发展

1978 年 9 月颁布的《会计人员职权条例》单设"技术职称"一章，首次以国家行政法规的形式对会计干部技术职称的名称、档次、各级职称的基本条件以及评定、授予的程序、方法等作了原则规定。《条例》规定的会计技术职称为：总会计师、会计师、助理会计师和会计员四个级次，并分别规定了各级职称应具备的条件。

1981 年 3 月，国务院批准发布《会计干部技术职称暂行规定》，将会计干部技术职称分为"高级会计师、会计师、助理会计师、会计员"四个级次，并对各级职称应具备的基本条件等内容作了具体规定。

1986 年 4 月，中央职称改革工作领导小组发布《会计专业职务试行条例》，对会计职称评定制度进行改革，实行会计专业技术职务聘任制度。会计人员职称评定制度的施行，对保证会计人员质量和业务水平，提高会计人员的地位和工作积极性，具有重要的作用。

1992 年 3 月，财政部与人事部联合下发《会计专业技术资格考试暂行规定》，规定除高级会计师外，停止实施会计专业职务评聘，实施每年一次的会计专业技术资格考试制度。会计专业技术资格考试制度的实施，标志着会计专业的职称制度趋于完善，特别是对中青年会计人才的选拔，具有非常重要的意义。

(七) 注册会计师管理制度的起步

改革开放以来，为适应对外开放、对内搞活必须加强会计查证、验证业务的需要，我国恢复了注册会计师制度。1986 年 7 月，国务院发布《注册会计师条例》，对注册会计师的性质、业务范围、职业道德纪律、法律责任及会计师事务所的有关问题作出了比较明确的规定。《注册会计师条例》的颁布，标志着我国公共会计人员的管理开始走向法治化的轨道。

根据《注册会计师条例》关于注册会计师资格可通过考试或考核两种方法取得的规定，财政部于 1987 年 3 月发布《注册会计师考试、考核暂行办法》，改变以往只通过考核一种方式取得注册会计师资格的制度，规定成立财政部考试委员会，每年或每两年举行一次注册会计师考试或考核。注册会计师考试制度的实行，使一批年轻有为的青年会计人员有可能加入到注册会计师的队伍中来，对改善注册会计师的人员结构，提高注册会计师事业的活力，具有重要的意义。同时，注册会计师的考试制度符合国际惯例，也为国外会计师取得中国注册会计师资格提供了机会。

注册会计师事业的蓬勃发展迫切需要建立自己的行业协会来加强行业管理，维护行业权益。1989 年 2 月，财政部正式批准了《中国注册会计师协会章程》，中国注册会计师协会宣告成立。中国注册会计师协会的成立，标志着我国注册会计师行业由政府财政部门直接管理，转向政府财政部门通过注册会计师协会实行间接管理，这是一个根本性的转变，是我国注册会计师事业发展史上具有里程碑意义的重要的事件。

（八）会计教育的恢复与发展

改革开放后，会计在经济生活中的地位日渐重要，社会对会计人才的需求也日益高涨，会计教育事业得以恢复和蓬勃发展。除"文革"期间被迫停办的财经院校的会计专业都在短期内迅速恢复起来之外，其他一些综合性高校以及某些专业性较强的院校，如农、林、水、医等院校也纷纷开设会计专业。在恢复和扩大会计专业设置的同时，我国也在不断发展和完善会计专业教育的体系。继会计专业的本、专科普通高等教育迅速恢复和壮大之后，自 1979 年起，我国开始恢复招收会计专业的研究生。1981 年11 月 3 日，国务院批准中国人民大学、天津财经学院、上海财经学院、湖北财经学院和财政部财政科学研究所 5 个单位为首批硕士学位研究生授予单位；批准厦门大学和上海财经学院设立首批会计学专业博士点，同时批准葛家澍和娄尔行两位教授为我国首批会计学博士生导师。至 2000 年，除财政部财政科学研究所以外，全国共有 56 所高校招收会计学专业的硕士研究生，有 10 所高校招收会计学博士研究生。与此同时，厦门大学、上海财经大学、中国人民大学、中南财经大学等还相继设立了会计学博士后流动站。此外，我国其他层次的会计专业教育也有了长足的发展，包括中等会计专业教育、职业技术会计教育（分初等和高等两个层次）、在职会计专业人员的学历教育与非学历教育等。目前，我国会计专业教育已基本形成一个较为完善的体系，从层次上可划分为从博士后、博（硕）士研究生、本科生、专科生、高职生、中专生、技校生、职高生、专业证书班学员到岗位培训班学员的 10 级纵向教育系统，在办学形式上已形成一个由博士后流动站、博（硕）士研究生班、全日制普通本（专）科班、职工班、函授班、电大班、职大班、夜大班、社会助学自修班、刊大班、专业证书班、短训班、职称考试考前辅导班及其他继续教育形式所组成的横向社会办学网络。会计专业教育体系的建立和完善，对培养适应社会主义市场经济需要的专业会计人才，提高会计人员的业务素质，起到了重要的作用。

在恢复和发展会计专业教育体系的同时，我国也在不断完善会计专业方向的设置。改革开放以来，以高度集中的计划经济体制为导向的按行业划分与设置会计专业方向的模式越来越无法满足经济发展的需要。从20世纪80年代后期开始，国家教委针对会计专业设置面过窄、专业内涵不清、培养目标不够明确等问题，决定将高等会计专业原属十多个相近的专业统一并为"会计学"专业，并根据国际经济交流日益频繁，迫切需要会计与国际惯例接轨的要求，增设了"国际会计"专业，同时还规定了各专业的培养目标、业务要求及主干专业课程，使我国高等会计专业人才在向大口径、通用化人才培养模式方面过渡迈出了坚实的一步。

改革开放以来，会计教育工笔者对会计专业人才的培养目标也进行了深入的探索。在1988年我国首次召开的会计教育改革研讨会上，上海财经学院和湖北财经学院分别提出了各自的会计专业培养目标。上海财经学院提出的专业培养目标是："培养德、智、体全面发展的会计学高级专门人才，要能够适应我国社会主义现代化建设的需要，胜任会计、会计教学与会计科研工作"。湖北财经学院提出的专业培养目标是："培养德、智、体全面发展，适合我国社会主义现代化建设需要，面向各级财政部门、主管部门和企业，同时还兼顾有关教学与科研方面的需要，完成会计师基本训练的财务与会计专门人才。"这两个专业培养目标在与会代表中引起了热烈反响。国家教委及财政部高教管理部门在综合两校提法的基础上，将其统一为"培养能在企、事业单位、会计师事务所、经济管理部门、学校、科研机构从事会计学的实际工作和本专业教学、研究工作的德才兼备的高级专门人才"。

三、社会主义市场经济条件下人本会计的高度发展时期

1992年党的十四大的召开标志着我国进入社会主义市场经济发展的新时期。在计划经济体制向社会主义市场经济体制的转变过程中，我国的会计人员管理体制也作出相应的调整，并有了进一步的完善和发展。

（一）适应社会主义市场经济需要的会计管理体制改革

1994 年 2 月，根据国务院机构改革方案，财政部的会计事务管理司改为会计司，其主要职责为：管理全国会计工作，拟订或制定全国性会计法律、规章、制度、规划，组织和管理会计人员的业务培训，负责全国会计职称管理工作。1998 年 7 月，国务院机构再次进行改革，财政部会计司对内部机构设置和人员进行了精简，并相应调整了职能。改革后的会计司的主要职责为：管理全国会计工作；起草会计法律、行政法规草案；研究提出会计改革和发展的政策建议；拟订并组织实施国家统一的会计准则制度、管理会计标准、内部控制规范、会计信息化标准等；拟订政府会计准则和行政、事业单位会计制度；加强会计国际交流与合作；负责全国会计人才工作，组织全国会计人员表彰评选；依法对注册会计师行业进行监督、指导，制订注册会计师行业规章制度和政策措施；指导会计理论研究等。

（二）《会计证》管理制度的逐步完善和《会计从业资格管理办法》的施行

随着市场经济的发展，会计工作日益受到重视，我国会计人员的数量也大幅增加，从而对会计人员的考核管理工作提出了新的要求。为此，财政部在修订原《会计证管理办法（试行）》的基础上，于 1996 年 6 月颁布了新的《会计证管理办法》。新《管理办法》针对所有制结构发生变化的情况，将《会计证》的适用范围由原先的全民所有制企事业单位、国家机关、社会团体扩大到外商投资企业、股份制企业、个体工商户、农村集体经济组织等一切实行独立核算、办理会计事务的社会组织和经济组织；并且增加了《会计证》的注册登记和年检考核制度。《会计证管理办法》的实施，标志着我国会计从业人员考核和管理制度已趋于成熟。

根据 1999 年修订的《会计法》中关于"从事会计工作的人员，必须取得会计从业资格证书"的规定，财政部于 2000 年 7 月 1 日起施行《会计从业资格管理办法》，取代了《会计证管理办法》。《会计从业资格管理办法》的主要内容包括：规定会计从业资格管理实行属地原则，县级以上财政部门负责本行政区域内的会计从业资格管理；取得会计从业资格的人员必须具备有关条件，包括基本条件和具体条件两部分；会计从业资格实行全国统一考试科目和考试大纲，经考试合格，由相应的会计从业资格管理部门核发会计从业资格证书；会计从业资格实行注册登记和年检制度，等等。

为了加强会计从业资格管理，规范会计人员行为，2012年12月6日，财政部公布修订后的《会计从业资格管理办法》，自2013年7月1日起施行。其主要内容：在国家机关、社会团体、企业、事业单位和其他组织（以下统称"单位"）中担任会计机构负责人（会计主管）的人员，以及从事会计工作的其他人员应当取得会计从业资格，单位不得任用（聘用）不具备会计从业资格的人员从事会计工作。不具备会计从业资格的人员，不得从事会计工作，不得参加会计专业技术资格考试或评审、会计专业技术职务的聘任，不得申请取得会计人员荣誉证书。除本办法另有规定外，县级以上地方人民政府财政部门负责本行政区域内的会计从业资格管理。国家实行会计从业资格考试制度。会计从业资格考试科目为：财经法规与会计职业道德、会计基础、会计电算化（或者珠算）。会计从业资格各考试科目应当一次性通过。会计从业资格证书是具备会计从业资格的证明文件，在全国范围内有效。持证人员应当接受继续教育，提高业务素质和会计职业道德水平。会计从业资格管理机构应当加强对持证人员继续教育工作的监督、指导。会计从业资格实行信息化管理。会计从业资格证书实行6年定期换证制度。会计从业资格管理机构按规定可以撤销持证人员的会计从业资格。会计从业资格管理机构应当按规定实施监督检查。《会计从业资格管理办法》的实施，对规范会计人员管理，提高会计人员业务素质和工作水平，督促各单位依法任用合格的会计人员，提高会计信息质量等具有重要意义。

（三）会计专业技术资格考试制度的产生和发展

由于1986年起实行的会计专业职务评聘制度受评聘限额等条件的制约，未能从根本上解决评聘工作中论资排辈的问题，阻碍了中青年会计人才的选拔；同时，会计专业知识的衡量标准和会计实务的考核标准比较统一，有条件通过考试制度来认定各档次专业职务资格。为此，财政部在经过大量研究和论证的基础上，于1992年3月与人事部联合下发了《会计专业技术资格考试暂行规定》及其《实施办法》，决定自1992年8月1日起，除高级会计师外，停止会计专业职务评聘，实行每年一次的会计专业技术资格考试制度。会计专业技术资格考试制度的实施，标志着我国会计专业的职称制度趋于完善，特别是对促进中青年会计人才的选拔，具有非常重要的意义。为了完善会计专业技术资格考试制度，科学、客观、公正地评价会计专业人员的学识水平和业务能力，2008年，为了完善会计专业技术资格考试制度，财政部、人事部公布修订后的《会计专业技术资格考试暂行规定》及《会计实施办法》。这有利于科学、客观、公正地评价会计专业人员的学识水平和业务能力，完善会计专业技术人才选拔机制，加强会计专业队伍建设，提高会计人员素质。

（四）会计人员继续教育制度的确立

1998年1月，财政部发布《会计人员继续教育暂行规定》，自同年7月1日起实行。会计人员继续教育制度的内容主要包括：第一，会计人员继续教育的对象为在职会计人员；第二，会计人员继续教育分为初、中、高三个级别；第三，会计人员继续教育的内容包括会计理论与实务、财务会计法规制度、会计职业道德规范，其他相关知识，其他相关法规制度；第四，会计人员继续教育分为集中培训与自学相结合的方式；第五，会计人员继续教育的组织管理实行"统一规划、分级管理"的原则。会计人员继续教育制度的实施，对促进会计人员业务学习的正常化、制度化，进一步提高会计人员的业务素质，起到了积极的作用。

2013年8月，财政部为加强会计人员继续教育管理，推进会计人员继续教育工作科学化、规范化、信息化，培养造就高素质的会计队伍，提高会计人员专业胜任能力，适应会计人员继续教育方式、技术手段等新变化，公布修订后的《会计人员继续教育规定》。其主要内容包括：会计人员继续教育工作应当遵循基本原则。会计人员享有参加继续教育的权利和接受继续教育的义务。会计人员继续教育的对象是取得会计从业资格的人员。财政部负责全国会计人员继续教育的管理工作。各省、自治区、直辖市、计划单列市财政厅（局）负责本地区会计人员继续教育管理事项。会计人员所在单位负责组织和督促本单位的会计人员参加继续教育。会计人员继续教育的内容主要包括会计理论、政策法规、业务知识、技能训练和职业道德等。会计人员可以自愿选择参加规定的继续教育形式。继续教育管理部门应当积极推广网络教育、远程教育、电化教育等方式，提高会计人员继续教育教学和管理的信息化水平。会计人员参加继续教育采取学分制管理制度。继续教育管理部门应当加强会计人员继续教育机构建设。继续教育管理部门应当加强会计人员继续教育教材建设。会计人员继续教育管理实行登记制度。

（五）会计人员任职资格管理制度的改革

随着市场经济体制的确立，政府直接干预会计人员的任免已不再适应经济发展的需要。为此，1993 年修订的《会计法》不再把会计人员作为国家干部按照管理权限任免，只规定国有企业、事业单位的会计机构负责人、会计主管人员的任免应当经过主管单位的同意。会计人员任职资格管理制度的改革，既反映出政府职能的转变，也体现了市场经济对会计人员管理的要求。

（六）注册会计师管理制度的进一步完善

市场经济是法制经济，作为维持市场经济正常秩序的重要经济监督力量的注册会计师事业，也迫切需要完善相应的法律法规体系，来规范行业发展，维护行业的合法权益。1993 年 10 月，八届全国人大常委会第四次会议审议通过了《注册会计师法》，于 1994 年 1 月 1 日起正式实施。《注册会计师法》是新中国第一部注册会计师专门法律，它的颁布标志着我国注册会计师管理制度的进一步完善。

1993 ~ 1995 年间，根据《注册会计师法》的有关规定，财政部和中注协又先后发布了《注册会计师注册审批暂行办法》《有限责任和合伙会计师事务所设立及审批暂行办法》、《关于加强注册会计师注册管理严格事务所审批程序的通知》等 14 个注册会计师行业的制度和规定。这些制度和规定构成了较为健全的行业规范制度体系，使注册会计师事业进入了规范发展时期。

为加强行业监管力度，自 1994 年起，中国注册会计师协会开始根据《注册会计师法》的有关规定对执业注册会计师进行年检。一年一度的年检工作对于保证注册会计师队伍的合法性，改善注册会计师队伍的人员结构，使注册会计师队伍逐步向专业化和年轻化发展，具有重要的意义。

为促使注册会计师不断补充新的业务知识，以便能够跟上经济发展的要求，中国注册会计师协会于 1996 年 1 月起实施《注册会计师后续教育培训制度》。该制度的实施有力地提高了从业人员素质和业务质量，并且强化了从业人员自觉参加培训的意识。

为了规范注册会计师注册工作，2005 年 1 月 22 日财政部公布《注册会计师注册办法》，进一步促进了注册会计师事业的发展。

参 考 文 献

［1］叶汝贤，王征国．以人为本与科学发展观［M］．北京：社会科学文献出版社，2012.

［2］李容华，刘国华．会计行为［M］．北京：经济管理出版社，2006.

［3］栾甫贵．会计制度论［M］．大连：东北财经大学出版社，2004.

［4］项怀诚．会计职业道德［M］．北京：中国财政经济出版社，2003.

［5］孟凡利．会计职业道德［M］．大连：东北财经大学出版社，2003.

［6］杰克·莫瑞斯著，桂江生译．会计伦理［M］．上海：上海财经大学出版社，2003.

［7］韩传模．会计人员职业道德与自律机制研究［M］．北京：中国财政经济出版社，2002.

［8］刘光明．企业文化［M］．北京：经济管理出版社，2002.

［9］贾春峰．文化力启动经济力［M］．北京：中国经济出版社，2001.

［10］许家林．现代会计教育论［M］．北京：科学技术文献出版社，2000.

［11］罗长海．企业文化学［M］．北京：中国人民大学出版社，1999.

［12］卓泽渊．法理学［M］．北京：法律出版社，1998.

［13］林钟高．会计行为论［M］．大连：东北财经大学出版社，1997.

［14］李龙．法理学［M］．武汉：武汉大学出版社，1996.

［15］田慧生，李如密．教学论［M］．石家庄：河北教育出版

社，1996.

[16] 金家富．财会职业道德 [M]．上海：立信会计出版社，1995.

[17] 胡正荣．企业文化现代企业之魂 [M]．北京：中国水利水电出版社，1995.

[18] 刘泽民，付允熙，甄德山．教育科学原理与应用 [M]．天津：南开大学出版社，1991.

[19] 陈亚民．会计规范论 [M]．北京：中国财政经济出版社，1991.

[20] 埃德加·沙因著，朱明伟译．企业文化与领导 [M]．北京：中国友谊出版公司，1989.

[21] 李步云．法制民主自由 [M]．成都：四川人民出版社，1985.

[22] 李文艳．伦理观念对会计行为的调节作用初探 [J]．会计之友，2009（9）.

[23] 丽伟，王智利．会计行为要素解析及其研究 [J]．商业经济，2006（10）.

[24] 闫文哲．关于完善财务会计行为规范的探讨 [J]．山东行政学院山东省经济管理干部学院学报，2004（6）.

[25] 胡慧琼．改革现行高校会计教学，促进会计人才素质提高 [J]．引进与咨询，2004（11）.

[26] 殷勤凡．我国上市公司财务造假行为的制度因素分析 [J]．财务与会计导刊，2003（8）.

[27] 何志毅．精神动力与企业文化 [J]．中国企业文化优秀奖文集．企业管理出版社，2003.

[28] 钟荣丙．人性化的原则 [J]．视界，2003（12）.

[29] 肖起清．论人性本贱及其教育对策 [J]．宁波大学学报，2003（6）.

[30] 王广明，张奇峰．注册会计师"诚信"的经济学分析 [J]．会计研究，2003（4）.

[31] 陆卫明，张菲．试论毛泽东与中国传统文化 [J]．西安交通大学学报（社科版），2003（12）.

[32] 周晓静，段云．高校会计教学刍议 [J]．黑龙江高教研究，2002（3）.

[33] 张彩花．对改进会计教学实习方法的思考 [J]．经济师，2002

(10).

[34] 秦敏，迟守卓．从会计教学改革看会计人才素质的提高 [J]．中国农业会计．2002（12）.

[35] 敏华．中国古代哲学人的本质观 [J]．故乡，2002（6）.

[36] 杨雄胜．会计诚信问题的理性思考 [J]．会计研究，2002（3）.

[37] 刘晓辉．关于会计教学新模式的思考 [J]．辽宁财专学报，2001（3）.

[38] 刘中元，李瑄．新世纪会计教学模式改革探索 [J]．湖南税务高等专科学校学报，2001（2）.

[39] 陈耀敏．会计教学中怎样发挥学生的主体作用 [J]．濮阳教育学院学报，2001（4）.

[40] 夏兴有，张玉堂．论先进文化 [J]．新华文摘，2001（2）.

[41] 刘天明．成人会计教学改革三招 [J]．中国成人教育，2000（8）.

[42] 彭为民．深化会计教学改革　培养高素质专业人才 [J]．湖北三峡学院学报，2000（8）.

[43] 张兆国，李乐才．略论会计集体行为 [J]．财会月刊，1996（11）.

[44] 韩俊梅．对企业会计行为优化的探讨 [J]．现代会计，1993（1）.

[45] 傅磊．行为会计研究 [J]．财会月刊，1991（8）.

[46] 张泺国，刘镇．试论会计行为的本质 [J]．财会月刊，1991（1）.

[47] 人民日报评论员．以人为本提升价值认同度——论着力培育和践行社会主义核心价值观 [N]．人民日报，2014-02-24.

[48] 胡锦涛．在中共十八大会议所作报告 [N]，人民日报，2012-11-18.

[49] 中共中央国务院关于进一步加强人才工作的决定（2003-12-26）[N]．光明日报，2004-01-01.

[50] 宋育英．坚持代表中国先进文化的前进方向 [N]．光明日报，2000-05-30.

[51] 人民日报社论：大力实施人才强国战略 [N]．人民日报，2002-06-12.

［52］习近平．现代化建设坚持以人为本　建设美丽中国［J/OL］.中国新闻网，2013－03－28.

［53］祁月牛．人性化法治：营造企业的自由空间［J/OL］.中国华源集团网，2003－08－04.

［54］李红雨．互动管理：学习型组织的实现方式［L/OL］.慧聪广电商务网，2003－12－16.